实践应用型学前教育专业精品教材

学前教育学

（第二版）

主　编　芦　苇

副主编　韩曼莉　胡斯维　苏春来

中国人民大学出版社

·北京·

图书在版编目（CIP）数据

学前教育学 / 芦苇主编. --2 版. -- 北京：中国人民大学出版社，2024.3
实践应用型学前教育专业精品教材
ISBN 978-7-300-32147-9

Ⅰ. ①学… Ⅱ. ①芦… Ⅲ. ①学前教育－教育理论－教材 Ⅳ. ① G610

中国国家版本馆 CIP 数据核字（2023）第 175430 号

实践应用型学前教育专业精品教材
学前教育学（第二版）
主 编 芦 苇
副主编 韩曼莉 胡斯维 苏春来
Xueqian Jiaoyuxue

出版发行	中国人民大学出版社		
社 址	北京中关村大街 31 号	**邮政编码**	100080
电 话	010－62511242（总编室）		010－62511770（质管部）
	010－82501766（邮购部）		010－62514148（门市部）
	010－62515195（发行公司）		010－62515275（盗版举报）
网 址	http://www.crup.com.cn		
经 销	新华书店		
印 刷	北京七色印务有限公司	**版 次**	2015 年 7 月第 1 版
开 本	787 mm × 1092 mm 1/16		2024 年 3 月第 2 版
印 张	18	**印 次**	2024 年 3 月第 1 次印刷
字 数	392 000	**定 价**	52.00 元

前言

二十大报告中指出，强化学前教育、特殊教育普惠发展。学前教育学是学前教育专业的核心课程，旨在阐释学前教育理论和实践的基本观点、原则、方法、政策等，为本专业学生从事学前教育工作和继续进行专业学习奠定基础。

实践应用型学前教育专业精品教材《学前教育学》于2015年出版。2015年至今，国内外学前教育研究取得了许多新进展，当前的时代背景和学前教育改革的快速推进也对《学前教育学》教材内容和呈现提出了新的要求与挑战。为此，在本教材出版多年之后，编者根据教材使用者的反馈信息，结合学科最新研究进展以及学前教育改革的实践诉求，对第一版教材整体进行案例更新、内容拓展与呈现优化。

本教材全面探讨了学前教育的发展历史、基础概念、基本命题，构建了学前教育学的基本理论框架，全面反映了学前教育学的基本内容和历史线索，向读者提供了比较完整的学前教育学理论体系，对21世纪我国学前教育学的发展做了理论性总结。本教材适用于学前教育专科、本科学生，也可用于学前教育学硕士研究生的教学辅导。

一、编写特点

本教材依据最新颁布的《教师教育课程标准（试行）》《幼儿园教师专业标准（试行）》《3－6岁儿童学习与发展指南》《中小学和幼儿园教师资格考试标准（试行）》编写，体现新理念、新形态，内容更加实用。

本教材内容切合当前学前教育工作的实际需要，立足于实践型、应用型本、专科人才培养模式和要求，以培养学生实践能力为主线，从提高学生的综合素质出发，突出基础理论知识的应用和实践技能的培养，避免过深、过难的理论讲解，兼顾知识、技能和学生的全面发展。

本教材体例设计将注重教学实践的指导与对学生自主学习积极性的激发相结合，通过创设问题情境、引入案例分析、提供多种学习资源等方式，培养学生的探索、思考精神，锻炼学生在实际工作中所需的能力，全面拓宽学生的学习视野。

二、结构框架及编写分工

本教材由长江大学、临沂大学、荆州市教育科学研究院、长江大学文理学院、荆门职业学院、天门职业学院等单位从事学前教育理论教学和研究工作的教师共同编写，全书由芦苇统稿。各章主要内容及编写分工如下：

第一章　学前教育学概述　芦苇编写

第二章　学前教育与社会发展　胡蝶编写

第三章　学前教育与儿童发展　苏春来编写

第四章　学前教育目标　韩曼莉编写

第五章　婴儿教育　杨红编写

第六章　幼儿园环境创设　胡斯维编写

第七章　幼儿园课程　胡斯维编写

第八章　幼儿园教育活动的组织与实施　李天超编写

第九章　幼儿园游戏　陈娴编写

第十章　学前教育的衔接与合作　苏春来编写

第十一章　幼儿园教师　韩曼莉编写

编者在编写本教材的过程中，借鉴了国内外专家的研究成果，虽然严格地作了注释，但仍恐挂一漏万，特此表达歉意与谢意。感谢参与本教材编写的各位同仁，没有他们的大力支持与帮助，本教材很难完成。长江大学研究生陈娴同学参加了本教材的整理工作，在此一并致谢。同时真诚感谢中国人民大学出版社和湖北众邦文化传播有限公司的督促与帮助。

由于编者的水平与能力有限，研究还不够深入，思维也不一定很严谨，在写作中肯定还存在许多粗疏之处，敬请各位专家与读者给予批评指正。

编者

目录

第一章

学前教育学概述

学习目标

- 理解学前教育与学前教育学的含义
- 领会学前教育学的研究对象、任务和学习学前教育学的意义
- 了解学前教育学的产生与发展历程，掌握各阶段的代表人物、代表作与基本思想
- 树立正确的学前教育观与从事学前教育工作的理想

教师专业标准及教师资格考试要求

- 具有先进的教育理念
- 掌握教育的基本原理和基本知识
- 理解学前教育在人一生发展中的重要性

学习导引

教育是有目的地培养人的社会活动，但人类社会的教育活动并非只有一种模式。学前教育作为教育链条上的第一环，有自己独特的内涵，不可替代，更不能简单复制其他教育阶段的做法。作为本书的开篇，本章主要介绍了学前教育与学前教育学的含义，学前教育的组成要素，以及学前教育学的研究对象、任务、意义、产生与发展等，为学习者正确理解学前教育提供基础的观念资源。

第一节　学前教育与学前教育学的含义

资料链接

诺贝尔奖得主在幼儿园学到成功秘诀

1978年，多位诺贝尔奖获得者在法国巴黎聚会。有记者问诺贝尔物理学奖得

主：“您在哪所大学、哪所实验室里学到了您认为最重要的东西？”出人意料的是，这位白发苍苍的老人回答说：“是在幼儿园。”记者愣住了，又问：“您在幼儿园里学到了些什么呢？”老人如数家珍地说道：“把自己的东西分一半给小伙伴们，不是自己的东西不要拿，东西要放整齐，吃饭前要洗手，做了错事要表示歉意，午饭后要休息，学习要多思考，要仔细观察大自然。从根本上说，我学到的全部东西就是这些。”①

一、学前教育的含义

学前教育指的是对 0 ～ 6 岁、入小学前这一阶段的儿童所实施的保育和教育活动的总称。对学前教育概念的界定要抓住以下两个要点：

第一，学前教育的对象是学龄前儿童（或称“学前儿童”）。顾名思义，“学前”即入学之前。但何时才算入学、学前的起点在哪里，却有着不同的标准。我国儿童年满 6 周岁进入小学才算入学，而美国儿童 5 岁入幼儿园就算入学了。因为对学前儿童年龄范围的不同规定，学前教育有时又被称为“幼儿教育”“早期教育”等，这些名称一般可以通用，但必须注意特定语境下各名称的特殊含义及其区别。

第二，学前教育的基本内容是保育和教育活动。保育即对儿童日常生活的看护、照料。同其他年龄段的儿童相比，学前儿童正处于身体发展的关键时期，由于缺乏自我照料的能力，因此离不开成人对其日常生活的适当看护与照顾。在某种程度上甚至可以说，对学前儿童的保育比教育更重要。所以，从活动的内容来看，学前教育除了一般意义上的教育外，还须特别注重保育。正因为如此，学前教育在当今国际上普遍被称为“早期儿童保育和教育”(Early Childhood Care and Education，ECCE)。②

二、学前教育的组成要素

人类社会的教育活动作为一个整体，是由参与活动的各要素及其有机联系构成的。学前教育作为人类教育活动的一部分，是由学前儿童、学前教育者、学前教育措施三项基本要素及其有机联系构成的。

（一）学前儿童

学前儿童是指学前教育活动中参与保育和教育活动并受其影响的学龄前儿童，是学前教育活动的主要对象。

学前教育活动围绕学前儿童展开，因学前儿童的存在而存在。人类的发展经验表明，每位儿童从出生开始甚至在出生前的胎儿期就需要得到适宜的保育和教育，这决定了学前教育活动的存在是客观的、必然的。一般而言，儿童从出生后到进入社会化的学前教育机构前，是在家庭中接受保育和教育的；当他们进入各类学前教育机构以

① 李生兰．学前教育学：修订版［M］．2 版．上海：华东师范大学出版社，2006：44．

② 朱宗顺，陈文华．学前教育学［M］．北京：北京师范大学出版社，2012：9．

后，就成为机构中接受保育和教育的学前儿童。

（二）学前教育者

学前教育者是指学前教育活动中直接或间接承担设计、组织、实施保育和教育工作的人，是学前教育活动的组织者。

学前儿童的保育和教育总是由和他们相关的成人诸如父母和其他年长的家庭成员以及学前教育机构中的教师、保育员、医疗保健人员、管理人员等来负责设计、主导和实施的，没有作为学前教育者的这些成人的组织，就不可能有学前教育活动的存在。从这个意义上来讲，学前教育者是学前教育活动的组织性要素。

从承担学前教育责任的角度看，学前教育者的存在是广泛的。但是，不同场景中的成人所承担的学前教育职责是不同的。学前教育机构中的专职教师、保育员和儿童的父母、其他长辈等，因为直接承担保育和教育的责任，所以是学前教育者队伍的主体。他们的素质和能力，决定了他们设计、组织、实施保育和教育活动的质量，最终影响学前儿童的发展水平。

（三）学前教育措施

学前教育措施是指学前教育活动中支持、联合学前儿童和学前教育者开展保育和教育工作的一切中介，是构成学前教育活动的支持性要素。

学前教育活动只有核心要素（学前儿童）和组织性要素仍然不可能运转，学前儿童和学前教育者之间通过一定的保教内容、借助一定的保教形式与手段，才能使学前教育活动变成现实。没有作为支持性要素的学前教育措施，学前教育活动同样不能发生。

学前教育措施的范围广泛，可粗略分为学前教育内容和学前教育手段。学前教育内容是学前教育活动中选择实施的“保”和“教”的内容，是学前教育者和学前儿童共同运用的资源与对象，如进餐、睡眠、盥洗等日常生活活动，包含学前儿童发展所需的德、智、体、美、劳等领域的经验、知识。学前教育手段是指学前教育活动开展的保障条件、途径与方法等，如各类法律与法规等制度保障，设备、设施等物质条件，游戏、区角活动、集体教学等途径与方法。

在学前教育的基本要素中，学前儿童是核心要素，学前教育者和学前教育措施要围绕核心要素展开教育活动，二者的影响只有通过学前儿童的主动选择和吸收才能产生作用；学前教育者一般居于主导地位，起着组织、领导的作用，但是这种地位和作用能否发挥完全取决于他们能否尊重并激发作为核心要素的学前儿童的主动性。学前教育措施的支持性作用，处于被选择、被运用、被接受的地位。

三、学前教育学的含义

学前教育学有两层含义：一是作为一个学科或学术研究领域的学前教育学；二是作为一门课程的学前教育学。

（一）学前教育学是一门学科

作为学科的学前教育学是教育学科的分支，指的是以学前教育现象和学前教育问题为对象的一个研究领域，目的在于总结学前教育的原理、原则与方法，揭示学前教育活动的规律。

从这个意义上来说，学前教育学的研究对象有两个：（1）学前教育现象，即构成学前教育活动的诸要素及各要素的组合；（2）学前教育问题，即学前教育活动在不同时代、不同情景下所面临的矛盾。

从这两个研究对象出发，学前教育学的研究内容可以说是十分广泛的。它既可以研究学前教育活动诸要素的特征、诸要素之间的关系，也可以分析因时而变的学前教育问题的成因及解决之道。其目的是构建解释和描述学前教育现象与问题的理论，阐述学前教育的原理、原则与方法，不断丰富对学前教育活动规律的认识。

由于学前教育学的研究内容广泛，因此，学前教育学科可以进一步细分为学前教育原理、学前儿童发展、幼儿园课程、学前教育史、学前比较教育、学前教育管理等领域。各个领域既有自己独特的研究对象和任务，又相互联系。每一个领域都从不同角度对学前教育的现象和问题展开研究，不断丰富学前教育学的知识体系。

同教育学的其他分支学科相比，学前教育学还比较年轻，其学科体系、理论水平、学术规范等都有待完善。

（二）学前教育学是一门课程

作为课程的学前教育学，也称“幼儿教育学”“学前教育概论”“幼儿教育概论”，是根据学前教育专业人才培养的要求，对学前教育学科知识进行选择、重组而建构起来的以介绍或阐述有关学前教育的理论、原则与方法为核心的专业学习领域。作为学科的学前教育学与作为课程的学前教育学，二者存在如下差异：

首先，对象不同。作为课程的学前教育学不同于作为学科的学前教育学，它要以学前教育学这门学科所积累的知识体系及实践经验为对象。其次，目的不同。作为学科的学前教育学以揭示学前教育的规律、建构学前教育的知识体系为最终目的；而作为课程，学前教育学的目的在于教学而非理论体系的建构，具体做法是将学前教育学科各领域的研究成果进行概括、重组，以向学前教育专业的初学者介绍学前教育领域的基本原理、原则和方法，为其今后的进一步专业学习和研究做准备。

当然，二者也有联系。没有作为学科的学前教育学，就不可能有作为课程的学前教育学；反之，没有作为课程的学前教育学，则作为学科的学前教育学的研究成果只能停留于书斋之中而不能变为推动学前教育实践变革的现实力量。

四、学前教育的类型

学前教育可以根据不同的标准划分为不同的形式：从学前儿童的年龄来分，可分为胎教、婴儿和学步儿教育、幼儿教育；从学前教育的内容来分，可分为学前儿童健康教育、学前儿童语言教育、学前儿童科学教育、学前儿童社会教育、学前儿童艺术教育或学前儿童的德育、智育、体育、美育、劳育等；从学前教育实施的场所来分，可分为家庭学前教育和社会学前教育。以下重点介绍家庭学前教育和社会学前教育。

（一）家庭学前教育

家庭学前教育是父母或其他家庭成员在家中对学前儿童实施的保育和教育活动的总称。家庭是学前教育实施的场所，父母和其他家庭成员是学前教育者。学前儿童同父母及其他家庭成员之间具有血缘亲情关系，所以，家庭学前教育具有独特的优势。

就个人而言，家庭学前教育是每一个人成长过程中必经的一种学前教育形式。从学前教育的发展历史来看，近代社会学前教育机构建立以前，家庭学前教育一直是学前教育的主要形式；机构化的社会学前教育产生后，家庭学前教育仍然具有不可替代的作用，依然是当代学前教育的重要形式之一。因此，研究家庭学前教育的原理、原则和方法，充分发挥家庭学前教育的作用，是学前教育工作者的重要职责。

（二）社会学前教育

社会学前教育是在家庭以外的社会场所、由专职人员对学前儿童所实施的保育和教育活动的总称。其可分为两种形式：一是专门化的社会学前教育机构所实施的学前教育，如幼儿园、托儿所、日托中心等开展的保教活动；二是其他社会组织、机构所实施的学前教育，如大众媒体、其他文化及教育机构等开展的与学前教育相关的活动。在这两种形式中，前者是社会学前教育的主要形式，后者则是社会学前教育的重要辅助形式。

专门化的社会学前教育机构有经过训练的专业人员，有设计得当的设施设备，有精心设计与组织的保教内容，具有家庭学前教育和其他形式的社会学前教育所没有的专业化优势。专门化的社会学前教育产生于 19 世纪，罗伯特·欧文（1771—1858 年）于 1816 年创办“新拉纳克幼儿学校”标志着专门化的社会学前教育机构的正式建立。1840 年，福禄培尔（1782—1852 年）正式将其建立的幼儿教育机构命名为“幼儿园”，将社会学前教育推向新的阶段。当代，这种专门化的社会学前教育机构形式多样，日益成为学前教育的主要形式，承担着学前教育的重要责任。在我国，专门化的社会学前教育机构主要有幼儿园、托儿所等。

1. 幼儿园

我国创办幼儿园始于 1903 年的湖北幼稚园。如今，幼儿园成为我国专门化社会学前教育机构最主要的形式。根据 1996 年发布的《幼儿园工作规程》的规定：“幼儿园是对 3 周岁以上学龄前幼儿实施保育和教育的机构，是基础教育的有机组成部分，是学校教育制度的基础阶段。”幼儿园一般为三年制，亦可设一年制或二年制的幼儿园；可分为全日制、半日制、定时制、季节制和寄宿制等。我国幼儿园有公办、民办之分。《国务院关于当前发展学前教育的若干意见》规定：“大力发展公办幼儿园”“鼓励社会力量以多种形式创办幼儿园”。另外，随着社会对学前教育需求的增强，3 岁前儿童的保育和教育越来越受到人们的重视，幼儿园出现了招收 3 岁前儿童的早教班，我国幼儿园的服务范围得以扩大。

2. 托儿所

我国的托儿所是为低龄幼儿提供保育和教育服务的机构。新中国成立初期，为解决参加劳动的妇女的孩子寄托问题，各地厂矿企业、事业单位创办了托儿所。根据教育部等部门于 1956 年发布的《关于托儿所幼儿园几个问题的联合通知》的规定：“招收三周岁以下的儿童者为托儿所”，到 20 世纪 80 年代，托儿所主要招收 3 岁前的婴幼儿。当前，随着幼儿园服务范围的扩大，托儿所和幼儿园的招生对象发生重叠，出现了将托儿所和幼儿园的职能合并的“托幼一体化”的趋势。不过，从 3 岁前甚至更低龄儿童的特点来看，托儿所这类服务于低龄幼儿的学前教育机构仍将长期存在。

资料链接

各国学前教育机构名目繁多

为了推动学前教育的普遍发展，世界各国都运用适当的策略，积极创造条件，兴办各种各样的学前教育机构。在美国，主要有托儿所、儿童保育中心、幼儿园、学前班、蒙台梭利学校、早期补偿教育中心等；在英国，主要有幼儿学校、幼儿班、日托中心、游戏小组、幼儿保育学校等；在瑞典，主要有日托中心、托管中心、学前教育中心、家庭日托、儿童护理中心、公园游戏场所、玩具图书馆等；在澳大利亚，主要有学前教育中心、儿童保育中心、家庭日托、游戏小组等；在南非，主要有保育中心、游戏小组、小学预备学校、母亲日托等。多样化的学前教育机构，满足了社会不同层次的需要，也促进了学前教育的不断发展。

资料来源：黄静潇. 国外学前教育发展策略概览［J］. 教育导刊，2005（2）.

第二节　学前教育学的研究对象、任务与意义

一、学前教育学的研究对象

学前教育是新生一代的起始教育，是学校教育和终身教育的奠基阶段。由于教育对象的年龄不同，各教育阶段的具体任务、内容和方法也各不相同，具有各自的特点和规律，需要分别进行研究。学前教育学就是研究学前教育规律的科学，是教育科学的一个分支。对儿童的教育从出生就开始了，对 0 ～ 3 岁儿童实施的教育称为婴儿教育，对 3 ～ 6 岁儿童实施的教育称为幼儿教育，两者是相互连接、性质相近又密切联系的。

仅仅明确学前教育学研究哪一年龄段的教育是不够的，还需要指明其所研究的是什么性质的学前教育。教育具有社会性和历史性，各国的政治经济制度和生产力发展

水平不同，妇女参加社会活动和就业的人数及科学技术、教育和传统文化的发展等因素也都不同，因此，各国学前教育在教育性质、目的、任务等方面是各有特点的。我国的学前教育学主要是研究对出生至 6 岁前儿童进行教育的规律的科学。

学前教育学主要研究托儿所、幼儿园教育，但也对家庭教育和社会教育有指导作用。托儿所、幼儿园教育和家庭教育及社会教育在教育目的、任务和原则等方面是基本一致的，这样就为学前教育学指导家庭教育及社会教育提供了可能性。

二、学前教育学的任务

科学研究的任务是透过现象认识事物的本质。学前教育学要实现描述和解释学前教育现象与问题、揭示学前教育规律的目的，必须完成以下任务。

（一）研究学前教育活动各要素的组成和发展规律

整体是由部分构成的。学前教育活动由哪些要素构成？各个要素有何生成与发展的特点？各要素内部有何关系？这是学前教育学科要研究和回答的问题。比如，学前教育学应该研究作为学前教育活动基本要素之一的学前儿童，研究他们具有怎样的一般性发展规律、活动特点等。

（二）研究学前教育活动各要素之间的关系

组成学前教育活动的各要素并不是孤立的，而是互相联系的。因此，研究各要素之间的相互关系是学前教育学要完成的任务之一，如学前儿童和环境、学前儿童和学前教育者之间相互联系的方式、作用、特点等。

（三）研究学前教育活动同其他活动之间的关系

学前教育是人类的活动之一，同社会其他活动存在着不可割裂的关系，认识这类关系无疑也是学前教育学的任务之一，如学前教育同社会经济、政治、文化等活动之间的关系等。

（四）研究不同时空条件下学前教育的实践经验和理论进展

从时间维度来看，学前教育活动具有古今不同的历史轨迹与经验；从空间维度来看，学前教育具有中外不同的路径与经验。研究学前教育在不同时空条件下的发展轨迹、面临的问题、积累的经验以及理论进展，也是学前教育学的基本任务之一。

三、研究和学习学前教育学的意义

（一）认识学前教育，涵养适宜的学前教育理念

学前教育作为教育事业的组成部分，有着不同于其他教育事业的特点。通过对学前教育学的学习和研究，了解学前教育具有怎样的特点、学前教育者需要怎样的素质、幼儿园课程设计与实施应遵循怎样的规律等，将有助于准备成为学前教育者和已经成

为学前教育者的人们澄清观念，从而形成合理的儿童观、教师观、教育观，进而提高从事学前教育工作的自觉性和科学性。

（二）指导学前教育实践，培养实践能力

理论来自实践，又指导实践。学前教育学通过对学前教育现象、学前教育问题的研究，揭示学前教育的规律，提出并验证解决问题的原则和基本方法。对初学者而言，掌握了学前教育的基本理论、基本观点，可以获得初步的实践能力；对在职的学前教育者而言，也能增强他们分析和解决具体问题的能力并提升实践能力。当然，学前教育学指导作用的大小，取决于学前教育学研究水平的高低。只有那些真正关注学前教育实践并能够反映学前教育本质、清楚揭示学前教育问题成因的研究成果，才能有效地指导学前教育实践。

第三节　学前教育学的产生与发展

任何一门学科都有其产生和发展的历史，学前教育学亦如此。通过研究学前教育学的发展历史，我们可以弄清各种学前教育理论的来龙去脉，也可以吸取学前教育理论发展中的经验和教训。

一、国外学前教育学的产生与发展

学前教育思想的产生可以追溯到人类社会的早期。早在原始社会，人们就积累了一些育人的经验。学前教育思想产生和发展的历史同人类社会一样源远流长。国外学前教育学的发展大致经历了如下三个阶段。

（一）学前教育学的孕育阶段（远古—17 世纪初期）

在这一阶段，学前教育思想同普通教育学思想一样，散见于各种哲学、政治学、社会学等著作中，还没有成为一门独立的学科。

这一时期，柏拉图和亚里士多德都曾在其著作中论及幼儿教育。

柏拉图（公元前 427—公元前 347 年），古希腊著名的哲学家。柏拉图是第一个论及幼儿教育重要性的人。他在《理想国》和《法律篇》中阐述了自己的幼儿教育思想。他认为，对儿童教育越早越好，甚至主张胎教。他指出：凡事开头最重要，特别是生物，在幼小柔嫩的阶段最容易接受陶冶，你要把它塑成什么样式就能塑成什么样式。柏拉图也是第一个提出幼儿社会教育主张的人。他认为：哲学家、军人、农民和手工业者的子女（不包括奴隶的子女），从出生到 3 岁，应在国家特设的养育院生活，由经过挑选的乳母养育；3 ～ 6 岁就到附设在神庙的儿童场所接受保姆的监护。柏拉图还提出了一些具体的幼儿教育措施，主张对幼儿实施体育、音乐、故事、游戏等方面的

教育，因为体育能使人变得强壮和勇敢、音乐能使人变得温柔、好故事能培养人的美德、游戏符合幼儿的天性。他还主张教育要促进幼儿身心的和谐发展。

亚里士多德（公元前384—公元前322年），古希腊著名哲学家和教育家。亚里士多德在《政治学》中也阐述了自己的幼儿教育主张。他第一次提出了年龄分期问题，并指出了每个年龄段的教育重点。他认为：0～5岁，应让幼儿多从事游戏活动，教育应以发展幼儿的身体为主，而不能强求幼儿学习或工作；5～7岁，教育应转为以习惯的培养为主，应让他们尽量待在家里，不与奴隶接触，以免沾染不良的习气。另外，还要教育幼儿以正当的快乐作为自身的快乐，学会节制。幼儿在这一年龄段可以学习课业，但主要是旁听所学的科目，负担不能过重。

柏拉图和亚里士多德都吸收、总结了当时社会的幼儿教育经验，为积累古希腊时期的幼儿教育经验做出了贡献。但他们的幼儿教育主张是其政治理想的一部分，自然有其阶级的偏见。

（二）学前教育学的萌芽阶段（17世纪初期—19世纪中期）

在这一阶段，普通教育学已从哲学、政治学等其他学科的理论中分化出来，但学前教育学仍未从教育学的母体中分离出来，学前教育理论散布、混杂于各种教育学的著作之中。

中世纪的西方，人们信仰“原罪说”，儿童的精神备受压迫；学校教育也受教会桎梏，长期处于停滞状态；教育理论，包括幼儿教育思想遭到禁锢，发展很慢。14世纪的文艺复兴运动，使“人文主义”思想萌发。人性的解放带来了教育理论的发展，教育学理论终于从哲学、政治学等学科中分化出来而成为一门独立的学科，幼儿教育思想也有了一定程度的发展。在文艺复兴后，夸美纽斯、卢梭等人均对幼儿教育的发展做出了一定的贡献。

捷克的夸美纽斯（1592—1670年）的《大教学论》是近代资产阶级教育理论的奠基之作。“母育学校”是该书中的重要一章。夸美纽斯在该章中阐述了自己的幼儿教育思想。他认为，每个家庭都是一所母育学校，儿童的母亲是最主要的教师。母育学校应为儿童的体力、道德和智慧的发展奠定基础，应当把一个人一生中所需的一切知识的种子都播种到儿童的身上。夸美纽斯还为母育学校制订了一套教育计划，编写了幼儿教材《世界图解》。具体而论，他主张：在体育方面，让儿童愉快并有规律地生活，给儿童活动的自由；在德育方面，让儿童学习有关德行的初步知识并养成好的习惯，从而成为一个有理性的人；在智育方面，中心任务就是训练儿童的感觉；在劳动方面，训练儿童从事最基本的手工艺劳动。夸美纽斯总结了古希腊、古罗马和文艺复兴时期的幼儿教育经验，第一次以家庭为背景，较系统地探讨了幼儿教育的规律，为世界幼儿教育理论的形成奠定了一定的基础。

法国的卢梭（1712—1778年）在《爱弥儿》一书中，对封建的旧教育进行了猛烈的批判。他认为：儿童的天性是好的，教育应遵循儿童发展的自然规律、顺应儿童的天性；父母应教养儿童，努力提高儿童的体质，让儿童进行体育锻炼，发展儿童的感觉和语言。他还首次详细地论述了“发现法”，主张对儿童进行直观教学，让儿童在活动中自然成长。卢梭确立的以儿童为本位的教育观，一方面唤起了人们对儿童天性的注意和尊重，另一方面也开创了儿童中心主义或放任教育之先河。

总之，在这一阶段，学前教育思想主要融汇在各种教育学的著作中，独立的学前教育学尚未形成。

（三）学前教育学的形成和发展阶段（19 世纪中期至今）

在这一时期，正规的社会学前教育机构开始建立并逐步发展，学前教育学也从教育学中正式分离出来而成为一门独立的学科。与学前教育实践同步并随着社会主义与资本主义对立阵营的产生，学前教育理论再现了社会主义国家的学前教育理论与资本主义国家的学前教育理论分化发展之势。

在这一阶段，对欧美国家学前教育理论的形成和发展做出了突出贡献的人物有福禄培尔、蒙台梭利、杜威、皮亚杰、马拉古兹、加德纳等；而社会主义国家——苏联，对学前教育理论的形成和发展做出杰出贡献的人物有维果茨基、克鲁普斯卡娅、乌索娃、福辽莉娜等。

德国的福禄培尔在《人的教育》《幼儿园教育学》《慈母曲及唱歌游戏集》等著作中，将人类的初期发展分为婴儿期、幼儿期、少年期和青年期。他认为：婴儿期的教育应以养护为主，发展其动作和感觉；幼儿期是“真正的人的教育”开始的时期。

福禄培尔倡导自由教育，认为人的天性是善的，出生时善的本质已处于萌芽状态；人的发展就是这种内在的善的本质的发展，教育可以助长这种发展。他还认为，一切真正的发展、所有真正的教育就是一种自导的、帮助儿童内部发展的过程；教育的教学和训练在根本上、原则上必须是被动的、顺应的，重点应放在维护方面而不是命令、专断和干涉；教育的任务是促进儿童的自我活动和内在本质力量的发展。他认为儿童有活动、创造、艺术和宗教四种本能，蕴藏自然性、人类性和神性三种特性；这三种特性分阶段形成，教育要促进儿童内在力量的和谐发展，引导儿童由“自然的儿童”发展为“人类的儿童”，进而成为“神性的儿童”。

福禄培尔

福禄培尔建立了以活动和游戏为主要内容的一整套完整的课程，主张幼儿园发展儿童的感觉器官，扩大儿童对周围生活的认识，培养儿童过集体生活和自我料理的习惯，传授儿童能理解的道德要素；主张用直观和游戏的方法教育儿童。他认为教育方法有三种，即让儿童在自由、自主的活动中发展；在游戏中发展；充分利用恩物，在操作恩物中发展。

福禄培尔是教育史上第一个承认游戏的教育价值并将游戏列入课程的教育家。他认为游戏对儿童的发展有三方面价值：第一，可以发展儿童的动作和与人合作的精神；

第二，儿童在游戏中自由自在，能获得愉悦体验，能提高教育效果；第三，儿童在游戏中遵循游戏规则，这样可以养成规则意识和责任感。

正因为福禄培尔对幼儿教育的理论基础、内容、原则、方法、玩具、游戏等都进行了详细的阐述，所以他被誉为“近代幼儿社会公共教育理论的奠基人”。尽管他的理论具有神秘主义的色彩，教学内容和方法也有宗教的迂腐或非科学的成分，但他毕竟建立起了幼儿社会公共教育的理论体系。他于 1837 年在布兰肯财务创立的“幼儿学校”（1840 年改名为“幼儿园”），是世界上第一所以“幼儿园”命名的幼儿教育机构。

意大利的蒙台梭利（1870—1952 年）是继福禄培尔之后最杰出的幼儿教育家之一。她的主要著作有《童年的秘密》《发现孩子》等。蒙台梭利认为，儿童的心理发展是天赋能力的自然表现，儿童发展具有独特的心理胚胎期、肉体化过程、潜在能力和吸收性心理。心理胚胎期指儿童的心理有一个逐步成长的过程，存在潜能发展的阶段性和敏感期；肉体化过程指婴幼儿的身体逐渐在自己意志的支配下发生行动和行动逐步自如的过程；潜在能力指人生来就有“本能”（Horme），这种潜在生命力的分化和发展使儿童逐渐形成复杂的心理现象系统；吸收性心理指受潜在能力驱动的儿童所特有的无意识的记忆力、吸收环境影响并加以适应的能力。

蒙台梭利认为幼儿教育有两个目的：一是生物的目的，即帮助个体自然发展；二是社会的目的，即使个体适应并利用环境。她还认为，教育要使每个儿童的潜能在一个有准备的环境中得到自由发展。所谓“有准备的环境”，即有规律、有秩序、美观、适用，有对儿童有吸引力的设备和用具，能丰富儿童的生活印象，能提供感官训练的教材和教具以促进儿童智力发展，能让儿童独立活动、自由表现并意识到自己的力量，能引导儿童形成一定的行为规范的环境。

蒙台梭利

蒙台梭利认为，真正科学的教育学的基本原则是给儿童自由，即允许儿童按其本性个别地、自发地表现；纪律不能通过命令、说教或任何一般的维持秩序的手段而获得，真正的纪律对儿童来说是主动的、是建立在儿童的自由活动之上的；儿童通过工作可以学会尊重他人的工作权利、懂得善和良好的规范；儿童工作遵循自然的法则，即秩序、独立、自由、专心和重复练习五个原则。

蒙台梭利非常重视儿童的感官教育和读、写、算，主张儿童在自由自发的活动中训练各种感官和学习读、写、算。其教具分为日常生活类、感官类、学术类和文化艺术类四种。她认为教师的作用是观察、指导、示范和准备，教师是教导员。

蒙台梭利的幼儿教育理论比福禄培尔的幼儿教育理论减少了宗教色彩，添加了生物学和心理学的科学基础，且吸收了近代教育学的部分进步观点，因而更具科学性。

美国的杜威（1859—1952 年）是 20 世纪对幼儿教育理论影响极大的教育家。他的著作主要有《我的教育信条》《学校与社会》《民主主义与教育》《经验与教育》等。

尽管杜威没有专门论及幼儿教育和幼儿教育实践，但他的教育理念实际上已成为20世纪早中期幼儿教育的重要理论基础，对世界许多国家的幼儿教育实践产生了极其深远的影响。杜威宣扬“儿童中心论”，他认为：教育就是促进儿童的自然生长；教育就是促进儿童经验的改组与改造；教育的过程就是儿童的生活过程。他主张将学校办成一个小型的社会，让儿童在活动中学习。杜威看到了儿童的主观能动性在学习中的重大作用，主张儿童在生活和活动中学习，这是难能可贵的。但他过分信任和夸大了儿童自身的学习能力，忽视了教师的主导作用。

瑞士的皮亚杰（1896—1980年）是发生认识论的创始人，也是现代世界著名的儿童心理学家。他认为：儿童通过与物体的相互作用、与同伴和成人的相互交往而学习。他强调活动的重要性，认为动作是主客体的桥梁，知识来源于动作而非物体，强调儿童的需要和兴趣，儿童智力的发展过程是其认知结构（即图式）通过同化和顺应而不断建构的过程。他还指出，儿童心理的发展受成熟、物理因素、社会环境和平衡四因素的影响。平衡即认知结构保持稳定的内在倾向。

0～15岁儿童的心理发展分为感知运动阶段（0～2岁）、前运算阶段（2～7岁）、具体运算阶段（7～11岁）和形式运算阶段（11～15岁）。儿童心理发展是内部结构的组织和再组织的过程，具有联系性和阶段性；各阶段都有其独特的心理结构，它的标志就是年龄特征；前一阶段是后一阶段的基础，后一阶段是前一阶段的发展；每一阶段都有质的区别。儿童新的发展是许多因素融合作用的结果，由没有系统的联系到构成整体。

皮亚杰的这一完整的富有辩证思想的儿童认知发展理论和发生认识论理论，为现代幼儿教育学的建立提供了认识论的基础。他首次将数理逻辑作为刻画儿童思维发展的工具，描绘了个体从出生到青年初期认知发展的路线。皮亚杰在《儿童的语言与思维》《儿童的道德判断》等著作中，还深入探讨了儿童的语言和道德的产生与发展的规律并提出了相应的教育对策，使人们对儿童的心理有了更深刻的认识。

当代幼儿教育理论已出现高度分化，幼儿教育理论流派众多，现略举几例：

（1）适宜发展性教育（Developmentally Appropriate Practice，DAP）思潮。

适宜发展性教育，是美国最大的群众性幼儿教育学术团体之一——全美幼儿教育协会（National Association for the Education of Young Children，NAEYC）针对当时美国幼儿教育的小学化、过分强调早期正规的学习而忽视儿童的游戏和童年快乐等问题提出的。适宜发展性教育非常强调儿童作为学习者的个别差异性和主体性，其主张：第一，教育要与儿童的年龄特征相适宜；第二，教育要与每一个儿童的个人特点相适宜。每一个儿童不但在成长与发展的速度、需要、兴趣及学习的形式上具有不同于他人的特点，而且每一个儿童的已有经验、家庭及文化背景、所持有的价值观等也不同，因此，衡量幼儿园教育质量的一个重要标准就是教育的适宜发展性。

从课程来源、成人责任、评价过程等方面分析，DAP思潮具有儿童中心论倾向，重视家庭的影响、强调经验的建构及儿童和周围环境的相互作用，相对忽视社会和知识。实际上幼儿园课程也必须考虑这两方面。

（2）瑞吉欧幼儿教育（Reggio Emilia Program）。

该理念和教育探索源于意大利北部的一座小城——瑞吉欧·艾米里亚。20 世纪 60 年代以来，该市在马拉古兹、凯兹、爱德华兹等人的发起和带动下，借助市政府和社区民众的全力支持与参与，经过专业人员数十年的艰苦努力，终于探索出颇具特色的堪称影响世界的幼儿教育体系。《儿童的一百种语言》是讲述该教育理念的重要著作。

瑞吉欧幼儿教育主要有如下七方面的特点：

第一，社会和家长参与，幼儿教育是全社会的事。幼儿教育是非常重要的市政工程，享有政府财政拨款。幼儿家长可以参加幼儿学校的所有环节的事务，并自觉承担起这一责任。

第二，学校管理风格是民主与合作。瑞吉欧教育系统是一个以儿童为中心的联盟、一个教师和儿童都可同样获得“家一样感觉”的地方。学校中没有一般行政机构中的行政事务，教师之间没有层级之别，他们是平等的合作者和共事者。全市的幼儿教育由一位主管负责，他直接向市政府报告工作，组织协调教研员进行宏观决策和研究并对所有的学校进行具体指导；教研员每人负责 5 ～ 6 所幼儿学校的全部业务工作。幼儿学校中每班有两名教师；每所幼儿学校还配备一名艺术教员，负责艺术教育，帮助教师丰富课程以及安排好幼儿活动。

第三，实行弹性计划和项目教学（也称“方案教学”）。瑞吉欧教育中的课程为“弹性计划”或生成课程，即强调过程中的设计而不是活动前的设计，师生共建课程。教师依其对整体目标和教育情景的把握，对儿童进行细心观察、分析和了解，使活动追随儿童的兴趣与表现，不断生成、变化和延伸。在教学方面，主要采用师生合作的探究式教学，将教学过程比作师生进行乒乓球游戏，教师必须接住儿童抛过来的“球”并以某种形式推挡回去。在游戏中，双方是合作的、平等的，教师更多地通过一些试探性的提问或商谈式的建议来引发儿童的探索与表达。教师的重要任务是将儿童的兴趣和努力积聚在宏观目标之下，但这并不依靠明确的控制和规范，而是通过教师对儿童活动的关心、支持、建议和帮助来实现的，整个教学过程充满了发现，自然而流畅。

第四，“一百种语言”是儿童学习和表达的手段。儿童学习和表达是动作手势、姿态、表情、绘画、雕塑、语言等多种手段的融合，儿童的这些表达手段记录和表现了他们的记忆、想法、预言、假设和情感，教师可以借以与之沟通，判断儿童的学习情况。

第五，教师通过合作学习与反思实践成长。瑞吉欧教育系统中的教师不是专门训练出来的，而是通过进入一个充满各种关系（儿童家长、其他教师、教研员、儿童）的环境学习而成的。各位教育者构成了合作的共同体，教师的成长和儿童的成长被视为“连续体”。教师在与儿童开展活动的过程中，观察、分析、记录、保存儿童活动的过程和结果，为儿童建立档案。这不但为教师本人计划和实施课程提供了信息基础，而且是教师自我反思和同其他教师、教研员共同分享的宝贵资源。

第六，开放的环境是学校的第三位教师。瑞吉欧教育系统设计改造环境的核心问题是如何促进环境的开放性和资源的高效综合利用，如学校向社区开放，所有的教室向一个中心区域敞开大门，厨房可随时参观。教师还竭力创造机会，在学校的每一角落都为儿童提供充分的交往机会，以便于他们沟通。

第七，不追求独特性和模式化。该教育理念很反感别人把他们对教育的理解和实践称为“模式”。在他们看来，模式意味着固定程序化，而教育理论与实践是不断发展变化的。他们也不刻意追求独特性，如他们没有经典的教材、昂贵的教具、严格的教学步骤和名师的指点，他们的特色是自然呈现出来的面貌。

综上所述，学前教育学的发展历史不是孤立的、自生自长的历史。学前教育学的发展，既与哲学、政治学、教育学、生理学、心理学等学科的发展密切相关，也与幼儿教育实践有着密切的联系。幼儿教育实践是学前教育理论的经验源泉和动力源泉，而其他学科的发展则是学前教育理论厚实的土壤和背景。

二、国内学前教育学的产生与发展

我国学前教育学的发展历史同幼儿家庭教育实践的历史一样久远，只是社会学前教育的理论同社会学前教育的实践一样相对低于世界水平。新中国成立以后，我国的学前教育学又经历了曲折的发展过程。总体而言，我国学前教育学的发展大致经历了如下三个阶段。

（一）学前教育学的孕育阶段（远古—1840 年）

在这一阶段，幼儿教育思想主要散见于哲学、政治学、医学、教育学和蒙学等著述中，内容极其丰富，主要涉及胎教、常规与道德教育、知识与识字教育、儿童心理与环境作用等方面。在这一时期，儿童主要在家中接受早期启蒙教育，社会学前教育尚未产生。因此，这一时期的幼儿教育思想基本上以家庭为背景，属幼儿家庭教育理论的范畴。其中，颜之推、王守仁和王廷相的幼儿教育思想较为出色。

北齐文学家颜之推（531—约 590 年以后）结合自己的亲身体验，认为个体年龄小时思想专一、记忆力强，而长大以后注意力分散、记忆效果较差，因此主张对儿童及早施教。他说：“人生小幼，精神专利，长成已后，思虑散逸，固须早教，勿失机也。”他十分赞成“教妇初来，教儿婴孩”的俗谚，也重视环境对儿童的影响，主张择邻而居。颜之推还主张父母对子女必须做到“威严而有慈”，反对“无教而有爱”。他认为，父母对子女应一视同仁、不能偏爱。颜之推的这些家庭教育思想至今仍有参考价值。

明代教育家王守仁（1472—1529 年）在其《训蒙大意示教读刘伯颂等》一文中指出，教育要适应儿童的身心特点。他说：“大抵童子之情，乐嬉游而惮拘检，如草木之始萌芽，舒畅之则条达，摧挠之则衰萎。今教童子，必使其趋向鼓舞，中心喜悦，则其进自不能已。譬之时雨春风，沾被卉木，莫不萌动发越，自然日长用化；若冰霜剥落，则生意萧索，日就枯槁矣。”王守仁的这一思想至今仍有极大的启发意义。

明代思想家王廷相（1474—1544 年）指出，必须注意儿童早期的道德教育，教育应以正面引导为主。他还认为，儿童应在与外界事物接触的过程中学习，否则就会孤陋寡闻。

（二）学前教育学的萌芽与产生阶段（1840—1949 年）

在这一时期，社会学前教育机构产生并逐步得到发展，学前教育法规开始出现，学前教育制度也初步建立。随着学前教育实践的进步，我国近代的学前教育学萌芽并产生。我国近代学前教育学形成的基础有两个：一是借鉴西方资本主义国家的教育理论，在这一时期，福禄培尔、蒙台梭利、杜威、桑代克、孟禄等人的教育思想先后传入中国；二是总结近代我国学前教育中国化探索过程中的经验。近代我国学前教育理论和实践的探索，为新中国成立后现代学前教育理论和实践的发展打下了较好的基础。

在这期间，蔡元培、陶行知、张雪门、陈鹤琴等人对近代我国学前教育学的萌芽和产生都做出了较大贡献。

蔡元培（1868—1940 年）在《贫儿院与贫儿教育的关系》《美育实施的方法》《新教育与旧教育之歧点》等文中，阐述了他的“尚自然”“展个性”的儿童教育观、幼儿公育思想以及幼儿美育的实施意见。他认为，教育应顺应儿童身心发展的规律，让儿童自由发展；幼儿教育应从胎儿期开始，依次在胎教院、育婴院和幼稚园中进行公育；胎教为美育的起点，三级幼儿教养机构应环境优美，以优美的环境熏陶儿童，以优秀的艺术作品教育儿童。蔡元培的幼儿教育观尽管在当时有些不切实际，但对我国近代幼儿个性教育、幼儿公育和美育三方面都产生了积极作用。

陶行知（1891—1946 年）在《创设乡村幼稚园宣言书》《幼稚园之新大陆》等文中，阐述了其为劳苦大众服务的幼儿教育思想和生活教育观。陶行知执着地主张幼稚教育应面向工厂和农村，为广大的劳苦大众服务。他针对当时幼稚园的三大弊病——外国病、花钱病和富贵病，提出要建立中国的、省钱的和平民的幼稚园。他还主张教、学、做合一，解放儿童的手、口、脑、眼、时间和空间，培养儿童的创造力。陶行知是我国平民幼稚教育理论的首创者和实践的开拓者，他提出幼儿教育要培养幼儿的生活能力。他的“艺友制”幼师培养方式也为我国幼师培训提供了新的思路。

张雪门（1891—1973 年）在《幼稚园教育概论》等著作中，提出了改造民族幼稚教育的主张和行为课程论。他认为，幼稚教育有四项目标：（1）铲除我民族的劣根性；（2）唤起我民族的自信心；（3）养成劳动与客观的习惯、态度；（4）锻炼我民族为争中华之自由平等而向帝国主义作奋斗之决心与实力。他认为，课程的本质是经验与行为，应随时代而变迁。早在 1929 年，他就在《幼稚园的研究》中指出：“课程是经验，是人类的经验。用最经济的手段，按有组织的调制，用各种的方法，以引起孩子的反应和活动。”“幼稚园的课程是什么？这是给三足岁到六足岁的孩子所能够做而且欢喜做的经验的预备。”虽然直到 1966 年，张雪门才正式提出“行为课程”的理论体系，但他早期对幼稚园课程的定义即已指出行为课程的内涵：让幼儿在幼稚园生活实践中学习。

张雪门认为课程和教材都来源于儿童直接的活动，选择教材的标准为：第一，合乎现实社会生活的需要；第二，合乎社会普遍生活的标准；第三，合乎儿童目前生长阶段的需要；第四，合乎儿童目前的学习能力。他还认为，幼稚园的课程应具有整个的、直接的、偏重个体发育的特点。

张雪门的这种重视儿童经验和活动、注重儿童活动中学习的思想值得我们借鉴。

陈鹤琴（1892—1982 年）的著作主要有《儿童心理之研究》等。陈鹤琴的幼儿教育思想极其丰富。

陈鹤琴

首先，他主张幼儿教育要符合中国的国情、要讲科学。他从 1920 年起，以自己的孩子为研究对象，研究幼儿的心理特征，从而推动了中国幼儿教育理论的科学化进程，为我国建立以儿童心理学为基础的幼儿教育理论做了开创性的工作。

其次，他深入地探讨了儿童游戏的意义、特征、种类以及游戏与年龄的关系、游戏材料等一系列的问题。他认为游戏能锻炼儿童身体、缓解紧张情绪、体现活动愉悦、展开儿童的想象，游戏是儿童最喜欢的活动、是儿童的重要生活，儿童在游戏中学习事半功倍，儿童的课程最容易游戏化。可以说，他是我国第一个详细论述儿童游戏的教育家，为我国儿童游戏理论的形成做出了一定的贡献。

最后，他批判地吸收了杜威的实用主义教育思想，结合中国的国情创立了“活教育”理论，成为我国幼儿课程论的奠基人。他认为教育要符合国情、讲科学；幼稚园课程内容的选择应注重儿童的生活环境，以大自然和大社会为中心；课程结构以“五指活动”为基本成分，应注意整体性，即健康、社会、科学、艺术和语文活动要统整安排，促进儿童整体的有机发展；课程实施采用“整个教学法”、游戏式和小团体式。他指出：因为儿童发展是整体的，儿童的生活是整体的，外界环境作用也是以整体的方式对儿童产生影响，所以，为儿童设计的课程必须是整个的、相互联系的；而游戏法是“整个教学法”的具体化。他提出了幼儿课程编制的十大原则和具体编制法。十大原则包括民族性、科学性、大众性、儿童性、连续发展性、现实性、适合性、教育性、陶冶性、言语性。具体编制法是直进法、圆周法和混合法。

陈鹤琴的幼儿园课程论，对我国近代幼稚园的课程建设和近十多年来的幼儿园课程改革都产生了深远的影响。他创办的南京鼓楼幼稚园是我国第一所幼稚教育实验中心。

总之，在这一时期，我国的学前教育学产生并得到了初步发展，学前教育理论以尊重幼儿、重视幼儿个性的培养和强调幼儿在生活、游戏、活动中学习为特征，是一种个性化的幼儿教育理论。

（三）学前教育学的发展阶段（1949 年至今）

自新中国成立至今，我国学前教育理论和实践经历了曲折的发展过程，大致有如下三个阶段：

（1）1949 年至 1957 年，我国借鉴苏联的幼儿教育理论和实践经验，在接管、改造旧中国的幼儿教育、发展新的幼儿教育的同时，制定了一系列有关幼儿教育的法规，初步确定了新中国幼儿教育的发展方针、性质、目标以及具体的教学方法和管理体制，从而建立了我国以马克思主义思想为指导的幼儿教育理论和社会主义性质的幼儿教育体系。

（2）1958 年至 1976 年，我国的幼儿教育实践大起大落，处于崩溃的边缘。

（3）1977 年至今，随着社会主义建设事业的发展，幼儿教育实践得到了长足的进步：国家重新制定了一系列有关幼儿教育的法规、文件；幼儿教育的规模迅速扩大；幼儿教育理论在借鉴国外现代的自由活动教育理论、总结我国历史上的幼儿教育理论成果和实践经验的基础上，也开始恢复和发展。

自 20 世纪 80 年代以来，我国幼儿教育科学研究取得了丰硕的成果，出现了前所未有的繁荣局面，具体体现在如下几个方面：

其一，幼儿教育研究机构和学术团体纷纷成立。自 1978 年中央教科所开设“幼儿教育研究室”以来，我国逐步建立起中央、省（自治区、直辖市）、地区、县四级幼儿教育研究机构网。自 1979 年中国学前教育学会幼儿教育研究会（1992 年更名为中国学前教育研究会）成立以来，全国各省（自治区、直辖市）几乎都成立了幼儿教育研究会。我国还成立了各级幼儿家庭教育研究会、幼儿心理研究会、幼儿园各科教育的研究分会等学术团体。全国许多高等师范学校都成立了学前教育系（学院）或学前教育研究中心，招收学前教育的本科生、硕士生甚至博士生。

其二，幼儿教育书刊丰富多彩。自 20 世纪 80 年代以来，我国各省（自治区、直辖市）几乎都有一份幼儿教育方面的报刊。1987 年，中国学前教育学会幼儿教育研究会与长沙师范学校合办《学前教育研究》，从而使我国有了第一份幼儿教育理论刊物。数十余年来，我国出版了大量的幼儿教育书籍：翻译出版了日、美、法等国的幼儿教育著作；整理出版了陶行知、陈鹤琴、张雪门等教育家的论著。所有这些，都为我国幼儿教育理论的恢复、发展做了理论奠基和资料准备工作。从 20 世纪 80 年代末开始，人民教育出版社又陆续出版了《学前教育学》《学前儿童心理学》《学前儿童语言教育》《学前儿童美术教育》等高等师范学校学前教育专业的教科书及参考资料，这是我国幼儿教育理论成果的一次大总结。

其三，幼儿教育研究蓬勃发展。改革开放以来，我国幼儿教育研究的范围极其广泛：既有对幼儿生理、心理的研究，又有对幼儿教育的研究；既有综合教育的研究，又有分科教学的研究；既有对幼儿园教育的研究，又有对幼儿家庭教育和社会教育的研究。参加研究的人员，既有幼儿教育界的理论工作者，又有活跃在幼儿教育第一线的保教人员及行政领导。从课题的级别分析，既有教育部与联合国儿童基金会的合作项目，又有省级、县级甚至各幼儿园自定的研究项目。总之，我国形成了一股研究幼儿教育的热潮。

纵观我国学前教育学的发展历史就会发现，我国学前教育学发展的道路极为坎坷，甚至出现过中断。直至 1977 年，我国的学前教育理论才开始走上平坦的、蓬勃发展的道路。由于我国的学前教育学被迫反复重建，缺乏历史的连续性和一致性，因此其理论水平较低并难以对我国学前教育实践提供一贯、有力的支持，影响了我国学前教育实践的科学化进程。

第四节　当代学前教育的发展趋势

学前教育历经原始社会儿童公育、古代社会家庭学前教育的发展阶段。到了近代，欧文的幼儿学校和福禄培尔的幼儿园等专门化的社会学前教育机构产生并得到逐步推广。19 世纪末，专门化的社会学前教育逐步制度化，成为学前教育的主要形式，同家庭学前教育共同承担了学前儿童保育和教育的任务。20 世纪中期以来，在社会变革背景下，学前教育受到各国重视，得到迅速发展。纵观当代学前教育的发展态势，我们可以看到如下发展趋势。

一、保障儿童权利、促进教育民主成为学前教育发展的指导思想

20 世纪以来，尤其是第二次世界大战以后，保障儿童权利、促进教育民主成为当代学前教育发展的指导思想。第一，从儿童权利保障来看，1989 年，联合国通过了《儿童权利公约》，使保护儿童的各种权利见诸各国法律。在儿童的各种权利中，儿童的生存权、教育权是重要内容。1990 年，联合国教科文组织通过了《世界全民教育宣言》，将学前教育列为全民教育发展目标之一，扩大儿童的看护和发展活动，包括家庭和社区的参与，尤其要扩大针对贫困儿童、处境不利儿童和残疾儿童的看护和发展活动。[①] 可见，包括学前儿童在内的儿童生活、生存、教育的权利，已经成为国际法的重要内容。第二，从教育民主化的角度来看，20 世纪 60 年代以来，教育民主化成为全球教育改革的基本目标，其核心指标是人人有受教育的权利、教育机会均等。

在上述指导思想的影响下，20 世纪 60 年代以来，各国采取多种措施，大力发展学前教育，扩大学前教育的规模，尤其强调保障处境不利的学前儿童，特别是那些身体残疾的学前特殊儿童的保育和教育权利的实现。一些国家不仅重视学前特殊儿童的

① 赵中建. 教育的使命——面向二十一世纪的教育宣言和行动纲领［M］. 北京：教育科学出版社，1996：28.

教育，而且提倡实施学前全纳教育（inclusive early childhood education）或学前融合教育（integrated early childhood education），主张将学前特殊儿童和健康的学前儿童安置在同样的机构中接受平等的保育和教育服务，这充分体现了尊重儿童权利和教育民主化的要求。

二、政府加大干预学前教育的力度

从保障儿童受教育的权利、促进教育民主的宗旨出发，第二次世界大战后，各国加大了对学前教育的干预、调整力度，出台了相应政策，提供专项经费，支持和促进学前教育的发展。美国在 1965 年颁布了《经济机会法》，推出了开端计划（Head Start），帮助处境不利家庭的 3 ～ 5 岁儿童接受学期保育和教育；1994 年推出了“早期开端计划”（Early Head Start），将服务对象扩大到 3 岁前的儿童。日本文部省从 1964 年到 2001 年，先后四次推出了幼儿园教育振兴计划，大力发展学前教育。

我国自 20 世纪 80 年代以来，制定颁布了《幼儿园管理条例》《幼儿园教育指导纲要（试行）》《幼儿园工作规程》等，规范学前教育行为，推动学前教育改革与发展。2010 年 11 月 21 日，国务院发布了《国务院关于当前发展学前教育的若干意见》，明确了我国学前教育未来的发展方向与原则，即“发展学前教育，必须坚持公益性和普惠性，努力构建覆盖城乡、布局合理的学前教育公共服务体系，保障适龄儿童接受基本的、有质量的学前教育；必须坚持政府主导，社会参与，公办民办并举，落实各级政府责任，充分调动各方面积极性；必须坚持改革创新，着力破除制约学前教育科学发展的体制机制障碍；必须坚持因地制宜，从实际出发，为幼儿和家长提供方便就近、灵活多样、多种层次的学前教育服务；必须坚持科学育儿，遵循幼儿身心发展规律，促进幼儿健康快乐成长”。从 2011 年开始，教育部逐步扩大学前教育的规模，提高学前教育的质量。《中共中央 国务院关于学前教育深化改革规范发展的若干意见》提出：“坚持政府主导。落实各级政府在学前教育规划、投入、教师队伍建设、监管等方面的责任，完善各有关部门分工负责、齐抓共管的工作机制。牢牢把握公益普惠基本方向，坚持公办民办并举，加大公共财政投入，着力扩大普惠性学前教育资源供给。”

资料链接

美国“开端计划”

开端计划是美国联邦政府对处境不利儿童进行教育补偿，以追求教育公平，改善人群代际恶性循环的一个早期儿童项目。该计划自创始至今的数十余年里，已经为千万名儿童提供了服务，在很大程度上减少了留级和接受特殊教育的儿童的数量，既赢得了贫困家庭的好评，又促进了社会的教育公平。

1981 年出台的《开端计划法案》（Head Start Act）规定，联邦政府每年至少应为开端计划项目拨款10.7亿美元。自该法案颁布实施以来，联邦政府对开端计划项目的拨款数额逐年增加：1990年为15.52亿美元；1999年达到46.58亿美元，是1990年的三倍；到了2005年，拨款数额达到了68.43亿美元，是1990年的四倍。从人均来看，1992年政府对每名儿童的投入是3 415美元；2004年达到了7 222美元，是1992年的两倍。2007年，美国国会参众两院高票通过了有效期为五年的开端计划新法案，该法案规定联邦政府应在2008年向开端计划提供73.5亿美元的资金支持，还增加了无家可归儿童、流动儿童、身体残疾儿童及非英语母语儿童参与开端计划项目的机会。

开端计划不向家长收取费用，其经费80%来自联邦政府的拨款，其余主要来自社区。联邦政府的拨款自开端计划实施以来从未停止过，且数额始终呈上升趋势。[①]

三、学前教育的发展水平不断提高

当代各国学前教育的发展水平不断提高，表现为：

第一，学前教育的普及水平显著提高。2006年，由联合国教科文组织、联合国儿童基金会等国际组织发布的《全民教育全球监测报告》显示：各国政府在为3岁以上的幼儿提供保教计划方面扮演了积极的角色；70%的国家将3岁作为幼儿接受教育的起始年龄，在发达国家，大多数幼儿在入小学前至少能接受两年免费的保育和教育。[②]发达国家的学前教育已着重关注3岁前的婴幼儿以及处境不利的学前儿童的保育和教育问题。

第二，学前教育制度灵活多样，能够适应社会各方面发展的要求。从形式上看，学前教育机构包括幼儿园、托儿所、日托中心、家庭日托、小学学前班等多种形式；从体制上看，既有私立学前教育机构，又有公办学前教育机构，如我国就确立了“政府主导，社会参与，公办民办并举”的学前教育发展格局；从职能上看，强调保育和教育两种功能的“一体化”成为各国学前教育改革的共同趋势。

第三，托幼机构教师的专业化水平提高。教师的学历普遍得到显著提升，而且各国逐步建立了托幼机构教师的专业资格制度。

第四，现代科学技术成果在学前教育中得到广泛运用，如各种心理学、脑科学等的研究成果能够得到及时应用，并指导学前教育理论研究和实践改革；信息技术应用促进了学前教育内容、方式、手段的发展等。

① 郑三元，邹巧玲，尹小晴．学前教育学基础［M］．北京：北京理工大学出版社，2018：21.

② 朱宗顺．全民教育视野中的全球幼儿教育——全民教育全球监测报告（2007年）对全球幼儿教育的关注［J］．幼儿教育（教育科学版），2007（1）.

本章小结

知识结构图

- 学前教育学概述
  - 学前教育与学前教育学的含义
    - 学前教育的含义
    - 学前教育的组成要素
    - 学前教育学的含义
    - 学前教育的类型
  - 学前教育学的研究对象、任务与意义
    - 学前教育学的研究对象
    - 学前教育学的任务
    - 研究和学习学前教育学的意义
  - 学前教育学的产生与发展
    - 国外学前教育学的产生与发展
    - 国内学前教育学的产生与发展
  - 当代学前教育的发展趋势
    - 保障儿童权利、促进教育民主成为学前教育发展的指导思想
    - 政府加大干预学前教育的力度
    - 学前教育的发展水平不断提高

关键概念

学前教育　学前教育学

讨论及思考题

1. 作为学科的学前教育学的含义及研究的目的、任务是什么？
2. 梳理学前教育学的发展轨迹。
3. 结合实际，讨论研究和学习学前教育学的意义。
4. 当代学前教育的发展趋势是什么？

第二章

学前教育与社会发展

学习目标

- 理解学前教育的社会制约性
- 理解学前教育的社会功能
- 熟悉现代社会变迁下的学前教育发展历程

教师专业标准及教师资格考试要求

- 贯彻党和国家的教育方针政策，遵守教育法律法规
- 了解关于幼儿生存、发展和保护的有关法律、法规及政策规定
- 了解中国学前教育的基本情况

学习导引

社会是由政治、经济、文化等构成的一个复杂系统，学前教育是这一系统的重要组成部分。学前教育与社会政治、经济、文化、人口等相互影响、相互制约。通过本章的学习，我们将会了解学前教育的社会制约性、学前教育的社会功能、学前教育随着社会变迁而发生的变化。

第一节　学前教育的社会制约性

学前教育的社会制约性是指学前教育发展与社会密切相关，受其制约。学前教育的过程，就其本质而言，就是使学前儿童逐步适应社会要求的过程。学前教育的产生、发展，学前教育的性质、宗旨和目的，甚至学前教育的内容、方法、手段都是由社会决定的，而且这种决定不是由谁主观发明的，而是自人类社会产生起就存在的。

社会对学前教育的制约性具体表现为经济、政治、文化等因素对学前教育的制约。

一、经济对学前教育的影响和制约

（一）经济发展水平制约学前教育的产生

原始社会初期，生产力水平低下，人们以狩猎和采集现成的自然产品为生，儿童很早就要参加成人的活动，并且在日常生活中受到教育。教育与生活、劳动结合在一起，还没有分离为一种特殊的社会职能，因此不需要专门的学前教育机构。

在奴隶社会和封建社会，社会经济的发展带动社会劳动逐渐复杂化，社会生产方式是小农经济和小手工业，以畜力耕作和手工操作为主，生产力发展很慢，年轻一代不要特别学习技能就能够参加社会劳动，人们为了最基本的生活而劳动，根本没有多余的物质生活资料为学前教育服务。因此，学前教育长期处于自然发展状态，没有促进其发展的经济动因，进展缓慢。

资本主义大工业的兴起导致产生了建立学前教育机构的社会需要。18 世纪 60 年代，随着第一次工业革命的到来，生产力的提高增加了社会物质财富，为专门的社会学前教育机构的产生提供了物质基础；另外，工厂的发展使得工人数量急剧增加，许多妇女也走出家庭去工作，儿童无人照料，所以专门的社会学前教育机构应运而生。当时工业发展较为迅速的国家相继建立了保育学校、母育学校等社会化学前教育机构，而经济发展水平较低的国家，产生社会化学前教育机构的时间较晚。

法国最早的幼教机构“编织学校”产生于 18 世纪；英国的欧文于 1816 年在苏格兰创办了“新拉纳克幼儿学校”；德国在 19 世纪初创办了私立的幼儿教育机构，其中巴乌利美于 1802 年创办的“保育所”最具代表性；美国于 1818 年在波士顿开办的“小学校”专收 4 ～ 7 岁的儿童；日本于 1876 年在东京女子师范学校开设了附属幼儿园。清代末年，我国的大工业生产落后于欧美国家。因此，我国学前教育的诞生也比欧美发达国家晚了近一个世纪。这些历史事实说明，经济发展水平的高低直接影响和制约学前教育的产生。

（二）经济发展水平制约学前教育的发展规模与速度

学前教育的发展需要有一定的人力、物力和财力，而社会能够给学前教育发展提供的物质条件是由经济发展水平决定的。经济发展水平决定着社会剩余劳动产品的多少、自由劳动时间的多少，进而又直接关系到社会财富的积累和允许多少人脱离或暂时脱离物质生产过程。教育事业必须建立在一定的物质基础上。

经济发展水平影响社会对学前教育的需求。一般而言，经济发展水平较高的国家和地区的儿童入园率较高。20 世纪上半期，我国经济发展缓慢，专门的学前教育机构建立较晚，发展较慢。中华人民共和国成立之后，随着经济的不断发展，学前教育才有了较大的发展，幼儿园的数量、幼师的数量和儿童的入园率都有了大幅度的提高。目前，上海市已基本普及学前 3 年教育。

学前教育机构的发展要与经济发展相适应。比如，1958 年，全国幼儿园由 1957 年的 1.6 万余所激增至 69 万余所，但幼儿园的发展缺乏相应的经济基础支撑。1961 年后，许多幼儿园停办，幼儿园的数量又回到了 1957 年的水平。

总而言之，经济发展水平在为学前教育提供一定物质条件的同时，也对学前教育事业的规模和速度产生制约和影响作用。纵观世界各国的学前教育发展史，我们发现，各国大都在蒸汽时代开始创办社会学前教育，在电气时代开始重视学前教育，在电子计算机普遍使用的信息时代才进一步强调学前教育的普及问题与质量问题。目前，已有许多国家将学前教育纳入正规教育体系，通过立法确定学前教育的社会地位，实行学前义务教育。我国在《国家中长期教育改革和发展规划纲要（2010—2020 年）》中明确提出，基本普及学前教育。所有这些，绝不是主观愿望使然，而是不断提高的经济发展水平对学前教育的推动作用。

（三）经济发展水平制约学前教育的任务和目标变迁

教育的目标之一是培养人才、培养劳动者，使年轻一代能顺利地参加社会生活和生产劳动。自 18 世纪以来，生产力不断发展，对劳动力不断提出新的要求，对培养年轻一代提出新的目标，因此各教育阶段的教育任务也随之不同。从学前教育发展的总趋势来看，学前教育从最初的带有慈善性质，发展到只能对儿童的生活和安全进行照管再到关注儿童情感及智力的发展，后又转向促进儿童身心全面健康发展并为儿童的一生发展打好基础。在这一变化中，由于经济发展直接影响学前教育所能获得的财力和人力，并对学前教育提出办学要求，因此它是影响学前教育发展变化的主要因素之一。

在 20 世纪 50 年代初期，我国由城市街道集体举办的幼儿园、托儿所和农村举办的幼儿园、托儿所，大都以照看儿童的安全为主要任务。数十年来，随着社会经济的发展，学前教育大都转向以教育儿童，促进每个儿童富有个性地发展，并为儿童一生的发展打好基础为任务。当前我国经济的发展和改革，引起了社会生活的新变化和教育领域的新变化，我们所需要的人才，除了应具有良好的政治素质、科学素质和身体素质外，还必须具有创新精神和实践能力。从小培养儿童的主动性、独立性和创造性，因地制宜地实施素质教育是学前教育的主要任务；为儿童一生的长远发展和可持续发展打好基础是学前教育的主要目标。

（四）经济发展水平制约学前教育内容、手段的变革

学前教育的内容和手段与经济发展水平密切相关。经济的发展既能创造更多的社会物质财富，又可以促进科学技术和文化教育的发展，为丰富、更新教育内容和手段提供条件。自福禄培尔 1840 年创办幼儿园、制定幼儿园教育内容、设计恩物以来，在经济发展的影响下，学前教育的内容和手段有了很大变革。

教育内容方面：在经济发展水平低下的原始社会，儿童属于整个氏族，学前教育的内容主要与生活和生产密切相关；随着生产力的发展和私有制的产生，一夫一妻制的家庭出现，家庭教育取代了氏族共育，学前教育的内容增加了儿童品德和行为习惯的养成教育；在当前经济大发展的背景下，学前教育扩大了认识社会环境和自然环境的内容与要求，注重培养儿童的求知欲和认识周围事物的兴趣，注重发展儿童的智力和能力，注重培养儿童的社会交往能力。

教育手段方面：在经济发展水平较低的时代，学前教育以教师的演示和口授为主，儿童通过听课学习；而在经济发展水平较高的现代社会，寓教育于一日生活，开发各种观察、操作、体验活动，强调“做中学”，教师借助电视、计算机、视频、幻灯片等现代化教学手段实施多样化教学，不断提高学前教育的质量，使儿童获得最大限度的发展。

二、政治对学前教育的影响和制约

政治是指政府、政党等治理国家的行为。政治是以经济为基础的上层建筑，是经济的集中表现，是以国家权力为核心展开的各种社会活动和社会关系的总和。政治就其内容而言，是阶级社会中各阶级为维护和发展本阶级的利益而采取的策略、行为、手段和组织形式。对于国家中占统治地位的阶级来说，政治就是对统治权的维护和对国家的管理。政治对学前教育的影响是复杂多样的，这里重点探讨政治对学前教育的性质、领导权、教育目的和内容、管理体制及学前儿童的受教育权等方面的影响。

（一）政治对学前教育性质的影响

学前教育是培养人的活动，对哪个阶级和阶层的子女进行教育、进行什么样的教育，要培养他们成为什么样的人，这些学前教育的方针、政策等都主要是由政治决定的。

在不同形态的社会，由于社会的政治不同，学前教育的性质也不同。

原始社会没有阶级划分，儿童出生后在氏族中接受教育，教育是没有阶级性的。自奴隶社会起，进入了阶级社会，教育具有了阶级性。如我国夏、商、周时期，奴隶主的子女由专人负责教育，从小培养他们成为压制奴隶的统治者。在封建社会中，地主阶级的子女从小在家庭中接受封建伦常礼教，读书的目的就是做官，以巩固宗族、巩固君权；而下层劳动人民的子女只能在日常生活和生产中接受劳动训练。

在半封建半殖民地的旧中国，学前教育也必然是半殖民地半封建的性质。清政府倡办的蒙养院，教育内容和方法主要效仿日本，同时保存了浓厚的封建性。

新中国成立后，学前教育机构面向广大干部、群众和工农子女，学前教育贯彻为生产服务、为群众服务的方针，并根据教育方针明确了幼儿园的教育任务与内容，使学前教育具有了社会主义性质。

改革开放后，我国学前教育事业有了很大发展。我国政府制定实施了《幼儿园工作规程》《幼儿园管理条例》《幼儿园教育指导纲要（试行）》《3－6岁儿童学习与发展指南》等法规性文件，在一定程度上推动了学前教育事业的发展和教育质量的提高。

近十年，我国政府通过颁布各项指导性文件推进学前教育的改革和发展。2010年，《国务院关于当前发展学前教育的若干意见》提出积极发展学前教育，着力解决当前存在的“入园难”问题，满足适龄儿童入园需求，促进学前教育事业科学发展。同年颁布的《国家中长期教育改革和发展规划纲要（2010—2020年）》提出到2020年，普及学前一年教育，基本普及学前两年教育，有条件的地区普及学前三年教育。2012

年教育部在京召开《学前教育法》立法座谈会，积极推动学前教育立法工作，并广泛听取社会各界对学前教育立法的意见和建议。2021 年教育部等 9 部门印发《“十四五”学前教育发展提升行动计划》，其中明确提到进一步提高学前教育普及普惠水平，到 2025 年，全国学前三年毛入园率达到 90% 以上，普惠性幼儿园覆盖率达到 85% 以上，公办园在园幼儿占比达到 50% 以上。覆盖城乡、布局合理、公益普惠的学前教育公共服务体系进一步健全，普惠性学前教育保障机制进一步完善，幼儿园保教质量全面提高，幼儿园与小学科学衔接机制基本形成。

我国学前教育的历史发展历程表明，它所走过的每一步都与当时的社会历史条件、政治经济发展状况息息相关。掌握政权者利用其拥有的立法权，通过颁布有关学前教育的法律、法规、政策和制度，决定着学前教育的性质。

（二）政治决定学前教育的领导权

马克思、恩格斯曾指出：“一个阶级是社会上占统治地位的物质力量，同时也是社会上占统治地位的精神力量。支配着物质生产资料的阶级，同时也支配着精神生产资料。”[①] 统治阶级利用他们在政治、经济、思想方面的统治地位，控制绝大部分学前教育机构，从而牢牢掌握学前教育的领导权。

首先，统治阶级利用国家权力机构掌握学前教育的领导权。他们通过国家政权颁布法律、政策、法令，规定办学宗旨、方针，并以强制的手段监督执行，据此将学前教育纳入他们所需要的轨道上。同时，各级政权机构往往还通过任命学前教育机构领导人和教师，从组织上保证这种领导权。2022 年，教育部印发《幼儿园保育教育质量评估指南》，聚焦幼儿园保育教育过程及影响保育教育质量的关键要素，围绕办园方向、保育与安全、教育过程、环境创设、教师队伍五个方面提出了 15 项关键指标和 48 个考查要点，旨在引导幼儿园全面贯彻党的教育方针，落实立德树人根本任务，尊重幼儿年龄特点和发展规律，坚持保育教育相结合，以游戏为基本活动，不断提高幼儿园办园水平和保教质量。

其次，统治阶级利用经济力量来控制学前教育的领导权。国家可以利用拨款等办法，有效地控制学前教育。2011 年，财政部会同教育部印发《关于加大财政投入支持学前教育发展的通知》，通过设立学前教育发展专项资金，着力扩大学前教育资源，加快学前教育发展，重点向中西部农村地区倾斜。2014 年，经国务院批准，启动实施第二期学前教育三年行动计划。中央财政按照有关要求，进一步调整完善政策措施，继续推动地方扩大普惠性学前教育资源、加强师资培训、健全幼儿资助制度等。据统计，2011—2015 年，中央财政共安排支持学前教育发展中央专项资金 719.3 亿元。2015 年，中央财政下拨 150 亿元支持学前教育发展，采取以奖代补方式引导和支持地方通过新建、改扩建、购买服务，在偏远农村地区实施巡回支教试点等多种方式扩大普惠性学前教育资源，健全幼儿资助制度，帮助家庭经济困难幼儿和孤残儿童接受学前教育。

---

① 马克思，恩格斯．马克思恩格斯选集：第 1 卷［M］．3 版．北京：人民出版社，2012：178.

资料链接

中央财政下达支持学前教育发展资金198.4亿元

为贯彻党的十九届五中全会精神，落实《中共中央 国务院关于学前教育深化改革规范发展的若干意见》，近日，中央财政下达2021年支持学前教育发展资金预算198.4亿元，较上年增加10亿元，增幅5.31%。

为支持和引导地方加快提升学前教育质量，从2021年起，在继续支持扩大普惠性资源供给、健全普惠性学前教育经费投入机制、巩固幼儿资助制度基础上，支持学前教育发展资金新增“支持提高保教质量”的支持方向，重点改善普惠性幼儿园办园条件，配备适宜的玩教具和图画书，同时对能够辐射带动薄弱园开展科学保教的城市优质园和乡镇公办中心园给予支持。财政部要求各地切实发挥省级统筹作用，按照轻重缓急原则合理安排预算，科学分配资金，继续加大对脱贫地区的支持力度，加大对积极推动普惠性民办园发展的地区的支持力度。

从2011年起，财政部会同教育部等部门支持各地实施了三期学前教育行动计划。据统计，2011—2020年中央财政累计安排支持学前教育发展资金1 530亿元，带动地方加大投入力度，持续扩大普惠性教育资源供给，深化体制机制改革，建立健全幼儿资助制度，加快推进学前教育事业发展。2020年，全国学前三年毛入园率达到85.2%，比2010年的56.6%提高了28.6个百分点，如期实现既定目标。

最后，统治阶级以思想上的优势力量控制学前教育。在学前教育领域内，通过教材的编定、各种婴幼儿读物的发行以及对保教人员思想上的影响，统治阶级在实际上左右着学前教育的发展方向。2019年6月4日，教育部直属机关“不忘初心、牢记使命”主题教育全面启动。“不忘初心、牢记使命”主题教育领导小组组长强调，教育部党组及直属机关各级党组织要按照中央统一部署，扎实开展“不忘初心、牢记使命”主题教育，用习近平新时代中国特色社会主义思想和党的十九大精神武装头脑、指导实践、推动工作，教育引导广大党员干部更加自觉地为加快推进教育现代化、建设教育强国、办好人民满意的教育而努力奋斗。

（三）政治影响学前教育的目的和内容

学前教育的根本目的是为社会培养合格人才。在一定的社会中，培养具有什么样政治方向、思想意识的人才是由社会的政治制度决定的，直接反映了国家的利益和需要。因而，在政治制度不同的社会，便有不同的教育目的。社会中占统治地位的阶级为了确保教育能够培养出他们所需的人才，总是利用他们掌控的国家机器直接控制教育，为教育确定培养人才的标准、选择教育内容、提出道德要求等。

我国的《幼儿园教育指导纲要（试行）》明确规定了幼儿园的教育任务和内容。其中，幼儿社会领域的目标和内容是统治阶级的意志在幼儿教育方面的集中反映，如社会领域教育内容中明确指出要“引导幼儿实际感受祖国文化的丰富与优秀，感受家乡的变化和发展，激发幼儿爱家乡、爱祖国的情感”。还有2016年修订的《幼儿园工作规程》中进一步强调幼儿园要贯彻国家的教育方针，按照保育与教育相结合的原则，遵循幼儿身心发展特点和规律，实施德、智、体、美等方面全面发展的教育，促进幼儿身心和谐发展。这些纲领性文件中的所提出的要求都具有鲜明的政治色彩。

（四）政治影响学前教育的管理体制

教育管理体制直接受制于社会关系。在不同的政治体制框架下，地方政府与中央政府之间的关系有很大的不同，因此，对教育的影响和期待也会有很大的不同，据此形成的教育管理体制也不相同。

在中央集权的政治体制下，中央与地方是一种垂直的领导与服从关系。与此相对应的教育管理体制相对刻板统一，如统一的教育主管部门、从中央到地方垂直的幼教行政管理体制、统一的幼儿园课程标准等。在地方分权的政治体制下，中央与地方更像是一种平行关系。与此相对应的教育管理体制是无中心的或者是多中心的，这就为各地幼儿教育发展提供了特殊空间。在中央调控加地方分权的政治体制下，中央是有限调控，地方是有限自治，中央与地方权力的格局处于一种张力状态。与此相对应的教育管理体制既突出国家的宏观调控，又强调各地幼儿教育的自主发展。

目前，我国的学前教育实施的是“地方负责，分级管理”的管理体制，强调发挥中央和地方两个方面的积极性。全国人民代表大会及其常务委员会能够制定面向全国的法律法规，是一个“立法者”的角色。具体实施上，地方政府拥有财权、事权，在执行中央政策的时候往往要经过“本土化改造”。在幼儿教育方面，《幼儿园教育指导纲要（试行）》中明确指出“城乡各类幼儿园都应从实际出发，因地制宜地实施素质教育，为幼儿一生的发展打好基础”。在幼师发展方面，2017年教育部对十二届全国人大五次会议第5795号建议的答复中，在“关于公办幼儿园教师编制纳入教师编制范畴”问题上明确说明了我国幅员辽阔、各地经济发展水平差异较大、东中西部学前教育需求不一，为保证各地学前教育既符合当地实际又尽可能与现阶段财力水平相适应，根据事业编制分级管理体制，不宜制订全国统一的编制标准和管理办法。中央机构编制部门不进行统一核定。各省区市可根据实际工作需要，自行制订适合本地实际的具体标准和管理办法。当时，浙江、山东、广东、广西、陕西等地结合本地实际，参照《幼儿园教职工配备标准（暂行）》，出台了当地公办幼儿园教职工编制标准及实施细则，并对农村边远地区给予了倾斜。如广东规定农村幼儿园可视情况增加1～3名专任教师编制；山东、广西规定每3～5年重新核定一次幼儿园教职工编制等。

此外，政治体制也影响幼儿园内部的微观管理体制。一般来说，民主制国家，其幼儿园的内部管理也比较民主，教师有较大的自主权，幼儿自主的个人活动多；反之，则实行集中管理，教师只能照章办事，对幼儿管制较多，幼儿活动以集体活动为主。①

① 蔡迎旗．学前教育概论［M］．武汉：华中师范大学出版社，2006：46.

（五）政治制约着学前儿童的受教育权

在阶级社会中，各阶级在政治、经济上的不平等，反映在学前教育上主要表现为受教育权的不平等，比如谁有接受学前教育的权利、接受什么样的学前教育、在哪里接受学前教育等。这种不平等的受教育权或是由国家法律明文规定的，或是由受教育者的家庭经济或其他条件所决定的。

现代西方一些国家的幼儿教育机构分为公立和私立两种。一般情况下，大部分人的子女只能进入一般的公立幼教机构，而有钱有权人家的子女可以进入私立的、贵族式的幼儿园。贵族式的幼儿园同一般的幼儿园在师资条件、园舍建筑、教育质量等方面都存在极大的差别。

再如我国清代末期，尽管颁布了“壬寅学制”“癸卯学制”，但男尊女卑的观念却根深蒂固，男女儿童不能平等地享有教育权，女童进蒙养院者极少。中华民国成立后，随着政体的变更、“女禁”的解除，接受幼儿教育的女童人数才日益增多。新中国成立后，国家提倡男女平等，至此，接受幼儿教育的男女儿童人数才大致相等。

三、文化对学前教育的影响和制约

文化是一个复杂的社会现象，也是人类社会特有的现象。广义的文化是指人类在社会历史实践过程中所创造的物质文明和精神文明的总和；狭义的文化是指人类创造的精神财富，即思想、道德、教育、艺术、科技、文学、宗教、习俗等。对文化的结构解剖，有“两分说”，即分为物质文化和精神文化（非物质文化）；有“三层次说”，即分为物质、制度、精神三层次；有“四层次说”，即分为物质、制度、风俗习惯、思想与价值；有“六大子系统说”，即分为物质、社会关系、精神、艺术、语言符号、风俗习惯六个系统。

文化与教育相伴而生，文化给教育以社会价值和存在意义，教育给文化以生存依据与生机活力。文化与教育的关系比政治、经济与教育的关系更加密切、更加直接，因为教育传承的就是文化内核、文化素质。文化的内涵是广义而多歧的，从无所不包的文化整体到文化的精神层面，其内涵有一个逐步收缩和聚集的过程。[①] 这里将从价值观念的意义上使用文化的概念，探讨主流文化对学前教育的影响。

（一）文化传递模式制约学前教育的价值取向

文化传递是文化的世代相接，是文化在时间上的延续。[②] 美国文化人类学家玛格丽特·米德从文化传递模式出发，将人类文化分为三种基本类型：后喻文化、互喻文化、前喻文化。后喻文化是一种面向过去的文化，指晚辈主要向长辈学习；互喻文化是指长辈和晚辈的学习都发生在同辈人之间；前喻文化是长辈反过来向晚辈学习的文化。与米德的三种文化模式相对应，存在着三种教育取向，即“复制”取向的教育、

---

① 王海英. 学前教育社会学［M］. 南京：江苏教育出版社，2009：48－49.

② 鲁洁. 教育社会学［M］. 北京：人民教育出版社，1990：149.

"适应"取向的教育、"创新"取向的教育[①]。

在后喻文化模式下，教育表现出显著的"复制"前人文化的价值取向。这种"复制"是全方位的。从"复制"的对象看，被复制者——教师、家长及其他长辈的高权威地位是绝对化的。从"复制"的内容看，在漫长的农业社会中，一方面由于生产力水平低、知识产出少，另一方面也由于受多"复制"而少"创造"、多"传承"而少"变革"的后喻文化传递模式的影响，整个教育内容变化缓慢。从"复制"的方法看，几乎都是个别化地进行师传徒受、子承父业式的口耳相传的教与学，晚辈更多地进行模仿和记忆。"复制"取向的教育通常表现为一种强调权威的绝对化、内容的统一化、方法的简单化的教育，其本质通常是贬抑人类创造、压抑儿童个性。可以说，这一时期是教育中无"人"的时期、无"主体"的时期。[②]

在前喻文化模式下，教育表现出面向未来"创新"的价值取向。随着社会信息和教育内容的日新月异，儿童对新鲜事物的敏感度和接受能力已远远超出墨守成规的长辈，学前教育已无法立足"继承"与"积累"式的传承模式，"开放""创新"式的传承势在必行。

与前喻、后喻的文化传递模式不同，互喻的文化模式不是发生在亲代与子代之间，而是发生在同辈群体中。互喻的传递模式演绎的是一种平等的关系，而正是这种平等关系使儿童的同伴群体成为其社会化过程中重要的他人。

（二）文化心理制约学前教育的形式和内容

在对教育形式的影响方面。古代中国受到"万般皆下品，唯有读书高"的影响，重视知识的传授。我国的幼儿教育是基础教育的有机组成部分，其性质是面向全体的、普及性的，并非选拔性的。但是，受"学而优则仕"的文化情结的影响，在一定时期内，教育系统形成了以知识评价为主流的考试制度和升学制度。目前，我国中小学阶段片面追求升学率的倾向正在得到有效的纠正，严禁在应试指挥棒下，幼儿园成为小学的预备班、成为小学教育向幼儿阶段的延伸。

在对教育内容的影响方面。过去，长期成为儿童读物的《三字经》《百家姓》《千字文》等蒙学作品，主要就是传授儒家的文化思想、道德伦理，重视道德知识的教授。随着教育的不断改革，在2001年，我国颁布的《幼儿园教育指导纲要（试行）》明确指出，幼儿园的教育内容是全面的、启蒙性的，可以相对划分为健康、语言、社会、科学、艺术五个领域，也作其他不同的划分。各领域的内容相互渗透，从不同的角度促进幼儿情感、态度、能力、知识、技能等方面的发展。当下，学前教育也重视开发中华优秀传统文化中可以利用的课程资源，包括民族语言、民间游戏、传统风俗等等，这些都为幼儿园的课程提供了广阔的教育空间。例如：民间游戏承载了中华优秀传统文化，对儿童群体发展和个体成长，特别是社会化得当发展有着重要的价值。

---

① 张义兵. 文化传递模式与教育价值取向：一种社会学分析［J］. 南京师大学报（社会科学版），2000（5）.

② 同①.

（三）文化传统制约学前教育的传承与变革

传统是复杂的历史构成，既是历史又是现实，是历史在现实中的沉积。它不仅作用于过去，而且构成一种强大的现实力量作用于当前乃至未来。现实的教育不能不受文化传统的影响。

从世界上看，美国的教育在于培养能适应“民主社会”要求的理想公民，有浓厚的实用主义色彩；英国注重涵养文化、陶冶品行及形成智能的训练，有明显的绅士教育遗风；法国注重造就才智出众的精英；德国注重培养以国家为重的公民。教育传统上的差异都与这些国家的文化传统紧密相关。[①]

我国有着深厚的文化传统，如在价值观念上重群体和谐，具体表现为：在人与自然的关系上，强调天人合一；在个体与社会的关系上，强调个体融于社会；在人与人的关系上，强调长幼有别、尊卑有序的格局。在幼儿园的日常生活中，教师与教师、教师与保育员、教师与管理者、教师与幼儿之间建构起不同的关系世界，其核心原则就是“有序”。在看重自主、独立的文化里，更强调培养儿童的个性、独立性和自主性，教师的教育教学过程要以儿童为本，理解和尊重儿童。

此外，在思维方式上，中华优秀传统文化强调中庸、不偏不倚。这一点在幼儿园课程内容与目标的制定上可见一斑。比如《幼儿园教育指导纲要（试行）》一方面继承了20世纪30年代课程中五大领域的思想，另一方面又吸纳了瑞吉欧、维果茨基等的教育思想。在具体的目标表述部分，该文件在激进与保守、必须与可以、自己与他人之间辩证地存在着，既不凸显一个维度、贬低另一个维度，也不把任何一个维度提高到非此不可的地步，体现了一种轻松拿捏的中国式智慧。[②]

在教育发生历史性变革的背景下，一方面，我们要看到当前教育改革中遇到的各种阻力追根溯源都与文化传统有一定的关系；另一方面，我们也不得不承认文化传统是当前教育的根基，彻底否定文化传统会导致文化教育的真空。因此，要正确认识文化传统对教育的制约与影响，促进当前学前教育改革的跨越式发展。

第二节　学前教育的社会功能

依据教育功能对象的不同，教育的功能可分为个体功能和社会功能。前者是指教育活动对于个人的发展功能，后者主要是指教育活动对于社会的发展功能。学前教育的社会功能是指学前教育通过自身职能的正常履行而产生的一种社会功效，具体地说，包括经济功能、政治功能、文化功能等。

---

① 王道俊，郭文安．教育学［M］．6版．北京：人民教育出版社，2009：56．

② 王海英．学前教育社会学［M］．南京：江苏教育出版社，2009：53．

一、学前教育的经济功能

学前教育的经济功能，是指学前教育通过培养能够参与各种经济活动的劳动者和专门人才使社会生产力和经济得到发展。①

（一）学前教育对提升劳动力素养有基础性作用

劳动力是生产力中能动的要素，是人的身体中存在的体力和智力的总和。这种表现为能够生产某种使用价值的体力和智力总和的生产力并非个体自然生长的结果。个体生命的成长只构成了可能的劳动力，一个人只有经过教育和训练、掌握一定生产部门的劳动知识、技能和技巧并参与创造某种使用价值、创造一定财富，才能成为现实的生产力。

与其他教育阶段相比，学前教育在劳动力再生产过程中的作用尤其重要。高品质的学前教育可培养儿童的综合素养，减少儿童后续学业失败，提高入学率和升学率，提升学校教育质量，从而提高劳动力在市场上的就业能力和生产效率。在高瞻—佩里学前教育研究计划中，研究者在百余名低收入贫困黑人中随机抽取了若干名儿童（实验组），让他们在 3 岁和 4 岁的时候参与接受高质量的学前教育项目，剩余的儿童（控制组）没有接受学前教育项目。对实验组和控制组儿童的追踪研究表明，实验组儿童后续的智力发展更好：实验组儿童的 5 岁入学准备情况、14 岁仍在校学习的人数比例、14 岁时基本技能掌握情况、高中毕业人数比例等均较控制组儿童有更好的表现。

（二）学前教育对降低犯罪率、节约政府开支具有重要的作用

学前教育具有较好的预防犯罪、保障稳定和节约开支的功能。美国高瞻—佩里学前教育研究计划对美国贫困黑人长达 40 年的追踪对比发现：优质的学前教育对贫困儿童早期的认知和社会发展有重要意义，对他们成年后的学业质量、经济状况、犯罪率减少、家庭生活和健康状况均有积极的影响，其中学前教育社会经济收益的 88% 来源于犯罪率的降低。②

（三）学前教育增加了妇女就业率，从而为社会创造更多的经济价值

公共学前教育机构出现以前，儿童的早期教育主要在家庭中进行。为了养育儿童，父母花费了很多的时间和精力，尤其是母亲，不得不困于家庭。幼儿园的创办从某种意义上说为家庭妇女走出家门创造了可能，使妇女从单纯的家务劳动与养育儿童中解放出来，从事更复杂的劳动。

学前教育的普及和发展有利于增加妇女就业率和提高妇女工作质量，从而创造更多的经济价值。加拿大的克里夫兰和克拉辛斯基通过研究发现，给 2 ～ 6 岁的儿童提供高质量、全日和全年制的幼儿教育产生的效益是其他公共投资的 2 倍，其中，接近一半的社会效益源于母亲就业率的增加。

---

① 王道俊，郭文安. 教育学［M］. 6 版. 北京：人民教育出版社，2009：57.

② 裘指挥，刘焱. 国外学前教育的社会经济效益研究［J］. 比较教育研究，2011，33（6）.

资料链接

学前教育经济功能的异化

学前教育具有经济功能是毋庸置疑的。一些人正是看重了学前教育的经济功能，打着办社会公益事业、解决幼儿入园难的牌子办幼儿园，其真正目的是给自己创收。不容否认，做任何事都不能不考虑经济效益，但学前教育更主要的是一种社会福利事业，更要关注其社会效益。近年来，一些个体幼儿园出现了“高标准、高收费、豪华型”的办园倾向，收费标准不断攀升。高额费用的收取无疑将使“弱势群体”的子女更加边缘化，他们将因家庭财政不支而不得不进一些收费较低的“普通园”，从而也就失去了接受“优质教育”的机会。这对孩子来说是不公平的，也不利于整个社会民主的发展和社会的稳定。

资料来源：焦彩丽．我国当代学前教育功能探微［J］．天中学刊，2005（6）．

二、学前教育的政治功能

学前教育的政治功能，是指学前教育通过培养婴幼儿的政治理念和品德，促进和保障一定的社会政治制度与路线的巩固和发展。①

（一）学前教育为社会培养具有一定阶级意识的后代，实现学前儿童的政治社会化

学前教育机构是一种社会设置，是一种防止社会离心、增进社会亲和力和有机团结的工具，承担着社会再生产的任务。李书磊曾经用“村落中的‘国家’”来形容国家权力和意识形态对一所村希望小学的全面渗透。同样，在幼儿园，大到教育目标，小到教育活动和日常互动，国家色彩无处不在。②

人的社会化是人的发展的重要方面，是个体之所以能成为人的基础，而政治社会化又是人的社会化的重要方面。政治社会化是指引导人们接受一定社会的政治意识形态，形成适应一定社会政治制度的政治态度与政治认同感的过程。这一过程主要通过教育进行，是确保把学前儿童培养成国家公民的过程，同时为社会政治秩序的稳定创造了条件。

（二）学前教育有助于减少社会问题，巩固社会政治稳定

学前教育机构是学前儿童游戏的乐园，也是兴趣萌发、习惯养成的初教所。在学前教育机构生活中，学前儿童形成的有序意识与规范意识可以使其成年后在社会生活中自觉维护公共秩序、增进社会稳定。

中央教科所的“适应我国国情，提高幼儿素质的调查研究”发现，受过学前教育与未受过学前教育的孩子，在科学、数学、公民学、阅读、学习机会、教学方面的能

---

① 王道俊，郭文安．教育学［M］．6版．北京：人民教育出版社，2009：60．

② 王海英．学前教育社会学［M］．南京：江苏教育出版社，2009：117－119．

力上有明显差异。早期学业阶段所获得的成功对于学前儿童将来的道路选择有很大的影响，早期的学业成功会弱化学前儿童对社会的敌视意识和仇恨心理。同时，对于一些特殊儿童，学前教育可以提供一些早期的补偿教育，为其融入社会生活打下基础。

子女教育是民众最为关心的事项之一。每个学前儿童的健康成长和发展不仅关系着家庭生活的质量、决定着家庭是否和谐幸福，还牵动着全社会，对家庭生活、国民经济发展和社会秩序的稳定有着重大的影响。有人说，关闭一所幼儿园比关闭一所大学，或一所低质量幼儿园的存在比一所低水平大学的存在，更会让家庭、社会不得安宁。

三、学前教育的文化功能

学前教育的文化功能，是指学前教育在文化的传承、选择、创造过程中所发挥的作用。

（一）学前教育具有传承文化的功能

文化的传承主要有两种途径：一是以物为载体的传承，如实物的保存、运用各种符号记录保存等；二是以人为载体的传承，即通过人的活动、心理行为方式等保存文化。文化的这两种传承方式都与教育有关。学前教育对文化的传承是通过对文化的选择、整理来实现的。具体来说，学前教育借助课程形式，向学前儿童提供适应社会生活的知识、技能、行为规范和价值观。现代学前教育还通过引导学前儿童对多元文化的体验与了解，直接促进不同社会或地区文化的传播。

（二）学前教育具有创造和更新文化的功能

社会文化总是处于不断发展的过程中，要发展就意味着要有创新。没有文化的创新就没有真实意义上的文化发展，而文化的创新主要通过教育来实现。一方面，教育对传统文化的传承总是着眼于古为今用，传承文化的过程也是更新文化的过程；另一方面，现代社会的急剧变革，现代科技的迅猛发展，必然要求教育突破原有的文化从而实现对文化的创造、拓展和更新。

学前教育实践的发展，不断促进为学前儿童开发的课程、教材、玩具、图书等用品的更新、变化，这本身就是文化的创新。而学前教育中的科研以及对学前儿童个性和创造力的培养，都会直接或间接地促进文化创新。

总之，学前教育与文化无论在形式上还是在内容上都存在着必然的、内在的联系。一般来讲，在相对稳定的社会中，社会的文化传统与学前教育大致保持着相对一致的状态。一方面，一定社会所特有的文化传统（包括一定社会的政治指导思想、道德观念、价值取向、风俗习惯、思维方式等）蕴含在整个社会中，渗透于人们生活的各个方面，强烈地制约着人们对学前儿童的教育方式和教育内容；另一方面，这种特定的教育内容和教育方式，又使文化传统在下一代身上得以再生。学前教育在传承文化、创造和更新文化的同时，也会促进自身文化的发展。

第三节　现代社会变迁与学前教育

我国宋朝的哲学家、教育家朱熹说："天地之化，往者过，来者续，无一息之停。"一切事物总是处于变动之中，社会的变动即为社会变迁。龙冠海在其所著的《社会学》一书中指出，社会变迁就是指社会生活方式或社会关系体系中的变异。本节主要阐述学前教育对学前教育机构、家庭结构、家园关系、学前教育政策等方面的变迁的适应过程。

一、学前教育机构变迁中的学前教育

机构化的学前教育一直是以正规学前教育（即幼儿园）的面目出现的，尽管在幼儿园的诞生到现代的幼儿园发展过程中，机构化的学前教育占整个学前教育的比例并不高，但其在学前教育的发展中一直是一支主力军，因此探讨社会变迁对学前教育的影响首先要关注的便是正规的学前教育机构受社会变迁的影响而发生的变化。

我国幼儿园运动的发展历程相对短暂，从1903年第一所儿童公育机构——湖北幼稚园的诞生到今天也不过百余年的时间。在这样一个百年历程中，机构化的学前教育经历了数次命名与更名，每一次命名与更名都与我国的学制系统的颁布与更新有关，也与社会变迁和时代精神对教育的期待有关。

1903—1904年，张百熙、荣庆、张之洞以日本学制为蓝本，拟订《奏定学堂章程》，即癸卯学制。癸卯学制中的《奏定蒙养院章程及家庭教育法章程》将举办学前专门教育的公育机构命名为"蒙养院"，如湖北幼稚园改名为湖北蒙养院，也叫武昌模范小学蒙养院。蒙养院招收3～7岁父母愿意送入园的附近儿童，收托时间每天不超过4小时。1903年的中国第一所幼儿园——湖北蒙养院的《湖北幼稚园开办章程》指出，该园是"因家庭教育之不完全而设，专辅小儿自然智能、开导事理、涵养德性，以备小学堂之基础为宗旨"，并且强调该园重养不重学。

在癸卯学制颁布后，清末出现了我国第一批自办学前教育机构，其名称和设置办法各不相同，有的名为蒙养院，有的叫幼稚舍或幼稚园；有公立官办的，也有私人经办的；有达官富绅办的，也有乡间节妇捐款办的；有独立设置的，也有附设于育婴堂、女塾、女学、女师的。蒙养院制度的制定与实施是当时社会条件的产物，洋务派一方面主张要学习日本的学前教育，另一方面又保守着中国的传统文化，因此，在师资、园舍、育儿观念上都存在较大问题，导致蒙养院资产阶级的教育形式与封建主义的内容实质之间有较大矛盾。但尽管如此，机构化的学前教育从此在中国大地上逐渐发展起来。

受1911年辛亥革命和三民主义思想的影响，1912年至1913年在教育家蔡元培的主持下重新制定和颁布了"壬子癸丑学制"，并在这一学制中将蒙养院改名为蒙养园，招收未满6岁的幼儿，其目的旨在保育幼儿。同时，民国政府教育部公布的《师范教育令》和《师范学校规程》规定女子师范学校和女子高等师范学校应附设蒙养园，或以“公立私立之蒙养园代附属蒙养园”，并设保姆讲习科，以造就蒙养园保姆为目的。这一规定使蒙养园不再像蒙养院制度那样附设在敬节堂和育婴堂内，而是附属于各级学校或单独设立。与蒙养院制度相比，蒙养园制度使学前教育制度化与规范化的色彩更浓了，这突出表现在蒙养园的设置和师资保障上。从蒙养园制度开始，学前教育在学制系统中的地位已不再是可有可无的“虚线”状态，而是进入了学制系统的边缘位置。

随着西方资产阶级教育思想在中国的传播和中国新文化运动的开展，1922 年，在美国资产阶级教育家孟禄的思想影响下，我国又颁布了“壬戌学制”。在这个学制中，“蒙养园”更名为“幼稚园”，招收 6 岁以下的儿童，并将幼稚园正式纳入学制系统，重新确立了它在国民教育中的地位。

1922 年以后，我国学前教育有了更多的发展。随着国外较成熟的学前教育思想大量传入我国，教会设立的幼稚园占很大比重，幼稚园的教育内容和方法开始转向学习欧美。但是，在当时，我国依然有教育家致力于研究和建构适合我国历史和国情的学前教育机构。例如：陈鹤琴创办了南京鼓楼幼稚园；陶行知创办了第一个乡村幼稚园——南京燕子矶幼稚园；张雪门主办了北平香山慈幼院的幼稚师范学校和幼稚园。这些教育家的本土化探索为我国学前教育的发展积累了丰厚的经验。

1932 年，教育部颁布《幼稚园课程标准》（1936 年修订），其中规定了幼稚教育的总目标。1934 年，苏维埃地区中央政府内务人民委员部颁布了《托儿所组织条例》，制定了组织托儿所的目的、入所条件、保教人员标准、编制和环境设备等。

在抗日战争期间，大量的难童无家可归，在国共两党的倡议下，1938 年成立了战时儿童保育会。在战时儿童保育会的领导下，全国相继建立了许多战时儿童保育院，收容保育万余名难童。经费来源一靠负责人认捐，二靠征募。战时儿童保育会特别强调对难童的爱国主义教育，培养他们追求真理、反抗侵略的观念，重视劳动教育，开展各种社会活动。

在土地革命、抗日战争和解放战争时期，中国大地上最具特色的儿童公育机构是由红色政权所举办的各种托儿所，如寄宿制的保育院、单位日间托儿所、游击式的托幼组织、小学附设的幼稚班等。寄宿制的保育院由边区政府举办，设在较安全的后方；单位日间托儿所是由机关、工厂、学校、部队等单位主办，收托单位干部、职工子女；游击式的托幼组织是采取分散式群众抚育与集中保育交替的方式，并由一名负责人做组织、联络和检查工作；小学附设的幼稚班是针对入学儿童因上学而无法照看弟弟妹妹，放学后由入学儿童照看弟弟妹妹的学前教育组织的形式。其中，著名的有延安第一保育院、延安第二保育院等。这些托儿所的招收对象以抗战将士与贫苦农民的孩子为主，托儿所既重视对儿童的身体保育，又重视对其进行国难教育、爱国主义教育和劳动教育等。

1951 年，新中国成立后的第一个学制颁布，即《关于改革学制的决定》。在这个学制中，沿用了 30 年的“幼稚园”更名为“幼儿园”，幼儿园收 3 足岁至 7 足岁的儿童，废除了幼儿园的招生考试制度，向工农开门，改半日制为全日制，取消幼儿园的寒暑假制度，实行“城市偏向”的学前教育政策。

在蒙养院、蒙养园、幼稚园、保育院、托儿所到幼儿园的变迁历程中，学前教育在学制系统中的地位、招生对象、目标、内容、师资等发生了深刻的变化，社会思想、社会制度的变迁推动着机构化的学前教育从一种状态走向另一种状态，既顺应了社会发展的潮流，也推动了社会发展的进程。

二、家庭结构变迁中的学前教育

家庭是社会的细胞，是儿童与社会联系的桥梁与纽带。儿童最初的社会化是在家庭中完成的。家庭是儿童的出生地，也是儿童最早生活和成长的地方。一般而言，每个人都是从家庭走向社会的，因而家庭是儿童走向社会的桥梁；同时，儿童也是通过家庭了解社会、与社会发生联系的，因而家庭也是儿童与社会联系的纽带。

追溯中国家庭变迁的历史，我们发现家庭结构经历了三个变化阶段：家族同堂阶段、多子女家庭阶段和独生子女家庭阶段。不同的家庭结构造就了不同的家庭学前教育模式，也对机构化学前教育产生了深浅不一的影响。

（一）家族同堂下的学前教育

传统的大家庭是围绕着父权建立起来的，家庭成员相互给予精神慰藉、相互提供经济保障、相互满足情感需要。这时的家庭不仅是一个保障的机制，也是一个制度范畴。家庭既为家庭成员的生、老、病、死提供保障，也是国家稳定、社会和谐的基石。儿童生活在这样的家庭中，与长辈有复杂的关系，如父子、祖孙、叔侄、姑侄等；又能与同龄人建立起复杂的同辈关系，如兄弟姐妹、表兄妹、堂兄妹等。

在大家族式的家庭结构中，儿童虽为不同的小家庭所有，但因生活在一个共同的空间中而自然结成游戏伙伴，形成自然的游戏内容和活动方式。但大家族对儿童也有消极影响，如复杂的人际关系、彼此之间的争斗与攻击等都会潜移默化地影响儿童。此外，大家族中，不同的成人对儿童的要求也很难达成一致，教育的不一致会影响教育效果。

在家族式的家庭结构下，学前儿童主要在家庭中接受教育，机构化的学前教育很难发展起来。

（二）多子女家庭下的学前教育

1919年五四运动砸烂了封建社会的枷锁，父权的神话被打破。土地改革更是触及了家族制度赖以存在的经济基础，大家族式的家庭结构逐渐分解，多子女家庭成为典型的中国家庭结构。多子女家庭是指一对夫妇拥有两个或两个以上孩子的家庭。[①] 这样的家庭可能是主干家庭，也可能是核心家庭。

在多子女家庭中，父母不是儿童互动的唯一对象，儿童还可以与同胞的兄弟姐妹

① 缪建东．家庭教育学［M］．北京：高等教育出版社，2009：299．

互动。兄弟姐妹的交往，有利于培养儿童对群体交往的兴趣和能力、促进儿童心理的积极发展，这种关系中发展出的协商、合作、竞争、相互支持等交往技能将影响儿童以后的学习与工作。

当今时代，为应对人口老龄化、促进人口长期均衡发展，2021 年 6 月 26 日发布的《中共中央 国务院关于优化生育政策促进人口长期均衡发展的决定》（以下简称“三孩”政策）提出，实施一对夫妻可以生育三个子女政策，并取消社会抚养费等制约措施、清理和废止相关处罚规定，配套实施积极生育支持措施。生育政策的调整不仅对我国人口结构、资源配置等产生影响，同时引起了家庭结构和亲子关系的改变，主要体现在：随着家庭中儿童数量的增多，儿童在有限的家庭资源分配过程中表现出满足感递减；在“三孩”家庭的家长中，很多人持有“年龄小的孩子应该得到父母更多的关爱”“希望‘大孩’更自立自强、努力学习”的想法，这也在一定程度上导致家长对不同出生次序孩子的教养存在差异，进而产生亲子关系不睦的情况；随着家庭中儿童数量的增加，父亲在养育和教育子女各个方面的参与度都有所提高，但母亲仍然承担照顾孩子的主要责任，“父职缺失”现象仍存在；“三孩”家庭的亲子关系呈现“年幼儿童相对处于优势地位，年长儿童被动地将情感偏移至祖辈家长”的趋势。

（三）独生子女家庭下的学前教育

独生子女家庭是指一对夫妇生育或收养唯一一个子女的家庭。[①] 独生子女普遍化使家庭规模逐渐小型化，独生子女家庭成为家庭结构的主要形式。

独生子女家庭造成了家庭重心的下移，“子女优先”和“子女偏重”的观念开始左右家庭关系，家长对子女的成长倾注了全部心血，从胎教到家教无不体现家长对子女教育的关心和重视。

独生子女家庭的一个天然不足就是缺少同辈群体，如兄弟姐妹的影响。儿童失去了与同辈群体互动的机会，在成人的包围中日趋孤独，儿童的孤独也成了成人的烦恼。同时，在多元媒体的冲击下，电脑、电视、电动玩具成为儿童的玩伴，越来越多的儿童将自己封闭起来，长时间单独一人被动地接收信息，这对学前儿童的人格发展极为不利。在这一背景下，幼儿园成了父母和儿童的自然选择，因为那里既有玩伴又有玩具和游戏。

三、家园关系变迁中的学前教育

我国学前教育家园关系产生于学前公共教育机构设立之际，伴随着学前教育由家庭教育向有组织的学前公共教育转化演变的历史而演变。近代以来，四部学制的相继颁布和实施，促使家园关系呈现出阶段性特点，不断推动着家园关系走向今天的家园共育。

（一）癸卯学制：蒙养院“辅助”家庭

清政府颁布癸卯学制，其中为学前教育专门制定了《奏定蒙养院章程及家庭教育

---

① 缪建东．家庭教育学［M］．北京：高等教育出版社，2009：295.

法章程》(以下简称《章程》)。《章程》将我国的幼儿教育专门机构命名为“蒙养院”，明确规定学前教育家园关系为“以蒙养院辅助家庭教育，以家庭教育包括女学”。无论是《章程》中确立的蒙养院教育在学制中的地位、设立蒙养院的宗旨、蒙养院的师资配备，还是《章程》制定者对家庭教育的明确规定，都充分体现了癸卯学制中的家园关系是幼儿园辅助家庭教育。

第一，蒙养院教育尚未被纳入学制系统。《章程》规定蒙养院接收 3 ～ 7 岁幼儿，在初等小学堂之前加入四年学前教育，与西方的幼稚园教育对接，但并未作为必修学制加以要求。父母愿意送幼儿进入蒙养院，蒙养院要接收；父母不愿送幼儿入蒙养院，可在家中由母亲自学家庭教育教材来自行教育。

蒙养院的出现虽然使学前公共教育在中国得以初创，但是癸卯学制基本仿效日本，是照搬日本学制的结果，并非“自下而上”产生于中国教育的客观需要。专设的蒙养院不多，且教学时间短，师资水平低。在这一时期，蒙养院教育的地位和作用微不足道，实施幼儿教育的主要机构还是家庭。

第二，《章程》明确规定蒙养院设立的宗旨在于“以蒙养院辅助家庭教育”，可见蒙养院只不过是家庭教育的辅助机构，是学前家庭教育向学前公共教育过渡的一种组织形式。

癸卯学制虽然照搬日本学制，披着资产阶级教育的外衣，却是传播封建社会的思想内容的。蒙养院设立的目的在于以幼儿园辅助家庭，强调以封建道德涵养德行。中国经历了几千年的封建社会，家庭式生产是人们早已习惯的方式。在中西文化相遇、碰撞的初期，家庭战胜社会、战胜市场是必然的事情，教育领域的家庭式生产也是符合这时的历史条件的。

第三，以育婴堂的乳媪和敬节堂的节妇充任蒙养院师资，其低下的保育质量使得蒙养院教育无法代替家庭教育。《章程》指出，“按各国皆有幼稚园，其义即此章所设之蒙养院，为保育三岁以上至七岁幼儿之所，令女师范生为保姆以教之。中国此时情形，若设女学。其间流弊甚多，断不相宜”，所以结合国情，于育婴堂和敬节堂内划出一处作为蒙养院，由育婴堂的乳媪和敬节堂的节妇为保姆，代行外国女师范生保育儿童的责任，充当蒙养院的师资。因为乳媪大多是文盲，工作内容是喂养、照料弃婴和孤儿，而节妇中虽然有一些识字者，但为数并不多，所以虽然刊发了官编教科书和家庭教育书籍，也设有保姆学堂供她们学习相关知识，但是由于她们文化素质过低且缺乏专业的学前教育训练，因此很难胜任幼儿的教养工作，所以这种师资是完全不合格的。

中国传统父权文化对发展女子教育的担忧使得学前教育缺乏合格的师资，加上育婴堂和敬节堂附设的蒙养院数量有限、服务时间短，客观上既无法容纳广大的适龄幼儿也无力提供合格的学前教育，因此，幼儿的保育工作更多仍是依赖家庭妇女，由她们自行学习家庭教育知识，在家庭中对幼儿进行教育。

第四，《章程》制定者采用编发教科书的方法指导学前家庭教育，期待“家家皆自有一蒙养院矣”。为此，母亲要学习《孝经》《列女传》《女诫》《女训》《教女遗规》以及了解“四书”等传统思想著作的核心观点，也可以学习不违背中国妇道、妇职的外国家庭教育书籍，目标是掌握为人母、为人妻的必备思想和技能，既能够妥善打理家中诸事，又能够教育子女，帮助儿子奠定入小学的基础，帮助女儿学习为人母、为人妻之道。

由此可见，《章程》制定者是把家庭作为实施幼儿教育的主要机构的。与西方幼稚园教育对标的蒙养院教育并未发挥其应有的功能，并未对学前家庭教育造成很大冲击。作为新生事物，蒙养院教育力量微弱、发展不充分，是作为家庭教育的辅助机构、作为学前家庭教育向学前公共教育的过渡形式而存在的。

（二）壬子癸丑学制：幼儿园“辅助”家庭，并向“协助”家庭过渡

壬子癸丑学制是辛亥革命的产物。急于改革的临时政府在学前教育问题上并未作过多的改革，对学前教育持一种既不反对也不单独提及的态度。1916 年颁布的《国民学校令施行细则》明确规定，蒙养园的任务在于“保育幼儿……以辅助家庭教育”。这一时期的家园关系在本质上与癸卯学制时期并无二致。

壬子癸丑学制所确立的蒙养园教育在学制中的地位以及设立蒙养园的宗旨表明这一时期仍是以幼儿园“辅助”家庭为主，不过蒙养园师资培养所取得的进步也预示着家园关系开始向幼儿园“协助”家庭过渡。《师范教育令》规定，女子师范学校不仅附设小学教员讲习科以培养小学教员，同时必须附设保姆讲习科以培养蒙养园保姆。这一规定明确了蒙养园师资培养在师范教育中的地位，促进了蒙养园教师的专业性发展和蒙养园保育质量的提升，使蒙养园教育逐渐有能力以专业的姿态向“协助”家庭教育的方向发展。

（三）壬戌学制：幼儿园“协助”家庭

壬戌学制受美国实用主义教育思想的影响，是中国近代教育史上实施时间最长、影响最大的学制。壬戌学制规定的幼稚园教育在学制系统中的地位、幼稚园的宗旨、幼稚园的师资等，都表明学前公共教育和学前家庭教育之间是幼儿园在先、家庭在后的关系，幼儿园协助家庭教育。

第一，壬戌学制将幼稚园教育正式列入学制系统而成为国民教育的一部分，奠定了学前教育在国民教育中的基础地位。

第二，协助家庭教育并促进家庭教育发展是幼稚园教育的目标。1932 年公布的《幼稚园课程标准》规定，幼稚园教育总目标之一为协助家庭教养幼稚儿童并谋求家庭教育的改进。在教育方法要点中提出教师应该“常常到儿童家庭去，或请家长到园中来……尽力联络感情，宣传幼稚教育和家庭教育的方法”。

第三，壬戌学制规定，师范学校和女子师范学校可附设幼稚师范科，幼稚园师资得到进一步发展。

（四）1951 年学制：趋向幼儿园与家庭互相配合

中华人民共和国成立后，确立了一系列面向工农、为社会主义革命和社会主义建设服务的方针，学前教育随之发生了革命性的变化：幼儿园要主动了解幼儿家

庭，积极宣传科学的保育思想和方法，邀请家长参与园所工作，与家长密切联系，促进幼儿发展。在该时期，无论是幼儿园的设立宗旨、幼儿园师资还是园所管理，都体现出幼儿园和家庭互相配合的发展趋势，逐步呈现出幼儿园和家庭并列发展的局面。

第一，新中国成立后的幼儿园面向全体幼儿，代替父母承担一部分保育幼儿的责任。《幼儿园暂行规程（草案）》规定：幼儿园的任务之一是减轻母亲对幼儿的负担，以便母亲有时间参加政治生活、生产劳动、文化教育活动等。可见，1951 年学制时期，我国幼儿园教育除了履行专门的保育幼儿职责外，还要配合家庭完成社会主义建设的政治任务。这不完全是为提升幼儿保育质量层面的配合，更是为政治、经济建设服务的配合关系。

第二，教养员要遵循使幼儿家庭教育和幼儿园教育密切配合的原则，一方面应帮助家长正确地进行家庭教育，另一方面应从幼儿家庭了解幼儿的环境、性格和家长对幼儿的要求，以便改进业务。这体现了家园关系中教养员具有的主体性特征。家园关系中教养员工作的关键词在于“积极主动”，要具有主动联络幼儿家庭、积极帮助家长的意识，在与家长互动的过程中了解幼儿的家庭状况，利用专业知识和素养引导家长形成正确的教育观念、掌握正确的教育方法，推动家庭教育和幼儿园教育趋向一致。

第三，在园所管理层面，园长要组织家长代表会。幼儿园在可能的条件下，应组织家长代表会。其代表由家长会选出，每班一人至二人，任期一年。其任务为协助园长进行园舍修建、充实设备以及其他改进园务的工作。其决议由园长采择施行。在这一时期，家长在家园关系中的主体性慢慢得到发展，教师与家长的“双主体性”在逐渐形成，幼儿园和家庭互相配合、互相补充的局面逐渐形成。

四、学前教育政策变迁与学前教育

学前教育政策是指党和国家为完成一定历史时期的学前教育任务，实现学前教育培养目标，贯彻落实学前教育的基本方针而对相关部门或个人该做什么和不该做什么、该怎么做和不该怎么做等相关行为准则及教育的内外关系所作的战略性兼具现实针对性、操作性的相关规定。[①] 其具体包括国家制定和颁发的有关学前教育的方针、法律、纲要、决定、通知、规划、规定、意见、办法、条例、规程、细则、纪要等各种文件。[②]

我国学前教育政策的变迁大致分为三个阶段：新中国成立前、新中国成立后至“文化大革命”前、改革开放初期至今。

① 杨莉君. 学前教育政策法规概论［M］. 长沙：湖南师范大学出版社，2008：25.

② 彭海蕾，王楠，姚国辉. 中国学前教育政策发展历程及其特点研究［J］. 教育导刊（下半月），2010（3）.

（一）新中国成立前的学前教育政策发展

中国学前教育政策发展的历史最早可追溯到《奏定蒙养院章程及家庭教育法章程》（以下简称《章程》）。《章程》是西方资本主义冲击的产物，是在内忧外患之际“中学为体，西学为用”的指导思想下仿效日本的结果。从政策内容来看，相关的规定模糊笼统，要求不明确，虽然两个政策基本上包含了蒙养院的课程、教学、管理、教师等方面的内容，但是相关的内容都仅仅作了简单的说明。

国民政府时期，以陈鹤琴、陶行知、张雪门为代表的学前教育专家学习欧美经验，探索适合中国国情的学前教育之路，开展了广泛的教育实践调查。在此基础上，国民政府制定了相关的学前教育政策。国民政府颁布的《幼稚园课程标准》，体现了中国国情，富有民族特色，相关的规定开始趋于细致化和系统化。

解放区的学前教育政策突出体现“一切为战争服务”的特点，注重对妇女和儿童的保护，但其政策缺乏系统性，缺少儿童教育内容、教学方法等。

（二）新中国成立后至“文化大革命”前的学前教育政策发展

新中国成立后，我国向苏联学习，尤其在课程内容上充分而完全地体现出苏联特色，如倡导分科教学、关注幼儿个体的全面发展、明确按年龄分班教养并且在不同年龄段有了与之相应的教养要求等。

1952年教育部颁布的《幼儿园暂行规程（草案）》规定了我国的托儿所、幼儿园要担负起双重责任，一是教养儿童，促进儿童身心全面健康发展；二是减轻家长教育孩子的负担，为家长参加工作提供条件。

1956年2月，教育部、卫生部和内务部发出的《关于托儿所幼儿园几个问题的联合通知》指出，全国的保教事业已有很大的发展，但是在发展的过程中还存在不少的问题，最主要的是托儿所和幼儿园的发展方针不明确、托儿所和幼儿园的界限和领导关系不明确、缺乏应有的制度、缺乏经常的监督和领导；提出应当按照“全面规划，加强领导”和“又快、又多、又好、又省”的方针，同时根据需要和可能的条件积极地发展托儿所和幼儿园等对策。

这一阶段，我国的学前教育政策体系基本成型。制度政策、幼儿保护和发展政策、幼儿教师政策、幼儿园课程政策以及针对具体问题出台的政策共同组成了整个学前教育政策系统。

（三）改革开放初期至今的学前教育事业的发展与政策

改革开放以来，我国学前教育事业逐步走上正轨，到现在已经基本形成依法治教的新局面。这一时期相继出台了一系列的学前教育政策，主要有：1989年颁布的《幼儿园管理条例》，这是新中国成立以来经国务院批准颁发的第一部幼儿教育法规，本条例的目的是加强幼儿园的管理，促进幼儿教育事业的发展；1996年颁布的《幼儿园工作规程》是为建立中国特色社会主义学前教育而制定的，推动了我国学前教育事业沿着规范化、法制化的方向发展，2015年12月14日第48次部长办公会议审议通过，修订后的《幼儿园工作规程》自2016年3月1日起施行，新修订的《幼儿园工作规程》的宗旨是加强幼儿园的管理，规范办园行为，提高保育和教育质量；2001 年颁布的《幼儿园教育指导纲要（试行）》，是一份促进幼儿园素质教育，全面提高学前教育质量的指导性文件。[①]2010 年颁布的《国家中长期教育改革和发展规划纲要（2010—2020 年）》（以下简称《教育规划纲要》），是 21 世纪我国第一个中长期教育改革和发展规划，是此时期指导全国教育改革和发展的纲领性文件。《教育规划纲要》用专门章节提出了基本普及学前教育、明确政府对学前教育的职责、重点发展农村学前教育的规划目标和工作重点，体现了国家对学前教育的高度重视。[②]2012 年 10 月，教育部组织并颁发了《3－6 岁儿童学习与发展指南》，主要为指导家庭和幼儿园能够科学地实施保育和教育，促进幼儿身心全面和谐的发展。2015 年 1 月，为促进幼儿园园长专业发展，建设高素质幼儿园园长队伍，深入推进学前教育改革与发展，教育部印发《幼儿园园长专业标准》；2018 年《中共中央 国务院关于学前教育深化改革规范发展的若干意见》，旨在进一步完善学前教育公共服务体系，切实办好新时代学前教育，更好实现幼有所育；2021 年，教育部等九部门研究制定了《“十四五”学前教育发展提升行动计划》，其重点任务是补齐普惠资源短板，完善普惠保障机制，全面提升保教质量。

当前，我国学前教育政策的价值取向为：关注儿童的全面发展；倡导多元化的教育路径；关注处于弱势地位的儿童；重视农村学前教育的发展。

资料链接

“十四五”学前教育发展提升行动计划（部分）

党的十八大以来，国家连续实施三期学前教育行动计划，推动学前教育取得快速发展，有效缓解了“入园难、入园贵”问题。为深入贯彻落实党的十九届五中全会“完善普惠性学前教育保障机制”“建设高质量教育体系”的部署要求，积极服务国家人口发展战略，进一步推进学前教育普及普惠安全优质发展，现决定实施“十四五”学前教育发展提升行动计划。

一、总体要求

（一）指导思想

以习近平新时代中国特色社会主义思想为指导，立足新发展阶段，贯彻新发展理念，把实现学前教育普及普惠安全优质发展作为提高普惠性公共服务水平、扎实推进共同富裕的重大任务，全面贯彻党的教育方针，落实立德树人根本任务，遵循学前教育规律，强化政府主体责任，健全保障机制，努力满足人民群众幼有所育的美好期盼，为培养德智体美劳全面发展的社会主义建设者和接班人奠定坚实基础。

---

① 邢利娅，白星瑞．建国后我国学前教育政策价值取向的演变［J］．学前教育研究，2008（3）．

② 顾明远，石中英．国家中长期教育改革和发展规划纲要（2010—2020 年）解读［M］．北京：北京师范大学出版社，2010：65．

（二）基本原则

1. 强化公益普惠。践行以人民为中心发展思想，坚持学前教育公益普惠基本方向，健全普惠性学前教育资源配置、师资队伍建设、经费投入与成本分担等方面保障机制，提升学前教育公共服务水平。

2. 坚持巩固提高。优化城乡幼儿园布局，持续增加普惠性学前教育资源供给，进一步提高学前教育普及水平，巩固普惠成果，有效满足适龄儿童就近接受学前教育需求。

3. 推进科学保教。坚持以幼儿为本，遵循幼儿学习特点和身心发展规律。坚持以游戏为基本活动，保教结合、因材施教，促进每名幼儿富有个性的发展。推动幼儿园和小学科学衔接，为幼儿后继学习和终身发展奠定基础。

4. 提升治理能力。加快学前教育立法进程，推进依法治教、依规办园。健全治理体系，加强规范监管，强化安全保障，提升学前教育治理能力现代化水平。

（三）主要目标

进一步提高学前教育普及普惠水平，到2025年，全国学前三年毛入园率达到90%以上，普惠性幼儿园覆盖率达到85%以上，公办园在园幼儿占比达到50%以上。

覆盖城乡、布局合理、公益普惠的学前教育公共服务体系进一步健全，普惠性学前教育保障机制进一步完善，幼儿园保教质量全面提高，幼儿园与小学科学衔接机制基本形成。

二、重点任务

（一）补齐普惠资源短板

多渠道持续增加普惠性资源供给，大力发展公办幼儿园，积极扶持普惠性民办园，支持和规范社会力量办园。加强村级幼儿园建设，城市新增人口、流动人口集中地区新建改扩建一批幼儿园，完善城乡学前教育布局和公共服务网络，切实保障适龄幼儿入园。

（二）完善普惠保障机制

切实落实各级政府发展学前教育责任，优化完善学前教育管理体制、办园体制，落实政府投入为主、家庭合理分担、其他多渠道筹措经费的机制，健全幼儿园教师配备补充、工资待遇保障制度，提升教师专业能力，促进普惠性学前教育可持续发展。

（三）全面提升保教质量

深化幼儿园教育改革，坚持以游戏为基本活动，全面推进科学保教，加快实现幼儿园与小学科学有效衔接。推进学前教育教研改革，强化教研为教师专业成长和幼儿园保育教育实践服务。健全幼儿园保教质量评估体系，充分发挥质量评估对保教实践的科学导向作用，提高教师专业素质和实践能力。

本章小结

知识结构图

- 学前教育与社会发展
  - 学前教育的社会制约性
    - 经济对学前教育的影响和制约
    - 政治对学前教育的影响和制约
    - 文化对学前教育的影响和制约
  - 学前教育的社会功能
    - 学前教育的经济功能
    - 学前教育的政治功能
    - 学前教育的文化功能
  - 现代社会变迁与学前教育
    - 学前教育机构变迁中的学前教育
    - 家庭结构变迁中的学前教育
    - 家园关系变迁中的学前教育
    - 学前教育政策变迁与学前教育

关键概念

政治　文化　后喻文化　互喻文化　前喻文化　经济功能　政治功能　文化功能　社会变迁　学前教育政策

讨论及思考题

1. 试运用所学知识，分析幼儿园教育小学化的原因，提出解决该问题的策略。

2. 有人认为，只要增加学前教育经费的投入，学前教育事业就会蓬勃发展。请你利用所学知识评析该观点。

3. 请结合实例论述学前教育的社会功能。

4. 简述社会变迁中学前教育的发展。

第三章

学前教育与儿童发展

学习目标

- 理解儿童发展、儿童观、学前教育观的含义
- 理解儿童发展的特点及影响因素，了解两大理论阵营之争的实质
- 了解儿童观的历史演变
- 理解儿童发展对学前教育的影响以及学前教育对儿童发展的价值
- 领会科学的儿童观和学前教育观的内涵

教师专业标准及教师资格考试要求

- 理解学前教育作为人生发展的奠基教育的重要性及特点，能够以正确的教育价值观分析和评判教育现象
- 理解“幼儿为本”的含义，爱幼儿，尊重幼儿，相信每一个幼儿都具有发展潜力，维护每一个幼儿的人格与权利
- 运用“幼儿为本”的儿童观，在保教实践中公正地对待每一个幼儿，不因性别、民族、地域、经济状况、家庭背景和身心缺陷等歧视幼儿

学习导引

在幼儿园教育的诸多要素之间，总是存在着谁主谁次的理念交锋。在经历了以“师”为本、以“教”为本的传统教育观念之后，今天我们应当确立以“幼儿”为本的观念。以幼儿为本，就是在幼儿园的一日生活和活动中，教师应帮助幼儿成为发展的主人、学习的主人、活动的主人；教师要尊重幼儿的身心发展特点，尊重幼儿的差异性，要注重幼儿积极参与活动的过程，允许幼儿以自己的方式进行探索，让每一个幼儿得到全面的发展。只有真正树立了以幼儿为本的理念，教师才能扮演好幼儿活动的支持者、合作者、引导者的角色。思想是行动的先导，有什么样的儿童观和教育观，就会产生什么样的教育行为。怎样处理好幼儿和学前教育这两个因素的关系，是每一个学前教育工作者必须面对的问题。本章中，我们可以从理解儿童发展的本质开始，追溯儿童观的历史积淀，找到学前教育在儿童发展中的位置。

第一节　儿童发展概述

老子说：“上善若水。”意思是说，最高境界的善行就像水的品性一样。而儿童如同一条流动的小溪，有着独特的天性和成长的自然规律，作为教育者只有尊重他们独特的天性，呵护他们美丽的童心，发展他们灵动、纯洁的品质，才能帮助他们更好地融入社会生活的百川大海。对于儿童个体和儿童发展的认识与理解，是学前教育的起点。

一、儿童发展的含义

儿童发展是指儿童在成长过程中，在生理和心理方面有规律地进行的量变与质变的过程，具体表现为生理逐渐成熟，社会生活经验不断增长，认知、情感、意志和个性方面逐步得到发展。

学前教育年龄段有广义（0～6岁）与狭义（3～6岁）之分，为了研究范围更为精准，在此将学前教育阶段儿童发展划分为0～6岁儿童的身心变化过程，通常指其积极的变化。

二、儿童发展的特点

鲁迅曾说过：“孩子的世界，与成人截然不同；倘不先行理解，一味蛮做，便大碍于孩子的发达。”学前教育的重要前提就是要观察儿童、了解儿童、研究儿童。自然、社会以及人类思维都是有一定发展规律的，儿童发展也是有一定规律性的，并且在儿童的发展过程中，身体和心理都会发生巨大的变化。教育者只有了解这些规律，才能在教育活动中遵循规律、运用规律，指导教育实践，进而促进人的身心健康发展。其特点主要表现在以下四个方面。

（一）顺序性

人的身心发展是一个顺序性的发展过程，其总是从低级向高级、从简单向复杂、从不完善向完善发展，不可能跳跃或逆向发展。生理方面，身体的发展顺序总是从上至下，即从头部到四肢、从中间向两端、从中心到边缘。例如：儿童从出生到后面正常行走，其发展可以被一句谚语总结概括——“三翻六坐七滚八爬周会走”。心理机能方面，每个人的心理过程以及个性都有着发展的顺序，如注意由无意注意向有意注意逐渐发展，思维由具体形象思维向抽象逻辑思维发展，记忆由机械记忆、无意识记向意义识记、有意识记发展，情绪情感由刚开始的喜、惧等一般情绪向理智感、道德感、美感发展，诸如此类身心现象都透露出上述特点。①

个体身心发展的顺序性决定了我们的教育活动必须根据这一特点展开，无论哪一种教育活动都应该由浅入深、由简到繁、由易到难、由具体到抽象，循序渐进地进行。

---

① 陈静，程爱华．学前教育概论［M］．北京：北京出版社，2016：11.

（二）阶段性

人的身心发展过程中，不同的年龄段有着不同的阶段性特征，且其阶段的发展速度以及难易点也有所不同。因此，儿童的发展过程虽然是一个连续不断的由低级向高级的变化过程，但并不仅仅是线性量的变化；到一定的发展时期，儿童的身心发展表现为从量变的积累到质变的飞跃，而不同的质构成了不同的发展阶段，体现出具有一般的、典型的、本质的年龄特征。个体身心发展在不同阶段中有所不同，虽然迄今为止年龄段划分依据尚无定论，但是现代心理学一般根据生理年龄，结合心理发展特点来划分。学前儿童的发展分为三个阶段，包括婴儿期（0～1岁），这一时期是儿童心理活动发生和萌芽的阶段，也是儿童心理发展最为迅速和心理特征变化最大的阶段；幼儿早期（1～3岁），这个时期是儿童真正形成心理特点的时期，表现为儿童学会走路、开始说话、出现思维、有了最初的独立性；幼儿期（3～6岁），表现为认识活动的具体形象性、心理活动及行为的无意性并开始形成最初的个性倾向。

个体身心发展的阶段性决定了教师在教育活动中必须针对不同年龄段的儿童制定不同的教育目标，组织不同的教育内容，采取不同的教育方法，分阶段进行教学。

（三）不均衡性

人的身心发展具有不均衡性，指的是个体在成长过程中其身心发展具有非等速、非直线的特征。其主要表现在以下几个方面：

个体同一方面的发展速度在不同年龄段是不均衡的。例如：个体的身高、体重有两个增长高峰，第一个高峰在出生后的第一年，第二个高峰在青春发育期，特别表现在高峰期间身高、体重增长速度较其他时期更为迅速。

个体不同方面的发展具有不均衡性。每个人身心发展的各个方面都不是均衡的，有的方面在较早的年龄段就已经是较高水平，而有的方面需要在较晚的阶段才能达到成熟的水平，如感知觉等认知过程在个体一出生时就迅速发展，而思维、语言等方面则要经过一段时间的孕育才能真正发展起来。

另外，儿童身心发展的各个阶段及各个方面有不同的速度，学前教育的目标、要求和进度应与儿童身心发展速度相符。例如：儿童的身体机能、语言、认知水平、情感的发展均有独特的规律，存在“关键期”现象，应当根据儿童身心发展的不平衡性确定不同的要求和进度。因此，个体身心发展的不均衡性决定了教育活动要抓住关键期或者教育的最佳期，给予儿童合适的教育，以达到事半功倍的效果。

资料链接

儿童发展的关键期

关键期（Critical Period）的概念最早出现于实验胚胎学中，此后很快引起了生物学、行为科学和心理学的关注。20世纪30年代，奥地利习性学家劳伦兹发现，小雁、小鹅等在出生后数小时就能跟随自己的母亲了。但是，如果刚出生时就把它们与母亲分开，不久，这些小动物就再也不会跟随自己的母亲了。这说明动物某些行为的形成有一个关键时机，错过了这个时机，有关行为就再也不能形成了。小动物的其他行为的形成也有类似情况。劳伦兹将这种现象叫作“印刻”（Imprinting）。印刻只在小动物出生后的一个短时期内发生，因此把这段时期称为“关键期”。

过去认为，印刻行为只能在关键期内形成，但是近年来许多学者的研究表明，关键期虽然非常重要，但是某些行为即使错过关键期，只要经过一定的再学习，仍然是可以形成的。因此，确切地说，关键期应该称为“敏感期”或“最佳期”。

儿童心理发展的关键期，是指儿童在某个时期最容易学习某种知识技能或形成某种心理特征，若错过了这个时期，其学习就会发生困难甚至难以弥补，影响终身。学习不同方面的知识有不同的敏感期。例如：2～4岁是学习语音的敏感期，5～5.5岁是掌握概念的敏感期，4岁前是智力发展最迅速的时期等。从心理发展来看，幼年是心理发展，特别是智力发展的敏感期。意大利教育家蒙台梭利认为，在敏感期内，儿童对一定的事物表现出高度的积极性和兴趣，并且学得很快，过了这个时期，这种情况就会消失。

资料来源：陈帼眉．学前心理学［M］．2版．北京：人民教育出版社，2003：399－400.

（四）个体差异性

每个人受到遗传、社会条件、教育以及主观能动性的不同影响，其身心发展的速度、水平以及优势等方面表现出个体差异性。

每个儿童都是一个独特的个体，在身体发育和心理成熟方面存在差异主要表现在：第一，不同的儿童存在身体素质的差异，有的儿童体质较好，有的儿童体质较差；有的儿童爱动，有的儿童喜静；儿童有高矮胖瘦之分，动作协调能力也各不相同。第二，儿童的心理素质存在差异，有的儿童音乐感知力强，有的儿童动作感知力强。第三，儿童的个性品质不同，有的儿童内向、文静、温和，有的儿童外向、活泼。第四，在同一方面，每个儿童的身心发展水平和发展速度也存在差别，有快有慢，有早有迟。

个体身心发展的差异性决定了教育活动必须因材施教，教师要善于根据不同儿童的特点选择不同的教育目标、教育内容、教育方法，使每一个儿童都能感受到重视与期待。

三、儿童发展的影响因素

儿童的成长并不是在自然状态下独立进行的，其身心发展受多方面因素的制约，这些因素包括遗传素质、环境、学前教育和儿童个体的主观能动性。

（一）遗传素质

遗传素质是指个体从上代乃至祖先那里继承的生理解剖方面的特点，如外部体貌特征、内部构造、神经类型、生理心理成熟等，尤其是脑机能的特点。遗传素质是儿童发展的生理基础和自然条件，决定了儿童身心发展的可能性。自古就有肯定遗传重要作用的言论，俗语中所谈到的“龙生龙，凤生凤”“种瓜得瓜，种豆得豆”说的就是这个道理。由于儿童具有从父母那里遗传的特有的生理结构和形态特征，因此才具备了只有人才具备的活动能力及发展潜质，而其他生物体无论如何教育都无法成为人。世界公认的智商较高的动物如猩猩、海豚，经过严格训练可以完成某些与人相似的动作行为，但永远不具备人的发展潜力，不会习得人的语言、意识和情感。

（二）环境

环境是儿童生存空间内各种状况和条件的总称。中国古代的“性相近，习相远”“近朱者赤，近墨者黑”“染于苍则苍，染于黄则黄”等观点，实质上是对环境与人的关系的说明。环境是儿童发展的物质基础和社会化的必要条件。

近年来，生态意识、环境意识受到了人们的广泛重视，生态学为教师研究儿童发展的外部因素提供了一个全新的视角。传统的学前教育往往把研究的注意力放在幼儿园的小环境上，而对儿童成长环境中至关重要的经济发展状况、社会文化传统、地域特征、民众心理、宗教习俗甚至政治制度等因素的影响不够重视。生态概念的引入使人们能够从更广泛、更复杂的系统中去认识和把握影响儿童发展的诸多要素，理解教育生态环境概念可以帮助教师树立更为客观全面的大教育观，为儿童构建一个更加适宜的发展环境。

与儿童发展相关的生态环境可以分为自然生态环境和社会生态环境两方面。自然生态环境主要指非生物环境和生物环境，非生物环境包括山水、丘陵、平原、沙漠、湖泊等，生物环境则包括动物种群、植被类型等。自然环境是影响儿童早期发展的第一要素，对儿童身心发展产生不可忽视的重要作用。

社会生态环境主要指社会政治经济环境、民族习俗、民间文化、社会心理环境等。儿童在成长过程中不仅与自然生态环境进行物质交换、依赖自然生态环境维持生长发育并进行新陈代谢，而且与社会生态环境发生信息交换，通过不断地与环境相互作用，吸收、加工环境信息，习得人类社会的基本生活准则，实现个体的社会化。环境对儿童发展的影响虽然是经常的和广泛的，但这种影响在大部分情况下是自发的、分散的和偶然的，它对个体身心发展有时可能起有利的、积极的影响，有时可能起不利的、消极的影响。

（三）学前教育

学前教育是指托幼机构对儿童施行的有目的、有计划、有组织的活动。与影响儿童发展的其他因素相比，教育为儿童提供的是“有准备的环境”（蒙台梭利语），起着主导作用，直接影响儿童身心素质的发展。

教育影响是有目的的。托幼机构的教育，要体现国家的教育方针，通过一系列的活动对儿童施加影响，促进儿童德、智、体、美、劳全面和谐发展。这种宏观的目的性，必然在幼儿园的特定环境和具体活动中予以体现和落实。

教育影响是系统的。在幼儿园里，教师根据儿童身心发展的年龄特征有计划、有步骤地施加教育影响，按小班、中班、大班的顺序安排不同的教育内容。教师在设计活动时通常要考虑三维目标，从健康、语言、社会、科学、艺术五大领域系统地开展活动，因此，幼儿园教育是全面的、系统的。

教育影响是有选择的。社会生态环境中的信息是非常复杂的，对儿童的影响也是无孔不入的。但在幼儿园里，影响儿童的信息是经过筛选的，一些消极信息会被“屏蔽”，如儿童在幼儿园外会遇到打人、骂人、闯红灯等不文明行为，但幼儿园会尽量创建适合儿童年龄特点和有利于儿童成长的环境。

教育是通过专职教师实施影响的。教师是经过专业教育和专门训练、在学校从事教育教学工作的专业技术人员。《幼儿园教师专业标准（试行）》对幼儿园教师的专业理念与师德、专业知识、专业能力提出了一系列要求，是衡量幼儿园教师水平、引领幼儿园教师发展的依据。幼儿园教师具有与其他社会人员和其他学段教师不一样的专业技能和职业特点，对儿童的教育和影响是其他人员不可替代的。

（四）儿童个体的主观能动性

个体的主观能动性指的是个体在认识世界、改造世界过程中所表现出来的有目的、有计划、有意识的能动性活动。儿童作为个性鲜明的个体，是不会消极、被动、无选择地接受环境影响的。学习是一种能动地建构认知结构的过程。学习不是环境刺激的被动摹写，而是儿童把它纳入自己的结构之中。正因为儿童具有主观能动性，才使得每一个儿童都具有独特的个性。因此，儿童自身的主观能动性是影响儿童身心发展最活跃的因素。

四、儿童发展的理论

理论是行动的先导。科学的儿童发展理论是开启学前教育教师教育智慧的钥匙，将影响教师秉承何种理念、选择何种内容、采取何种方式、掌握何种时机对儿童进行教育。

儿童发展领域的理论众多，影响较大的主要有：高尔顿、霍尔的“遗传决定论”，霍尔认为“一两遗传胜过一吨的教育”；洛克的“白板论”，他认为儿童的大脑像一张白纸，没有任何的观念和特性，想让儿童变成什么样子就在上面随意地涂鸦，后天的影响至关重要；孔子的“性相近，习相远”、华生的“环境决定论”，他们认为环境是影响儿童发展的决定性因素；格塞尔的“成熟势力说”，他认为教育不能超越儿童的成熟程度，只有达到了发展教育的成熟程度才能事半功倍；维果茨基的“最近发展区”理论，他认为教育应该使儿童的发展通过其他人的助力达到潜在发展水平与现有水平之间的位置，并且好的教育是引导儿童发展的主要因素，应当超越儿童的发展。

这些纷繁复杂的发展理论孰是孰非？其实，这些儿童发展理论与当时的历史背景、社会形态有很大的关系。即使在现代，仍然存在某一个时期的学前教育受某一主流理论影响的现象。例如：有的阶段认为教育是万能的，早期天才教育甚至胎教备受青睐，把早期智力开发当成儿童成才的万能钥匙；而另一个时期又特别重视关键期和智力水平，对儿童进行分层分类培养。当前，我国正处在经济快速发展的时期，社会结构和思想观念变化剧烈，教育观念亦发生着巨大变革，难免会出现浮躁、焦虑、怀疑心理。不可否认，家长应当关注儿童的教育、讲究教育方法，有些速成式的教育方法也确实能在短期内产生一定的效果，但对于幼儿教师而言，应当冷静挖掘各种早教现象的渊源，分析优劣，去伪存真，找到更为适合学前儿童发展的教育方式，而不是一味从众、不辨是非地追求所谓的“真理”。

现代有关遗传和环境对儿童发展影响的理论，存在两大阵营之争，即“成熟优势理论”和“学习优势理论”之争。

（一）成熟优势理论

成熟优势理论的理论背景包括高尔顿的遗传决定论、卢梭的自然教育理论等。成熟优势理论认为，儿童发展有其自身规律，以先天生理、心理成熟为基础，各种外界环境的影响只能加速或延缓儿童发展的进程而不能改变儿童发展的趋势。美国儿童心理学家格塞尔和瑞士发展心理学家皮亚杰是这个阵营的典型代表。

格塞尔通过同卵双生子学习爬行动作的实验研究发现，成人有意识地提前教婴儿学爬行的效果不明显，未得到成人指导的婴儿到了一定的时期自然就会爬了。成熟是通过基因来指导发展过程的机制，所有儿童都毫无例外地按照基因规定的顺序有规则、有次序地发展着。成熟指导着发展，是推动儿童发展的动力。环境对儿童发展起支持、影响和特定化作用，发展速度最终还是由生物因素所控制。成熟是任何一种发展的前提条件，无视成熟的训练是徒劳的，是不能持久的。特别是在婴幼儿时期，儿童对内部成熟度的依赖远大于外部环境的影响。同卵双生子实验表明，儿童有一个为做适合的事情做准备的内部时间表，在生理成熟之前的早期训练没有多大作用。父母要追随儿童，不应强迫儿童接受自己的意愿或规定的生活模式。

现代，皮亚杰结构主义理论是这个阵营的代表。皮亚杰认为，影响儿童发展的四要素是素质、自然环境、社会环境、结构。他肯定了前三个要素的重要性，而其理论的重点是个体内部的成熟过程与结构变化。所谓结构，就是儿童发展的各个时期形成的活动图式。发展过程即个体在环境中依靠同化与顺应作用展开的过程。这里的同化，是指个体把环境刺激纳入既有的结构之中；而顺应，是指个体适应环境刺激而重新建构自己的结构。

儿童的学习只在儿童能够同化环境刺激时、环境刺激符合儿童各阶段特别构造时才能进行；学习不是儿童对环境刺激的被动摹写，而是儿童把它纳入自己的结构之中。“儿童在对外部世界进行操作和探索的同时，积极地建构着自己的知识体系，认知发展是分阶段出现的。”基于这一理论，以儿童为中心开展教育活动就顺理成章了。

（二）学习优势理论

学习优势理论的理论背景包括洛克的“白板论”、美国机能主义心理学、巴甫洛夫的条件反射学说等。学习优势理论把重点放在影响儿童发展的外部条件上，特别是从社会和文化背景中研究儿童发展过程。行为主义心理学家华生基于“刺激—反应”理论，强调刺激条件的设定与习惯形成的问题是制约儿童发展方向的决定性因素。

维果茨基和布鲁纳等人重视社会和历史的文化作用。比如，维果茨基从马克思主义的基本概念——“劳动是以工具为媒介的活动”出发，认为人的心理的独特性就在于人所独有的会使用工具（包括语言符号等）的能力，新生儿的成长不是靠内部条件制约的自发性来完成的，而是靠存在于个体外部的文化的介入。儿童的发展本来就有相当的幅度，除了靠自力能够达到一定水平之外，还包括靠自力不可能达到的但只要有成人的帮助就可以达到的发展水准（最近发展区）。好的教育，不是追随在发展过程之后，而是凭借文化手段的有效作用超越发展过程、引导发展过程。

学习优势理论认为环境是影响儿童发展的最主要因素，学前教育是为儿童以后的教育和未来的生活做准备的，必须以最简单、最有效的方式方法，把准备学习的知识、技能、道德观念和社会规则教给儿童；儿童的学习与成人的学习没什么区别，只不过学前教育课程要更有意义、有趣味，要把满足社会需要的知识、技能的发展作为教育的主要目的，要以教师为主导，注重强化，增强学习效果。

理解了两大理论阵营的基本主张之后，我们发现：这些理论都有合理的成分，也存在一定的偏颇。我们可以结合现实社会中的一些早教现象进行深入的分析比较，厘清优劣，避免极端化。

第二节 儿童观

一、儿童观的含义

儿童观是人们对儿童总的看法和态度。它包括对儿童的权益和地位、特质和能力以及儿童期在个体发展中的作用等方面的看法。[①]

人们对儿童的看法基本是相对稳定的。成人往往在日常生活中表现出对儿童的带有共性的较为稳定的看法，如养儿是为了防老、严是爱松是害、听话就是好孩子、孩子不应该有隐私等，这些观念在一些人的头脑中根深蒂固并表现在其言行中。与此同时，儿童观与教育观紧密相关，对儿童不同的态度和观念会导致教师对教育过程相关要素认识的差异化，从而使其产生不同的教育行为，这也将造成教育效果大打折扣。

资料链接

从孩子的照相说起（节选）

中国和日本的小孩子，穿的如果都是洋服，普通实在是很难分辨的。但我们这里的有些人，却有一种错误的速断法：温文尔雅，不大言笑，不大动弹的，是中国孩子；

① 姚伟. 学前教育原理［M］. 长春：东北师范大学出版社，2012.

健壮活泼，不怕生人，大叫大跳的，是日本孩子。

然而奇怪，我曾在日本的照相馆里给他照过一张相，满脸顽皮，也真像日本孩子；后来又在中国的照相馆里照了一张相，相类的衣服，然而面貌很拘谨，驯良，是一个道地的中国孩子了。

为了这事，我曾经想了一想。

这不同的大原因，是在照相师的。他所指示的站或坐的姿势，两国的照相师先就不相同，站定之后，他就瞪了眼睛，伺机摄取他以为最好的一刹那的相貌。孩子被摆在照相机的镜头之下，表情是总在变化的，时而活泼，时而顽皮，时而驯良，时而拘谨，时而烦厌，时而疑惧，时而无畏，时而疲劳……。照住了驯良和拘谨的一刹那的，是中国孩子相；照住了活泼或顽皮的一刹那的，就好像日本孩子相。

资料来源：鲁迅．且介亭杂文［M］．3版．北京：人民文学出版社，2006.

成人对儿童的看法和态度也体现出一定的时代性。随着社会政治经济的发展和变迁，儿童观也会发生转变，其观点并不是一成不变的。例如：古希腊时期，有人会把体质差的孩子扔掉，让孩子到野外进行生存考验，存活下来的就训练为武士；中世纪有人认为孩子生下来是有原罪的，必须严加管束；而现代社会所表现出的儿童观又不一样，成人认为孩子是有尊严的、是独立的个体，要尊重孩子的权利等。

二、儿童观的不同形态

根据儿童观所持主体的不同，可以将儿童观分为三种形态，即社会主导形态的儿童观、学术理论形态的儿童观和大众意识形态的儿童观。

（一）社会主导形态的儿童观

社会主导形态的儿童观指在一定社会中居统治地位和支配地位的人们所持有的儿童观，一般主要以法律、法规、规章等形式加以正式确认，具有一元性、稳定性和强制性。

（二）学术理论形态的儿童观

学术理论形态的儿童观也称为理性的儿童观，是哲学、心理学、教育学等学术领域中研究者在进行深入思考以及研究之后所提出的儿童观，具有多元性以及非强制性。

（三）大众意识形态的儿童观

大众意识形态的儿童观指广大国民对儿童的基本认识与态度，是一种最具有实际意义的儿童观，具有实感性、差异性和零散性。①

三、儿童观的历史演变

（一）古代的儿童观

古代社会没有“儿童”的概念，人们普遍把儿童看成是“小大人”，持这种观点的

① 朱宗顺，陈文华．学前教育学［M］．北京：北京师范大学出版社，2012：33.

人认为：除年龄和身体大小外，儿童与成人没什么差别。甚至在一些绘画作品中，儿童被画成与大人非常相似的成人的“缩小版”，二者在衣着、行为上没有什么区别。同时，儿童又是被忽略的对象，没有任何权利和地位，成人用成人的标准去要求儿童，儿童被期待像成人那般去工作，充当童工、童农。杀婴、弃婴现象也很普遍，成人认为儿童是父母的私有财产，成人对儿童有生杀大权。

古代社会由于生产力水平比较低，个体难以应对生存环境的挑战，人们必须以血缘、地缘关系为纽带结成群体，家庭利益和国家利益高于一切，个人价值几乎为零，儿童只是家族继承和繁衍的工具、是未来的劳动力和保卫国家的兵源，因此国家本位和家族本位的儿童观一直占主导地位，儿童的社会权益和地位难以保障，个性得不到应有的尊重。当然，在我国古代也有“惜婴”一说，在典籍中有大量爱幼少以及禁溺女婴的阐述，但“惜婴”的出发点并不在于对儿童权益的保护和尊重，而是因为儿童是家庭的私有财产，可以传宗接代、光宗耀祖。

（二）中世纪的儿童观

欧洲中世纪一般是指 5—15 世纪的西欧封建社会时期，被称为“黑暗时代”。在这一时期，教会的势力空前膨胀，成为西欧诸国强有力的封建主。宗教的原罪说十分盛行，按照基督教的教义，人类都是亚当和夏娃的后代，都具有“原罪”。儿童是生而有罪的，所以必须实施严格的禁欲，对肉体要进行严厉的惩罚、摧残，克服与生俱来的邪念，驱除内在的恶性。在中世纪，成人对儿童身心的摧残十分普遍，儿童没有自己的权利，甚至连说话的权利都没有。这种儿童观的逻辑是将“儿童”与“上帝”相对，除了上帝是善的，其他的全部皆是邪恶的，儿童一出生就充满了罪恶，愚昧无知，他们体内的各种毒素是其犯罪的根源，容易造成错误行为，因此成人应该对其严加管束，甚至可以责骂、鞭笞，使儿童不断进行赎罪，这样才能减轻或者消除儿童这种错误行为。[①] 儿童在这一时期承受了来自肉体以及精神上的各种折磨，遭受轻视与谩骂，因此，其任何创新性的行为都会受到各方指责，人格也被严重摧残。这一观念在一些文学作品中也得到体现。例如：狄更斯在《雾都孤儿》中所描述的小主人公奥利弗·退斯特的不幸遭遇，是中世纪儿童观的具体体现。

（三）近代的儿童观

14 世纪开始在西欧兴起的文艺复兴运动，是新兴资产阶级发动的反封建的文化革命运动和思想解放运动。针对教会对人权的禁锢和对神权的尊崇，一批进步的启蒙思想家提出新的人类观，倡导人权，反对神权，认为人是自由的、自然的，是仅次于上帝的存在，因此人的价值和尊严必须得到尊重。在这一时期，人的意识普遍觉醒，人的价值、智慧、尊严、地位得到肯定。随着人性不断被发现，一种全新的儿童观展现在世人面前。

捷克教育家夸美纽斯提出了“种子论”，在其所著的《母育学校》中把儿童比作“上帝的种子”，是比金银珠宝还要珍贵的“无价之宝”，他相信一切儿童都可以造就成

---

① 李生兰．学前教育学：修订版［M］．2 版．上海：华东师范大学出版社，2006：17.

人，要求那些欺负儿童的人要像尊重上帝一样去尊重儿童。人文主义教育家伊拉斯谟指出，“儿童”这个词在拉丁语中意味着“自由者”，他奉劝教师要研究儿童，不要指望儿童像小大人一样行动，自由的教育是符合儿童天性的，用教育手段把本来是自由的儿童奴隶化是极其荒谬的。意大利人文主义者维吉乌斯在其《儿童教育论》中提倡成人要以经常赞扬好的行为、饶恕与宽大细小过失的办法来教育儿童，应该在赞扬和羞辱之间求得一个适中的办法，教育方法必须根据儿童个性的不同而有所区别。

可见，文艺复兴时期的儿童观承认儿童的特点和兴趣，认为儿童是天真、纯洁的，具有发展的可能性，要求人们珍视儿童、热爱儿童，反对把儿童看成是天生的罪人。但是，他们没有从根本上否定儿童对于社会和父母的绝对服从关系，没有看到儿童是有着自身价值的存在。

17 世纪英国哲学家洛克提出了著名的“白板论”，他认为：人的意识中没有与生俱来的“天赋观念”；人心如同白板，可以任意涂画描绘；儿童是生来没有原罪、纯洁无瑕的存在，“儿童究竟是儿童”。

18 世纪杰出的法国启蒙思想家卢梭被公认为是从根本上扭转以成人社会的要求对待儿童的传统，确立起把儿童视为具有固有法则的“自然”存在的著名思想家。他认为儿童并不是生来就有原罪的存在，也不是洛克主张的那种可以任意教育的“白板”，更不是“小大人”，儿童本身具有不可转让的价值，是一种不断地渴求创造性表现的存在。在他的教育哲理小说《爱弥儿》中，他不仅尖锐地批判了封建社会对儿童的种种偏见和歧视，而且从一个崭新的角度审视儿童、研究儿童。他指出，在万物的秩序中，人类有它的地位；在人生的秩序中，童年有它的地位；应当把成人看作成人，把孩子看作孩子。[①] 他认为儿童生来就是性善的，是纯洁无瑕的，心中没有任何罪恶的种子；儿童也是自由的，教育就要保护儿童善良的心灵，顺从儿童自由的本性；教育要注意运用各种方法使儿童避开社会的不良习俗和偏见，废止社会道德的灌输，让儿童返回自然，恢复儿童的天性；要认识儿童与成人的不同，把儿童期看作特殊的发展时期，儿童在生理和心理上都处于尚待成熟的时期，而且儿童有自己的快乐和幸福。卢梭强调儿童是一个独立的个体，有自己的尊严和权利，具有自身的发展规律和价值，教育不应为了成人的利益而牺牲儿童的利益，应把属于儿童的东西还给儿童。

卢梭第一次以其鲜明、深刻的论述把教育的注意力吸引到儿童身上，在教育史上具有重要价值。第一，他明确指出了儿童与成人的区别，强调儿童期的教育应符合儿童的身心特点、顺应儿童的天性。第二，他强调儿童是一个独立的个体，儿童有自己的尊严、有自己的权利，教育要把属于儿童的东西还给儿童，不应为成人的利益牺牲儿童的利益。第三，儿童期是个体发展的重要时期而不是可有可无的，儿童的现在和将来是前后一贯发展的过程，教育不应为儿童的未来而牺牲儿童的现在。第四，教育应为儿童发展创造良好的环境，使其避开一切不良因素的影响，让儿童在其天性不受污染的环境下自由地发展。卢梭的教育思想对后来的教育家和思想家产生了巨大而深

① 卢梭．爱弥儿［M］．李平沤，译．北京：商务印书馆，1978：91.

刻的影响，从与卢梭同一时代的康德、裴斯泰洛齐到20世纪的杜威、凯兴斯泰纳、皮亚杰等，都不同程度地受到了卢梭的启发。卢梭重视儿童天性和儿童自身价值的思想，在今天仍有重要意义。

（四）现代的儿童观

进入20世纪以来，很多教育家对儿童观进行了深入的研究：被誉为“20世纪幼儿园改革家”的蒙台梭利认为儿童具有内在的生命力、具有吸收性心智、具有敏感期，儿童发展具有阶段性，儿童的发展是通过自由的“工作”来实现的；美国著名教育家杜威是进步主义思想的主要代表，他认为儿童是未成熟的人、是发展中的人，儿童期的生活有自身的价值，儿童是起点、是中心，而且是目的；加德纳认为每个儿童都是多种不同智力的不同程度的组合，要承认、关注并欣赏个体之间的差异；瑞吉欧教育认为，儿童有巨大的发展潜力，儿童与成人一样，是拥有独特权利的个体；我国幼儿教育家陈鹤琴认为，儿童具有天生的好奇心、天生好动、喜欢模仿、喜欢合群，儿童有自身的价值，应当尊重儿童的人格。

另外，对于儿童的尊重与理解也反映在儿童地位确认以及法律保障的逐渐完善方面。例如：20世纪20年代初，总部位于日内瓦的“救助儿童国际联盟”拟定并通过了一份关于儿童权利的宣言，包含5条准则，指出儿童应有自己的权利。这被认为是较早的阐述有关儿童权利内容的文件。1959年，联合国大会通过《儿童权利宣言》，进一步肯定了儿童的权利。1989年联合国大会通过的《儿童权利公约》，使保护儿童的权利逐渐成为政府的职责与行为。1990年世界儿童首脑会议通过了《儿童生存、保护和发展世界宣言》和《执行九十年代儿童生存、保护和发展世界宣言行动计划》，进一步落实儿童权利的保障工作。①

资料链接

杜威的儿童观

约翰·杜威提出了“教育即生长”“教育即生活”“教育即经验的不断改造”“学校即社会”等观点，其儿童观主要反映在他对生长、发展的解释之中。

1. 儿童是未成熟的人、发展中的人

杜威认为，在儿童期，儿童生长的首要条件是未成熟状态，这种未成熟状态具有依赖性和可塑性两个主要特征。他还认为，儿童和成人都处于一个不断生长和发展的过程中，他们之间的区别不是生长和不生长的区别，而是各有适合于不同情况的不同的生长方式。

① 朱宗顺，陈文华．学前教育学［M］．北京：北京师范大学出版社，2012：36.

2. 儿童期的生活有自身的价值

杜威认为，儿童本能的生长、发展及经验改造过程表现为活动就是儿童的生活，儿童教育不应当是生活的预备，而是儿童现在的一种社会的过程和生活的过程。他指出，传统教育“或多或少地为遥远的未来做准备”，似乎儿童时代是成人生活或他自己人生的准备阶段。结果，不仅今天儿童所学的东西并不是儿童生活经验的一部分、不具有真正的教育作用，而且成人往往采取灌输的方法把适合成人的种种标准强加给儿童，这势必扼杀儿童的个性。

3. 儿童是起点、是中心，而且是目的

基于对教育在促进儿童本能生长方面作用的强调和教育目的应来自教育过程本身而不是教育过程之外的主张，杜威提出了“儿童中心”论。他指出：“我们必须站在儿童的立场上，并且以儿童为自己的出发点”，并宣称“我们教育中将引起的改变是重心的转移，这是一种变革，这是一场革命，这是和哥白尼把天文学的中心从地球转到太阳一样的那种革命。这里，儿童变成了太阳，而教育的一切措施则围绕着他们转动；儿童是中心，教育措施便围绕他们组织起来”。

资料来源：姚伟. 儿童观及其时代性转换［M］. 长春：东北师范大学出版社，2007：97－103.

四、科学的儿童观

第二次世界大战以后，随着人权意识的增强、现代科技的进步以及现代生理学、心理学、社会学、文化学等学科对儿童的深入研究，国际社会普遍开始重视儿童的社会地位和权利，通过法律、公约等形式保护儿童的权益不受侵害。1959 年，联合国大会通过《儿童权利宣言》，第一次公开肯定儿童与成人享有同样的社会地位和权利保障，提出儿童应有人的尊严，享有生存、生活和学习的权利。

1989 年，第 44 届联合国大会通过了《儿童权利公约》，肯定儿童有基本人权，包括：生存权——每个儿童都有其固有的生命权和健康权；受保护权——免受有害影响、虐待、剥削、酷刑或疏于照料，以及对失去家庭的儿童和难民儿童的基本权利；发展权——充分发展其全部体能和智能的权利；参与权——全面参与家庭生活、文化生活和社会生活的权利。成人必须尊重儿童的人格、意愿和兴趣，世界各国必须真正、切实地把儿童放在一个优先的位置，把儿童作为一个重要的权利主体来对待，尊重儿童必须享有的权利。《儿童权利公约》是国际社会第一部富有法律效力的有关儿童权利的法律文书，得到了国际社会的广泛认可。1990 年，世界儿童问题首脑会议通过了《儿童生存、保护和发展世界宣言》，确认儿童问题是衡量国家发展的一个重要目标，提出了“一切为了儿童”的新道德观。各国纷纷制定了一系列旨在保护儿童权益、促进儿童发展的法律法规，儿童优先、一切为了儿童的个体本位论思想在大众意识中逐渐占据主导地位，成为科学儿童观的思想基础。

资料链接

儿童是权利的主体

1. 儿童和成人一样，彼此平等，具有相同的价值

儿童是与成人人格平等、地位相同、享有基本人权的积极主动、人格独立的人，他们是拥有权利与价值并能行使自己权利的自由体。儿童是权利的主体表明儿童的权利与价值是统一的，这要求人们不仅看到儿童对社会的意义、看到儿童弱小需要保护的事实，更要看到儿童作为人所具有的生命的尊严与价值以及他们在社会中享有的地位。

2. 儿童作为权利的主体拥有权利

按照《儿童权利公约》的精神，儿童的权利反映了儿童在社会关系中的地位，是儿童作为权利主体的一种资格。法律赋予了儿童这一权利主体以基本人权：生存权、受保护权、发展权和参与权。这些基本权利是与儿童作为人的本性与尊严相一致的，践踏这种权利就是对人性和人的尊严的践踏。另外，这些权利也不是其他权利派生出来的，它本身就是儿童权利存在的基础。

3. 儿童作为权利的主体的特殊性

（1）儿童的权利的行使需要社会的教育和保护。

（2）儿童作为权利的主体拥有权利，但不与成人一样有连带的责任和义务。

资料来源：姚伟．儿童观及其时代性转换［M］．长春：东北师范大学出版社，2007：97－103.

儿童观是教育观的基础，有什么样的儿童观就有什么样的教育观和教师观。正确看待儿童、树立科学的儿童观是做好教育工作的基础，也是当好幼儿教师的观念前提。科学的儿童观可以归纳为以下六点：

（1）儿童是社会的人，他们与成年人一样拥有一切基本人权、具有独立人格，是不以人的意志为转移的客观存在；儿童是学习的主体、是权利的主体。

（2）儿童是正在发展的人，需要合适的引导。儿童身心发展是有规律的，具有充分的发展潜能，具有好奇的天性与求知的欲望，是处于发展过程中的人，而且存在个体差异。

（3）儿童期具有独立的存在价值，不只是为成年期作准备。儿童是完整的人，具有自身的独特性，儿童与成人之间存在着巨大的差别。

（4）儿童拥有独特的精神生活和文化活动，儿童文化可以给成人以启示。

（5）儿童有权拥有幸福快乐的童年。

（6）不同性别的儿童应享有平等的待遇。

资料链接

儿童文化的特征

儿童文化是诗性的、游戏的、童话的（或神话的）、梦想的，是好奇的、探索的，

是从本能的、无意识的逐步迈向有意识的，是历史沉淀的，因而是复苏的，是转变的、生长的。儿童文化最主要的特征是古而常青：它有悠远历史但却是从头开始生长的，是复演的但又是创新的；它是新与旧的和谐统一，它是历史与现实、文化与自然的和谐统一。

儿童文化是与儿童不断发育的身心相联系的。在一定的文化背景中，儿童的成长是从基因这一生物学层面逐步展开并以表达为基础的。在这种逐步展开中，文化发生了；儿童文化同原始人类文化从自然界的混沌未开中发生和演化一样，它是从自然层面发生的，因而代表了文化中最本质、最核心、最基础、最具活力的一面，这种文化与自然最为亲近，因而本真、淳朴。儿童的生活是史诗一般的生活。儿童在自己的生命里使文化史（神话、儿歌、思想史、科学史）得到了整合，使逝去的精神情怀（趣味、好奇等）再次复活。

儿童更接近自然、天空、大地、江河，他代表了人性的自然层面和历史层面，因而他更接近健康的生活本质、更接近属于人的生活的本质。

儿童文化是演变着的，它的目的地是成人文化。然而，任何成人文化的目的地又是儿童文化——成人通过与儿童的交往而将成人文化传递给儿童，成为儿童生命和生活中的内容，不能为儿童所吸收的成人的东西将会在历史进程中丢失。

资料来源：刘晓东．儿童文化与儿童教育［M］．北京：教育科学出版社，2006：35.

第三节　学前教育价值

学前儿童发展与学前教育是两个不同的概念，学前儿童发展是指 0 ～ 6 岁儿童生理、心理的量变、质变过程，而学前教育指的是家庭、托幼机构对学前儿童施加的教育影响（本书主要论述 3 ～ 6 岁幼儿园教育）。学前教育必须适应学前儿童的身心发展水平，以学前儿童的发展为现实依据，提供有利的条件，安排适时适当的刺激，激发学前儿童的主观能动性，促使学前儿童的德、智、体、美、劳得到充分、全面、和谐的发展，为以后的进一步发展奠定良好的基础。学前教育是学前儿童发展的重要保障，它参与发展、引导发展、促进发展。

一、儿童发展对学前教育的影响

适应和促进社会政治经济发展以及适应和促进儿童身心发展是教育的两大规律。所谓适应儿童身心发展，就是要了解儿童生理、心理特点和发展规律，把儿童自身成长作为开展教育活动的现实依据。“夫子教人，各因其材”，意思是要根据教育对象的特点实施个性化教育。在学前教育阶段，儿童有其自身发展的规律性，教育内容、方法、形式的选择必须遵循儿童发展的规律来进行，因材施教。

（一）儿童身心发展的不成熟性决定了学前教育要以游戏为基本活动

所谓基本活动，是指最适宜、最经常、最有效的活动。游戏是儿童喜爱的活动，是儿童反映现实生活的活动。“游戏就是儿童的生活，儿童的生活就是游戏。”儿童始终生活在游戏中。通过虚拟情景再现成人的社会经验与人际关系，使儿童认识周围世界。游戏是儿童早期特有的一种学习方式，是儿童的主要活动，是儿童产生高级心理现象的重要源泉，是儿童社会化的重要途径。儿童游戏的心理发生机制是“本我唯乐”原则的体现，儿童通过游戏可释放自身的情绪和情感。儿童在自主游戏时的心态是最佳的，这有助于身体、情感、认知、社会性的发展。

被誉为“幼儿园之父”的德国教育家福禄培尔这样评价游戏：“儿童早期的游戏，不是无关紧要的。它是非常严肃的，而且是具有深刻意义的……儿童早期的各种游戏，是一切未来生活的胚芽；因为整个人就是在游戏中，在他最柔嫩的性情中，在他最内在的倾向中发展和表现的。”“一个游戏着的儿童，一个全神贯注地游戏的儿童，一个这样沉醉于游戏中的儿童，不是儿童生活中的最美丽的表现吗？”难怪福禄培尔把游戏看作儿童生活中“最美丽的花朵”。游戏是在儿童阶段出现频率最高、对其生存发展最有影响价值、最适合的活动。游戏对于儿童，如同工作对于成人、学习对于青少年一样。由于游戏最符合儿童的心理特点、认知水平和活动能力，能最有效地满足儿童的需要，促进儿童的发展，因此游戏对儿童发展具有不可替代的价值。

（二）儿童身心发展的年龄特征决定了学前教育的阶段性

儿童身心发展的年龄特征是在不同年龄段表现出来的一致的、共同的规律。儿童身心发展的年龄特征使得学前教育呈现一定的阶段性。例如：我国 2013 年颁布的《3－6 岁儿童学习和发展指南》（以下简称《指南》）强调要珍视儿童生活和游戏的独特价值，充分尊重和保护其好奇心和学习兴趣，创设丰富的教育环境，合理安排一日生活，最大限度地支持和满足儿童通过直接感知、实际操作和亲身体验获取经验的需要，严禁“揠苗助长”式的超前教育和强化训练；要注重学习与发展各领域之间的相互渗透和整合，从不同角度促进儿童全面协调发展，而不要片面追求某一方面或几方面的发展。在学习与发展目标上，《指南》分别对 3～4 岁、4～5 岁、5～6 岁三个年龄段儿童应该知道什么、能做什么、大致可以达到什么发展水平提出了合理期望；教育建议部分针对儿童学习与发展目标，列举了一些能够有效帮助和促进儿童学习与发展的教育途径和方法。

（三）儿童身心发展水平制约学前教育的难易程度

儿童的学习是有巨大潜力的，但在学前阶段对儿童施加的教育影响并非无所顾忌，必须依据儿童自身发展水平确定教育目标的高低、内容的难易以及方式方法的适宜性。例如：年龄较小的婴幼儿生活自理能力差，因此教育内容最好以他们的生活为中心，在生活中适时开展随机教育，培养良好的生活习惯以及自理能力，他们的游戏活动也是以独自游戏为主，因此可以做一些简单的建构游戏；而到了幼儿园，儿童自我控制能力增强了、生活范围扩大了，游戏的社会性成分更多一些，教育的知识面更广一些，教育方法也更多地采用游戏和操作的方法，主题活动和区域活动成为幼儿园活动的主要形式。

（四）儿童身心发展的速度和进程制约学前教育的进度

儿童的身心发展具有一定的顺序性，但发展的各个方面存在不均衡性，速度有快有慢，时间有先有后，这就要求学前教育的进度应与儿童身心发展的速度相适应。例如：在书面表达方面，由于受到儿童认知水平和手指的骨骼、肌肉发育的制约，因此对 3 ～ 4 岁的儿童只要求喜欢用涂涂画画表达一定的意思，尝试正确握笔；对 4 ～ 5 岁的儿童，要求愿意用图画和符号表达自己的愿望和想法，能够在成人提醒下注意写写画画时姿势正确；而对于 5 ～ 6 岁的儿童，要求愿意用图画和符号表现事物或故事，会正确地写自己的名字，做到写写画画时姿势正确。有些幼儿园应家长的要求或受“小学化”倾向的影响，加大儿童书写的难度和进度，以让儿童写成百上千字为目标而忽略儿童的书写姿势和承受能力，这对儿童的身体发育和心智发展是很不利的。

儿童身心发展的诸多方面所经历的阶段和发展速度各不相同，如儿童的肢体动作、语言表达、意志品质的发展都有其独特的规律，因此这些方面的学前教育具体要求不一样，进度也不尽相同。

（五）儿童身心发展的个别差异使学前教育必须因人而异、灵活多样

随着现代儿童观所发生的巨大转变，人们从忽视儿童或只看重儿童的整体特征转变为越来越关注儿童的个别差异。

首先，不同儿童身心素质结构不一样。尽管每个儿童都具有感知、记忆、想象等基本心理活动能力，但有的儿童感知力强而想象力不足，有的儿童记忆力较强而感知力较为迟钝。加德纳的多元智能理论告诉我们，人类思维和认识方式是多元的，每个人都存在与他人不同的智能结构，有的人语言智能占优，有的人数理逻辑智能占优，而有的人存在语言障碍但音乐韵律智能或身体运动智能突出。总之，每个儿童的智能结构、品德素质、认知结构、身体素质都各有不同。

其次，在同一方面，每个儿童身心发展水平和速度也不相同。如有的儿童语言能力发展较早，有的则较为滞后；有的儿童动作协调能力发展较快，有的则相对迟缓。发展是动态的，儿童在某些方面的发展不是匀速渐进的，有的先快后慢，有的先慢后快、后来居上。所以，用某一项表现来评价儿童的优劣是不科学的。

最后，每个儿童的情感、意志和个性品质有差别。儿童的神经类型千差万别、家庭环境各不相同，即使在同一个环境下，长幼的区别也会导致儿童个性品质存在差异，如有的儿童性格开朗、感情外向；有的儿童性格文静、感情内敛；有的儿童脾气暴躁，有的儿童安静温和；有的儿童顺从乖巧，有的儿童倔强呆板；有的儿童在活动中不能专注，有的儿童意志力较强、能够坚持较长时间。

儿童身心发展的个别差异要求学前教育因人而异、灵活多样。这种灵活性不仅要体现在学前教育的方式方法上，也应反映在学前教育的目标与内容方面。个性化学习要求教师明确几个观念：（1）个性自由、充分、和谐发展，尊重儿童的兴趣、爱好和需要；（2）学习的自主性；（3）不同儿童允许有不同的学习目标，即使同一学习目标也允许有

变通的学习方式，儿童可采用最适合个人学习风格的学习方式以达到学习目标。学前教育要将促进儿童德、智、体、美、劳全面发展与促进儿童个性化发展有机统合起来，教师要尽可能地创设适应儿童个性化发展的条件，使每个儿童都能得到发展。

二、学前教育对儿童发展的价值

学前教育及早期经验对儿童的影响无疑是巨大的，古今中外许多教育家和思想家都有精辟的与此相关的论述。

在我国古代，有很多家喻户晓的重视早期教育的论断，在谚语中就有所体现，如“三岁看大，七岁看老”“教妇初来，教儿婴孩”等。此外，很多学前教育思想散见于各种著作之中：《三字经》中有“性相近，习相远；苟不教，性乃迁”；《礼记·学记》中有“玉不琢，不成器，人不学，不知义”；《汉书·贾谊传》中的“少成若天性，习惯成自然”体现了贾谊的“早喻教”（强调早期教育的奠基作用）观点；南北朝时期的颜之推也非常重视早期教育，其在著作《颜氏家训》中主张及早对婴幼儿进行教育，越早越好，甚至要早到胎教，他还对谚语“教儿婴孩”表示肯定，并提出教育孩子应该及早施教、严慈相济，注重均爱原则、语言教育以及品德教育。

西方很多教育家也认为早期教育十分重要。古希腊思想家柏拉图他在《理想国》中谈道：“凡事之开始，为最重要之点，而于教育柔嫩儿童，则更宜注意，盖其将来人格之如何，全在此时也。”古罗马思想家昆体良指出，从儿童诞生的最初几天起就应学习正确的语言，因此必须挑选发音良好的乳母和保姆，必须注意为儿童选择良好的游伴。蒙台梭利认为“胚体的生命与童年的改变，对成年的健康与人种的未来，是具有决定性的”[①]，童年教育是人生最重要的问题，她主张“教育始于诞生”。奥地利心理学家弗洛伊德从精神分析角度对儿童早期经验的重要性进行了论述，认为婴儿期的经验对人格有极大的作用，儿童过早的心理挫折会对他的人格产生无法消除的影响。

我国学前教育专家陈鹤琴也认为“幼稚期（出生到7岁）是人生最重要一个时期，什么习惯、言语、技能、思想、态度、情绪都要在此时期打下一个基础，若基础打得不稳固，那健全的人格就不容易建立了”[②]。可见，他特别强调学前教育。

学前教育的重要性也得到了现代人类学、心理学、生理学、脑科学等学科研究成果的有力印证。学前教育及早期经验对儿童的成长至关重要。3～6岁是儿童智力发展的关键时期。美国心理学家布鲁姆曾经对近千名儿童追踪观察到成年，并在研究基础上提出了智力发展假设：如果17岁时达到的智力水平为100%，则4岁时已达到50%，8岁时达到80%，剩下的20%是8～17岁获得的。

儿童智力的发展是遵循递减规律的，即教育得越晚，儿童的潜能挖掘就越受限制，教育的效果就越差；反之，如果抓住儿童发展的关键期实施合适的教育，就会收到事半功倍的效果。所以，对于儿童教育来说，不能等待。智利诗人米斯特拉尔指出：许多事情我们可以等待，唯独儿童不能等，他的心智正在开发，他的血脉正在形成；对

① 杨汉麟，周采．外国幼儿教育史［M］．南宁：广西教育出版社，1993：248.
② 何晓夏．简明中国学前教育史［M］．北京：北京师范大学出版社，1990：269.

于儿童来说，他的名字不叫明天，他的名字叫今天。在智力发展极为迅速的幼儿时期，适当发展儿童的智力，将具有特殊意义。

3～6岁是儿童个性开始形成的时期，如性格特征、思想品德、行为方式等都是在这一时期逐步发展并趋于稳定的，在这一时期施加的教育影响常常会在其一生中留下印记。可见，学前教育及早期经验对儿童个体的发展具有无与伦比的价值，如果剥夺了学前教育机会或者施行了有害的早期教育，对儿童造成的缺陷和伤害一般是很难弥补的。

（一）学前教育的内在价值

1. 学前教育促进个体认知的发展

学前期是个体心理发展的关键期，蒙台梭利称其为“敏感期”。在这个特定时期，个体对于某些知识经验的学习或行为的形成具有特别的感觉力，此感觉力是一种短暂的倾向，只限于取得某种的特质，一旦取得了这种特质，这种特殊的感觉力就会消失。也就是说，在儿童某一时期，对某种知识和行为比较敏感，比较容易学习，心理上某个方面发展比较迅速；而错过了敏感期，学习起来较为困难，发展也比较缓慢。

资料链接

儿童发展关键期

0～4岁	形象视觉发展的关键期
1～3岁	口语学习的关键期
3岁	计算能力发展的关键期
3～4岁	培养独立性的关键期
3～6岁	掌握词汇的关键期
3～10岁	外语学习的关键期
4～5岁	书面语学习的关键期
5岁以前	音乐学习的关键期
5岁左右	掌握数概念的关键期
6～7岁	学习启蒙的关键期
8～9岁	学习习惯培养的关键期
10岁以前	动作技能掌握的关键年龄

人的大脑的构建和发育有自己的时间表，在儿童学习的关键时期给予其最好的、最丰富的、最适宜的刺激，他们能通过富有弹性的神经系统，非常出色地如同摄像机一样以“直观记忆的图像式学习”，把他们所看到的、听到的、接触到的东西记录下来，形成有回路的高级大脑神经网络。而随着儿童大脑发育的不断成熟，这种神经系统的可塑性就会逐渐降低。

2. 学前教育促进个体个性的发展

儿童出生时只是一个生物个体。儿童个性的初步形成是从幼儿期开始的，并在成长中逐步形成自我意识、独立性和对自尊心的需求。在学前教育的群体活动中，通过教师正面的评价以及儿童的体验，儿童逐步学习处理人与人之间的关系，形成独特的个性品质。因此，学前教育对儿童将来个性的发展有较大的影响。

3. 学前教育促进个体情绪能力的发展

情绪调控能力是情绪能力的重要内容之一，它能及时地使人摆脱不良情绪、保持积极的心境。学前儿童的情绪特征为易激动、易感性、易外显，情绪调控能力比较弱。学前期是情感教育的重要时期，可以通过活动，让儿童感受、感知、体验、理解和反应，得到情感经验的积累，从而帮助儿童形成初步的情绪调控能力。

4. 学前教育有助于个体社会化

个体的社会化是个体适应社会的要求，在与社会交互作用的过程中，通过学习与内化而承担社会所期待的成人期应当承担的角色，并相应地发展自己的个性的过程。通过接受良好的学前教育，儿童的个性能够得到塑造，逐步完善自己，并朝着特定社会的要求发展，达到适应社会生活的基本要求，如形成正确的价值规范、思想观念、积极的情感、行为品格等。可以说，学前教育在个体社会化中发挥着核心的、主导的作用。

5. 学前教育有助于个体心理健康

在我国，儿童心理健康问题越来越引起社会的关注。个体早期如果受到不良刺激、心理受到伤害，会成为今后人生中挥之不去的梦魇，甚至成为报复社会、走向犯罪的导火索。研究表明，在关系融洽、安全的幼儿园环境中，儿童往往表现出情绪稳定、心理压力小、好奇心强、喜欢探究等健康的心理特征。良好的学前教育对有效地促进学前儿童心理的健康、全面发展有积极的意义。

6. 学前教育能实现缺陷儿童纠偏

学前教育能早期发现并有效减轻缺陷儿童的残疾程度，实施纠偏和补偿教育。托幼机构可以通过长期、系统的追踪观察和对比测试，及早地发现缺陷儿童。由于幼儿期是个体身心发展最快的时期，因此通过有针对性的听力训练、视力矫正、智力恢复教育和盲文哑语教育，可以更有效地培养缺陷儿童的生活自理能力，减轻其残疾程度。

（二）学前教育的外在价值

如果说学前教育促进个体内在发展主要表现在身心发展方面的话，那么，对于个体外在发展的促进作用主要表现在社会评价、社会交往和社会功利方面。

1. 学前教育有利于提高学习成就

学前期是人的认知发展最为迅速、最为重要的时期，在人的认识能力的发展中具有十分重要的奠基作用。因此，为儿童提供丰富的感性经验，给予积极的引导，激发探究未知世界的兴趣，培养良好的学习、生活习惯，对儿童以后提高学习效率，养成专注、细致、善于表达、发现问题的思维习惯非常重要。

2. 学前教育有助于提升文化水平

实验表明，受过学前教育的学生，其智商高于没有受到学前教育的学生。当然也有例外，但是大多数情况如此。有人通过调查发现，名人大都受过良好的学前教育，如诗人歌德、哲学家穆勒、音乐家莫扎特等，他们幼年时都受过良好的教育；许多超常儿童也是在优越的早期教育环境中成长起来的。

3. 学前教育有助于促进就业

良好的学前教育能够为个体良好个性的形成、情绪能力的发展、个体的社会化以及心理健康的发展奠定基础，这些都是个体参与工作、与人交往必须具备的基本素质。

4. 学前教育有助于降低犯罪率

英国教育家萨德勒曾说过："开办一所学校，就等于关闭一所监狱。"学前教育是影响儿童社会化进程的一个重要因素：通过良好的学前教育，儿童会获得自我评价、自我体验和自我控制的初步发展，逐步懂得在与人交往中要学会换位思考、助人为乐、扶贫济困、安慰救助、与人合作、分享谦让等现代社会所必需的个人品质和行为方式。这些亲社会的品质和行为可以减少人际冲突，有助于化解人际交往中的矛盾，能够避免违法犯罪的思想意识的萌生。

三、学前教育观

教育观是指关于教育现象和问题的基本观念体系，包括对教育的本质、目的、功能、体制、内容、方法、教师和学生等各种方面的基本看法。学前教育观是指如何看待学前教育目标、任务、内容、方法、途径、手段等观点的总和，还有人们对学前教育与其他事物相互关系的看法，以及由此派生出的对学前教育的作用、功能、目的等方面的看法。

成人对于学前教育的观点和态度，决定着教育的航向。儿童就是在这个航向的引导下形成人生最初的习惯、态度和志趣的。把握航向的教育者要善用这种影响力，才能将儿童引向充满希望的未来。[①]

（一）三种典型的教育观

历史上曾有过三种不同的教育观，这三种教育观对学前教育都产生过一定的影响。

1. 教育的作用是"维持"

儿童的身心发展遵循其先天的"蓝图"，儿童身心发展过程是其内在潜能自然发挥的过程，教育的作用只是维持儿童现有的能力水平。夸美纽斯曾说，教师是自然的仆人，不是自然的人；其使命是培植，而不是改变。裴斯泰洛齐认为，教育如同园丁的艺术，其只是看守者，以防任何外部力量的伤害或干扰。这种教育观过分夸大了遗传素质的作用和自然成熟能力，而没看到环境和教育对儿童身心发展的巨大作用。

2. 教育的作用是"促进"

后天教育和经验只影响儿童发展的速度而不影响发展的方向和顺序；儿童的身心

① 桂景宣. 学前教育概论［M］. 北京：高等教育出版社，2007：39.

发展需要什么，教育就要及时给予什么。这种教育观重视教育与儿童发展的相互作用，但教育在儿童身心发展中仍显被动。

皮亚杰认为，儿童心理发展的本质是主体通过动作对客体的适应，是内外因相互作用的结果。教师是儿童学习的促进者，要尊重儿童学习的愿望。教师的作用是间接的，教师不应该企图将知识硬塞给儿童而应该介绍问题和对策，让儿童自己主动地、自发地学习。

3. 教育的作用是“诱导”

后天教育和经验的存在与否直接决定了儿童某种能力的发展情况，教育要超前于儿童身心发展水平。这一观点源于维果茨基的“最近发展区”理论。他认为：儿童的成长不是靠内部条件制约的自发性来完成的，而是靠存在于个体外部的文化的介入，从而强调了教育在发展中的重要性；儿童的发展水平本来就有相当的幅度，除了靠自力能够达到的一定水平之外，还包括自力不可能达到但只要有成人的帮助就可以达到的一定水平（最近发展区）；教育的任务是凭借文化手段的有效作用，实现可能达到的最高水平；好的教育在于超越儿童发展过程、引导发展过程。

（二）现代学前教育观

1. 儿童是学前教育的主体，教育必须体现“儿童为本”的理念

“儿童为本”要求教师热爱儿童，尊重儿童的主体地位和个体差异，遵循儿童身心发展规律，克服“教师是主宰”“教师是万能的权威”的传统思想，扮演好支持者、合作者、引导者的角色，促进儿童积极主动、全面健康地成长。

2. 因人而异地对儿童实施全面发展的教育

儿童的世界是一个万花筒，每个儿童都是一个独特的个体，每个儿童的独特性中蕴含着他独特的成长方式和生长点。《幼儿园教育指导纲要（试行）》强调，要“尊重幼儿在发展水平、能力、经验、学习方式等方面的个体差异”。教师要仔细观察每一个儿童的特点，尊重儿童的个性差异和兴趣，激发儿童的主动性和探索精神，多形式、多角度、有针对性地开展五大领域教育活动。

3. 学前教育的内容和方法要符合“发展适宜性”要求

发展适宜性是指学前教育要符合儿童的年龄特征及身心健康发展的需要，促进每个儿童全面、和谐地发展。幼儿期更为有效的学习方式应该是具体形象的、以游戏为主的自发性学习，而不是“小学化”教学。学前教育方案最应考虑的就是儿童的需要，并因儿童的需要来“裁剪”课程，而不是相反地“裁剪”儿童以让其适应学前教育的课程。

4. 游戏是幼儿期的主导活动和教育活动的基本形式

游戏是游离于现实和幻想之间的儿童最适宜、最喜欢的活动，是儿童自愿的、主动的、快乐的、假想的活动。儿童在游戏中运动、学习、探索、交往，不断获得早期经验、丰富生活阅历、积累知识技能、培养合作精神。幼儿教师要牢固树立以游戏为主的观念，使游戏真正成为幼儿园的基本活动，掌握游戏设计策略，练好游戏基本技能，提高游戏组织能力，把握游戏介入时机。

5. 家园合作，协同共育

幼儿阶段是儿童可塑性非常大的时期，儿童同时受到幼儿园、家庭、社区的多方面影响，如果家园教育方式和目标不一致，对儿童的发展是十分不利的。家园合作的方式有很多，包括：家长参与幼儿园管理和亲子活动；家长、社区和幼儿园共建幼儿教育活动场所、丰富游戏设施；通过家长学校对家长的观念和方法进行引导，实现家园沟通、形成教育默契等。

本章小结

知识结构图

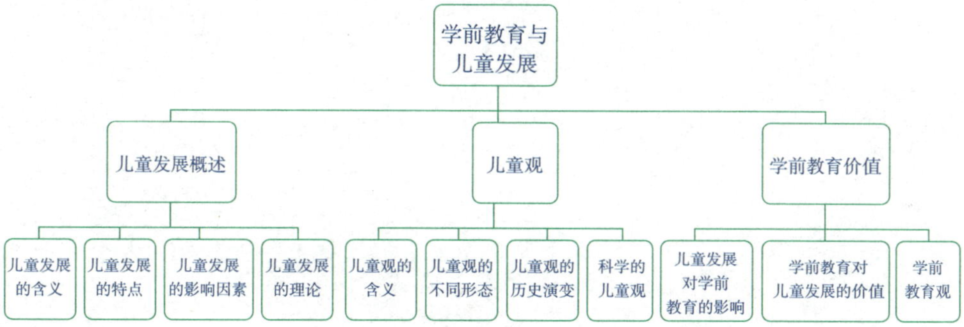

关键概念

儿童发展　儿童观　学前教育观

讨论及思考题

1. 儿童发展有何特点？
2. 儿童的发展受哪些因素的影响？举例说明这些因素是如何影响儿童发展的。
3. 试述儿童发展两大理论阵营的基本观点。
4. 简述儿童观的演变路径。
5. 教师应当树立怎样的儿童观？
6.《儿童权利公约》提出儿童有哪些基本权利？
7. 儿童发展对学前教育有何影响？
8. 学前教育对儿童发展有什么价值？

第四章

学前教育目标

学习目标

- 了解我国学前教育目标的具体内容
- 了解我国学前教育目标的特点
- 理解学前儿童德育的内涵、意义和目标
- 理解学前儿童智育的内涵、意义和目标
- 理解学前儿童体育的内涵、意义和目标
- 理解学前儿童美育的内涵、意义和目标

教师专业标准及教师资格考试要求

- 具有先进的学前全面教育理念
- 掌握学前全面教育的原理、目标和相关内容
- 理解学前全面教育的重要性，并将之贯彻于教师生涯

学习导引

在我国，说到学前教育，人们通常会觉得学前教育只是带孩子玩乐、陪孩子打发时间等，这是对学前教育的肤浅了解和偏见。我国学前教育的目标是对幼儿实施德、智、体、美等方面全面发展的教育，促进幼儿身心和谐发展。本章将对我国学前教育目标进行详细介绍，通过本章的学习，我们将会改变固有观念，对学前教育目标和内容等相关知识有全面的了解。

第一节　我国学前教育的目标

教育目的是国家对教育事业培养人的总体的质量要求，但由于社会所需要的人是

多层次、多规格的，教育对象的身心发展水平不同且各有特点，因此国家对各级各类教育提出了特殊的具体的要求，即各级各类教育的目标。学前教育目标是教育目的在幼儿园教育这一阶段的具体化，是国家对幼儿园提出的培养人的规格和要求，是全国各类型学前教育机构统一的指导思想[①]，也是各类学前教育机构根据国家提出的总的教育目的、结合学前儿童身心发展水平而提出的具体目标。当前，我国学前教育主要是在家庭、托幼机构中实施的。其中，托幼机构对儿童实施的是有目的、有计划的教育。学前教育目标具体来说包括 3 岁前的教育目标和幼儿园的教育目标。[②]

一、3 岁前的教育目标

3 岁前是婴幼儿体格和神经心理生长发育的重要时期。其中 0 ～ 2 岁为脑发育最快的时期，2 岁幼儿大脑的基本生理特点已与成人近似，即 2 岁幼儿便已具备了接受教育的条件。婴幼儿的感知觉、动作、认识能力、语言和思维在其不断接受外界刺激的过程中不断产生和发展，因此早期教育对幼儿的智力发展极为重要。0 ～ 3 岁婴幼儿早期教养的实践及其研究是学前教育的一个重要组成部分，其主要教育形式为托儿所教育。

2019 年 5 月，国务院办公厅印发《关于促进 3 岁以下婴幼儿照护服务发展的指导意见》，提出婴幼儿的养育应以家庭为主，托育补充。发展婴幼儿照护服务的重点是为家庭提供科学养育指导。按照儿童优先的原则，最大限度地保护婴幼儿，确保婴幼儿的安全和健康。遵循婴幼儿成长特点和规律，促进婴幼儿在身体发育、动作、语言、认知、情感与社会性等方面的全面发展。国家卫生健康委 2021 年 10 月发布的《健康儿童行动提升计划（2021—2025 年）》中亦明确提到：聚焦 0 ～ 3 岁婴幼儿期，在强化儿童保健服务基础上，通过家长课堂、养育照护小组活动、入户指导等方式，普及科学育儿知识和技能，增强家庭的科学育儿能力，促进儿童体格、认知、心理、情感、运动和社会适应能力全面发展。2022 年 11 月，国家卫生健康委印发了《3 岁以下婴幼儿健康养育照护指南（试行）》，提出了婴幼儿健康养育照护的基本理念和要求：（1）重视婴幼儿早期全面发展。（2）遵循儿童生长发育规律和特点。（3）给予儿童恰当积极的回应。（4）培养儿童自主和自我调节能力。（5）注重亲子陪伴和交流玩耍。（6）将早期学习融入养育照护全过程。（7）努力创建良好的家庭环境。（8）认真学习提高养育素养。

二、幼儿园的教育目标

幼儿园是对 3 周岁以上学前儿童实施保育和教育的机构，是基础教育的有机组成部分，是学校教育制度的基础阶段。幼儿园教育目标即为 3 ～ 6 岁儿童在幼儿园接受学前教育应达到的目标。《中华人民共和国教育法》明文规定，我国实行学前教育、初等教育、中等教育、高等教育的学校教育制度。

---

① 傅建明．学前教育学［M］．北京：中央广播电视大学出版社，2007：85－86.

② 黄人颂．学前教育学［M］．2 版．北京：人民教育出版社，2009：92.

为了加强幼儿园的科学管理，提高保育和教育质量，国家废止了1996版的《幼儿园工作规程》，于2016年3月1日起正式实施新版《幼儿园工作规程》（2016版），其中对幼儿园教育目标做了明确规定："幼儿园的任务是：贯彻国家的教育方针，按照保育与教育相结合的原则，遵循幼儿身心发展特点和规律，实施德、智、体、美等方面全面发展的教育，促进幼儿身心和谐发展。"具体而言，包括以下四个方面的目标：

（1）促进幼儿身体正常发育和机能的协调发展，增强体质，促进心理健康，培养良好的生活习惯、卫生习惯和参加体育活动的兴趣。

（2）发展幼儿智力，培养正确运用感官和运用语言交往的基本能力，增进对环境的认识，培养有益的兴趣和求知欲望，培养初步的动手探究能力。

（3）萌发幼儿爱祖国、爱家乡、爱集体、爱劳动、爱科学的情感，培养诚实、自信、友爱、勇敢、勤学、好问、爱护公物、克服困难、讲礼貌、守纪律等良好的品德行为和习惯，以及活泼开朗的性格。

（4）培养幼儿初步感受美和表现美的情趣和能力。

上述目标是德、智、体、美诸方面教育的相互渗透，它们有机结合在一起构成了我国学前儿童全面素质培养的目标，也体现了我国学前教育培养人才的规格和发展方向。

2001年5月29日，为全面贯彻党的教育方针、大力推进基础教育的改革和健康发展，《国务院关于基础教育改革与发展的决定》正式施行，文件明确提出："重视和发展学前教育。大力发展以社区为依托，公办与民办相结合的多种形式的学前教育和儿童早期教育服务。"

为了推进幼儿园素质教育，全面提高幼儿园教育质量，2001年教育部印发的《幼儿园教育指导纲要（试行）》（以下简称《纲要》）正式施行。《纲要》提出：幼儿园的教育内容是全面的、启蒙性的，可以相对划分为健康、语言、社会、科学、艺术等五个领域。各领域的内容相互渗透，从不同的角度促进幼儿情感、态度、能力、知识、技能等方面的发展。《纲要》从上述五个领域对学前教育的具体目标做了如下阐述：

（1）健康。

1）身体健康，在集体生活中情绪安定、愉快。

2）生活、卫生习惯良好，有基本的生活自理能力。

3）知道必要的安全保健常识，学习保护自己。

4）喜欢参加体育活动，动作协调、灵活。

（2）语言。

1）乐意与人交谈，讲话礼貌。

2）注意倾听对方讲话，能理解日常用语。

3）能清楚地说出自己想说的事。

4）喜欢听故事、看图书。

5）能听懂和会说普通话。

（3）社会。

1）能主动地参与各项活动，有自信心。

2）乐意与人交往，学习互助、合作和分享，有同情心。

3）理解并遵守日常生活中基本的社会行为规则。

4）能努力做好力所能及的事，不怕困难，有初步的责任感。

5）爱父母长辈、老师和同伴，爱集体、爱家乡、爱祖国。

（4）科学。

1）对周围的事物、现象感兴趣，有好奇心和求知欲。

2）能运用各种感官，动手动脑，探究问题。

3）能用适当的方式表达、交流探索的过程和结果。

4）能从生活和游戏中感受事物的数量关系并体验到数学的重要和有趣。

5）爱护动植物，关心周围环境，亲近大自然，珍惜自然资源，有初步的环保意识。

（5）艺术。

1）能初步感受并喜爱环境、生活和艺术中的美。

2）喜欢参加艺术活动，并能大胆地表现自己的情感和体验。

3）能用自己喜欢的方式进行艺术表现活动。

《纲要》在文件的组织与实施部分还指出，教育活动目标要以《幼儿园工作规程》和《纲要》所提出的各领域目标为指导，结合本班幼儿的发展水平、经验和需要来确定。

三、我国学前教育目标的特点

（一）学前教育目标的全面性

当前，在学前教育领域，向儿童实施德、智、体、美、劳全面发展的教育，将儿童的全面和谐发展作为学前教育的根本目标，已成为世界各国的潮流。具体到我国，在改革开放后，我国走过了从重视开发儿童智力转向重视儿童全面发展的历程，时至今日在各种学前教育文件中已经明确了全面发展在学前教育目标体系中的重要地位。

儿童素质和全面发展的教育是以充分发展儿童潜能和全面提高基本素质为目的的教育，既要使每一个儿童先天的自然素质得到充分和谐的发展，又要使其获得适应当今社会需要和未来社会发展的各种品质。因此，学前教育阶段，我们要重视的是“完整儿童”的培养，即儿童的社会、情感、身体、智力和道德的发展之间是相互联系、不可分割的，不能片面追求发展儿童的特长和技能。

尽管理论界对于学前教育目标的全面性已经达成共识，但是在当前学前教育实践领域内仍旧存在许多偏向，最常见的就是重视智力教育和知识教育而轻视体育、德育、美育、劳育。现在的家庭教育到幼儿园教育仍然存在着以发展儿童智力为关键、以提高儿童认知能力为一切工作的出发点、无视儿童身心发展的特殊规律，把儿童素质教育开展当成表面工作的现象。[①] 家长认为自己花钱就是要让孩子能从老师那里学到东西，整天只让孩子玩和闹是老师不负责任的表现，他们希望看到的是每天孩子回到家里就能读会背、能跳会唱、能写会画，而孩子这一天过得是否开心、在玩乐中都有哪些发现或收获、目前最大的需要和兴趣是什么就是软性指标，是可以不必太在意的。这样的心理需求使幼儿园为迎合家长的需要做出违背学前素质教育要求的行为。

促进儿童身心全面和谐发展是符合儿童身心发展特点和需求的，也符合现代社会对于未来一代的要求。但全面发展的教育并不等于对全体儿童进行统一标准的教育，儿童的生理和心理特征具有很大的个体差异性，每一个儿童都有自己的特点，因此要根据儿童个人潜能和特性促进其在德、智、体、美等方面全面和谐发展。全面发展的教育的最终结果是个人潜能和社会价值的充分展现，这也是全面发展教育的根本目的所在。

（二）学前教育目标的连续性

教育是一个连续的、长期的过程，单就其中某一个教育阶段而言，不可孤立、静止地制定该阶段的教育目标，否则会造成教育工作的重复、跳跃、混乱等现象。因此，教育目标应从整体的角度来看，既要考虑本阶段教育的适宜性，又要考虑目标的连续性。

首先，幼儿园保教目标应与 3 岁前儿童的家庭保教和托儿所保教相适应、相连接。[②] 比如儿童已经具备了一定的动作能力、语言能力、认识能力以及养成了一定的行为习惯和性格特征，这些情况均应作为确定幼儿园保教目标及拟订班级保教目标的参照。

其次，幼儿园教育和小学教育之间的衔接是一个很重要的问题，幼儿园教育是小学教育的预备阶段而非提前阶段，故幼儿园教育目标要重点考虑儿童接受小学教育所应该做的准备。儿童进入小学后将由游戏期进入学习期；由成人的完全照料转化为更多的独立活动；由在成人帮助或提醒下行动变为在自我约束下行动。为使儿童更有准备地适应进入小学后的生活，在学前教育目标中确定了有利于儿童入学准备的各项目标，同时又要避免目标过高和小学化倾向，使儿童能够在学前阶段获得充分的发展并顺利过渡到小学阶段。

（三）学前教育目标的儿童性

人的发展是有阶段性的，儿童的发展尤其如此。[③] 儿童阶段是人的一生发展的重要时期。现代发展心理学已证实，儿童心理的发展存在着转折期、关键期、敏感期和最近发展区，并且发展遵循一定的阶段和顺序性。在不同的阶段，儿童的各种生理器官发育和心理品质发展都是不完全相同的。教育要保证儿童身心全面和谐的发展，就必须兼顾儿童发展的阶段性规律和特点，在抓住每一阶段儿童身心发展的内在联系和

---

① 王燕．对儿童素质教育实施现状的反思［J］．黄石理工学院学报（人文社会科学版），2007（3）．

② 梁志燊．学前教育学［M］．2 版．北京：北京师范大学出版社，1998：221．

③ 黄人颂．学前教育学［M］．2 版．北京：人民教育出版社，2009：92．

规律的基础上有针对性地开展。因此，在对儿童实施教育的过程中，必须尊重儿童身心发展所表现出来的这一客观规律，任何急功近利或揠苗助长的做法都是有损儿童身心和谐、健康发展的。

儿童心理学已经揭示，儿童的世界是一个混沌的、未分化的世界，和成人有着巨大的区别。成人很难再回到儿童的思维方式和他们的经验世界中去，而实际上，成人总是以成人世界里的规则和标准在要求、限制、评价和分析儿童，这样做的直接结果便是使教育失去了儿童性。成人自以为是地把儿童改造成为自己希望中的模样，一方面否定儿童的理解和判断、无视他们的天性和需要，另一方面又在强硬地要求儿童接受成人的理性和逻辑。成人必须学会尊重儿童，学会把儿童当作儿童看待，学会理解并接纳他们。

学前教育的对象是 6 岁以前的儿童，他们的身心处于特殊发展时期，同时，学前儿童的生活自理能力、心理承受能力和疾病抵抗能力都较弱，因此坚持以学前儿童身体为重，保护其健康的身心状态，切实做好儿童生理、心理卫生保健工作是促进儿童德、智、体、美、劳全面发展的首要条件。

随着经济的高速发展，人们的物质生活水平有了很大的提升，这也使得现代的儿童与以前的儿童相比，无论是生理还是心理都要成熟得多，表现出发育提前、成熟度加快的趋势，呈现出智力发育好、知识面开阔、好奇心强、愿意尝试新事物、活泼好动、喜欢交往等优点，但同时也存在防御心理较重、自我中心、合作精神不足、运动能力偏弱、胆怯懦弱、怕吃苦等不足。

多年以来，众多理论研究证明人生前几年是智力发展和人格陶冶的重要时期。学前教育在促进儿童智力发展的同时也要强调儿童品德的培养。我国的学前教育目标突出了以下几点：

（1）在儿童教育的体育领域，强调儿童身体健康和心理健康，将本阶段身体的发育和运动技能的健全发展放在首位，并将之看作其他一切发展的基础。

（2）在儿童教育的智育领域，在关注知识传授的同时，也注重儿童感知能力、动手能力、探究能力的发展，激发和保护儿童的学习兴趣和求知欲。

（3）在儿童教育的德育领域，强调从情感教育入手，重视良好习惯的培养和性格的养成，反对德育教育的成人化和说教。

（4）在儿童教育的美育领域，强调培养儿童感受美的情趣和表现美的能力，反对单纯练习和培养儿童的艺术技能。

第二节　学前儿童全面发展教育

《幼儿园工作规程》（2016 版）第二十五条明确要求：“幼儿园教育应当贯彻以下原

则和要求：德、智、体、美等方面的教育应当互相渗透，有机结合。遵循幼儿身心发展规律，符合幼儿年龄特点，注重个体差异，因人施教，引导幼儿个性健康发展。面向全体幼儿，热爱幼儿，坚持积极鼓励、启发引导的正面教育。”对全面发展的理解要注意以下几点：一是学前儿童的发展是整体的发展而不是片面的发展；二是学前儿童的发展是协调的发展，其中包括各器官各系统机能的协调、心理机能的协调、生理和心理的协调、个体需要与社会需求的协调；三是学前儿童的发展是有个性的发展。

一、学前儿童德育

德育即道德教育，是教育者按一定的社会要求，有目的、有计划地对受教育者进行思想的、政治的和道德的教育。德育有广义和狭义之分。广义的德育泛指一切影响人的品德形成的活动，是思想教育、政治教育、道德教育和个性心理品质教育的总称。狭义的德育是指教育者按照一定的社会要求，对受教育者施加有目的的教育影响，使他们形成教育者所期望的思想品德的社会实践活动。狭义的德育仅指学校德育。

（一）学前儿童德育的内涵

学前儿童德育是指教育者根据社会对新生一代道德品质方面的要求和学前儿童思想品德的发展规律，有目的、有计划、有组织地对学前儿童进行道德启蒙教育，促进学前儿童道德认知、道德情感、道德意志和道德行为的发展，培养他们良好的品德、文明习惯和个性的活动。

教师在培养学前儿童的道德行为习惯时要进行大量的解释工作，使学前儿童认识到教师要他们做的某件事情是合理的、公正的和正确的。教师的任务是发展学前儿童的道德观念，使学前儿童在道德观念的基础上形成行为动机。教师应当以实例说明应该如何行动。这是因为具体的解释能帮助学前儿童逐渐理解一般的道德观念，包括善良、礼貌、公正、谦虚、关怀等。由于学前儿童的思维是具体的，他们不可能一下子就理解这些概念，因此教师要切实关心，使学前儿童了解道德概念的本质，把自己和他人行为的具体内容同这些概念作对比。

道德观念乃是推动学前儿童去做某些事情的行为动机的发展基础。正是对行为动机的分析使教师能深入学前儿童行为的本质，明白学前儿童某一行动的原因，并选择合适的影响方法。在学前末期，重要的是培养学前儿童从事反映具有社会倾向性的活动的行为动机（关心同伴，自愿为了满足集体需要去做事，亲手为亲近的人制作礼物等）。行为动机的形成同学前儿童的各种活动、他们互相的接触以及他们与成人的接触相联系。道德感的培养同道德观念、行为习惯和动机的形成是结合着进行的，并对学前儿童的道德教育有保证作用。

德育要在教师对学前儿童所做的全部教育教养工作的过程中进行。教师在领导学前儿童的独立活动与组织他们的劳动、游戏和作业时，都要使之具有教育的性质。甚至在每天的日常活动中，教师也始终在教育学前儿童，而且其影响还具有多方面的性质。例如：教师教学前儿童散步后脱外衣，教他们学会自己照顾自己、整齐地叠好衣服，此时能够培养他们爱惜衣物、爱整洁的习惯。

下面谈一谈对学前儿童施行德育的原则：

首先，对学前儿童施行德育要遵循在集体中教育的原则。集体教育的原则要求教师以共同活动的方式把学前儿童组织起来，以便对每一个学前儿童的个性施加良好的影响。例如：组织集体劳动时，教师教学前儿童通过发挥共同的力量达到目的。学前儿童一起讨论工作的步骤、相互帮助，这有助于形成良好的合作关系；而且在相互接触的过程中，学前儿童会相互影响，一个学前儿童的知识可以成为全班的知识。

其次，在选择影响学前儿童的手段和方法时，教师要遵循严格要求学前儿童和尊重学前儿童人格相结合的原则。这符合以尊重人和承认人的尊严为基础的社会主义道德的本质。这条原则在实践中的运用表现在教师善于把仁慈同考虑了学前儿童的可能性、发展水平、道德经验和个人特点以及有充分根据的严格要求结合起来，既能奠定学前儿童道德行为和纪律性的基础，又不至于压制学前儿童的主动性和乐观精神，并能教他们尊重班上建立的规矩。而从对教师的要求的角度来说，则要求教师具备沉着、耐心、合理的严格性和尊重学前儿童等品质。

再次，由于个性发展是一个完整的过程，因此在对学前儿童实施德育的过程中要遵循感情、意识和行为的一致性原则。这个原则要求用综合的观点来选择德育的手段和方法。例如：教师在决定教育影响的内容时，应考虑到能否形成有关周围生活现象的一定观念和行为动机，能否培养自觉行为；同时，还要要求学前儿童在幼儿园和家里保持一致。这一原则要求教师系统地进行整个教育工作，并循序渐进地使整个班级和每个学前儿童的教育任务逐渐复杂起来。此外，教师还必须创造条件保证圆满地完成教育任务：无论培养哪种道德品质，都要让学前儿童经常去实践能表现这一道德品质的行为，还要保证全体教育学前儿童的人对学前儿童有一致的要求。否则，学前儿童只会遵从某个成人的要求而不能自觉约束行为，有产生虚伪应付的危险性。根据教育工作中的这一原则，教师要和家庭建立紧密联系，进行大量解释工作，向家长提出建议，制定影响学前儿童的共同和一致的方法。

最后，在同龄学前儿童的集体中教育学前儿童还要遵循个别对待的原则，要考虑学前儿童的年龄特征、道德观念的水平和行为的经验。贯彻这条原则要求教师具有理解这一年龄的学前儿童的心理和生理特征的深刻知识，对所教的每个学前儿童的个性发展特点有深入的了解。教师要根据这条原则确定对学前儿童个别施教的任务和方法。

（二）学前儿童德育的意义

对学前儿童实施德育，既是当今社会发展的需要、教育的需要，也是学前儿童身心健康发展的需要。

1. 学前儿童德育在当今社会发展中具有特殊意义

德育在全部教育中起着人才定向的作用，关系着建设社会主义、实现共产主义、培养社会主义建设事业接班人的大计。建设现代化的社会主义强国，既要有高度的物质文明，更要有高度的精神文明。我国的现代化建设对人才的政治、思想和道德以及科学文化素养都提出了较高的要求。现在的学前儿童是21世纪社会主义现代化建设事业的生力军，他们将来的思想品德修养对我国未来的社会风貌、民族精神有着决定性的影响。

现代科学技术的迅猛发展和社会现代化的高速发展，在给人们带来极为丰富的物质生活的同时，也带来了一系列的社会问题。生态危机和道德危机是现代社会的两大问题，干扰了社会的可持续发展和人们的日常生活。各国教育者都呼吁要扭转单纯注重学前儿童智力发展的教育倾向，转向注重身心的全面发展。

2. 学前儿童德育是实现教育目的和促进儿童身心健康发展的重要手段

学前儿童德育是实施各育的方向和动力保证。品德和性格是一个人全面发展的动力。一些教育家、思想家都认为性格、意志比天资聪慧要重要得多。墨子云："志不强者智不达。"爱因斯坦曾说："优秀的性格和钢铁般的意志比智慧和博学更加重要，智力上的成就，很大程度上依赖性格的伟大。"我国对超常学前儿童的研究资料也表明，意志品质（如坚持性、目的性、进取心等）是构成天才的重要因素。

学前儿童道德行为的发展是与其认知、语言、自我意识及个性的发展相辅相成的。学前儿童的认知水平在一定程度上决定着其道德发展的水平。学前儿童感知觉在学前阶段处于迅速发展的时期，容易接受外界刺激和教育的影响，并会在大脑中留下深刻的痕迹，形成动力定型。学前儿童口语发展处于关键期，思维的特点以具体形象思维为主，抽象逻辑思维开始萌芽，直觉行动思维仍然有所体现，在这个时期进行初步的行为品德教育可帮助学前儿童约束自己。

3. 学前儿童德育对学前儿童身心健康发展具有重要意义

从学前儿童身心发展的特点来看，其已具备德育的基础。学前儿童的高级神经活动具有高度可塑性，早期的道德影响对他们的身心发展是十分重要的。大量研究资料表明，学前期是学前儿童受熏陶从而形成良好的道德、行为、习惯和个性的重要时期。因此，从小以正确的教育来影响学前儿童就显得十分重要；反之，若从小形成不良的思想品质，以后再想加以改正，则是很不容易的。

德育是一个循环往复、长期的发展过程。良好道德品质的形成绝不是一两次教育或行为训练即可奏效的，而是要经过长期、细致、反复的培养和教育才能取得预期的成果。所以要培养年轻一代具有好品质，也必须在学前期加强德育，打好思想品德的基础，提高精神文明的素质，促进学前儿童健康成长。

总之，不论是在理论上还是在实践中，都要重视学前儿童的德育，要将德育放到应有的位置上。

（三）学前儿童德育的目标

根据《幼儿园工作规程》，学前儿童德育的目标为：萌发幼儿爱祖国、爱家乡、爱集体、爱劳动、爱科学的情感，培养诚实、自信、友爱、勇敢、勤学、好问、爱护公物、克服困难、讲礼貌、守纪律等良好的品德行为和习惯，以及活泼开朗的性格。教师要增强学前儿童的自尊、自信，培养学前儿童关心、友好的态度和行为，促进学前儿童个性健康发展。综合来讲，可将德育目标细化为以下几个方面。

1. 良好的生活习惯

良好的生活习惯包括健康的生活习惯（饮食、睡眠、生活自理和自我保护）、良好的卫生习惯、文明的行为习惯三个方面。

2. 有礼貌的行为

有礼貌的行为包括有礼貌地讲话和良好的礼貌行为。

3. 友好的交往行为

友好的交往行为包括尊敬父母师长，礼貌待客，友爱同伴。

4. 学会分享与合作

学会分享与合作包括有分享与合作的愿望，学会使用合作语言，在合作中能够互助，学会分工和协商，遵守合作规则。

5. 良好的学习习惯

良好的学习习惯包括喜欢动手操作、感知、观察，对周围事物感兴趣；能倾听他人讲话，愿意表达；喜欢阅读，爱看书、会看书；大胆表现、感受、体验美的情趣；做事有序，会正确地使用学习用具和材料。

6. 独立性和自信心

独立性和自信心体现在：能主动完成力所能及的事，完成教师交给的任务；在学习中能独立思考，主动探索，积极发言；愿意努力完成有一定难度的任务，会想办法解决所遇到的问题。

二、学前儿童智育

从古至今，智育在教育中始终占有重要的地位。在现代社会中，智育对促进社会文明进步、培养儿童全面发展的作用更是日益显著。[①] 智育是全面发展教育的组成部分，是有目的、有计划地使受教育者掌握系统的科学基础知识和基本技能，促进受教育者智力发展的教育。

（一）学前儿童智育的内涵

学前儿童的智育是全面发展教育的重要组成部分，是教育者有目的、有计划地指导学前儿童，激发他们的学习兴趣和求知愿望，引导他们掌握基本的知识和技能，认识周围环境，发展智力的过程。

智育主要对应幼儿园课程中的科学和语言教育，主要促进学前儿童语言和认知的发展。智育能满足学前儿童认知的需要，促进学前儿童智力的发展，为学前儿童全面发展提供认知和智能的基础，使学前儿童将来的学习和工作更富有效率。从社会的角度考虑，智育也具有社会价值，向新一代儿童进行智育是社会生产和文明进步的重要条件。[②]

现实生活中，社会上一些舆论的误导和商业化的炒作，使得学前儿童智育的内涵

① 傅建明. 学前教育学［M］. 北京：中央广播电视大学出版社，2007：105.
② 蔡迎旗. 学前教育概论［M］. 武汉：华中师范大学出版社，2006：184.

被人所误解，形成了令人担忧的倾向。人们将智育简单地归结于“识字教育”“定向培养”，各种特长班、竞赛班泛滥。这种提前开始的知识技能的灌输和训练，是对智育片面的认识和理解，是一种强制性的早期学习，抹杀了学前儿童的年龄特点。对学前儿童提出过分的要求，强迫他们从事力所不能及的事情，会损害学前儿童的健康和发育，阻碍学前儿童心理正常和谐发展。而这些损害一旦形成，以后是难以弥补的。因此，要理解学前儿童智育的内涵，必须正确认识智力发展与知识、技能的关系，树立正确的智育观。

1. 知识

知识的形成是人类实践活动的结果，是人心理活动的内容，综合了人们在社会实践中所获得的认识和经验，可表现为对事物的感觉、知觉、表象、概念等心理形式，也可表现在书籍、音像和其他人造物中。人在长期实践过程中积累了对客观世界的认识，并经过反复的实践检验，逐渐形成了具有严密逻辑的、反映客观事物本质和规律的各种知识体系。幼儿园中的智育给予学前儿童的是经过实践检验的、确凿可信的、合乎逻辑的、系统的各学科知识。

知识从类别来说可分为自然知识、社会知识和人类思维知识；从人对事物反映的深度来说又可分为感性知识和理性知识。感性知识是人对事物外部属性与特征的反映，具有具体性和特殊性的特点；理性知识是人对事物内在本质或规律的认识，具有抽象性和普遍性的特点。在智育中既要使学前儿童获得感性的知识以奠定求知的基础，又要帮助学前儿童形成理性的知识以使学前儿童获得对事物本质的、内在规律的认识，这是学校教育的主要任务。

从获得知识的途径来看，知识可分为直接经验和间接经验。直接经验是学前儿童在直接接触外界或在改变外界的活动中通过亲身感受获得的知识。间接经验是通过他人传授或阅读等方式获得的知识，这是达到智育目标必经的途径。对于学前儿童而言，直接经验和间接经验都是必需的。在学前教育的形式中，学前儿童认知发展的水平则决定了以教授直接经验为主。

2. 技能

技能是人们为达到认识或改造客观事物的目的而经常运用的具体行动方式。技巧则是技能达到熟练与习惯的程度所形成的。技能既包括通过内部语言进行的智力技能，如构思、心算等，也包括在大脑控制与调节下身体的操作技能，如唱歌、运动、绘画、制作等。技能的形成与知识的掌握是密不可分的。技能的形成要以一定的知识为基础，技能的形成又有助于进一步获取知识。

3. 智力

智力的概念有多种解释，至今尚未形成统一的说法，常见解释有“适应能力”“学习能力”“获取知识的能力”“信息加工能力”“认识活动的综合能力”“先天的、一般的认知能力”等。智力可以说是人认识事物的能力，包括观察力、想象力、注意力、思维力、记忆力和创造力等要素，其中思维力是核心。

知识、技能的掌握和智力的发展是辩证关系，统一于智育过程中。知识和技能是智力发展的基础。领会知识、掌握技能就是存储信息，为智力活动提供基础和中介；知识的掌握和技能的形成又是智力活动的结果，一个人智力的高低决定着掌握知识的广度、深度、速度和运用知识的灵活程度。

（二）学前儿童智育的意义

1. 从社会价值看，智育是社会生产发展和社会文明进步的必需条件

社会的延续需要将前人所积累的知识向年轻一代传递，使之得以继续并丰富和发展。随着人类社会的不断进步和科学生产技术的发展，智育的地位与作用日渐凸显，对劳动者的智力素质提出了更高的要求。科学技术是第一生产力，而智育是科学技术发展的主导力量，是推动生产力发展的重要因素之一。目前，世界各国都面临着新世纪的挑战，这种挑战的实质就是人才的竞争。要想在科技、经济、社会各领域处于领先地位，就必须造就一批又一批掌握现代科学技术知识、具有开拓精神和创新精神的劳动大军。这就给教育提出了一个严肃而紧迫的任务：快出人才、多出人才、出全面人才。

因此，在教育改革中，智育的改革已成为世界各国为求得自身发展的重要课题。促进生产力的发展和人类社会的进步，是学前儿童教育的社会价值。学前期是智力发展的最佳时期，科学的早期智力开发对学前儿童的未来有着长期、持久的影响，智力教育应从学前儿童抓起。对学前儿童进行早期智力启蒙，是科学技术和生产力发展的要求，是推动社会发展的强大动力。

2. 从个体发展的价值来看，智育是学前儿童发展尤其是心智发展的需求

学前儿童具有认识外部世界的极大潜能，感知觉、动作、语言等处于发展的最佳期。然而，学前儿童的认知水平较低，自发获得的知识也较为片面、零散。虽然学前儿童已产生很强的求知欲和好奇心，会自发地在生活中认知、获得感性经验，但他们的认识还是极其肤浅的，有很大的不稳定性、无目的性。他们只能获得一些零散的、表面的现象，不能把现象和本质区别开来，不能认识事物间的因果关系，甚至还会把一些类似的现象混淆起来，形成错误的概念。教育的责任就是不失时机、有目的、有计划地满足学前儿童的认知需要，将其自发性的探索与教育很好地结合起来。通过智育，教师可以根据学前儿童不同的能力发展水平，加速学前儿童将已有的认知潜力变为显性能力，为以后接受系统的、深化的智力活动以及未来的成长奠定良好的基础。

3. 从智育与学前儿童全面发展的关系来看，智育为人的全面发展提供了科学知识的基础和智力的基础

智育在全面发展教育中占有重要的地位，包含其他各育的因素，对其他各育具有促进作用。学前儿童智育经常与体育、德育、美育、劳育同处于一个过程中。在向学前儿童传播知识、进行智力训练时，便可同时培养他们的行为品质、锻炼他们的意志；在进行身体动作练习或绘画、音乐活动时，也锻炼儿童的注意力、观察力、想象力和思维，同时丰富他们的知识。总之，智育在学前儿童的全面发展中是不可分离的组成部分，和其他各育是相辅相成、互为基础的，是个体全面发展的必要条件。

（三）学前儿童智育的目标

发展幼儿智力，培养正确运用感官和运用语言交往的基本能力，增进对环境的认识，培养有益的兴趣和求知欲望，培养初步的动手探究能力。

学前儿童智育的目标，可以概括为以下几个方面。

1. 认识周围环境中的事物、现象并拓宽视野、丰富启蒙知识

学前儿童智育具有启蒙性的特点。教师根据学前儿童的认知发展水平和学习特点，引导学前儿童认识周围环境中较为熟悉的事物和现象，获取广泛的和粗浅的知识经验，在此基础上形成一些初步的概念。学前儿童学习的知识主要来源于他们经常接触的人、事物和环境，其中有日常生活、社会生活以及自然界中各种事物的特征，事物和现象间的简单关系。活动范围的扩大和认识能力的增长，可有意识地帮助、指导学前儿童将已有的知识经验条理化、系统化。数概念也是学前儿童需要认识的内容，数概念具有抽象性和严密的逻辑顺序性。培养学前儿童对数概念的理解以及对形体、时空概念的掌握和模式认知，有助于学前儿童由具体思维向抽象思维发展。

另外，学前儿童能够在认识和探究事物现象的过程中学习科学技能，如测量技能、分类技能、操作技能、表达技能等，这些技能可以有效提高学前儿童智力活动的水平。

2. 发展以思维力为核心的各种智能

感知觉和动作是智力的基础，思维力是智力发展的核心。教师应结合学前儿童的年龄特点和个别差异，通过多样化的认知活动有针对性地发展学前儿童的感知能力和动手能力，注意在生活中和学习中激发和鼓励学前儿童动手操作，进行感知、观察、记忆、思维和想象，促进学前儿童智力的发展。

3. 发展语言的理解力和表达力，培养学前儿童阅读图书的兴趣

学前儿童语言教育的重点是提高学前儿童语言交往的积极性，发展语言能力。具体来说包括：乐意与人交谈，讲话礼貌；注意倾听对方讲话，能理解日常用语；能清楚地说出自己想说的事；喜欢听故事、看图书；能听懂和会说普通话。

4. 培养学习的兴趣、自主性和良好的学习习惯

兴趣是学前儿童学习的动力。对于学前儿童来说，学习兴趣的培养应以他们的好奇心为基础，并在适宜的学习内容和有趣的活动中得到激发和提高，从而帮助他们养成良好的学习习惯。在学前阶段，良好的学习习惯包括思考和提问的习惯、倾听与表达的习惯、阅读的习惯以及正确使用学习用具和材料的习惯。

三、学前儿童体育

体育是促进人身体健康和增强体质的教育。学前儿童体育则是遵循儿童身体成长及其发展规律，以增强体质、提高健康水平为目的所进行的一系列教育活动。[①] 体育对于学前儿童的健康成长具有重大的意义。亚里士多德在其《政治学》第七卷中指出："体育应该首先作为最初的教育……" 卢梭也指出："对孩子们讲体力，对成年人讲理

① 阎水金．学前教育学［M］．上海：上海教育出版社，1998：85.

性，这才是自然的次序……”可见，体育在儿童早期教育中具有突出的地位。身体是生命最直接的体现者，是生命存在的依据，也是知识、道德、美感和神圣情愫的寄寓依托之所，也只有靠它，我们才能进入美妙浩瀚的精神世界。所以，体育是学前教育的重要组成部分。[①]学前儿童体育既是学前儿童全面和谐发展教育的一个有机组成部分，也是学前儿童健康教育的重要内容之一。科学的、适合学前儿童的体育活动，对于学前儿童提高身体素质、增强体质、增进健康水平、将来更好地适应社会生活等，都具有重要的促进作用和深远意义。[②]所以，应该充分重视学前儿童体育。

（一）学前儿童体育的内涵

“体育”一词，有广义和狭义之分。广义的体育指的是现代体育，是社会文化的组成部分，是一种社会活动，旨在增强人的体质、提高运动技术水平、丰富社会文化生活。狭义的体育则是指学校系统的体育，是实现全面发展教育的重要组成部分，即按照年轻一代生长发育的特点和基本规律，以促进其正常的生长发育、增强体质、提高健康水平为目的所进行的一系列教育活动。

学前儿童体育的性质类似于学校体育，但又具有独特性。学前儿童体育是在遵循0～6岁儿童身心发展特点和规律的基础上，融保育与教育为一体的特殊的教育领域。学前儿童体育活动以游戏为基本活动形式，注重个体差异，不搞达标和测验。因此，学前儿童体育的目的在于培养学前儿童自主参与体育锻炼的兴趣和良好习惯，体验运动的快乐，增强体质，发展身心素质和初步的运动能力，提高健康水平，为学前儿童一生的可持续发展奠定基础。

学前儿童健康的标志是体格发育正常，体态无缺陷，各项体能达到年龄标准，对环境有一定的适应能力，精神饱满、愉快，有一定的控制力。它包括儿童心理健康和身体健康两大方面。按照儿童身体生长发育规律，如果科学地提供条件并施加影响，儿童的体质和健康水平是能够得到增强和提高的。学前儿童体育就是保护和增进学前儿童身心健康的教育，是遵循学前儿童身心发展规律，以增强体质、提高健康水平为目的所进行的一系列教育活动。

（二）学前儿童体育的意义

学前儿童体育不仅能促进学前儿童身体健康发展，对学前儿童的心理及社会性的发展也具有积极的影响作用。因此，在学前儿童健康教育工作中要充分认识、肯定和挖掘学前儿童体育的意义，为培养健康、和谐的学前儿童而努力。

1. 体育能够促进学前儿童身体的生长发育和健康发展

在一个人发展的过程中，生命的健康是保证发展的物质基础。人的认知、情感、行为等方面的发展，都需要建立在基本的身体健康之上。健全的大脑是心理发展的重要保证，身是心的物质基础。人要在社会中求得生存并得到发展，首先必须有健康的身体。

---

① 刘晓东．学前教育学［M］．南京：江苏教育出版社，2009：125．

② 庞建萍，柳倩．学前儿童健康教育与活动指导［M］．上海：华东师范大学出版社，2008：89．

从学前儿童身体发展的特点来看，学前期正是一个人生命起步、开始发展的阶段，也是一个人健康成长的重要阶段。同时，学前期又是生长发育十分迅速和旺盛的时期，此时正是建立物质基础的关键期和有效期。因此，促进学前儿童身体健康发展乃是此时期的首要任务，它是实现学前儿童健康、全面、和谐发展的基础和重要条件。

学前儿童的身体发育迅速、可塑性大，各器官、系统的机能尚未发育成熟，组织比较柔嫩，物质基础相当薄弱，身体结构还没有定型。科学的体育活动能促进学前儿童正常的生长发育。因此，对学前儿童进行科学的体育工作，如给予合理的营养、充分的睡眠、适当的体育运动等，能促进学前儿童正常生长发育；反之，不科学的体育工作则会给学前儿童健康带来严重的损害。幼儿期是一个人健康成长的重要阶段，这个时期的生长发育和健康状况对以后的健康有很大的影响。

2. 体育能够促进学前儿童大脑的生长发育和智力发展

许多专家学者关于身体运动能力与智力发展之间的关系问题的研究证实，对于学前儿童来说，两者之间的关系是比较密切的，而且年龄越小，相关程度越高。其原因是年龄越小的儿童，智力与身体、运动的发展越没有明显分化。如在婴儿期，我们所能观察到的婴儿的主要活动就是身体的活动，感觉运动的能力反映了婴儿智力发展的水平。同时，在身体运动过程中，还伴有大量的认知活动。通过各种身体运动，学前儿童可以获得丰富的知识和运动经验，这使他们的知觉更敏锐，观察更细致，语言更丰富，记忆力、想象力、思维能力和判断力都能够得到一定的提高。

身体运动可以有效地刺激大脑皮层，增加大脑皮层的厚度，提高脑细胞活动的强度、灵活性、均衡性以及大脑的分析和综合能力，建立多种复杂的神经联系。此外，适当的运动还能使脑细胞获得更多的氧气和营养物质，这对于正处于迅速生长发育阶段的学前儿童神经系统来说无疑是有益的。

3. 体育能够影响学前儿童社会性和人格的发展

学前儿童的身心都是在活动中发展起来的，因此体育必然影响学前儿童心理活动的发展，进而影响学前儿童的社会性和人格发展。

首先，学前儿童体育能够提高学前儿童适应社会的能力。身体运动的种类和项目有很多，其中有一些是个人单独进行的，但绝大多数的运动是在社会性的场合中进行的。这就需要学前儿童学会与他人友好合作，遵守游戏规则，克服冲动，学会等待和忍耐，懂得分享，具有公平竞争意识和团队精神及责任感等。因此，身体运动为培养学前儿童良好的社会适应能力、人际交往能力创造了有利的条件和机会。

其次，学前儿童体育能够促进学前儿童个性的形成。许多理论和实践研究已经证实，运动能够使人心情开朗、精神振奋、积极活泼，尤其是幼儿期的运动经验对一个人个性的形成具有重要影响。

（三）学前儿童体育的目标

《幼儿园工作规程》中明确了学前儿童健康的总体目标：促进幼儿身体正常发育和

机能的协调发展，增强体质，促进心理健康，培养良好的生活习惯、卫生习惯和参加体育活动的兴趣。学前儿童健康的目标是通过一系列锻炼身体的活动，使学前儿童的身心发展达到预期的教育效果。它对学前儿童身心健康发展的方向和水平具有预知和规范的作用，也是衡量幼儿园体育活动成效的评价尺度。[①] 其制定的一般理论依据是：现代健康和健康教育的观念、学前儿童身心发展水平、我国的教育目的与《幼儿园教育指导纲要（试行）》。

学前儿童体育目标的内容可以概括为以下五个方面。

1. 保护学前儿童的生命，促进其身心正常发育

《幼儿园教育指导纲要（试行）》明确要求："幼儿园必须把保护幼儿的生命和促进幼儿的健康放在工作的首位。"学前儿童由于身体器官、系统正在生长发育，机体较为柔弱，因此对环境的适应能力和对疾病的抵抗能力都较差；他们又缺乏生活经验和独立生活能力，因而需要教师精心呵护，保护学前儿童的生命健康，并通过各项体育活动增强学前儿童的体质，提高机体器官、系统的生理机能，保证其身心健康。

2. 培养学前儿童积极情绪

情绪是个体成长的重要方面，情绪健康直接影响个体身体发育和健康水平。学前儿童正处于情绪发展的关键时期，教师应该关注其在日常生活中的情绪状态，积极疏导他们的消极情绪，使他们逐渐养成积极向上的稳定情绪和活泼开朗的性格。

3. 培养学前儿童基本的卫生习惯

对于学前儿童来说，基本的卫生习惯包括饮食、睡眠、生活自理和自我保护等方面。学前儿童习惯的形成和能力的培养需要一个长期的教育过程。动力定型是习惯形成的生理基础。从小培养学前儿童的卫生习惯会让其受益终生。

4. 发展基本动作，增强体质，培养学前儿童对体育活动的兴趣

学前儿童在日常生活和各项体育活动中发展必需的身体动作和能力，充分发展走、跳、跑、掷、攀登和钻爬等动作，不仅能锻炼身体，对发展独立性、活动能力和智力也有重要价值。

5. 进行安全教育

学前儿童年龄小，缺乏生活经验，独立生活能力较差，教师应加强生活护理和进行安全教育，引导他们懂得注意安全的简单道理和具体做法，如用电安全、交通安全等，培养他们的自我保护能力。

四、学前儿童美育

美育就是美感的教育或审美的教育。美育应以美学的理论为基础，通过艺术等审美方式来达到教育人的目的。美育是一个很广泛的概念，包括培养对自然、劳动、社会生活、日常生活及艺术的审美态度。

---

① 冯永刚，刘浩．学前教育［M］．济南：山东大学出版社，2009：292.

（一）学前儿童美育的内涵

学前儿童美育是根据学前儿童的身心特点，利用美的事物和丰富的审美活动来培养儿童感受美、表现美的情趣和能力的教育。学前儿童美育是有目的、系统地影响儿童个性的过程，其目的是发展儿童观察周围世界的美、艺术美和创造美的能力。美育的内涵包括美和美感两个方面。

美是劳动中、实践中自由创造的结果，存在于事物或现象之中，具有客观性和具体形象性。随着人类生活的日益丰富，美的领域更加宽泛，在不同领域中美的特性是不同的。美主要分为自然美、社会美、艺术美三种形态。

（1）自然美：自然美即自然事物的美。自然事物的美之所以能引发人们的感受，主要是人类在长期的社会生活实践中发展了美。自然美具有两种形态，一种是未经人类加工的直接形式的自然美，另一种是经过人类劳动加工的自然景物。自然属性不是自然美的根源，却能直接激发人们的美感，是自然美形成的必要条件。因此，自然美重在形式，以自然的感性形态供人品味、欣赏。

（2）社会美：社会美即社会生活中的美。社会美根源于社会实践，而社会实践是以人的活动为核心构成的丰富的人类社会生活。因此，社会美一般表现为人物形象的美，少数情况下可以表现为劳动产品。社会美重在内容，即人的品质、性格方面的美。社会美的形式则是指服饰、长相等方面的美。人们理想的人物形象的美是内容美和形式美的统一，但人的真正审美价值是由人的美好精神品质和才干决定的。

（3）艺术美：艺术美即艺术作品的美。艺术家通过创造性劳动，将现实事物的美用不同的形式表现出来，即为艺术美。艺术美是现实美的主观反映的产物，主要表现为具体艺术作品既反映生活又高于生活。艺术美在美育中具有重要作用，借助艺术进行艺术教育是美育的主要形式。

与客观存在的美不同，美感是主观的活动，是人们在接触美的事物时所引起的一种感动，是一种赏心悦目和怡情的心理状态，是对美的对象的反映，是对美的认识、欣赏和评价，具有一定的客观内容。美感是由审美对象所引起的个体的心理活动，以个人的爱好和趣味为出发点。但美感也是具有社会客观标准的，因为在一定的社会条件下，一定的阶级与阶层的人对客观事物有着大致相同的客观标准。个人的美感既要符合美的社会客观标准，又会带有个人的趣味特点，在美感表现中二者达到统一。

学前儿童的美感发展过程需要经历三个阶段：最初是对美的现象无意识地反应（不是美感），逐渐发展到能够模仿周围的人表现美感，再发展到有意识地感受美、表现美。

学前儿童的美感具有以下特点：

（1）认识过程的情绪性。学前儿童的美感表现与良好的情绪体验相联系，往往是在自身需要得到满足、有安全感、情绪愉悦时才能对美的事物产生美感；反之，则对美的事物没有反应甚至反感。

（2）具体形象性。学前儿童的美感表现比较肤浅、幼稚，他们往往被审美对象的外表形态、色彩等吸引，注重外表美和形式美，对内在美的感受较晚。

（3）思维的直觉行动性。学前儿童在感受美的对象时，往往通过触摸、操作、表情、语言等来进行感受并表达出来。

学前儿童身心发展的特点决定了学前儿童美育的特点是用具体鲜明的形象去引导学前儿童直接感受美，而不要求从逻辑上进行过多的理解和分析；以培养学前儿童审美的情感、兴趣为主，不以培养审美观念、概念为主；以培养表现美的想象力、创造力为主，不以训练技巧为主。具体来说，在进行审美教育活动时，教师首先要对审美教育活动有极大的兴趣和热情，用充满感情的语言去激发学前儿童的情感体验，让学前儿童在积极、愉快的情绪体验中进行审美活动，从而产生美感；其次，教师既要巩固和发展学前儿童对事物美的形式的认识能力，又要借助学前儿童丰富的想象力，从美丽的色彩、动听的音乐中探求美的内容和本质；最后，针对学前儿童美感表现行动性的特点，教师应允许学前儿童用自己的动作、表情自由地、充分地表现美和创造美。

（二）学前儿童美育的意义

美育以生动、具体的美的形象唤起人们的形象思维，以情绪的感染陶冶人们的思想感情，对人起着潜移默化的教育作用。

1. 学前儿童美育有助于推进整个社会美的发展

当前，美育作为社会文明和进步的标志，受到了前所未有的重视，成为我国建设社会主义文明的需要。在物质文明建设中，人们需要按美的原则改造客观物质世界，在物质生产中把美和实用更好地结合起来，以满足人们在物质生活方面日益提高的审美需要。在精神文明建设中，美育不仅对提高整个民族的思想道德素质和智力水平具有不可低估的作用，而且能给人追求美好生活的精神动力和按照“美的规律”改造主客观世界的审美修养，这有助于提高整个社会的审美水平，形成良好的社会风气。

美育还具有德育、智育、体育、劳育所不能取代的独立功能，对于培养人的敏锐的感受力、丰富的个性、广泛的知识、高尚的审美情趣和道德情操以及创造力都具有特殊的功能。美育的范围很广，凡是能够提高个人修养、情操和品位的活动或事物都具有美育功能，它比道德境界更高一层，又超越了功利。学前儿童接受审美教育，可以为形成正确的审美观点和良好的审美能力打下基础。

2. 学前儿童美育能更好地促进学前儿童思维的发展

美育在学前期尤为重要，一个人在早期所获得的美的印象是深刻且难忘的，早期的美育熏陶可使学前儿童情感纯真、思想纯正、排除邪恶，该时期美育的有效性是异常显著的。学前儿童好奇心强，对新鲜的刺激感兴趣。因为学前儿童的思维特点是直觉行动性、具体形象性的，情感占优势，认识过程带有很大的情绪性，所以他们对现实生活中美好的事物、艺术品及艺术活动、美丽的环境等感兴趣，容易被美的形象、美的事物所吸引和感染。他们比较易于接受美育，对美育的各种活动也极感兴趣。这是因为鲜明生动的形象和艺术手段符合学前儿童认识的特点，能吸引他们的注意和兴趣，容易为学前儿童接受和理解，能够使教育收到更好的效果。学前期是人的艺术才能开始显露的时期，早期的艺术教育可以为今后艺术才能的发展打下良好的基础。

审美活动作为一种特殊的认识活动，更多地依靠感性、形象的思维方式；一般的科学认识则主要运用理性、抽象的思维方式。这两种思维方式相辅相成，构成了人的认识活动的两个方面。审美教育对于学前儿童感知觉、观察力、注意力及想象力的发展也起着重要的作用，如音乐教育可发展学前儿童的听觉感受，美术教育可发展学前儿童对色彩、形状、知觉、空间概念的理解和承受能力。艺术活动可以促进学前儿童精细、敏锐的观察力的发展；艺术表现多要凭头脑中已有的想象，因此有利于记忆能力的提高；艺术活动可激发学前儿童的想象，因此有利于学前儿童想象力的充分发展。

美育在促进学前儿童创造力的发展中亦起着重要的作用。在幼儿园教育教学中，教师应尽量为学前儿童提供艺术活动的机会。他们在艺术活动中会产生独特的构思及独特的艺术语言。我们在让学前儿童自由地表现他们的情感和愿望时，往往可以发现丰富的、具有创造性的内容。此外，美育还能丰富学前儿童的生活，引起积极愉快的情绪，使学前儿童精神饱满、心情舒畅、健康发展。美育要求身体各部分以准确、协调和优美的姿态来活动，可促进身体动作的发展。在教育过程中，教师既要看到学前儿童艺术素质的个别差异，也要看到他们发展的潜在可能性；教师既要面向全体学前儿童，也不可忽略对具有特殊才能学前儿童的早期发现和及时培养。

3. 学前儿童美育是实施其他各育的催化剂

美育是一种情感教育，它作用于人的情感系统。只有当一个人在情感方面是健全而幸福的，其体力、智力、品德以及劳动能力才能协调一致地发挥作用。通过美育能更好地扩大和加深学前儿童对周围事物的认识，积极影响他们的思想感情，培养他们良好的品质和情操，促使他们良好性格的形成。在学前期，美育占有重要地位，与德育、智育、体育、劳育相互联系、相互渗透，不仅是全面发展教育的组成部分，而且是全面发展教育的基础；美育还是体育、德育、智育、劳育的催化剂，对其他各育都起着促进作用。

总之，美育以美感人、以情动人，可使人在不知不觉中受到教育，提高各方面的能力；同时，美育通常以娱乐、操作、欣赏、表现的形式进行教育，更容易为学前儿童所接受。因此，在促进学前儿童全面发展的教育中，美育显示着重要的、独特的作用。

（三）学前儿童美育的目标

学前儿童美育是审美的启蒙教育，包括培养学前儿童对美的感受和欣赏能力、想象力和表现美的能力。其中感受美和欣赏美的能力是基础、优先发展的能力，在此基础上才能发展表现美的能力。学前儿童美育的目标包括以下三个方面。

1. 培养学前儿童对美的兴趣和感受力

对美的感受力，就是对自然美、社会美和艺术美的感知能力。学前儿童审美能力的培养，应从提高审美感知能力开始。这是因为，对于美的事物的欣赏必须以对美的对象的感知为起点和基础。人们要认识美、欣赏美，首先必须对美的事物产生感觉。幼儿园应根据学前儿童美感发展的特点，引导学前儿童注意和欣赏日常生活、社会生活和大自然的美，在各种活动中积极表达对美的感受和体验。

2. 培养学前儿童对美的想象力

学前儿童感知审美对象，只是审美的开始。因为审美感知只能触及审美对象的外在形貌，而审美想象却可以深入审美对象的内在意蕴。想象是审美活动中最重要的构成因素之一，无论是美的欣赏还是美的创造，都需要有想象的参与。所以，幼儿园应该注意提高学前儿童审美想象的能力。

3. 培养学前儿童对美的表现力

培养学前儿童美的表现力是学前美育的重要任务。学前儿童表现美的创造能力是在大胆表现的过程中逐步发展起来的。教师要在丰富学前儿童审美经验并使之体验自由表达和创造的快乐的基础上，根据学前儿童的发展状况和需要，对其表现方式和技能技巧给予适当的指导。

本章小结

知识结构图

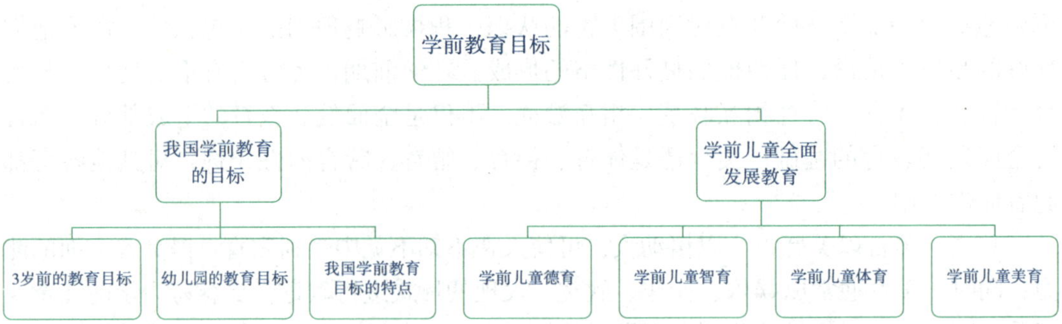

关键概念

学前教育目标　全面发展教育

讨论及思考题

1. 如何理解我国的学前教育目标？
2. 如何理解学前儿童德育、智育、体育、美育的内涵和意义？
3. 如何正确认识学前儿童教育中各育的作用及各育之间的关系？
4. 全面发展的教育包含哪些方面的内容？在实践中如何具体实施？
5. 人的全面发展到底有无可能？

案例分析

由于激烈的升学竞争和就业竞争，学校教育陷入应试教育的模式中，而这种竞争也影响到学前教育阶段，如社会上风行的“零岁方案”“神童方案”。一些家长和幼教机构难以摆脱这种短视的教育做法，表现为重知识灌输轻能力培养、重智力培养轻人格培养等错误倾向。一些幼儿园迫于家长压力或受经济利益的驱动，办起了各式各样的兴趣班、特长班。

请你从如何正确理解我国学前教育目标这一角度分析以上现象。

中A班的李老师在教幼儿认识水果的时候，在黑板上挂上香蕉、苹果、橘子、葡萄、西瓜、樱桃等图片，并告诉幼儿它们的名称、味道、产地、形状、特征、用途等；中B班的张老师则带领幼儿到附近果园的地里观察水果的生长情况，参观农民的工作过程，让幼儿在班级的自然角培育西瓜、草莓等，并做好观察记录。

你更喜欢材料中哪位老师的做法？此案例对你有何启示？

第五章

婴儿教育

学习目标

- 了解婴儿教育的历史发展
- 了解婴儿教育的基本任务
- 掌握不同发展阶段婴儿的保育与教育要点
- 熟悉我国婴儿教育的机构

教师专业标准及教师资格考试要求

- 了解 0 ～ 3 岁婴幼儿保教

学习导引

有人认为，婴儿是无能的，教育对其是没有意义的，没有必要人为干预，只要顺其自然地发展就可以了。也有人认为，婴儿的潜力是无限的，教育从 3 岁开始就已经晚了，早期教育越早越好。是“婴儿的成长不需要人为干预”还是“教育和训练应当越早越好”？通过本章的学习，我们将会对这个问题有更加深刻的认识。本章我们将了解婴儿教育的历史发展、不同阶段婴儿的保育与教育、我国婴儿教育的机构。

第一节　婴儿教育概述

英语中的婴儿 infant 源于拉丁文 infants。在早期的科学文献中，不会说话的 1 岁前的孩子被称作“婴儿”。20 世纪 70 年代以来，随着儿童心理发展研究的深入和资料的丰富，研究者发现，在心理发展水平上，1 岁前的儿童与 1 ～ 2 岁的儿童并无重大的质的差异。以言语发展为例，儿童 1 岁掌握的单词句与 1 ～ 2 岁掌握的双词句和简单句没有本质的区别，它们都具有基本相同的陈述、愿望和命令的含义。因此，人们开始倾向于将婴儿期界定为 0 ～ 2 岁。进入 20 世纪 80 年代，婴儿研究领域扩大到思维中的表象水平、言语发展（包含言语交流和社会交往行为）等方面，于是婴儿期扩展到 0 ～ 3 岁。近年来，有些人比较倾向于将婴儿理解为从出生到 3 岁的儿童。婴儿教育即指对从出生到 3 岁婴儿的身心发展给予关心、干预和教育培养的过程。对儿童的教育应从出生就开始，3 岁前是儿童发展和教育极为重要的时期。0 ～ 3 岁是人的神经系统、心理发育最快的时期，此时的儿童已经具备了接受教育的基础和条件。人的动作技能、认知能力、语言、思维和社会行为都需要在良好的教育环境中得到开发和培养。婴儿从躺卧状态发展到随意走、跑、跳，用双手熟练地操作自己所熟悉的物体，从自然的哭叫声发展到用语言与别人进行交流，形成初步的社会意识和行为，是周围环境刺激、熏陶的结果。教育的目的是帮助婴儿提高适应环境的本领和驾驭环境的能力。婴儿教育不仅可以锻炼婴儿身体的发展，而且还培养了婴儿的各种良好习惯及人格素质，使得婴儿在身体和心理上健康成长。①

一、婴儿教育的历史发展

在人类漫长的历史发展过程中，婴儿所处的境遇随时代而不同。

古希腊斯巴达城邦对婴儿实施严格的检视，凡身体孱弱、畸形的婴儿都会被抛到弃婴场，检视合格的婴儿交由父母代替国家抚养；父母通常要将新生儿放进酒中洗浴，以祛除软弱、增进健康；在教养过程中，父母教婴儿学会忍受饥饿和承受痛苦。虽然并非所有社会都如斯巴达城邦那样残酷地对待婴儿，但杀婴弃婴以及残忍地对待婴儿却是有史可考的。在那个历史时期，儿童没有任何权利，他们被视为家庭的财产或任人使用的工具。

中世纪的欧洲，基督教会地位独尊，教会声称儿童是带着“原罪”来到人世的，故其生来性恶。中世纪基督教教育理论的奠基人奥古斯丁认为，在上帝面前，没有人是纯净无瑕的，即使是刚刚出世的婴儿也不例外。教会鼓吹人人必须经历苦难生活，不断赎罪才能净化灵魂；为了得到未来的幸福，应当从幼年起就抑制儿童嬉笑欢闹、游戏娱乐的愿望，并采取严厉措施来制止这类现象。同时，当时的社会上流行“预成论”，儿童被认为是缩小的大人，人们忽视儿童的身心特点、忽视儿童的爱好和需要，对儿童的要求整齐划一，方法简单粗暴。

文艺复兴和启蒙运动对人性、人权、理性的呼唤，使儿童得以被重视。捷克教育家夸美纽斯提出，人身上自然地播有知识、道德和虔诚的种子，通过教育便可以把它们发展出来。其在《母育学校》中提出，家庭是一所母育学校，母亲是主要的教师，应对 1 ～ 6 岁儿童进行教育。继夸美纽斯之后，卢梭再次强调教育要适应自然，并根据他对儿童发展的自然进程的理解将 2 岁前称为婴幼儿时期，认为这一时期应发展儿童的身体素质和感觉能力。卢梭强调成人要深入研究儿童的身心特点、遵循自然而施教，成为近代儿童研究的先行者之一。

从 18 世纪下半叶开始，一些学者对婴儿的行为进行观察和记录。1774 年，裴斯泰洛齐给自己不足 3 岁的孩子写下了大约一个月的观察日记，这是历史上最早的以客

① 夏萤. 婴儿教育学［M］. 上海：复旦大学出版社，2011：2.

观态度观察研究婴幼儿的文献之一。德国的库斯谟对较多的婴儿进行了观察实验，他将糖水、盐水等分别放在新生儿口中观察他们的反应。在统计整理结果的基础上，他于 1859 年发表了《新生儿心理生活的研究》。进化论创始人达尔文根据对自己孩子的长期观察写成了著作《一个婴儿的传略》（1876 年）。德国生理学家、心理学家普莱尔对其儿子从出生到 3 岁末的发展进行了系统的观察和实验，于 1882 年出版了《儿童心理》，把婴儿研究推向了一个新的起点。

20 世纪二三十年代，出现了儿童“天性—教养”之争。华生推崇“教养说”，并在 1920 年做了关于婴儿恐惧情绪的习得实验，由此强调后天环境和教育的作用，认为婴儿发展结果的差异是后天经验决定的。格塞尔则极力推崇“成熟势力说”，并通过双生子爬梯实验和长期的研究来证实婴儿发展有其内在的不易改变的规律和顺序。与前两种绝对化的观点不同，认知心理学家皮亚杰认为，婴儿发展是“遗传—环境”相互作用的复杂过程的产物。但他认为相互作用的形式和次序主要取决于人类的生物特性，发展的个别差异主要是先天因素作用的结果。

20 世纪 40 年代中后期，第二次世界大战造成许多婴儿与母亲分离，因此当时的研究比较重视婴儿的情绪与社会性发展问题，提出了依恋、母爱关系、环境剥夺等概念和理论，并指出这些因素是影响婴儿情绪健康发展的重要变量。

20 世纪 50 年代末、60 年代初，婴儿发展研究重新得到关注。在重视早期教育的大背景下，0 岁教育理论应运而生。从此，儿童教育不仅在实践上重视早期教育，在理论上也向下拓展并形成了更为完整的儿童教育理论体系。

20 世纪 80 年代以来，婴儿教育的研究成为世界人类发展研究的热点。首先，妇女就业率不断增长，带来婴儿身心发展的新情况，婴儿寄养及托儿所服务等一系列问题亟待解决。其次，随着各国科技竞争加剧，许多国家越来越重视早期教育，这种形势推动了心理学家、教育学家对于个体早期智力、能力、发展关键期等问题的研究。最后，现代科技手段的发展，丰富和发展了适用于婴儿实验研究的仪器、设备，使婴儿教育研究最终蓬勃发展起来。

当前，0 ～ 3 岁婴儿教育的重要性已经成为世界共识。2001 年 9 月召开的联合国大会儿童特别会议围绕儿童早期教育问题进行了讨论，强调每个儿童都应该有一个尽可能好的人生开端。曾任联合国儿童基金会执行主任的卡罗尔・贝拉米认为，任何负责任的政府和个人都应把早期儿童放在最优先考虑的位置。在我国，0 ～ 3 岁婴儿教育也被提到议事日程，作为终身教育体系的重要开端。2010 年国务院审议并通过了《国家中长期教育改革和发展规划纲要（2010—2020 年）》，在学前教育发展任务中明确要求重视 0 ～ 3 岁婴幼儿教育，正式将 0 ～ 3 岁婴幼儿早期教育列入中长期教育改革和发展规划之中。2011 年国务院发布《中国儿童发展纲要（2011—2020 年）》提出了“提高婴幼儿家长科学喂养知识水平”“促进 0 ～ 3 岁儿童早期综合发展”的目标。《国务院办公厅关于促进 3 岁以下婴幼儿照护服务发展的指导意见》指出，建立完善促进婴幼儿照护服务发展的政策法规体系、标准规范体系和服务供给体系，充分调动社会力量的积极性，多种形式开展婴幼儿照护服务，逐步满足人民群众对婴幼儿照护服务的需求，促进婴幼儿健康成长、广大家庭和谐幸福、经济社会持续发展。2022 年国家卫生健康委制定了《3 岁以下婴幼儿健康养育照护指南（试行）》，提出婴幼儿时期是儿童生长发育的关键时期，这一时期大脑和身体快速发育。早期发展对婴幼儿的成长具有重要意义，养育人要关注婴幼儿的全面发展。儿童早期的发展不仅决定了个体的健康状况与发展，也深刻影响着国家人力资源和社会经济发展。

二、婴儿教育的基本任务

（一）身体发展方面

提供良好的饮食起居等生活条件；精心护理婴儿的日常生活；做好卫生保健、防病工作；注意婴儿的安全；发展他们的身体活动能力，如从竖直颈、翻身到爬、走、跑；发展婴儿的感觉器官：促进他们的身体正常生长发育，增进身体健康。

（二）智力发展方面

通过婴儿的身体活动和看、听、触摸、摆弄、操作等活动，接触并认识日常生活中的物体、情景和人，发展他们的感知觉和初步的思维能力；发展婴儿理解和运用语言的能力；增加婴儿的直接经验，培养他们认识和探究周围环境的兴趣。

（三）情感和社会性的发展方面

培养婴儿与主要抚育人之间的信赖与依恋，培养他们的安全感和愉快情绪。近年有研究报告证明这是婴幼儿教育中最重要的任务，也是保教人员首要的职责。培养婴儿会与同伴友好交往；培养他们初步的文明卫生习惯并逐渐培养他们知道自己的行为应有必要的限制。

（四）对美的感受和兴趣方面

培养婴儿喜欢听儿歌、故事、音乐和唱歌；喜欢看一些色彩和形象，看简单的图画；初步用绘画、手工材料大胆涂画、操作。培养婴儿对美好事物的兴趣。

以上各项教育任务是紧密交错在一起的。

第二节　不同发展阶段婴儿的保育与教育

一、新生儿的保育与教育

新生儿是指从出生到 28 天内的婴儿。

（一）新生儿的保育

新生儿脱离母体开始独立生活，内外环境发生了巨大变化，但其生理调节和适应能力尚不够成熟，发生各种疾病的概率较高，这一时期的护理特别重要。

1. 母乳喂养

母乳是天然的，是最适合婴儿生长的食物。母乳中含有多种营养物质和抗菌的酶，它能帮助婴儿具备一定的抗病能力。新生儿出生后应尽早吸吮母乳。在母乳喂养过程中，要注意方法和姿势，让母亲和新生儿都感到舒适的姿势就是最好的喂哺姿势。

2. 脐部护理

新生儿的脐带，一般在出生后 3 ～ 10 天脱落。脐带脱落前，不可将新生儿放入水中洗澡，应保持脐带干燥，并应每日检查包扎脐带的纱布有无渗血或渗液。若脐带有分泌物，可消毒后，再用纱布包扎；若分泌物有异味或肚脐周围发红，应及时就医。脐带脱落后，家长也不要在脐窝里撒爽身粉或涂抹药物。

3. 皮肤护理

新生儿皮肤娇嫩，易受刺激而发生糜烂，尤其是皮肤皱褶处，如颈部、腋窝、腹股沟、臀部等。家长应每日或隔日给新生儿洗澡，使其保持皮肤干净，减少感染机会。选择新生儿衣物、尿布要得当，要用透气性好的棉布。

4. 洗澡

洗澡应安排在新生儿吃奶前 1 ～ 2 个小时，以免吐奶。洗澡水温以成人摸着不烫手为宜。家长给新生儿洗澡时应将上下身分开清洁，具体顺序为：先洗头面部、颈部，然后洗上半身，最后用干净的大毛巾将上半身包裹好再开始洗下半身。清洁会阴部应由前向后至肛门清洗。

资料链接

保育与教育关系的三种提法及其含义

保育与教育关系的三种提法是：“保教合一”“保教结合”“保教并重”。

“合一”是指保育和教育（养和教）是同一个过程；“结合”是指保育和教育（养和教）是相对独立中的相互渗透；“并重”是指保育和教育（养和教）相对独立但同等重要。保教关系原则的三种提法是一种具有年龄适宜性的递进关系，即从“保教合一”到“保教结合”再到“保教并重”。年龄越小，养与教越不能分离。2 岁之前的婴儿教育应当完全融于养育之中，它们是同一个过程。随着儿童年龄的增长、思维的出现，养与教才有相对独立的可能性，这时在以养为主导的活动中渗透教育因素、在以教为主导的活动中渗透养育因素（幼儿园阶段），最终将逐步走向专门进行教育的可能性（学龄阶段）。但在整个儿童发展时期，养的任务始终存在。

资料来源：华爱华．论婴幼儿早期发展中“教”与“养”关系［J］．华东师范大学学报（教育科学版），2009，27（2）．

（二）新生儿的教育

1. 感官训练

新生儿的视、听、嗅、味等感觉都是初级的、原始的、不协调的，必须经过无数次的刺激和学习才能使大脑把多种感觉信息综合起来。因此，对新生儿来说，感官训练是非常重要的。

2. 动作训练

（1）抬头训练。

新生儿的颈部力量弱，不能支撑头部抬起，这限制了他们的活动和活动范围。抬头练习不仅能锻炼婴儿的颈部和背部肌肉力量、增加肺活量，而且能使婴儿较早地正面面对世界、接受较多的外部刺激。新生儿出生后几天就可以练习俯卧，但其俯卧时还不能自己主动抬头，只能本能地挣扎，使面部转向一侧。2 个月的婴儿才能稍稍抬起头和前胸，3 个月的婴儿的头才能抬得很稳。

成人也可以将新生儿竖直抱起，让其头部自然直立片刻；或让新生儿俯卧在成人的肚子上，用语言或玩具引逗其抬头。

（2）四肢训练。

新生儿只会伸伸胳膊、用脚和腿蹬被子等，还不能做翻身、爬行等动作。成人可以给新生儿做一些简单的按摩动作，如从肩到手、从腋下到脚轻柔地按摩；或者每天定时给新生儿做被动操，边唱配套儿歌边做操，让其在舒适愉快的状态下随节奏活动。

游泳也是锻炼新生儿四肢的好方法。游泳可以使新生儿在宫内蜷缩的肌肉、关节、韧带等得到锻炼，促进生长发育。

（3）双手训练。

成人可以与新生儿玩抓握游戏，可以将成人的手放在新生儿的手上，也可以将各种不同质地、不同形状的东西作为刺激让新生儿抓握。

资料链接

新生儿成长表

运动能力	语言能力
大的动作 手脚运动为反射活动，脖子强直反射依然占支配地位 在游戏中伸展手和脚 头立不起来，或下垂或前后摇晃 趴下时能够将头略微抬起，露出鼻子 能做 90° 的翻身滚动 小的动作 经常会手握拳或稍稍打开 当手指被掰开时能紧握住小物体，但很快掉落 盯着物体，但目光无法达到，学会了更好地协调眼睛	除哭声外，还会从喉咙里发出咕咕声 主动的 对声音有所反应

续表

智力水平	社交行为
醒着的时候有模糊的认识和表达活动 在看到光和物体时能上下左右协调眼睛，能跟随玩具做 90° 移动，看到人或玩具时显出兴奋，能感知在视野之内的物体 能记起 1.5 ～ 2 秒内再现的东西，一段时间间歇之后期望进食，被抱在怀里或看见人脸时会保持安静 反射能力增强	情绪 对舒适和满意反应积极情绪，对疼痛反应消极情绪 相互联系 看到人脸或听到声音时会微笑，当母亲微笑时知道用眼睛看母亲，学会了眼对眼的交流 认识人脸从而安静下来 被人抱着时会调整姿势，紧紧抓住抱着他的人，身体缩成一团 能识别母亲的声音 大部分时间表情模糊、冷淡 抚养 每天睡、哭、吃的时间并不一致，一天大便 3 ～ 4 次

资料来源：孟昭兰．婴儿心理学［M］．北京：北京大学出版社，1997：416．

二、1 ～ 12 个月婴儿的保育与教育

（一）1 ～ 12 个月婴儿的保育

1. 坚持母乳喂养，合理添加辅食

母乳是婴儿的天然食品，能满足婴儿出生后 6 个月的营养需求。但母乳中维生素 D 含量较少，成人应在婴儿出生后 2 ～ 3 周开始为其补充适量的维生素 D，并经常抱婴儿到户外晒太阳。完全母乳喂养 4 ～ 6 个月后，成人应按照婴儿月龄有步骤地添加辅食，以满足其生长发育的需要。添加辅食的原则是由少到多，由一种到多种，由稀到稠，由细到粗。米粉可作为首选物，其次是蔬菜、水果，然后是鱼、肉、蛋类。每次添加辅食后，应观察 3 天左右，若无腹泻或皮疹等过敏现象，方可加量。

2. 定期做健康检查

成人应按照儿童保健手册的规定，定期到医院进行健康检查，动态监测婴儿体格生长，若发现问题，及早干预，避免营养不良、肥胖等疾病。

3. 注意口腔卫生，保护乳牙

成人应从婴儿出生开始就注意口腔卫生保健，具体来说，用奶瓶喂奶的姿势要正确，不要将奶嘴抵住婴儿上颌，以免影响婴儿上颌发育；婴儿乳牙萌出后就应用指套牙刷帮助婴儿刷牙，保持口腔清洁；6 ～ 7 个月的婴儿鼓励学吃粗硬的食物，如面包干，锻炼咀嚼能力，还要注意少吃甜食等。

（二）1 ～ 12 个月婴儿的教育

1. 促进动作的发展

1 岁以内的婴儿的动作发展特别快，每个月都有新变化，这一年是婴儿动作能力发

展最迅速的时期，所以动作训练成为这一时期的教育重点。6 个月前可做婴儿被动操，7 ～ 12 个月做婴儿主动操。此外，这一时期，手眼并用训练与爬行训练是两项重要的活动。

2. 促进语言表达，开展早期阅读

0 ～ 1 岁是婴儿言语发生的准备阶段，又称为“前言语阶段”。在前言语阶段，儿童感知语音的能力是他们获得语言的基础。应当说，正常婴儿在这段时间内不仅能够听到声音，而且还以某种能够帮助自己语言学习的方式去感知语言。除了大量地获得感知语言的经验以外，在出生之后的一年时间里，婴儿语言学习的另一种主要现象是前言语发音。前言语发音是指婴儿正式说话之前的各种语音发声，类似于说话之前的语音操练。[①] 婴儿尝试掌握本民族语音的发音能力，是他们为正式使用语言与人交往所做的另一番准备。

成人应为婴儿创设良好的语言环境，并做好以下几点。

（1）尽早与婴儿交谈。

语言发展的方向在 1 岁时就定型了。在 1 岁以内，婴儿具备学会世界上任何一种语言的发音能力，能细微地分辨 b、p、m 等辅音的差别；但在 1 岁以后，婴儿的大脑就失去了这种对语音的泛能，并把发音固定在母语上。然而，无论母语的发展还是“双语”的学习，总是听得越多就掌握得越快、越好。因此，成人应尽早地、有意识地与婴儿交谈。

（2）用“儿语”声调。

与婴儿交谈要用特殊的儿语声调。儿语的特点是发音清楚、吐字缓慢、句子短而重复多、运用高频语音、带有感情交流。但是，采用儿语的时间不能太久，一旦婴儿掌握了母语的基本语法（如主谓宾的句型），儿语就应被更自然的交流方式所取代。

（3）寓交流于活动中。

言语交流随婴儿的日常活动进行，无论对婴儿做什么都应伴随着述说。例如：成人给他们换衣服时告诉他们是穿上衣还是穿裤子、喂饭时告诉他们是鸡蛋还是苹果，从而使语词的声音所携带的含义在日常活动中被婴儿所掌握。

（4）开展早期阅读。

成人要坚持与婴儿一起听、读、说儿歌、说故事等。有韵律的儿歌容易引起婴儿的兴趣，成人可选择短小的儿歌反复地说给婴儿听，要说得语速缓慢、清晰、有感情。成人可以与婴儿一起阅读绘本，边看边讲述，帮助婴儿建立语言、图形、色彩的印象。

3. 感情照顾

婴儿到半岁时，已具备了正性和负性的基本情绪，如愉快、痛苦、厌恶、愤怒、恐惧、悲伤等。这一阶段，其心理上经历着两种重要的感情反应，即分离焦虑和陌生人恐惧。

（1）分离焦虑。

半岁的婴儿会主动地表示与成人亲近，并且会把他最亲近的人（通常是母亲）作

① 张明红. 学前儿童语言教育与活动指导［M］. 上海：华东师范大学出版社，2014：62－63.

为第一依恋对象。8 个月左右的婴儿会经常性关注母亲，一旦母亲从他的视线里消失，他就会表现出不安和哭闹，这就是分离焦虑，是婴儿发展过程中一种正常的情感反应。2.5 岁以前，只要母亲离开，婴儿就会产生分离焦虑。

资料链接

依恋理论

依恋理论由英国精神病学家鲍尔比创立，该理论对婴幼儿心理发展的理论建构和实践发展都有深刻影响。依恋理论告诉我们，在生命的初期，稳定、安全的情感依附是个体成长的保障，是婴幼儿获得安全感、发展自我意识以及认知和社会交往的重要途径。当前，人们对依恋的研究已经非常细化，主要集中在三个领域：父亲 / 母亲的各方面因素对婴幼儿发展的影响；亲子关系对婴幼儿发展的影响；婴幼儿本身的特征影响依恋。

资料来源：徐小妮．0 ～ 3 岁婴幼儿教养教程［M］．上海：复旦大学出版社，2011：6.

对待处于分离焦虑期的婴儿，成人要了解其情感需要。对于 1 岁以内的婴儿，成人要尽可能减少离开婴儿的次数，尤其不要把婴儿一个人丢下。如果必须离开，要用婴儿能听懂的语言告诉他，让他有思想准备，使婴儿逐步建立起延缓需要母亲在自己身边的能力。在多次分离与重聚的过程中，婴儿逐渐明白母亲离开后还会回来，焦虑就会逐渐消解。2.5 ～ 3 岁的婴儿能够理解上托儿所与母亲分离的必然性，不产生焦虑反应是完全有可能的。

资料链接

早期依恋和长期影响

20 世纪 70 年代早期，明尼阿波利斯市的一大批家庭曾参与过一项研究，明尼苏达大学的心理学家兼研究者艾伦·苏劳菲与同事对他们进行了跟踪研究。在婴儿只有 12 个月、18 个月大的时候，研究者在陌生情景实验中对其及其母亲进行了观察。随着这些儿童年龄的增长，研究者不断收集他们的信息。证据证明，安全型依恋对儿童的发展有积极影响。在学龄前时期，老师和观察者认为，属于安全型依恋的学龄前儿童比那些婴儿时期属于不安全型依恋的学龄前儿童更快乐、更善社交、能力更强、更驯顺、更富有同情心。属于安全型依恋的学龄前儿童在同龄人中也更受欢迎，自尊心更强，并且依赖性更小，不那么消极。到 10 岁的时候，属于安全型依恋的儿童仍然依赖性更小，并且在自尊心、自信心、社交技能、情绪健康的评估中得分更高。与婴儿期是不安全型依恋的孩子相比，他们交到的朋友更多，与朋友待在一起的时间更长。在分析了包括近 6 000 名受试者的 69 项研究之后，他们发现，属于不安全型依恋的儿童，尤其是混乱型的儿童，到 12 岁时出现攻击性、对立、行为不端、敌对他人等行为问题的风险要高得多。

资料来源：琼·利特菲尔德·库克，格雷格·库克．儿童发展心理学［M］．和静，张益菲，译．北京：中信出版社，2020：201.

（2）陌生人恐惧。

半岁左右的婴儿开始认生，他们能够区分出经常接触的成人和陌生人。他们不愿意接近陌生人，特别是当陌生人抱他们或亲近他们时，他们会表现出恐惧不安。陌生人恐惧是生物学意义上的保护性本能，是一种生物社会行为。

虽然认生是婴儿成长的必经阶段，但长久的认生对婴儿成长不利，尤其影响婴儿社会性的发展。成人可以有意识地进行干预，让婴儿逐渐学习接触陌生人。

资料链接

1岁婴儿成长表

运动能力	语言能力
<u>大的动作</u> 通过屈膝站起，从蹲下再站起，站立，转身90°行走，但仍然更喜欢爬行 除行走之外，还增加其他的动作，如弯腰、招手、向后转身、拿玩具、爬楼梯、翻过小床、跨过围栏、在浴盆里游泳 <u>坐的姿势</u> 缓缓独立坐下 <u>小的动作</u> 拇指和食指并列工作 揭开容器的盖子 偏爱一只手，用一只手握着，另一只手操作 用食指指向物体或食物 握住物体 在成人帮助下自己脱衣裤	控制发音语调 发出更多的词音，特别是母语 运用语言表达意愿 反复练习运用一些词，除“爸爸”“妈妈”外还会说2～8个单词，如“宝宝”“喂喂”等 用单音模仿物体发出的声音，咿咿呀呀地说单词句以标定某实物的单词指代同类物体
智力水平	**社交行为**
看到并精确抓到物体 模仿物体，观察物体的移动、旋转和位置变化 从容器中拿出或放进物体，能从隐藏物体的地方找出隐藏物体 记忆事件的时间越来越长 能有意模仿模型，并模仿模型不在场的行为 感觉到自己与别人有区别 有偏爱手，尝试解决问题 搭建两三层积木，根据颜色、形状分类 在做事前可对行为进行思考	<u>个性</u> 表达多种情感，区别自己和他人 <u>相互联系</u> 害怕陌生人及陌生的地方 害怕离开母亲 情绪体验有发展，对人爱恋 会发脾气 理解地做游戏 明确偏爱某人 <u>抚养</u> 开始一日三餐，端杯子喝水 穿衣合作

资料来源：孟昭兰．婴儿心理学［M］．北京：北京大学出版社，1997：427．

三、1～3岁婴儿的保育与教育

（一）1～3岁婴儿的保育

1. 合理膳食，保证营养

一般来说，婴儿在出生的第一年，需要经过母乳喂养、进食泥糊状食品和进食固体食物三个阶段。1岁以后，应该以粮食（谷类）为主，配以鱼、肉、蔬菜等。尽量给婴儿提供半固体或固体食物，让他们学会自己咀嚼。但因为婴儿的消化系统尚未成熟，还不能完全吃成人的食物，所以要根据婴儿的生理特点和营养需要，为他们制作可口的食物，保证其获得均衡的营养。

同时，成人要注意培养婴儿良好的饮食习惯，避免挑食、偏食和依恋零食的现象。

2. 科学护理

婴儿期应注重良好生活习惯的培养，使婴儿生活有规律，形成对时间的条件反射，从而为其日后形成良好的行为奠定基础。3岁左右是培养婴儿独立生活能力的关键期，具体包括培养婴儿单独睡觉的习惯、良好的盥洗习惯和自己穿脱衣服的习惯等。

3. 防止意外伤害

1岁以后，婴儿能到处走了，他们不再安分地听从成人的支配和摆布，而是不断地尝试和探索。但是，这个时期的婴儿动作还不协调，也不懂得保护自己，非常容易发生意外。因此，安全是成人必须考虑的事，要把可能的危险品全部收起来。同时，成人应该掌握简单的急救措施，以应对婴儿可能发生的一些意外伤害。

4. 定期健康检查，预防疾病

婴儿每3～6个月应进行一次健康体格检查，预防营养不良与肥胖；成人应继续按照免疫规划程序完成婴儿期的疫苗接种，同时依据当地的疾病流行情况及自我保健需求选择性地让婴儿接种乙脑、流脑、风疹等疫苗。

（二）1～3岁婴儿的教育

1. 在游戏中促进婴儿的认知发展

游戏是婴儿的工作，是婴儿发展中不可缺少的营养品。婴儿喜欢游戏，不喜欢约束，婴儿在游戏中享受快乐、获得发展。成人可以将婴儿认知的事物融入游戏活动中，让婴儿在玩的过程中自然地认知。

2. 发展婴儿的人际交往能力

人始终生活在人群中，交往能力是不可缺少的。当婴儿长到一两岁、对同伴感兴趣时，成人就要鼓励婴儿多与同伴交往。研究表明，与同伴玩耍会让婴儿玩得时间更久、发现的玩法更多、进步更快。

1岁以后，婴儿的交往范围扩大，他们开始对同龄的小朋友感兴趣；但1～2岁的婴儿还缺乏交往能力，不懂得分享与合作，经常会出现争抢玩具的现象。因此，成人最好为婴儿多准备些同样的玩具，并且逐渐引导婴儿与其他小朋友一起玩，体验共同玩的乐趣。

在婴儿与成人的接触中，父母要有意识地教婴儿与各种人交往，如家里来客人了，要有礼貌地打招呼；客人问话要回答；不乱翻别人的东西；得到允许后才可以玩人家的玩具等。

3. 语言训练

语言发展对婴儿来说是从自然人向社会人转化的关键。婴儿掌握了语言才真正进入思维世界、参与人类社会。交流是对婴儿进行语言训练的重要途径。

首先，要激发婴儿语言交流的积极性。具体方法为：（1）重复婴儿说出的语音。（2）帮助婴儿把句子补充完整。（3）当婴儿表达自己的观点时，无论对与错，都应该让其说完，并且给予尊重。（4）鼓励婴儿讲话，增强其自信，让其感觉到自己所说的每一句话都是能够被成人理解的，这对于口吃的婴儿尤其重要。（5）提供适宜的绘本。绘本是重要的语言学习工具，绘本中的形象和故事情节既有助于交谈和理解，又能引起婴儿的兴趣。

其次，成人要给婴儿提供良好的榜样示范。具体方法为：（1）成人使用确切的词语，在婴儿早期可使用儿语，到 1 岁以后就应该转化为正常语句。（2）在与婴儿交流过程中，成人要有意识地给婴儿提供许多新的概念，如在给他挑选一双红色的鞋时，说"你喜欢这双鞋吗"不如说"你喜欢这双红色的鞋吗"，这样成人实际上告诉了婴儿"红色"这个概念。这种在生活中自然而然的学习，比正式的上课讲解有效得多。

4. 特殊能力的培养

3 岁前婴儿的能力发展得非常迅速，他们此时表现出的各种潜力不是以后任何时期可以比拟的。这个时期婴儿智力潜能的发现与培养，为他们之后很长时期甚至终身发展打下了良好的基础。早期发展实践表明，这个时期是婴儿多种能力特别是具体形象性思维、运动能力发展的关键期。如果得到成人的关注、强化和巩固，婴儿智慧的光芒将会持续绽放；如果得不到良好的关注而被忽略，婴儿某些能力在以后就有可能失去了发展的机会。①

然而，特殊才能的禀赋是存在个体差异性的。成人不要只是一心企盼孩子成为某方面的天才而实施强迫训练，而要将孩子的健康快乐放在首位。

5. 正确对待婴儿的"反抗行为"

3 岁左右的婴儿能够按照成人的要求去行动，但他们常常会寻找机会表现自己的能力，一有机会就采取独立的行动。成人出于安全等因素的考虑，往往会预先限制或及时强行制止婴儿的行为，这样婴儿就会表现出烦躁不安和反抗的情绪，这种反抗会一直持续到 4 岁。对于婴儿的反抗行为，成人应理解和尽量创造适宜的条件以满足其活动的要求，或者以婴儿能够理解的语言向其讲解道理。

6. 行为规范教育

为了让婴儿更好地适应社会，成人必须教给婴儿一些行为规范。3 岁前是开始训

---

① 孟昭兰. 婴儿心理学［M］. 北京：北京大学出版社，1997：439.

练婴儿行为规范的最佳期，如整洁、卫生、礼貌、谦让等应从1.5岁开始训练。从婴儿2岁左右开始，成人应通过语言指导，训练其建立内心的自我约束，学会遵从合理的要求并控制自己不合理的行为。

资料链接

1～3岁婴儿成长表

运动能力	语言能力
能掌握一些基本动作，逐步灵活、协调、敏捷地运动，姿势准确 能走、跑、跳，可向前跳、从高处往下跳、走平衡木、走斜坡、双足交替上下楼梯 手的动作更加精细，能穿珠、搭积木，会正确握笔、画直线、折纸、解纽扣、拿筷子、脱袜子 能自己解决一般的生活小问题，如穿、脱衣服和洗脸等	能控制发音，语调变化明显 能掌握近800个母语的口头词，能发出许多母语特有的音 单词句渐减，复合句数量渐多，句子长度增长，句子字数增加到8个 能掌握名词、动词，还增加了代词、形容词、副词，有语法排列的形式 能听懂成人提示，能用简单句和复合句与成人交流
智力水平	**社交行为**
能凭兴趣、情绪、好奇心等主动去看、听、说、想，易受环境刺激 想象力初步发展 有意记忆开始萌芽，能按成人的简单要求完成任务 能分辨上、下、前、后方位，能分清红、绿、蓝、黄等颜色，认识方形、圆形、三角形 可口头计算到10，按口头数取物可达6～8个，能区分简单的次序、多少、长短	自我意识初步萌芽，能意识并区分身体各部分，区别自己与别人，辨别自己的名字，开始掌握运用“我” 独立意识增强，凡事要坚持自己做，出现第一个违拗期，拒绝别人帮助 能按社会标准区别成人，并以正确称呼区别成人 社会情感初步萌芽，自尊心、同情心开始发展，开始懂得主动关心、爱护他人

资料来源：孟昭兰. 婴儿心理学［M］. 北京：北京大学出版社，1997：441.

资料链接

早期教育经历对儿童认知能力的影响

儿童早期发展以及早期学前教育经历对儿童童年乃至青少年时期认知能力的影响非常关键，在某种程度上，它能够提高个体能力水平、促进社会流动“预分配”，兼具公平与效率的效果。学界关注学前教育经历对个体认知能力的影响最早是基于美国为弥合不同阶层的教育差距而开展的大量学前教育项目，如开端计划（Head Start）、高瞻教育（HighScope Research）、芝加哥家长儿童中心项目（Chicago Child-Parent Center Program）和卡罗来纳启蒙计划（Carolina Abecedarian Project）等。研究发现，早期干预和学前教育对个体认知能力的发展具有短期效应，在项目干预结束时，干预项目参与者的认知能力提高的幅度约为0.23个标准差。大量的高质量干预项目跟踪研究的证据已经表明，学前教育对儿童个体发展具有长期效应。CEPS数据分析表明，学前教育对个体能力的发展存在长期效应，与未接受过学前教育的学生相比，接受过学前教育的学生在认知能力（认知测试得分和学业考试成绩）和非认知能力（自我效能和社会交往）方面均有更好的表现。PISA2012跨国数据表明，学前教育参与率每提高1%便能够带动15周岁学生的数学素养提高1.4%。PISA2012上海数据表明，接受学前教育对儿童15岁时数学、阅读和科学素养具有显著的正效应。

资料来源：蔡蔚萍．早期家庭教育与学前教育对儿童认知能力发展的长期效应研究［J］．中国青年社会科学，2022，41（4）．

资料链接

国外早期教养方案的特点

（1）以儿童为中心转向以整个家庭为服务对象；

（2）从关注弱势家庭到为所有的家庭和孩子提供高质量的服务；

（3）早期教养主题有机融合各相关领域人才，内容全面。

资料来源：徐小妮．0～3岁婴幼儿教养教程［M］．上海：复旦大学出版社，2011：7－8．

第三节　我国婴儿教育机构

婴儿教育包括婴儿家庭教育和婴儿社会教育。目前，我国大部分婴儿以接受家庭教育为主。婴儿家庭教育是指在家庭生活中，由家长对其孩子实施的教育。婴儿社会教育是指由社会设置或资助，指派专人辅导或实施的在各种教育机构中进行的有目的、有计划、有组织的教育活动，其形式多样，在我国以托儿所、托儿班、亲子园为主。此外，还有胎儿学校、家庭托儿站等。

一、家庭

家庭教育是一个人一生中接受的最早的教育，是“人之初”的教育。孩子从出生之日（甚至从胎儿期）起就开始接受家庭教育。家庭教育是建立在亲子关系之上的教育。亲子关系是在家庭生活中逐渐形成并发展起来的特殊的人际关系。对于3岁前的儿童而言，亲子关系是所有人际关系中最为基本、最为牢固而不可替代的关系。父母是孩子的第一任教师，父母的举止言行会印刻在孩子的头脑中，对其人生的发展产生深远的影响。

（一）家庭教育的特点

1. 基础性

家庭是儿童生命的摇篮，是人出生后接受教育的第一个场所；家长是家庭生活的组织者，是儿童的第一任教师，是儿童生理和心理需要的主要依靠者。早期家庭教育的成功与否直接影响儿童一生的发展。美国心理学家怀特曾说过，儿童头三年经验的重要性远远超过我们过去想象的，没有什么工作比抚育头三年的儿童更重要。

研究表明，从小获得安全型依恋的儿童，日后进入集体教养机构后比较容易信任老师和同伴，能较快地适应新的环境，较易成为合群、善解人意的人。而最初的安全感是在家庭中发展起来的。

2. 个体性

每个儿童在气质、能力、性格等方面各不相同，没有一种教育方式适合所有儿童，所以教育必须个性化。而家庭正是基于儿童个体的特点实施个性化教育的最佳场所。

3. 生活性和情景性

家庭教育没有固定的大纲和教材。家庭教育的内容和方法主要是由家长确定的，“遇物而诲”“相机而教”。在家庭环境中，父母与孩子之间有着广泛的接触机会，在共同生活的过程中，父母的期望、榜样示范、自然感情的流露等，都在潜移默化地影响孩子。

（二）家庭教育的基本要求

任何事物的运行都有其规律性，家庭教育也是如此。家长若能从实际出发，把握并按照这些规律性的要求办事，就能取得较好的教育效果。

1. 把教育孩子的责任感、义务感与无私奉献的亲子之爱相结合

每个家长都应认识到教育孩子是自己对国家、对社会应尽的义务，是一种法定的社会责任。《中华人民共和国宪法》明文规定：“父母有抚养教育未成年孩子的义务。”孩子不是父母的私有财产，而是社会主义的建设者和接班人。家长不仅应当关心照料孩子的衣食住行，更重要的是要从未来社会的需要出发去教养抚育孩子，使他们成为能迎接时代挑战的体格健壮、品德良好、智力发达的有用之才。家庭教育的成败不仅关系到家长个人的幸福和家庭的荣耀，还会影响社会的安定团结和国家的强盛。父母有了教育孩子的责任心和义务感，加上朝夕相处中萌发的亲子之爱，才能在生活中不怕难、不嫌烦，不为个人情绪所左右，理智而合理地安排教育时间和教育内容，客观地评价自己的教育行为，不断充实自己的教育知识、经验、能力，加强自己的道德和文化修养，严格要求自己，做称职的家长。

2. 言传与身教相结合

亲子交往是沟通思想、表达情感、丰富生活乐趣的主要渠道。家长要从婴儿起就开始培养亲子对话的习惯，要善于运用亲切的动作、幽默的语言开启孩子的心扉；利用儿歌、故事、谜语和优秀文学作品等来鼓励和指引孩子的行为；认真观察孩子在学习、劳动、交友和待人接物各方面的行为表现；倾听孩子的心里话，了解他们的需要

和困惑；在日常生活中尽量挤出时间和孩子谈心、游戏，分享他们成功的喜悦，支持他们遇到挫折后的努力，缓和他们的悲伤，帮助他们解决困难。同时，父母应以身作则，做孩子的榜样，建立真正的威信。这是保证家庭教育成功的关键。有威信的父母受到孩子高度的尊敬、信赖、模仿和依恋，并且会心悦诚服地听从他们的劝说。父母自身的知识素养、道德品质、工作态度以及生活习惯等方面的模范行为是树立教育威信的基础。苏联教育家马卡连柯曾告诫家长："不要以为只有你们同孩子谈话，或教导孩子、命令孩子的时候，才是在教育孩子。在你们生活的每一瞬间，甚至当你们不在家的时候，都在教育着孩子。你们怎样穿衣服，怎样跟别人谈话，怎样议论其他的人，你们怎样表示欢欣和不快，怎样对待朋友和仇敌，怎样笑，怎样读报——所有这些对儿童都有很大的意义。"

3. 要把关爱、理解与严格要求相结合

家长要学会合理地表达自己的感情，正确掌握爱和严的分寸。这是家庭教育的一种艺术。爱自己的孩子，这是做父母的天然本能，也是人类社会一种高尚的感情。但是，真正的爱应当与无原则的迁就、娇惯、溺爱、包办、放纵区分开。爱应当表现得有节制，有分寸，有理智。家长既要尊重孩子的人格，愿意倾听孩子的意见，满足孩子的正当需要；又要能抵制孩子不合理的要求。家长要耐心培养孩子有礼貌、懂文明、遵守纪律、明辨是非的良好品德与行为习惯，决不无原则地迁就和让步，不允许孩子用哭闹作为满足欲望的手段，不放任孩子错误的思想和行为。

4. 要把全面发展的教育任务与因地制宜、因材施教的原则结合起来

家长应全面关心孩子德、智、体、美、劳等方面的协调发展。近年来，早期教育越来越受到社会和家长的重视，但是也存在不少误解，如有的家长认为早期教育就是文化知识或艺术特长教育；有的家长认为孩子需要及早开始学习知识技能，以便在起跑线上胜人一筹：还有家长把早期教育看作与己无关的事，只要委托给托儿所、幼儿园的老师就行。事实上，儿童从呱呱坠地起就与周围环境接触交流，这也是早期教育的起点。从婴儿起，做父母的就应全面关心孩子德、智、体、美、劳等方面的教育内容与要求，如合理的营养和适量的运动，提供感官和语言刺激，让孩子看图片、听音乐、做体操、学说话等。通过成人的爱抚、示范、交谈、训练、评价等活动，使婴儿形成良好的生活卫生习惯和乐意接受集体规则，有想做好孩子的愿望。家长要重视孩子的全面发展，既要防止那种只注重孩子的安全健康，忽视教育的倾向，又要避免重智轻德，过早采取填鸭式的定向训练，威胁利诱，加班加点，以致损害孩子的健康、学习的积极性和全面发展的问题。

资料链接

城市 0～3 岁婴幼儿托育服务机构的兴起

2019 年 5 月，国务院办公厅发布了《关于促进 3 岁以下婴幼儿照护服务发展的指导意见》（以下简称《指导意见》）明确提出"发展婴幼儿照护服务的重点是为家庭提供科学养育指导，并对确有照护困难的家庭或婴幼儿提供必要的服务”。至2020年12月底，发布《国务院办公厅关于促进养老托育服务健康发展的意见》时，大多数省市的托育发展政策内容更加明确。因此，在党和国家的高度重视下，我国3岁以下婴幼儿照护服务逐步迎来了新的发展。

随着“二孩”政策的落地实施以及“三孩”政策的逐步推行，城市母亲走出家庭参加工作已经成为新常态，传统母亲居家看护婴幼儿的形态被打破，0～3岁婴幼儿的家庭教养缺失问题因此由隐入显，久而久之成为社会热点话题。与儿童保育的强烈需求和女性极高劳动参与率形成鲜明对比的是当下极低的入托比例。因此供需之间的巨大差距促进了儿童保育行业的进一步发展。与世界其他国家的横向比较表明，中国目前的托育入学率远低于其他国家。与此相矛盾的是，女性在家庭照顾婴幼儿的负担与较高的社会生产参与率。而为解决日益突出的婴幼儿教养不足问题，各级政府出台了大量政策文件支持与鼓励城市托育服务机构的办学。由此，城市托育照护服务机构开始兴起，并且在近年来的“热度”持续不减，受到越来越多家庭的关注与追捧。其中城市0～3岁婴幼儿家庭作为托育服务需求的主力军，同时也是婴幼儿家庭教养供给不足的主要群体，选择托育照顾服务无疑是他们育儿路上最直接有效的方法，也是其缓解家庭育儿焦虑的重要途径。

资料来源：许昌磊．城市0～3岁婴幼儿家庭托育服务需求与社会工作介入对策研究［D］．上海：华东师范大学．

二、托儿所

（一）托儿所的性质

托儿所是为三岁前儿童设立的集体保教机构，负有教养三岁前儿童及为其父母亲参加工作提供方便的双重任务。为此，托儿所既具有社会福利性，又具有保育教育性。

新中国成立初期，我国托儿所与幼儿园的称呼没有明确的区分。1956年，教育部、卫生部、内务部下发《关于托儿所幼儿园几个问题的联合通知》，对托儿所、幼儿园的领导问题作了明确具体的规定：托儿所和幼儿园应依儿童的年龄来划分，即收三周岁以下的儿童者为托儿所，收三至六周岁的儿童者为幼儿园。有关方针、政策、规章、制度、法令、教育计划、教育内容、教育方法、儿童保健等业务，在托儿所的方面，则统一由卫生行政部门领导；幼儿园内的托儿班由卫生行政部门进行业务指导；幼儿园统一由教育行政部门领导，托儿所内的幼儿班由教育行政部门进行业务指导，主办单位应向当地卫生行政部门、教育行政部门报告工作。①

托儿所分为日托和全托两种形式，比重约各占一半。20世纪50年代初，沿袭战争年代的生活方式日益被正常的工作日制所取代，全托日渐减少，日托增多。哺乳年龄婴儿多数被托养在母亲所在单位的日托班里，母亲可按时离岗前去哺乳；断奶婴儿

① 史慧中．中华人民共和国幼儿教育50年大事记（二）［J］．幼儿教育，1999（11）．

则被托养在托儿所，日托晚归。20世纪八九十年代以来，随着城市居民生活条件的改善、计划生育政策的贯彻和母亲产假的延长，独生子女受到了更多的呵护，多数由祖父母抚养或由保姆照料，婴儿送托逐渐减少，婴儿在家生活到2岁后入托比较普遍，托儿所数量逐渐减少。与此同时，在托幼一体化办园模式的影响下，许多幼儿园开始办起了托儿班，招收2～3岁的婴儿，与幼儿园教育更为接近，保教并重。2019年，国务院办公厅印发了《关于促进3岁以下婴幼儿照护服务发展的指导意见》，强调发展婴幼儿照护服务的重点是为家庭提供科学养育指导，并对确有照护困难的家庭或婴幼儿提供必要的服务，提出了三方面的任务举措：一是加强对家庭婴幼儿照护的支持和指导。全面落实产假政策，支持脱产照护婴幼儿的父母重返工作岗位。二是加大对社区婴幼儿照护服务的支持力度。按标准和规范建设婴幼儿照护服务设施及配套安全设施……注重发挥城乡社区公共服务设施的婴幼儿照护服务功能。三是规范发展多种形式的婴幼儿照护服务机构。支持用人单位在工作场所为职工提供福利性婴幼儿照护服务，鼓励支持有条件的幼儿园开设托班……依法逐步实行工作人员职业资格准入制度。①

（二）托儿所的任务

1. 引导婴儿健康发展

托儿所应贯彻“保教并重”的原则，积极创设宽松愉快的教养环境，引导婴儿个性健康发展；贯彻预防为主的方针，实行科学育儿，控制传染病，降低常见病的发病率；发展婴儿的基本动作，进行适当的体格锻炼，增强婴儿的抵抗力，提高健康水平，促进其身心正常发展。

2. 培养婴儿良好的生活习惯

托儿所应严格执行一日生活作息制度，遵循婴儿身心发展规律和季节特点，合理安排一日生活，正常气候时每日户外活动不少于2小时，做到动静结合，做好婴儿生活护理和生活常规培养，培养婴儿的饮食、睡眠、活动、衣着、盥洗、交往等多方面的良好习惯。

3. 促进婴儿智力、品德等多方面发展

托儿所要培养婴儿模仿、理解和运用语言的能力，使其通过语言及认识周围环境事物，智力得到发展并获得简单的知识。托儿所还要进行友爱、礼貌、诚实、勇敢等良好的品德教育。

（三）托儿班教育

自新中国成立至改革开放，托儿所收托56天至3岁的婴儿；改革开放以来，收生年龄逐渐提高至1.5岁到2岁。托儿所由3个年龄班变成1个年龄班，婴儿总量减少，机构规模缩小而成为托儿班。同时，托幼一体化办园模式的推广，使得许多幼儿园都

---

① 唐淑，张永英，杨一帆，等. 中华人民共和国学前教育2009—2019年大事记［J］. 学前教育研究，2019（10）.

办起了托班，招收2～3岁的婴儿，将原托儿所的生源分流，使独立建制的托儿所逐渐萎缩，而衍生了各种托儿班。

1. 托儿班的工作要求

为了提高托儿班教育质量，教师须按照下列要求开展工作。

（1）要了解每一个婴儿的年龄、发育状况和家庭背景。教师要了解婴儿在生活、学习、性格和交往方面的表现，以便更有针对性地对每个婴儿进行教育，使他们都能得到较好的发展。

（2）关爱每一个婴儿，使自己较快地成为每一个婴儿安全依恋的对象。研究表明，较高水平的安全依恋可以帮助婴儿理解自身的情绪和父母的情绪，促进其积极地表达自我的情绪，更好地与父母和外界进行互动。同时，获得安全依恋的婴儿，能积极调节负面情绪，独立处理困境，从而更好地适应环境。①

（3）要细心观察、了解婴儿的行为，对婴儿的表现及时做出回应。教师要了解婴儿的发展进程，对婴儿的变化和进步做出积极的反馈，以激发他们的学习热情。

（4）要不断地学习、实践、反思。教师要善于学习、实践，不断总结经验，在与家长和同行的互动中达到自身专业的成长。童年早期是一个动作、语言、认知、情感、社会性产生重大变化的时期，这种变化必须有环境的支持。

2. 托儿班的课程

（1）课程目标。以促进婴儿在动作、语言、认知、情感与艺术感受、生活与社会交往的兴趣和能力等方面获得全面和谐发展为总目标，并通过具体活动目标的实现，使总目标落实并转化为婴儿的发展。

（2）课程内容。托儿班的课程内容与学习生活技能密切结合；与婴儿亲身的经历和感受密切结合；在动态中学习，在探索、感悟、发现、交流中有所发现、有所创新、有所进步。

（3）活动类型及过程。当代学前教育的课程活动包括生活活动、区域活动、家园共育、体育锻炼活动、教师指导下的小组或全班的集体教学活动。年龄越小越以小组活动为主，活动过程应具有以下特点。

一是游戏性。婴儿最喜欢游戏，也最容易利用代用品进入虚构世界，创造游戏情景。游戏既是目的，又可以成为教学过程和手段，从而提高婴儿学习的兴趣和效益。

二是操作性。皮亚杰认为，儿童的智力发展起源于动作，儿童在操作中发现问题和解决问题。婴儿的操作展示了其学习和思考的过程，提高了操作技能和兴趣。但缺少操作的语言讲解和演示对婴儿来说是无效学习。

三是对话和互动。“对话”区别于成人高高在上的以权威姿态出现的灌输式教育。对话强调相互经验的碰撞和相互模仿，相互补充，相互激发联想、想象和创意。互动意味着环境和各领域活动之间的渗透融通和碰撞。实践证明，婴儿潜能的发展是跨领域的，而每个领域又促进多种潜能的发展，如动作带动了语言、认知、生活技能的发

① 史慧中. 中华人民共和国幼儿教育50年大事记（二）[J]. 幼儿教育，1999（11）.

展，生活又促进了语言、动作、人际关系和情感的发展。各领域活动之间的碰撞有助于婴儿领域经验的分化和自然潜能的开发，也有助于脑功能的发育。

三、亲子园

亲子教育是20世纪末期在美国、日本等地兴起的一种新的教育模式。它强调父母、孩子在平等的情感沟通的基础上双方互动，涵盖了父母教育和子女教育两方面。它通过对父母的培训和提升来达到对亲子关系的调适，从而更好地促进儿童身心的健康和谐发展。近年来，适应社会发展的需要和家长的强烈需求，我国0～3岁亲子园应运而生并逐渐在各大城市掀起热潮。

亲子园是以亲子活动为主要组织形式，为婴幼儿身心健康发展提供指导和服务的非正规早期教育机构。0～3岁亲子园是现行教育体制之外的一种学前教育形式。

（一）亲子园的特点

1. 多重主体性

在0～3岁亲子园教育活动中，教师、家长、孩子都是活动的主体，三者都参与到课程活动中，家长与孩子也成为课程的实施者、审议者与支持者。0～3岁亲子园教师是专职的教育工作者，懂得婴儿身心发展的特点和规律，掌握科学的教育方法，对婴儿的教育是有目的、有计划和有组织的。家长是家园共育的教育合力中不可或缺的因素，家长参与亲子园课程不仅有益于教师直接获取婴儿兴趣、需求的信息，而且还能充分发挥他们的资源优势，帮助教师不断改进和修正教育内容和教育方法，从而进一步完善亲子园课程，有利于构建家园教育共同体、促进婴儿全面和谐发展。

2. 多向互动性

参与0～3岁亲子园教育活动的人员之间的互动是多向的，不仅有师幼间、亲子间、教师与家长间的积极互动，还有同伴互动、家长互动。在开展亲子活动的过程中，教师指导家长开展活动、及时纠正家长的一些不正确的做法，以增进家长与教师间的理解和沟通；同时，教师通过反思不断总结经验、提高亲子活动的质量，有助于促进家庭教育与0～3岁亲子园教育的结合，提高教育的实效。

3. 课程游戏性

游戏是亲子交往的良好方式，亲子游戏是0～3岁亲子园教育活动的基本组织形式。亲子游戏是父母与孩子间进行的有规则的游戏，轻松愉快的游戏过程可以激发孩子的兴趣、亲密亲子间的感情、有效地满足孩子的各种需要。

资料链接

亲子园游戏不同于幼儿园游戏

幼儿园教学性游戏是以发展目标为导向来设计和组织的，任何一个集体游戏都有所要追求的即时目标，任何一个个别化的操作材料都有预设的玩法和要求。而早教指导课程中的游戏设计不是以成人想要孩子达成的目标为导向的，而是以孩子已经达到的实际能力为依据的。也就是说，在设计一个活动时，我们考虑的不再是想让婴儿学会什么而是婴儿已经会做什么。我们要为婴儿的已有能力提供练习的机会，在练习的过程中他们会以新的自发行为表现一种新的能力萌芽。可见，活动的发展价值不是由成人预设的目标来解释的，而是在活动的过程中根据婴儿实际发生的新行为来判断的。这样的话，同一种活动对同一月龄的不同孩子，其实际的发展价值将是不同的。

资料来源：华爱华．学前教育改革启示录［M］．上海：上海社会科学院出版社，2009：185－186.

（二）亲子园的任务

1. 提供同伴交流、群体活动的机会，提升婴儿的社会适应性

目前我国独生子女家庭极其普遍，独生子女的突出特点是“独”，凡事以自我为中心。在亲子园活动中，可以提供给婴儿更多的互动机会，使婴儿在活动中学会相互谦让、相互包容、相互协商。

同时，亲子园也将为婴儿更好地适应幼儿园生活打下基础。儿童心理学的研究证明，母亲是幼小孩子心理上的“安全基地”。孩子由寸步不能离开母亲到逐渐可以在看得见母亲的范围内和小朋友一起玩，再到能够离开母亲独立在集体中生活，这是一个自然发展的进程，0～3 岁亲子园正好给婴儿提供了这种适应其发展进程的场所。事实证明，上过 0～3 岁亲子园的婴儿非常容易适应正式的幼儿园生活。①

2. 提供家教指导，提升父母科学育儿能力

父母是孩子最重要的启蒙老师，在孩子成长过程中扮演着不可替代的角色。亲子园不仅把婴儿作为教育对象，而且更加强调教师应以正确的教育理念和教育方法进行示范，与家长结成教育的伙伴关系，使家长的教育观念和行为发生变化，将教育延伸到家庭中去。同时，亲子园也会聘请专家通过讲座、沙龙、网络信息等途径，将在教育过程中可能遇到的一些问题和困惑及科学育儿的知识介绍给家长，并指导家长通过具体实践进一步巩固、掌握这些理论知识。

案例解析

在下楼梯处，妈妈把军军放下去，军军挣扎着不肯下来。但在妈妈和教师的鼓励下，他终于站在了第一阶楼梯上，妈妈双手扶着军军说：“军军自己下，自己下。”军军不肯动，并开始哼哼。教师说：“妈妈站在军军的前面，这样孩子不会有把他扔下去的感觉。”妈妈先下了一阶，拉着军军的双手不断地鼓励，军军终于迈出了第一步。奇妙的是，走出第一步以后，军军突然很开心，原来的紧张很快消失了，自己一步一步地走了下去。

之后的活动中，军军积极地参加到以前很少光顾的滑滑梯、钻桶活动中，活跃了很多。

① 吴伟俊．0～3 岁亲子园教育的问题与对策研究［D］．武汉：华中师范大学，2007.

活动结束后，妈妈忍不住谈起自己的感受："以前，我总以为军军是一个很胆小、很安静的孩子，总是会不由自主地想要去保护他，一举一动都不能离开我的视线。结果，孩子的胆子越来越小、承受挫折的能力也越来越差。但是，通过今天的活动，我知道了，既要保护孩子，也要给孩子适度的自主发展空间。"

【分析】案例中的军军从不愿意甚至比较抗拒自己下楼梯，到克服心理障碍迈下楼梯的第一步，再到后来自己乐于尝试、挑战以前畏惧的活动，让教师和妈妈感到由衷的欣慰和激动。在整个活动过程中，教师从专业的角度看待孩子、理解和体贴孩子，同时指导家长合理地帮助孩子。通过具体的活动指导，教师使家长认识到了自己教育观念与教育行为的问题，提升了家长科学育儿的能力。

资料来源：徐小妮．0～3岁婴幼儿教养教程［M］．上海：复旦大学出版社，2011：64.

3. 提供亲子互动环境，增进亲子关系

亲子游戏是亲子园的主要活动方式，在游戏过程中，父母与孩子围绕共同的游戏主题，通过语言、手势、表情、动作等进行面对面的近距离的交流活动，给父母和孩子带来极大的"满足感"。通过这种游戏，孩子建立和发展与父母的信任和依恋关系，进而对父母产生安全感和依恋感。

同时，游戏过程也能唤起父母的童心和育儿的激情，便于父母理解和发现自己孩子在同龄孩子中的发展优势和暂时不足，更有针对性地支持和引导孩子的发展，并在活动中享受亲情和共同成长的快乐。

4. 提供家长之间相互学习的机会

与教师教育相比，家长教育有一个非常特殊的方面，那就是教师掌握的是一般规律，而家长都是针对孩子发展的特殊性在实践中带着问题学习的，家长迫切需要拿来即用的知识技能，一般规律不能适用。受家长欢迎的教育者往往是家长群体本身，这是因为一些家长的想法和做法容易引起其他家长的共鸣。

（三）亲子园的类型及发展趋势

一类是兴起于20世纪90年代的各种类型的商业性早教机构，这类机构可能有几处或许多加盟园。这类园在硬件、班额、课程、师资配备以及灵活性服务方面都力求办出特色以吸引家长。近年来，一些有条件的亲子园都办起了"全程班""育婴班"，实行亲子分离的全天候教养，收生年龄比托班小。多样化的服务满足有不同要求的家庭的需要，尤其是一些高收费的高档亲子园，受到高收入人群的欢迎，但也因此提高了早教成本，出现了过度教育和超前教育的倾向，使孩子在亲子园的受益面变得有限。

另一类是依托了幼儿园的亲子班，又称"园中园"。除了每星期有五天为全日制的3～6岁幼儿服务，每周的双休日也对0～3岁婴儿及其家长开设亲子班。亲子班可以分享全日制幼儿园的师资和物质资源。这种园中园具有优质资源，又有其质优价廉的服务，因此备受家长和儿童的欢迎，呈供不应求的态势。

此外，一些经济发达而又重视教育的地区，把实施对学前儿童的看护人进行科学育儿指导的任务落实到社区，尝试以社区和教育行政部门牵头，有领导、有组织地整合各种早教资源，为社区各阶层的3岁前婴儿和家长提供早教服务，并将此列为建构和谐社区的工作内容。凡这样的社区，其亲子早教机构的内涵更为丰富，除亲子园以外，还有准妈妈学校、育儿咨询、上门指导、跟踪测评、父母课堂、资料借阅、网上互动等。随着经济的发展，此类亲子早教模式将会成为主流。

（四）亲子园的课程

1. 亲子园的课程内容

亲子园的课程内容主要有三个方面：行为习惯培养、音乐游戏和体育活动。其具体又可以分为以下六种类型。

（1）动作训练。亲子园吸收、借鉴蒙台梭利的教育思想、理念、方法，训练婴儿手眼协作的准确性和手的控制能力，培养婴儿的探索意识和好奇心，使婴儿的无意识动作发展到有意识的动作；加强了婴儿顺序性的培养，同时让婴儿在潜移默化中养成做事有始有终的好习惯；培养婴儿的专注力、独立性、秩序感、耐力、毅力及良好的行为习惯。

（2）亲子音乐活动。目前，世界上流行的亲子音乐活动是采用奥尔夫音乐来开发婴儿的音乐天赋。音乐亲子教育是开发婴儿右脑最常用的方法之一，也是所有的右脑开发方法中被普遍认可的方法。亲子教育中的音乐主要利用音乐中不同的音质波段和节拍来影响人的大脑，让人的思绪、情绪和着音符波动而波动，从而使右脑控制情商的部分得到激活和调动。因此，大部分的亲子课中都会有音乐的教育和培养：培养音乐兴趣、发展听觉、培养节奏感及激发愉快的情绪，开发婴儿的音乐智能。

（3）语言认知活动。在动手学习的过程中，发展婴儿的认知能力；提供适当的语言刺激（倾听、理解、表达），以儿歌配备在各种活动之中，培养婴儿的阅读兴趣，发展婴儿的视觉和听觉；培养婴儿良好的阅读习惯，开发智力，发展认知能力、语言能力。

（4）感觉统合活动。感觉统合活动主要是训练婴儿的手眼协调、大小肌肉运动和全身的运动协调感知能力。亲子教育最主要的就是注重婴儿早期智力和独立性的训练，所以在亲子课中加入了很多全身协调、大小肌肉运动等感觉统合内容，旨在开发婴儿的早期感知能力。从爬、晃开始（荡秋千、摇马、摇动游戏等），到辨别身体的空间位置，练习头、眼、双侧协调、灵活身体的活动（滑梯、滑板），再到强化前庭平衡、大小肌肉、双侧协调、灵活身体的活动，发展婴儿的平衡感、触觉、前庭觉、本体感。

（5）亲子美工创意活动。成人要尊重婴儿的想象和选择，鼓励和欣赏每个婴儿的表现，使每个婴儿都获得成功的喜悦；发展婴儿的动手能力及想象力；让婴儿有意无意地接触色彩，培养婴儿对色彩、线、形、绘画及参与手工活动的兴趣和敏感性；尝试各种涂鸦，培养婴儿初步的感受能力、表现力和创造力。

（6）体能游戏。在充分尊重婴儿成长发育规律的前提下，通过生动有趣、形式多样的亲子互动游戏，发展婴儿走、跑、跳、蹲、弯腰、钻爬、投掷等基本动作（大肌肉动作），发展平衡能力、触觉、本体感及四肢协调能力；培养婴儿愉快的情绪，增强婴儿的体质，提高他们的健康水平，促进其社会性的发展。

案例分享

亲子活动设计

活动名称：粗大动作活动——能干的呼噜猪

活动目标：1. 婴儿发展目标：（1）通过游戏锻炼宝宝钻爬动作，体验运送的快乐。（2）引导宝宝初步学习排队等待的游戏规则。

2. 家长指导目标：观察宝宝游戏的情况，给予鼓励。

活动准备：小猪头饰，钻洞，阳光隧道，小石头，仿真面包。

活动过程：1. 情景导入。师：小小呼噜猪们早上好！今天妈妈想请你们帮忙送一些面包给朋友们，你们愿意帮妈妈吗？

2. 示范游戏。师：呼噜猪从家出发，先踩着小石头过河，然后爬过阳光隧道，最后钻过小洞，就可以把面包送给朋友们啦！

3. 亲子游戏。（1）宝宝戴上小猪头饰，家长提示宝宝学会耐心等待与排队。（2）宝宝通过阳光隧道。家长要做好指引，在阳光隧道另一端迎接宝宝，或是轻声呼唤宝宝的名字，给予宝宝坚持的信心。

亲子指导：1. 根据每个宝宝能力的不同，进行个别指导。

2. 如果宝宝踩小石头过河时出现害怕的情况，家长要给予宝宝语言上的鼓励、动作上的支持，如给宝宝“一根手指”牵一牵，给予宝宝适当的安全感。

3. 宝宝在钻阳光隧道的时候，可能会出现阳光隧道左右滚动的情况，在这个时候家长需要用双手扶阳光隧道，待宝宝通过之后，再离开。

4. 游戏要有一定的规则和秩序感，应引导宝宝排队进行游戏。例如：在钻阳光隧道时，如果隧道内有未通过的宝宝，那么下一名宝宝则需要耐心等待一下，等前一名宝宝通过后，再进入阳光隧道。

家庭活动延伸：在家中，家长可以继续和宝宝一起用家中的小椅子、小桌子和废旧纸箱、纸盒等搭建游戏场景，和宝宝一起进行平衡或钻爬的游戏。

资料来源：王丽娜. 婴幼儿早期教育活动设计与指导［M］. 上海：复旦大学出版社，2020：8.

2. 亲子园课程实施应遵循的原则

一是多满足、少要求的原则。满足婴儿游戏的需要，情感交流的需要，语言、认知和社会化等发展的需要。师幼互动方式要充分体现教师对婴儿各种需要的尊重与满足，体现“营造温馨的家庭式环境”“满足孩子情感需要，给孩子母亲般的关爱”的教养理念。研究者普遍认为，教师与婴儿之间的关系不是单纯的教育者与被教育者之间事务性的关系，而是带有明显的情感性特征。安德森在研究报告中指出，教师与婴儿之间的关系主要是一种教育者与被教育者的关系，但有时可以被视为如同父母与婴儿的一种情感依恋关系。在某种程度上，婴儿与教师的依恋与他们对父母的依恋一样，也是以感情为纽带的。利赞德思·萨吉和莱姆勃曼的研究进一步发现：幼儿依恋的对象是那些对他们的行为做出敏感反应并提供细心照顾的教师。也就是说，如果幼儿意识到教师能够密切关注他们、及时满足他们的需要，那么幼儿便会对教师产生一种依恋性的情感；反之则不然。创设与同龄、异龄伙伴交往的机会，创设小集体一起阅读、一起游戏的机会，对婴儿发展也是有积极意义的。

二是多关注、少“教育”的原则。教师应学会关注婴儿的发展，给予积极的支持。例如：教师要会观察婴儿的一般行为：他们对哪些事物感兴趣？用什么方式作用于事物？提出了什么问题？是否产生了认知冲突？解决问题的困难是什么？等等。同时，教师也要会关注婴儿的学习特点、认知规律、多元智能的差异以及个性特点，在观察、关注的基础上，予以因人而异、个性化的发展指导。

三是多自然、少刻意的原则。在早期婴儿教养活动中，要强调环境、材料的自然影响，多提供能爬行自如、独自活动、平行活动、小群体活动的空间；提供生活中的真实物品，让婴儿摆弄、操作；提供利用阳光、空气、水等自然因素开展户外锻炼的机会；提供丰富的语言环境，在生活中随时随地与婴儿多讲话，进行沟通交流。在生活中引导学习，在蕴涵教育价值的环境中促进发展，是教师组织 0 ～ 3 岁亲子园教育活动的行动原则。

四是多观察、少定性的原则。在 0 ～ 3 岁亲子园内开展婴儿教育活动时，教师和家长可根据不同月龄婴儿在发育与健康、感知与运动、认知与语言、情感与社会性方面的发展指标，提倡根据每个婴儿发育、发展的不同特点，实施个别化的教养活动。发展指标是观察的方向，它提供了成人了解婴儿发展水平的依据，为遵循婴儿发展规律、科学地开展婴儿教养活动提供了指引。0 ～ 3 岁亲子园应为每个入园婴儿建立档案，做一个全面的测量评定，根据测评的结果了解其发展的独特性，并与家长共同设计适合其年龄和个性的课程。婴儿来园的每次活动，教师都应观察、记录和分析，定期为婴儿调整课程内容。

3. 亲子园课程实施的方法

（1）游戏法。婴儿是在“玩”的过程中“学”，“学”的过程中“游戏”的。因此，教师在亲子园课程中多采用游戏法来吸引婴儿。个体玩法、合作玩法、集体玩法、一物多玩、新颖玩法，一个接一个的新异刺激，设计好的亲子课能够留住婴儿及其家长。与幼儿园教学使用游戏法不同的是，亲子园课程中的游戏非常注意轻松愉快和身体触摸，家长经常拍拍婴儿、搂搂婴儿、抱抱婴儿，不仅满足了婴儿对肌肤之亲的需求，也增加了亲情间的交流，还为婴儿提供语言刺激，让婴儿在游戏中得到潜移默化的影响。

（2）操作法。皮亚杰认为，儿童的智慧发生于动作，产生于活动中的操作。苏霍姆林斯基也说过，儿童的智慧在他们手指尖上。婴儿非常喜欢亲子课程中的操作活动，乐此不疲。亲子园课程提供了大量让婴儿双手操作的活动，尤其在亲子美术、劳动

DIY 活动中体现较多。

（3）ASL 教学法与 TPR 教学法相结合。针对年龄较小的婴儿，主要采用的是 ASL（American Sign Language）教育法，即教师在说每一个词的时候运用固定的手势和动作。针对年龄比较大的婴儿，主要采用的是 TPR（Total Physical Response）教学法，即所谓的完全肢体反应教学法，对每个词语的动作和手势没有固定的要求，而用各种不同手势和动作来表现，只要表达的是同一个意思即可。

研究发现，亲子园课程在方法上普遍采用游戏法、操作法、ASL 教学法和 TPR 教学法，较少使用观察法和支架式教学策略。

本章小结

知识结构图

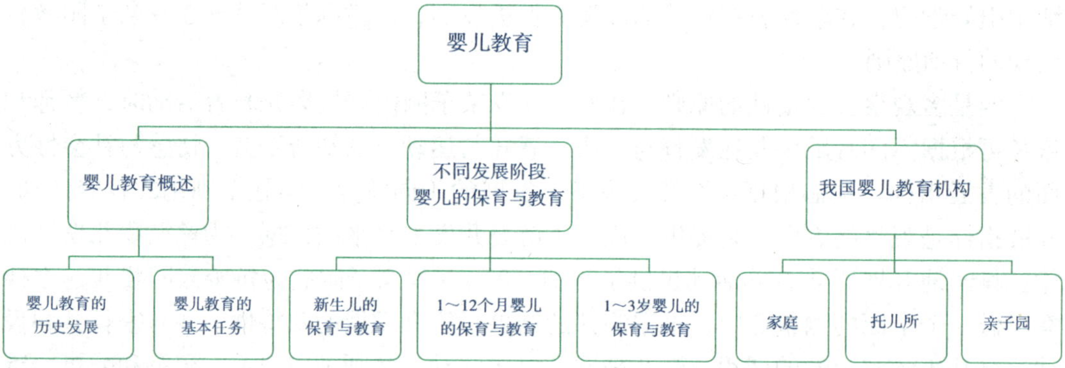

关键概念

婴儿教育　保教合一　保教结合　保教并重　托儿所　亲子园

讨论及思考题

1. 分析婴儿教育的历史发展及各个发展阶段的历史进步性。

2. 简要说明婴儿各阶段的保育与教育要点。

3. 请调查你所在地区的亲子园的课程及其实施状况。

4. 有人认为，亲子园课程就是幼儿园课程的“幼稚化”，即只要将幼儿园课程内容做简单化处理后就可以在 0 ～ 3 岁阶段实施。你是否赞同此观点？为什么？

第六章

幼儿园环境创设

学习目标

- 了解幼儿园环境的概念，明确幼儿园环境的类型
- 掌握幼儿园环境创设的原则，能依照这些原则简单分析幼儿园环境创设中存在的问题
- 理解幼儿园精神环境对幼儿发展的价值，掌握幼儿园精神环境创设的要求
- 掌握幼儿园常见活动区的功能及各活动区环境创设的基本要求
- 能根据幼儿的需要创设相应的活动区及投放材料，不断提升环境创设创新意识

教师专业标准及教师资格考试要求

- 重视环境对幼儿发展的独特作用，创设富有教育意义的环境和氛围
- 掌握幼儿园环境创设、一日生活安排、游戏与教育活动、保育和班级管理的知识和方法
- 同家长有效沟通与合作，共同促进幼儿发展

学习导引

环境不仅是一所幼儿园的外部装饰，也是彰显幼儿园教育信息和课程理念及价值取向的重要窗口。本章主要介绍幼儿园环境的概念、类型，幼儿园环境创设的原则，幼儿园精神环境创设的要求及幼儿园常见活动区的功能与各活动区环境创设的基本要求，为学习者创设幼儿园环境提供理论及实践指导。

第一节　幼儿园环境概述

幼儿的成长离不开环境，环境是影响他们成长的重要因素。幼儿园作为专门性的

幼儿教育机构，其环境设置对于幼儿的发展至关重要，所蕴含的教育价值更是不可估量的。有人曾说："一个好的幼儿园环境就应该是一本立体的、多彩的、富有吸引力的无声教科书。"的确，环境就像是一位不说话的老师，引发幼儿的行为，默默地发挥着特殊的、潜在的教育作用。《幼儿园工作规程》明确把"创设与教育相适应的良好环境，为幼儿提供活动和表现能力的机会和条件"作为幼儿园教育的原则之一。也就是说，重视幼儿成长和学习的环境，积极开发和利用环境因素对幼儿成长发展的巨大潜力是当今幼儿教育改革的一个趋向。

一、幼儿园环境的概念

环境是指以人类为主体的外部世界，即人类赖以生存和发展的物质条件的综合体，包括自然环境和社会环境。① 自然环境是直接或间接影响人类的一切自然形成的物质及其能量的总体，如阳光、大气、水、土壤和生物等都是自然环境中的要素。社会环境是指人类在自然环境的基础上，通过长期的、有意识的社会劳动所创造的人工环境，它是人类物质文明和精神文明发展的标志。

幼儿园环境是幼儿赖以生存的基本条件，它有广义和狭义之分。广义的幼儿园环境是指幼儿园教育赖以进行的一切条件的总和，既包括幼儿园的内部小环境，也包括与幼儿园教育有关的家庭、社会、自然、文化等大环境；狭义的幼儿园环境是指在幼儿园中对幼儿的身心发展产生影响的一切物质与精神要素的总和，涵盖幼儿园的全体工作人员、幼儿、幼儿园房舍、设施设备、空间布局以及各种信息要素，并通过一定的教育制度与观念以及文化传统所组织、综合的一种动态的、有形与无形相结合的教育空间范围。本书中的幼儿园环境主要从狭义的角度来阐述，它具有教育性、可控性的特点。

二、幼儿园环境的分类

幼儿园环境是一个非常复杂的体系，有着不同的分类标准。从空间形态的维度来说，可以将其分为室外环境和室内环境。从环境属性的维度而言，可以将其分为人文环境和自然环境。本书从幼儿园环境中构成内容的特质性差异来分，将幼儿园环境分为物质环境与精神环境。②

（一）物质环境

幼儿园物质环境主要是指幼儿园内影响幼儿身心发展的物化形态的教学条件，主要包括自然物质环境和社会物质环境两部分，二者共同构成了幼儿在幼儿园活动的物质条件与基础。自然物质环境是指幼儿园中各种自然条件的总和，如花草、树木等都是幼儿园教育活动可以直接利用的教育资源。社会物质环境主要由幼儿园的活动室、户外活动场地、各种设备和活动材料、空间结构与环境布置等要素构成。本书主要从

① 黄人颂. 学前教育学［M］. 2版. 北京：人民教育出版社，2009：297.
② 袁爱玲. 幼儿园教育环境创设［M］. 北京：高等教育出版社，2010：5－6.

社会物质环境的角度进行阐述。

幼儿园的物质环境是幼儿园整个教育环境的重要组成部分，它是开展各项活动的前提条件和基础。幼儿园良好的物质环境有利于幼儿的身心发展。若幼儿园物质环境没有达标，教育工作的质量则无法保证。虽然幼儿园物质环境对幼儿的发展影响很大，但盲目地追求“高大上”的标准，物质环境也很难发挥应有的教育价值。

（二）精神环境

幼儿园精神环境主要是指幼儿园内对幼儿发展产生影响的一切精神因素的总和。精神环境对幼儿的影响具有广泛性、潜移默化性、持久性。精神环境是一种心理氛围，它直接作用于幼儿的情意系统。由于情意系统在心理过程中发挥动力作用，因此精神环境对幼儿身心发展的所有方面（如认知、自我意识、社会性等）都有着深刻的影响。幼儿园每一个人都深受精神环境的影响，同时个人的言行又影响和改造着精神环境。这种影响是时时处处都在发生着的，不论是直接作用还是间接作用，也不论是积极影响还是消极影响。①

幼儿年龄小，可塑性强。在物质环境达到基本要求后，幼儿园精神环境将起到决定性作用，它的影响更是潜在而深刻的。幼儿园精神环境对幼儿认知、情感与个性品质的形成、发展具有十分重要的作用。总体而言，幼儿园的物质环境与精神环境是相辅相成、相得益彰的。此外，幼儿园物质环境创设目标的实现，在很大程度上取决于幼儿园精神环境，取决于幼儿与教师、幼儿与幼儿之间相互作用的方式及关系。

第二节 幼儿园环境创设的原则

幼儿园环境创设主要是教育者根据幼儿园教育的要求和幼儿身心发展规律、需要，充分挖掘和利用幼儿生活环境中的教育因素，并创设幼儿与环境积极作用的活动场景，把环境因素转化为教育因素，有效地促进幼儿身心主动发展的过程。环境是重要的教育资源，应通过环境的创设和利用，有效地促进幼儿的发展。作为幼儿园教育活动组织与实施之一的环境创设是很重要的一环，也是教师在创设幼儿园环境时应该遵循的基本要求。科学地创设幼儿园环境，有利于让环境对幼儿进行生动、形象、直观和综合的教育，让幼儿参与和利用环境，对幼儿进行全方位的信息刺激，激发幼儿内在的积极性，让幼儿直接得到一种情感体验和知识的启迪，从而促进幼儿的全面发展。②

① 张雪．幼儿园精神环境对幼儿心理发展的影响［J］．幼儿教育，2004（23）．
② 唐肖昱．浅析幼儿园育人环境的创设［J］．雅安职业技术学院学报，2013（2）．

案例分享

翩翩飞来像蝴蝶

我要教一首关于秋天的儿歌，名叫《翩翩飞来像蝴蝶》。课前，我采了许多槐树叶，又画了一幅秋天落叶图，特意选了造型特别的黄色银杏叶和红色枫叶，那一片片从树上飘落的黄叶、红叶，远远看去像极了翩翩起舞的蝴蝶。我把画用布遮住，以制造悬念。

上课了，孩子们像小鸟一样飞进教室，对黑板上挂着的布好奇极了，一个个瞪大眼睛、伸长脖子，好想立刻知道那后面的秘密。孩子们最喜爱的莫过于游戏。看着他们的神态我心里可高兴了，表面上却装出一副若无其事的样子。孩子们一个个静静地坐在座位上等我揭开秘密，我却顾左右而言他，拿出事先采好的槐树叶，请他们和我一起玩“秋天落叶”的游戏。看着槐树叶一片片地离枝，再从我的手中悠悠荡荡地飘落于地，孩子们惊喜异常，纷纷效仿。霎时间，教室里落叶飘飘，孩子们兴高采烈。我抓住机会，大声宣布我今天要教的儿歌名字，然后问孩子们我们刚刚玩的落叶像不像飞舞的蝴蝶。孩子们兴致正高，高呼“像极了”，并且要求我赶快把儿歌教给他们。我趁热打铁，转身揭下黑板上的布。孩子们惊呼：“老师，这画好美！”“老师，这画里的落叶好像蝴蝶！”于是我即兴讲了画里的意境，然后很有感情地朗诵了一遍儿歌。看着孩子们一副神往的样子，我开始指着画面教儿歌。没想到，这首对孩子们来说显得有些长的儿歌，我仅教了两遍，孩子们就能跟着我大声地朗诵了。我试着让孩子们自己朗诵，他们居然全部都会了！我又请了几个孩子讲讲儿歌的意思，没想到个个都能讲出来，而且还很有感情。

资料来源：傅建明，虞伟庚．学前教育原理［M］．北京：中央广播电视大学出版社，2013：104．

创设幼儿园环境的目的在于实现幼儿园环境的教育价值，确保幼儿身心健康发展。幼儿园环境创设应遵循如下原则。①

一、自主性原则

幼儿是幼儿园环境的主人，也幼儿园环境创设的一切出发点和归宿。因此，幼儿不仅是环境创设的参与者，更是幼儿园环境创设的主体。教师作为环境创设的观察者、参与者和引导者，要调动一切可以利用的人力、物力来参与环境创设，更要为幼儿提供宽松自由的心理环境，使得幼儿在环境创设的主题生成、设计到实施及评价等各方面发挥其主体性，能够自主地与环境进行相互作用。一是培养幼儿的主体意识，满足幼儿的自主需要。幼儿作为主体参与幼儿园环境创设，既可以发挥自主权，也可以发展积极的主体意识。陈鹤琴先生指出：“通过儿童的思想和双手布置的环境，可使他对环境中的事物更加了解，也更加爱护。”在环境创设中，教师应充分满足幼儿的自主需

① 唐肖昱．浅析幼儿园育人环境的创设［J］．雅安职业技术学院学报，2013（2）．

要，让幼儿参与设计、提供材料与作品、尝试自己参与布置，以此来提高幼儿的兴趣和创造性，激发幼儿思维拓展和创造潜能，增强其责任感和成就感，也有助于对幼儿进行爱惜劳动成果的教育。二是鼓励幼儿自主探索，提供必要的情感支持。在环境创设的过程中，教师应尽可能多地鼓励幼儿自主探索，平等地和幼儿沟通交流，以尊重与接纳的态度倾听幼儿的观点，适时帮助幼儿解决环境创设中遇到的困难。另外，教师还可以邀请家长共同参与。家长的参与，对幼儿园环境创设具有积极意义，还能够为幼儿提供必要的情感支持。

二、整体性原则

整体性原则主要是指环境创设既要与教育目标相一致，又要与幼儿的发展相适宜，同时要与需求相匹配。

一是环境创设与教育目标相一致。教育的目的是培养人的全面发展，环境是幼儿的“第三位老师”，因此，环境应该具有教育价值，与教育目标相一致。

二是环境创设与幼儿发展相适宜。不同的年龄阶段，幼儿身心发展存在年龄差异。环境创设必须适应不同年龄幼儿的特点，通过创设不同层次的环境和使用不同的材料来达到教育目的。即使是同一年龄段的幼儿，在感知、兴趣、能力等方面也存在很大差异，教师要注意这些差异、适应这些差异，创设新鲜的、动态的环境。

三是环境创设功能与需求相匹配。例如：提倡创设具备不同功能的活动区并不是固定不变的，每个幼儿园在具体操作时可视情况化整为零、灵活搭配。场地大一些的，可设置大的活动区；场地比较紧张的，可设置小一点的活动角。活动区大多以班为单位独立设置。有条件的幼儿园应设置共用的大型活动区，如陶艺室、图书馆、科学宫等，以期配备更好的设施、投放更丰富的材料，为各个年龄层次的幼儿提供有效的活动场所。不管是哪种类型的活动区，材料的投放都要注意丰富性、层次性，以适合不同水平的幼儿，并适时增添和更换。

资料链接

会说话的环境

在图书角铺上柔软的地毯、放上舒适的坐垫，矮架上整齐地排列着各种图书，这样的环境布置无声地告诉幼儿，他可以坐在地毯上悠闲地读书，但不能大声喧哗，而且读后应把书整齐地放回书架。如果图书角的地上杂乱无章地散落着一些图书，则意味着幼儿看完书后可以随意乱丢。

在幼儿园里，教师蹲下来与幼儿谈话，就是在用自己的行为向幼儿表明：他与幼儿虽然在年龄、阅历、身高等方面都有差异，但在人格上是平等的，让幼儿体验到教师对他们的尊重与关爱。

此外，在环境创设时要目标明确，与教学内容、教学计划相一致。幼儿园教育的目标是促进幼儿全面发展，那么在环境创设上对德、智、体、美、劳几个方面，在健康、语言、社会、科学、艺术五大领域就不能重此轻彼。凡是幼儿发展、教育目标所涉及的领域，就应有相应的环境布置。另外，要根据学期计划和月计划、周计划的不同设计与之相适应的环境，形成系统的、系列的环境布置，促进教育目标的完成。

资料来源：傅建明，虞伟庚. 学前教育原理［M］. 北京：中央广播电视大学出版社，2013：104.

资料链接

两种设计思想

有一个教育督导员，在巡视了两所幼儿园以后，对这两所幼儿园的教室环境创设做了如下评价：

甲幼儿园的教室玩具材料充足、墙面栏目丰富、各发展领域的内容都能在环境中得到体现，但是各班教室整齐划一，每个教室的环境布置基本相同，没有个性。园长说："我规定了各班环境布置应该具备的基本要求，某些材料由园方统一购置，并有意识地让各班老师相互学习，鼓励创新，也鼓励模仿。"

乙幼儿园的各班教室完全是个性化的，有的教室是区隔的，有的教室是开放的，有的教室废旧物的利用很有特色，有的教室结构材料极其丰富，有的教室的语言表演区非常醒目，总能从不同的教室发现新的环境创意。园长说："我提倡教师不断创新，鼓励每个教室具有不同于其他教室的独特之处。"

环境具有诱导行为的意义。教育意图的客体化，意味着我们的课程目标、内容和对全园幼儿的基本要求将隐含在规范的环境布置中，通过幼儿与环境的互动，潜移默化地影响幼儿的行为和品质。

资料来源：华爱华. 学前教育改革启示录［M］. 上海：上海社会科学院出版社，2009.

三、丰富性原则

丰富性原则主要是指教师在进行幼儿园环境创设时应保障活动的方式、空间和材料丰富多样。

一是体现创新和变化。例如：教师针对当前以静态环境创设为主的状况，引入动态环境创设内容，利用动植物生长、气候变化等，创造一种充满灵动与活力、更加贴近自然的幼儿园环境。另外，多注意兼顾静态环境创设和动态环境创设，多维度进行全面丰富的创设。

二是充分开发空间潜能。幼儿园占地面积大小不等，空间开发情况也各不相同，特别是一些面积比较小的幼儿园，有限的空间往往还得不到充分利用，致使幼儿的活动空间与活动需求形成了突出矛盾，严重制约着幼儿的发展。因此，幼儿园必须充分开发空间潜能，充分利用幼儿园室内外的地面、墙面、天花板，甚至栏杆、楼梯等，在有限的空间里为幼儿提供尽可能丰富的知识信息及探索材料，着力打造丰富的室内活动区及室外游戏场。

三是材料的选择和投放要丰富。首先，在数量上要提供充足和丰富且具有广泛经验的材料，满足幼儿的区域游戏需求。其次，在结构上要高结构、低结构、无结构材料多种材料一并投放。

四、统一性原则

幼儿园的环境不仅包括具体意义上的物质环境，也包括精神环境。二者相互作用，构成不可分割的统一体。因此，统一性原则要求在拥有丰富物质环境的基础上创建一个良好的精神环境。良好的精神环境即为幼儿创设一个轻松、愉快的心理环境。精神环境主要是指环境中的人际关系。教师的言行和教育态度，都是幼儿的关注焦点。幼儿园的精神环境虽是一种无形的环境，但对幼儿的发展特别是幼儿情绪、社会性、个性品质的形成、发展具有十分重要的作用。只有为幼儿提供一个能使他们感到安全、温暖、平等、自由，能鼓励他们探索与创造的精神环境，幼儿才能活泼愉快、积极主动、充满自信地生活和学习，获得最佳的发展。

五、安全卫生原则

幼儿园环境创设必须服从于卫生和安全的要求，以保证幼儿身心健康发展。

特别需要强调的是，幼儿园中投放的玩具在“安全性”方面应当参照国家关于玩教具的安全、卫生标准，确保在材料的使用、操作方法等方面不会对幼儿造成伤害，选用的材料、外形结构设计、制作和使用方法等不会对幼儿身心造成伤害。

幼儿园环境创设的安全性原则还要求为幼儿提供安全的心理环境，即确保幼儿在幼儿园内有一种心理安全感。幼儿园环境中教师对幼儿的态度、幼儿间的交往关系、幼儿在幼儿园内的地位等，都是构成幼儿心理安全的重要因素。因此，安全性原则的实施，要求幼儿园努力创设一个宽松、和谐、平等、自由的环境，以促进幼儿身心的健康发展。

六、美观性原则

幼儿时时刻刻生活在周边环境中，受到潜移默化的影响。因此，环境创设首先应给人以美的感受。幼儿园应根据保教特点，综合运用各种手段及手法，创造优美舒适、风格突出、符合幼儿成长和心理感受的环境，使幼儿能乐在其中、健康成长、增进知识、增强体质、提高综合素质、养成良好的生活习惯。这就要求幼儿园在环境设计中，也要考虑美观性。

七、经济实用性原则

经济实用性原则是指创设幼儿园环境创设应考虑不同地区、不同园所的具体实际情况，做到因地适宜，学会就地取材、一物多用，充分发挥材料的价值，以及地区的优势，从而创设既经济又实用的环境，以实现其教育功能的最大化发挥。很多经济条件较好的城市幼儿园依旧坚持使用废旧材料为幼儿制作玩教具，利用各类自然材料布置教室区角；同时，也有很多农村幼儿园能够克服困难，利用得天独厚的纯天然的生态环境为幼儿创设丰富的物质环境。不仅如此，许多地区还有独特的民风民俗，特别是饮食和艺术文化，通过让幼儿接触并学习这些优秀的传统文化，充分挖掘传统文化的精神资源，使其成为自身办园的特色。由此可见，将地域文化作为环境创设的载体也是不错的选择。

第三节　幼儿园精神环境的创设

幼儿园的精神环境具体体现在师生关系、同伴关系、班级氛围以及家园关系等方面。精神环境虽然无形，但却是可感受和可体验的。精神环境一方面通过调节幼儿认知活动的动机、影响幼儿学习活动进行的心理背景与基调，从而对幼儿的认知发展施加影响；另一方面则通过幼儿对精神环境的主动体验、观察、模仿以及在环境中的主动实践而对幼儿的情感、社会性与个性发展产生直接的、重要的影响。教师在营造良好的精神环境时应做到以下几点。

一、尊重和满足幼儿的基本需要

在创设健康的物质生活环境的同时，幼儿园还应当积极构建健康的心理生活环境。幼儿园的心理生活环境主要体现在幼儿园的人际关系方面，它是幼儿亲身感受到的、影响幼儿在幼儿园生活的每一个人的态度和行为。教师要尊重和满足幼儿的基本需要，这是建立和发展良好师幼关系的前提和基础。幼儿年龄虽小，但他们和成人一样有各种需要，包括生理需要和心理需要。尊重幼儿，就要尊重并满足幼儿的各种需要。只有在各种需要得到满足的情况下，幼儿才能形成对周围世界的安全感和信任感，才能形成健全的人格。

教师要尊重与满足幼儿的生理需要，要尊重与满足幼儿的情感需要，要尊重与满足幼儿的交往需要，要尊重幼儿的人格、满足幼儿自尊自信的需要。

资料链接

拒绝上幼儿园的小小

大班的小小是一个聪明活泼的孩子，也很受同伴的欢迎，可她到现在还不愿意上幼儿园。每天早上对小小和她的父母来说，都是一次考验和较量，父母要苦口婆心，软硬兼施，做出很多许诺，才能说动小小上幼儿园。一走到园门口，小小就露出怯怯的目光，拉着妈妈的手不肯松开。按理说，大班的孩子是不应该对幼儿园产生如此强烈的抗拒和焦虑情绪的，尤其不应有这种经常性的抗拒行为。按照心理学的观点，小小这种行为的背后，是幼儿园使她有了难以应付的心理压力。小小心理压力的来源是什么呢？据其父母反映，小小说班上的李老师不喜欢她，她怕李老师，所以不想上幼儿园。

我们认为，第一，不管是什么原因，李老师都不可以不喜欢小小，对所有的孩子一视同仁是教师基本的职业道德。如果小小真存在什么问题，教师须耐心地教育，而不是表露给她——“老师不喜欢你”，这是对幼儿的歧视。第二，小小连续地拒绝上幼儿园并没有引起李老师的重视，她并没有主动同小小及其父母沟通，并反思自己的行为，因此造成了自己和小小之间的隔阂。在小小的眼里，老师是那样地难以接近，所以就视上幼儿园为畏途。这使小小感到了莫大的压力，这压力是她小小年纪所不能承受的。对教师而言，幼儿是和自己平等的个体，有独立的人格，需要受到尊重。幼儿是敏感的，不要以为他们什么也不懂；恰恰相反，幼儿十分在意教师对自己的态度。教师应时刻检视自己的行为，防止不经意的举动和言语给幼儿带来意想不到的伤害。另外，幼儿也有自己的喜怒哀乐，教师要尊重幼儿的情感体验，经常与幼儿进行情感的交流，以免幼儿将长期所受的委屈和苦闷积压在心里，导致社会适应困难和严重的人格障碍，造成幼小生命不能承受之重。

资料来源：张雪．幼儿园精神环境对幼儿心理发展的影响［J］．幼儿教育，2004（23）．

二、积极主动地与幼儿交往

首先，教师要注意与幼儿交往的态度。教师要以亲切、平等的态度，积极主动地与幼儿交往。这样一方面可以使幼儿在心理上消除对教师的隔阂和畏惧，另一方面可以使幼儿感到教师的关注，密切师幼关系与情感。在与幼儿交往中，教师切忌以居高临下的姿态对待幼儿、对幼儿发号施令、强制幼儿服从。

其次，教师要注意与幼儿沟通的方式。教师与幼儿交谈，包括问候、讨论、聊天等，是师幼相互了解、密切感情的重要途径。

最后，教师要注意认真倾听幼儿的言语。教师与幼儿交往时不仅要通过交谈相互了解，更重要的是学会倾听幼儿的心声。在日常活动中，除了采用单纯认可和主动倾听的方式，教师还可以通过幼儿的表情、神态、动作来理解幼儿的无声语言，也可以通过微笑、点头、拉手及身体前倾等肢体语言来传达“我在认真倾听你”的信号。教师在倾听幼儿无声语言和有声语言的过程中，探寻幼儿隐藏在心灵深处的秘密，挖掘幼儿的潜能。

案例分享

一次偶然的拉手

曾发生过这样一件事：有一个小朋友叫小可，其他小朋友不喜欢亲近她，也不和她一起玩。我注意到这种现象后，号召小朋友和她一起玩，但效果不明显。有一天我在组织游戏活动时，偶然站在小可旁边，拉着小可的手和小朋友一起做游戏。第二天小可的妈妈送孩子入园时向我表示感谢。我丈二和尚摸不着头脑，不知道小可的妈妈为什么要感谢我。一问才知道，原来昨天晚上，小可回家后非常高兴地对妈妈说："妈妈，老师可喜欢我了，今天拉了我的手！"我听了以后非常惭愧，因为自己拉小可的手完全是出于无心的、偶然的。小可对我和她拉一次手的反应如此强烈，说明我过去没有给她应有的关注与爱。我的行为也影响了其他幼儿对小可的态度，看来首先得从我做起。于是，从此以后我总是有意识地亲近小可，我的态度影响到其他幼儿，小朋友也模仿我的行为，主动去和小可交往和游戏。

资料来源：张同道．小人国的秘密［M］．北京：京华出版社，2010．

三、建立和谐的同伴关系

幼儿与幼儿之间的同伴关系是影响幼儿心理发展的一个重要的社会性因素。良好的同伴关系是幼儿发展亲社会行为的重要途径，但是由于每个幼儿来自不同的家庭，有着不同的个性，因此幼儿与幼儿之间的交往活动会存在很多问题。首先，教师解决问题的方式必须建立在尊重、平等的基础上，让幼儿在宽松的环境中解决物质环境或心理环境的问题，从而建立起一个良好的同伴交往环境。其次，幼儿善于模仿成人的言行举止，因此教师应该树立积极、正面的教师形象作为榜样。另外，教师应加强对幼儿的情感教育和集体教育，正确地引导幼儿建立互助、友爱、和谐的同伴关系，使幼儿生活在一个轻松、愉快的环境中，在集体中获得全面的发展。

案例分享

突然刹住的脚步

户外体育活动时，小朋友们正在进行"小推车接力运粮"的比赛，突然有一个小朋友要小便，告诉老师后他就往厕所冲，走到小朋友的"接力区"时他突然刹住脚步，绕道去厕所了，于是老师就抓住这一闪光的举动，等他回来后，不失时机地问他："你刚才去厕所怎样走的？"并让他重新走了一遍，展示给同伴看。"为什么要这样走？""小朋友在玩游戏，如果我直直地走过去，很可能撞倒他们，还有他们就不能得第一名了。"老师鼓掌以示赞赏，小朋友们也跟着热烈地鼓起了掌。看似不经意的一个举动，但这位小朋友考虑到了他人的利益和安全，教师不失时机地给予肯定，有效地引起了其他幼儿的共鸣。可见，教师应运用多种方式方法介入、干预、鼓励和强化，这样幼儿的亲社会行为必然会逐渐增多。当午睡前幼儿毛衣太紧无法独自脱下时、当鞋带散了不会系时、当有人跌倒时，同伴间的互帮互助就会显得自然而及时。

资料来源：田素娥，匡明霞．幼儿亲社会行为的培养策略［J］．学前教育研究，2012（10）．

第四节　幼儿园物质环境的创设

幼儿园的物质环境包括材料运用和空间布置的方方面面。良好的物质环境对幼儿发展具有重要的价值，不仅会促进幼儿认知的发展，还会对幼儿社会性的发展具有潜在、深刻的影响。

一、幼儿园物质环境创设的内容

幼儿园物质环境既包括园级环境和班级环境，也包括室外环境和室内环境。本书重点论述幼儿园班级环境的创设。班级物质环境的创设主要包括以下内容。

（一）活动室

活动室是幼儿园进行教育和教学活动的主要场所，它的宽敞度、明亮度、空气新鲜度等直接影响幼儿的身体健康、经验的建构以及良好品德、行为的形成和发展，关系到教育和教学活动的顺利开展。

1988 年国家教育委员会、建设部颁布的《城市幼儿园建筑面积定额（试行）》规定：活动室每班一间，使用面积 90 平方米，供开展室内游戏和各种活动以及幼儿午睡、进餐之用，如寝室与活动室分设，活动室的使用面积不宜小于 54 平方米。目前，我国多数省份出台的幼儿园办园标准基本上还在沿用这个标准。活动室过于拥挤，幼儿就不能自如接触、交往，容易产生碰撞、争吵、烦躁不安等现象，影响集体或分散教学活动的实施。

（二）墙面

墙面根据其创设时所占面积的大小分为大墙面和小墙面。大墙面反映的是一学期里比较概括的教学目标，主要表现为主题栏。小墙面反映的是具体的教学目标。常见的小墙面有亲子栏、生日栏、幼儿作品栏、出勤栏、评比栏、新闻栏、作息时间栏、值日生栏（小组长栏）、气象观察记录栏、师生及生生交流栏等。

资料链接

墙面内容及设计要点

名称	主要内容	主要功用	设计形式参考
主题栏	本班特色活动或某主题明确的活动。	作为班级特色活动和主题活动的辅助、延伸活动区，在日常生活中强化幼儿的学习行为。	多种材料，灵活多变，可供幼儿操作。

续表

名称	主要内容	主要功用	设计形式参考
亲子栏	本班幼儿及家庭活动内容展示。	根据幼儿形象思维特点，由远及近地培养幼儿爱爸爸妈妈、爱家庭成员。	幼儿及家庭成员的照片；幼儿及家庭成员常用的、喜爱的物品；幼儿对家庭成员或家庭成员对幼儿的描述。
生日栏	本班幼儿的生日。	增强幼儿的自我意识；使幼儿养成关心他人的习惯；增进幼儿之间的情感交流；强化班级的温馨氛围。	可由幼儿选择自己喜爱的吉祥物作为生日栏设计的原型，同时展示本学期过生日的幼儿，可分月展示；在每个幼儿的生日吉祥物下设置口袋，用来装其他幼儿送出的祝福（图或字）。
幼儿作品栏	幼儿的各种作品。	增强幼儿的自信心；培养幼儿爱护自己和他人的劳动成果的品质；加强幼儿之间的交流；培养幼儿对美的鉴赏能力。	不随意修改幼儿的作品；艺术地布置在合适的位置；和幼儿共同修饰或装饰布置。
出勤栏	每日本班幼儿的出勤情况。	培养幼儿遵守时间的观念；从多角度养成幼儿关心伙伴的良好品质。	“出勤卡”应是活动的，可供幼儿操作；出勤栏一般设置在班级活动室的入口处，便于幼儿入园、离园自己翻卡；设计应新颖、生动、形象，可用不同颜色或图案区别性别、年龄。
评比栏	对本班每一个幼儿的各方面发展做出的肯定评价；幼儿对教师的评价或关心。	培养幼儿的自信心和判断是非的能力；培养幼儿关心他人的品质；建立师生之间情感沟通的直观的渠道；配合教师的其他教育手段，强化幼儿的正确行为。	可以和幼儿共同设计和选择各种评比图示，并做成可活动的，方便移动。
新闻栏	展示幼儿、教师、家长收集的信息或新闻。	培养幼儿的观察、思维及创造能力等；培养幼儿关心周围客观世界的兴趣，开阔视野；增强幼儿与外界的沟通。	以幼儿自己的新闻内容为主，并尽可能展示幼儿的原创作品；考虑每个部位的活动性，因为要随时更换。
作息时间栏	能为幼儿理解的，本班一日活动环节中主要的、相对稳定的环节内容。	培养幼儿的“主人翁”意识；培养幼儿的时间观念；培养幼儿对识字的兴趣。	将要展示的主要生活环节用生动有趣的图案加上环节所需时间表示出来；可设计成活动的，便于更换。
值日生栏（小组长栏）	本日担任值日生幼儿的情况。	加强幼儿的服务意识；培养幼儿的胆量、自信心和责任感；训练幼儿相关的技能。	展示的幼儿照片或幼儿自画像应醒目、突出。

续表

名称	主要内容	主要功用	设计形式参考
气象观察记录栏	对季节气候、每日气象的观察记录。	培养幼儿对周围事物的兴趣；训练幼儿的观察力和记录、描述的能力；丰富幼儿的有关知识经验；增强幼儿的环保意识。	师生共同设计各种气候日志，应是活动的、可操作的。
师生及生生交流栏	教师信箱、各小组信箱、私人信箱。	尊重幼儿的隐私，保护幼儿的发言权；增加师生、生生之间的交流机会；使幼儿乐意用自己的方式与人交流。	信箱应挂在便于幼儿取放的地方；引导幼儿合理地管理信箱。

（三）室内空间环境

室内空间主要包括入门大厅、活动室天花板、门框、窗框、角落、走廊、楼梯等楼宇公共空间。这些区域空间承载了室内空间的交通功能。作为幼儿园的动线存在，如何将这些区域空间规划利用好也是幼儿园室内空间环境所要面临的重要问题。这里将重点阐述入门大厅、走廊及楼梯等空间环境的设计与布置要点。

首先，入门大厅区域是幼儿园的“名片”，传递着幼儿园的园所文化和教育理念。因此，入门大厅区域既要传递温馨、美好的园所氛围，又要搭建家园联系的桥梁。可以在入门大厅的角落安排家长接待区，放置休闲椅及教育绘本、书籍，展示幼儿的作品，还可以展示定期更新的食谱等。

其次，走廊作为班级的延伸空间也是组成楼层的横向通道，可以利用其狭长地带的特点设置不同的游戏内容，布置丰富多彩的活动主题。教师可多关注幼儿与走廊空间环境的互动，邀请幼儿运用多种形式展示设计作品，使其参与走廊环境创设。

最后，楼梯作为幼儿园的纵向通道可以连接各教室与楼层，因此不仅要考虑是否美观，还要考虑是否安全。尽量不在楼梯间设置互动性很强或操作性很强的材料，避免幼儿长时间逗留造成拥堵或踩踏等危险情况。将楼梯纳入整栋建筑的整体环境创设中，使楼梯的每个角落都能相互关联、层次分明，达到与整体环境和谐统一。同时，楼梯的公共转角也可以设置不同的活动区或储物区，有的幼儿园楼梯的台阶也贴上了数字、字母或名人名言等，蕴含着丰富的教育价值。

二、幼儿园室内环境规划

（一）室内区域的类型

在现阶段幼儿园室内环境设计中，有多种多样的区域，归结起来大致有以下三种类型。

1. 常规区域

常规区域在很多幼儿园都有，几乎不受年龄的影响，在各个年龄班都可以设计，只不过具体投放的材料和开展的活动有异，所以称之为常规区域，包括角色游戏区、建构区、表演区、美工区、生活操作区、益智区、阅读区等。

资料链接

常见活动区的种类及功能

种类	功能
角色游戏区	（1）满足幼儿参与社会生活的愿望，帮助他们积累社会生活的经验。 （2）为幼儿提供角色交往的机会，促进他们的社会化和交往能力的发展。 （3）促进幼儿语言表达能力的发展。 （4）促进幼儿自主解决冲突和矛盾，提高其协调能力。 （5）鼓励幼儿创造性地使用材料和游戏，发展他们的假想能力和创造性。
建构区	（1）发展幼儿的空间知觉和想象力。 （2）帮助幼儿感知形体、对称等概念，建立数概念。 （3）发展幼儿的手眼协调能力和动手操作能力。 （4）培养幼儿的坚持性和细致、耐心的品质。
表演区	（1）满足幼儿表现的欲望，发展他们的想象力和创造性表达、表现能力。 （2）发展幼儿的语言表达能力和交往能力。 （3）能带给幼儿舞台表演的满足感和自豪感。
美工区	（1）帮助幼儿体验感官的快感和情绪的舒畅。 （2）帮助幼儿体验美术的创意、自由表达，感受艺术的魅力。 （3）增强幼儿对色彩、线条、构图等艺术要素的理解，提高他们的审美感受力和审美表现力。 （4）帮助幼儿学习欣赏、尊重自己和他人的创作，体验成就感和满足感。
生活操作区	（1）发展幼儿的手眼协调能力。 （2）发展幼儿手的精细动作，提高幼儿动手操作的能力。 （3）提高幼儿的生活自理能力，培养他们“自己的事情自己做”的习惯。 （4）培养幼儿专注、认真、细致、耐心、有条理的品质。
益智区	（1）帮助幼儿学习观察的方法，培养幼儿形成良好的观察习惯，提高其观察能力。 （2）帮助幼儿学习辨别、分析、判断，提高幼儿分析问题、解决问题的能力。 （3）培养幼儿思维的敏捷性、灵活性、独创性，提高其思维能力。 （4）培养幼儿专注、细致、有序、有条理等良好的学习习惯。
阅读区	（1）帮助幼儿感受读书带来的美好和愉悦，缓解不良情绪和压力。 （2）帮助幼儿感受人类文化的熏陶，培养良好的阅读兴趣和阅读习惯。 （3）培养幼儿对图画和文字的敏感，提高幼儿的阅读理解力。 （4）帮助幼儿形成积极的人生态度和良好品格。

资料来源：董旭花，等. 小区域 大学问：幼儿园区域环境创设与活动指导［M］. 北京：中国轻工业出版社，2013：11.

2. 特色区域

特色区域就是与别的幼儿园不同的、比较独特的区域。这种特色可以是地域特色，也可以是园本、班本特色。特色区域并不仅仅反映在独特的名称上，有些区域用的是常规区域的名称，如建构区，但却在建构区投放只有本地区独有的建构材料。

还有一种特色区域，即尽管别的幼儿园也有该区域，但是某个幼儿园有自己持续深入的探索研究，积累了丰富的经验，形成了丰富而独特的环境和活动特色，这也是一种特色区域。

3. 主题区域

主题区域的主要功能是把主题目标、主题活动内容物化在区域材料当中，引导幼儿在区域的自主活动中实现主题目标。

主题区域的名称其实还是采用常规区域的名称，只不过区域材料是根据主题目标投放的，区域活动目标也与主题目标相吻合。一般来讲，主题区域在一个班级中不可以太多，以 1 ～ 2 个为宜，太多的主题区域会限制幼儿的自主游戏，主题区域、常规区域和特色区域应有恰当的比例。

（二）室内区域规划的一般要求

1. 合理有序地利用空间，充分挖掘空间的实用价值

室内环境不仅要用来开展区域活动，还要进行集体活动、生活活动等，所以室内空间的规划应该综合考虑、统筹安排。

2. 注意区域规划的目的性和计划性

区域环境应该有目的、有计划地进行规划，每一个区域应该根据幼儿的特点制定阶段性目标，围绕发展目标投放相应材料，并注意目标和材料的层次递进性和发展性。

3. 因地制宜确定区域的种类和数量

一般来讲，一个班级幼儿年龄不同、课程不同、发展目标不同，区域的种类和数量自然也不同，应该根据其面积大小、空间布局合理性确定室内区域。若一个区域可以容纳 3 ～ 6 人，那么一个班需要 5 ～ 8 个区域。如果多数幼儿对某些活动比较感兴趣，可以同时设置重复的区域，投放大致相同的材料。

资料链接

室内空间布局技巧

如果班级室内空间比较宽敞，可以在集体活动之外单独进行区域规划。

如果室内面积有限，可以考虑把材料容易取放、作品能够灵活摆放的区域（阅读区、美工区等）与集体活动区融为一体。平时把材料归类摆放到橱柜中占用空间；区域活动时，取出材料，布置在集体活动区的桌面或地面上。

如果班级有独立寝室，可以考虑把寝室利用起来开展区域活动。活动室和寝室正好分割为动、静两个大区，再利用两个大区的空间，对物品进行合理设计。

如果没有独立寝室，可以把固定的床改为活动床，午睡时间把床摆开供幼儿休息，非午睡时间把床集中放在一侧，腾出的空间可以设置表演区、角色游戏区或建构区等。

如果室内空间面积仅够集体活动所需，无法固定多个区域，可以分时间段进行自主区域游戏，平时把材料存放在橱柜中，在一日活动计划中相对固定的 1～2 个时间段取出材料，分散到每个可以利用的空间，供幼儿进行区域自主活动。

门厅、楼梯、走廊等地方，如果空间较大，也可以考虑利用起来，设置为公共区域，不同班级的幼儿可以错时在公共区域内活动，或有意安排不同班级的幼儿同时在区域内活动。

资料来源：董旭花，等．小区域 大学问：幼儿园区域环境创设与活动指导［M］．北京：中国轻工业出版社，2013：32．

4. 空间分割科学合理

干湿分区：美工区、科学区要用水，而图书区不需要水，应该分开。

动静分区：建构区、表演区、音乐区等属于热闹的“动”区，而图书区、数学区等活动量较小，需要安静，两类区最好离得远一些，以免相互干扰。

相对封闭性：教师要利用各种玩具柜、书架、地毯等现有设施作为活动区之间的分界线。对于不同的活动区，不同年龄的幼儿有不同的要求。图书区的封闭程度要高一些，而美工区、娃娃家则可以开放一些，以便于取水、换水和出入。小班幼儿因为注意的有意性和稳定性较差，很容易被外界的刺激影响，所以需要封闭程度高的环境，而大班则应加大开放性，以利于丰富活动内容和区域之间的交流。

区域联动：将功能关系密切的区域进行相邻或相关的布局规划，使各区域的活动有机联系或融合，从而有效地增强区域间的教育联动，可大大提高区域活动的效益。

5. 注意区域材料的投放

区域价值主要附着在区域材料之中，所以，教师必须明确每一种材料蕴含的发展价值，认真对待区域材料的选择和投放。

第一，材料要物化发展目标。也就是说，教师根据预期的教育目标选择投放材料。

第二，材料要多选用自然材料和废旧物品材料。这类低结构材料简单易得且玩法多样，可以最大限度地激发幼儿的想象力，提高其动手能力。

第三，材料要有层次性，采用渐进式投放方法。

第四，材料要不断补充和更新。

第五，材料的数量应适宜。材料少了无法开展丰富多彩的活动、无法满足幼儿创造性活动的需要，但是材料也不是越多越好。

第六，注意材料之间的结构关系。同一个区域中的材料相互之间会有一种内在联系，会暗示幼儿的活动方向。例如：在娃娃家投放娃娃、衣服、梳子、化妆品等材料和投放娃娃、厨房用品、餐具等材料，引发的幼儿活动肯定不一样。

第七，材料要具有可操作性。

第八，注意材料的安全性。

资料链接

幼儿园的教室布置

幼儿园的教室一般可以分成以下几个不同的学习区域：积木角、家庭角、桌面玩具角、艺术角、科学角（沙和水）、图书角。

- **积木角**

把积木放在“卡车”里，再把它们推倒，让幼儿了解大小、重量和数的概念。（数学和科学）

讨论在哪儿放下一个大积木，让幼儿表达自己的想法并学会和同伴合作。（语言和社会性发展）

试着将一个大积木放在另一个积木上面，让幼儿学会控制和协调。（身体协调性）

- **家庭角**

学会穿衣服，让幼儿使用他们的小肌肉。（自我帮助，手眼协调）

假装成人，让幼儿了解角色在社会中的活动。（生活技巧）

把盘子和杯子分开，让幼儿尝试分类活动。（数学）

- **桌面玩具角**

完成一个迷宫，让幼儿完成一个任务。（学习习惯）

把相同的图形放在一起，让幼儿配对和分类。（数学）

- **艺术角**

玩橡皮泥，让幼儿了解材料的变化。（科学）

把纸、剪刀和胶水放在一起，让幼儿计划和实现一个任务。（学习习惯，独立）

画一个人，让幼儿使用象征的手法。（手眼协调，抽象）

- **科学角（沙和水）**

让船沉下去，让幼儿认识到原因和结果。（科学和逻辑思维）

灌水（不是洒水），让幼儿使用他们的小肌肉。（身体协调）

- **图书角**

从头到尾地翻书，让幼儿从左到右读书。（学习习惯）

听故事，让幼儿热爱书和产生阅读的兴趣。（阅读技巧）

谈论在书中发生的事情，让幼儿记住细节并表达思想。（语言发展）

三、幼儿园常见活动区环境创设要点

（一）角色游戏区环境设计

角色游戏是幼儿根据自己的兴趣和愿望，通过扮演角色，以模仿和想象，创造性地反映其生活体验的一种游戏，是 3 ～ 5 岁幼儿特有的最典型的游戏。[①]

角色游戏区是幼儿开展角色游戏的场所，幼儿可以在模拟的情景中，按照他们对周围世界的认识和理解来扮演各种角色、诠释各种行为。角色游戏区为幼儿提供了与他人相处、表达情感和思想、用语言交流对角色的认识以及对别人的需求做出反应的机会。角色游戏区的活动对幼儿的语言、智力及社会性的发展均能起到良好的促进作用，也是幼儿宣泄和表达各种情绪、情感不可或缺的一种途径。因此，角色游戏是幼儿园各年龄段幼儿活动的重点，各班活动室也将角色游戏区作为必备活动区。

1. 区域布置

角色游戏区在活动室的区域布局中应该安排一块较大的区域，而且要注意动静分区。幼儿进行角色游戏时，常会走来走去、大声交谈，发出的声响较大，因而角色游戏区应远离比较安静的益智区和图书区。由于角色游戏和建构游戏之间经常发生联系，建构游戏区的声音也比较嘈杂，因此可将角色游戏区尽量靠近建构游戏区。

角色游戏区的区域间隔应专门设计，使用一些多功能的趣味化家具，也可采用一些普通家具，用低隔板、矮架子以及各种纸箱、积木等围起来以确定本区的活动范围。

2. 主题环境设计

角色游戏涉及的主题有很多，如娃娃家、小吃店、理发店、医院、超市等都是深受幼儿喜爱的游戏主题。此外，还可根据幼儿的生活经验随机产生若干主题，如花店、宠物店、美食街、邮局、书店、银行、健身中心等。不同的主题所要求的区域环境不一样。

由于幼儿角色游戏的主题种类多，教师很难在角色游戏区内同时设置很多主题区域，因此，在一段时间内，教师可以根据本班活动室的空间情况，在角色游戏区有选择性地安排 1 ～ 4 个主题区域供幼儿活动。若是安排的主题区域在 2 个以上，可以把娃娃家作为基本主题区域，然后再选设 1 ～ 3 个幼儿感兴趣的主题区域；若是只在游戏区里安排一个主题，就需要经常更换主题内容并变换主题环境。

虽然目前我国大部分幼儿园的园舍条件还不够理想，班级活动室的空间十分有限，但是许多教师在实践中也摸索出不少好方法，如利用楼道、走廊、阳台等空间，为幼儿设置固定的主题游戏区。

设计区域环境时，应尽量创造一个仿真的环境。仿真环境能极大地激发幼儿的兴趣，使幼儿在游戏时身临其境，满足他们体验现实生活中各种角色的需要。同时，创设仿真环境再加上各种小道具，非常符合幼儿的思维特点，有助于游戏情节的顺利开展和推进，幼儿也能从中获得真实体验和一定的生活经验。创设仿真环境，还要营造出仿真的游戏氛围。例如：娃娃家主题区布置得不仅要像家一样，而且要有家的温馨感，这样才能使幼儿在一种亲切、自然、愉快的环境中更好地进入游戏。

① 杨枫．幼儿园教育环境创设与玩教具制作［M］．北京：高等教育出版社，2006：115.

3. 材料准备

不同年龄段的幼儿，游戏发展水平不同。小班幼儿的角色游戏以模仿游戏为主，大班幼儿的角色游戏则以创造游戏居多。教师应针对不同年龄段幼儿游戏的特点，根据实际需要准备和投放不同的材料，以促进游戏的开展。

小班幼儿的角色游戏主要依赖材料，因此教师给小班幼儿准备的材料应该多为形状相似的成型玩具，而且要种类少、数量多，以保证每个幼儿都能拿到玩具，避免幼儿为玩具发生争吵，影响游戏的进行。

中大班幼儿想象力更加丰富，游戏主题更加多样化，这就需要教师提供一些半成品以及废旧物品材料，以满足和促进他们想象力和创造力的发展。同时，教师还要根据游戏主题的发展需要及时更换游戏材料。不管是成型玩具还是非成型玩具，在种类上都要多样化，并且尽量做到经常更换，让幼儿有新鲜感，从而激发他们进行主题更丰富的游戏。

资料链接

角色游戏区里常设的主题的材料

角色游戏区	材料
娃娃家	娃娃、娃娃的服饰、娃娃床、家具、餐具、炊具及其他，还有电话、电视机、冰箱、洗衣机等家用电器（用纸箱、泡沫等材料自制）。
理发店、美容厅	镜子、梳子、塑料剪刀、发卷、空的塑料洗发水瓶、空的发胶瓶子、橡皮筋、丝带、吹风机、假发（包括男式和女式）、毛巾、围布、发型图片等。
食品店	水果、糖果、饮料、食品包装盒、秤、钱币等。
超市	购物架、各类商品（如空的食品盒、仿真的蔬菜水果等）、价格标签、购物筐、手推车、仿真钞票（或儿童自制的钞票）、计算器、玩具收银机等。
医院、诊所	白大褂、护士帽、听诊器、体温计（玩具）、压舌板（玩具）、医药箱（玩具）、药瓶（玩具）、注射器（玩具）、纱布、胶布、处方、病历卡等。

4. 活动区管理

角色游戏区的主题种类较多，对于每一主题区域，教师都应积极地按照相应角色对环境的不同需求去设计、布置并准备丰富的材料。

较为有效的方法之一是将每样材料归类摆放在一起，贴上标签，或做图示标记。例如：教师可先将碗、盘子、碟子、汤匙、茶杯等图形画在即时贴或彩色纸上，剪下来后再用透明胶带贴在要摆放的位置上，表示这里存放物品的种类。

道具箱也是将材料整理、归类的一个较为有效的工具。道具箱可以使用塑料收纳箱，也可以用纸箱制作，在箱子外面应贴上标记说明箱子里存放的是哪类材料。教师可以按照角色游戏的主题将材料进行分类，把与某个角色游戏主题有关的材料都放进一个道具箱内，这样将便于取用和整理。

（二）建构区环境设计

建构游戏是幼儿利用各种不同的结构玩具或材料玩具（如积木、积塑、金属片、泥、沙、水等），通过与结构活动有关的各种动作构造物体形象，反映现实活动的一种游戏。

1. 区域布局

教师应为建构区安排较大的活动空间，以保证幼儿有充足的空间进行自己的创造。为避免建构游戏区的声音干扰其他区域幼儿的活动，教师应将该区与图书区、益智区等较安静的区域分隔开来。

建构区最好只有一个入口且不宜设置在通道上，教师可以将该区设置在活动室的某个角落，用放积木的矮柜子围在没有墙的一边，也可用大积木、木板或纸板、塑料箱子、纸盒等来做隔墙，使区域呈半封闭状。这样幼儿可以专心致志地进行建构活动，而不必担心自己的作品被来回行走的同伴碰倒；同时在该区活动的幼儿也不会因为受到其他活动的干扰而分心。

2. 区域环境设置

建构区不需要放置桌椅，这样不仅可以使空间更宽敞、幼儿活动起来更加舒适，还可以避免幼儿因空间不够而将积木搭到桌椅下面。

建构区的地面可以铺上地毯或地垫，这样幼儿就可以坐在地上进行游戏。地毯还能吸收噪声，以减少对其他幼儿的干扰。

放积木时，幼儿必须来回穿梭于自己的作品和放置积木的架子之间。为避免幼儿的积木作品被自己或同伴碰倒，教师应将架子或搭积木的区域分隔并做出明显标记。

建构区内的墙面或架子上可以张贴建筑物、交通工具、高速公路、桥梁、交通标志等图片，从而开阔幼儿眼界、丰富建构题材，便于幼儿学习和再创造。

3. 材料准备

建构区里进行的主要是一些中大型的结构游戏，有积木和积塑两大类，其他小型桌面结构游戏如金属结构游戏、拼图游戏、穿珠、串线、编织游戏主要在益智区进行，而玩沙、玩水、玩雪等游戏主要在户外进行。教师可以根据幼儿园的玩具配置情况有选择地提供建构材料，供幼儿操作和创造。

4. 活动区管理

建构区的各种积木都应存放在柜子或架子上，架子和柜子的高度应以方便幼儿取放为准。可用图示标记的方式，将每一种类型、大小的单元积木分别存放在不同的柜子或架子上并贴上标签。标签应与积木的实际形状和大小完全一致。教师可以将标签贴在柜子的内壁或架子中每个格子的最外面。

积塑及辅助玩具材料可以分类存放在各种大盒子、篮子或塑料收纳箱里，同时也应贴有标签。存放各类玩具的容器应靠近存放单元积木的柜子和架子，以方便幼儿将辅助玩具材料和积木一起使用。

资料链接

建构游戏区常备材料及要求

材料		要求
积木	单位积木	这是一套精心设计的由各种方块、弧形、圆柱等形状组成的积木。整套积木中一个基本单位积木的尺寸是固定的，其他所有的积木都是在此尺寸的基础上增大或缩小比例，呈现出多样化。
	普通积木	积木表面为彩色或素色，积木体积有小型、中型和大型等，大型的多为空心木结构。
	主题建筑积木	有两种类型：一种是积木的表面印有主题纹样，用以建构反映主题内容的建筑；另一种是积木做成主题所需要的各种形状，用以建构主题的建筑。
积塑	主题积塑	按照主题需要做成各种形状，如房屋建筑主题的积塑玩具有门、窗、柱、屋顶、围栏等部件。
	素材积塑	由一些简单元件构成，可以根据想象建构各种原型，具有更大的创造空间。由软硬不同的塑胶制成的凸点型积塑、花型片型积塑（又称“雪花积木”）、块型积塑、齿型积塑和插图型积塑等。幼儿园购置的建构玩具中以此类积塑玩具为多。
辅助玩具材料		各种木制或塑料制成的人物玩偶，如爸爸、妈妈、爷爷、奶奶、警察、售货员、司机、邮差等；各种动物模型，如小兔子、小狗、小猫、小鸡、小鸭、大灰狼等；还包括小汽车、卡车、火车、公共汽车、小轿车、自行车、马车等。 教师还应提供各种废旧材料，如纸盒、泡沫、纸片等，以激发幼儿和教师一起制作各种辅助玩具的兴趣，满足幼儿建构各种形象的需要。

（三）美工区环境设计

美工区也是幼儿园各班级常设的一个活动区，旨在为幼儿提供一个自由欣赏和创作的场所，是幼儿园美工教学重要的补充形式。在这个区域内，幼儿可以操作各种材料，按照自己的意愿和兴趣来表达自己的体验和情感，施展自己的才能，享受创造活动的快乐，获得精神上的满足。

1. 区域布局

美工活动比较安静，布局时可与图书区、益智区毗邻。美工区应该设置在光线充足、靠近水源的地方。光线充足，有利于幼儿观察和创作、保护视力；靠近水源则方便幼儿洗手、清洗画笔、清洁桌面和地板。

在安排美工区空间大小时，可根据本班幼儿对美工活动的兴趣及活动材料等情况综合考虑。如果幼儿园提供的美工活动材料较丰富、幼儿对美工感兴趣、参加活动的人数较多，就要安排一个较大的活动空间。一些美术特色幼儿园和条件较好的幼儿园还设置了专门的美工活动室，并在其中设置色彩区、国画区、手工区、泥工区等多个活动区域。

资料链接

瑞吉欧教育的美术教室

美术教室里放置了各种有用的材料、工具以及引发幼儿兴趣的物品，幼儿会以小组形式同教师或协调员一起在那里开展活动。同一个幼儿园里的所有班级共用一个美术教室。美术教室中常见的活动包括教师和一小组幼儿一起来表达他们的学习经验，或者是教师和小组幼儿开会讨论其对上午的实地考察或是一个新的调查主题的想法。因为美术教室提供了颇为吸引人的材料以及足够多的优质工作平台，所以它成了教室之外的一个用途众多的场所。所有使用美术教室的人都能从中获取灵感。

资料来源：丹尼尔·沙因费尔德，凯伦·黑格，桑德拉·沙因费尔德．我们都是探索者：在城市环境中运用瑞吉欧原则开展教学［M］．屠筱青，戴俊毅，译．南京师范大学出版社，2014：115.

2. 区域环境设计

设计美工区环境的时候，教师应该周密地考虑区域内颜色、形状、结构、线条和图案的空间安排，要突出艺术性，做到陈设简洁美观、色彩鲜明和谐，并符合幼儿的审美情趣，使得幼儿通过对区域环境美的感受提高审美感知、审美情感和审美创造等基本能力。

美工区内可以悬挂各类美术作品，如绘画、雕塑、剪纸作品，还可以放置有插图的书。教师应该定期更换区域中的各类美术作品，让幼儿了解更多的艺术作品以及艺术作品的不同风格。

资料链接

巧用幼儿美术作品

展示栏或作品角是必不可少的，用来展示幼儿的美工作品，以提高幼儿对美工活动的兴趣。将幼儿的美术作品平贴在展示栏或作品角是教师常用的一种展示方式。除此之外，还可以用即时贴、彩色纸或丝带做一个大的框架，框架的形状可以是正方形、长方形、圆形、伞形、蘑菇形及其他形状，然后将幼儿的美术作品框起来进行展示，这样看上去更醒目、更吸引人。应该注意，张贴作品的高度要与幼儿的水平视线高度一致，而不是和成人的水平视线高度一致。

将部分幼儿的美术作品摆在桌子上或架子上展示也是一种较好的选择。如果某一次活动的作品过多，教师还可以在教室高处系一根绳子，将幼儿的美术作品悬挂在上面，这样会节省活动区的空间，同时也不会影响幼儿的活动，幼儿可以随时抬头欣赏自己的作品，这能给他们带来满足感和自豪感。

3. 材料准备

教师为美工区准备的材料主要有欣赏类、绘画类和手工类三类。一般而言，一个美工区同时提供所有种类的材料几乎是不现实的，教师可以根据幼儿的实际水平，配合美术活动内容准备区域活动材料，并定期更换、定期增添新材料。在实际活动中，教师还要允许和鼓励幼儿自由使用各种材料。

资料链接

美工区常备材料及要求

种类		材料	要求
欣赏类	绘画	水墨画、油画、水粉画、水彩画、版画等。	提供艺术风格多样化的欣赏材料；作品应是幼儿能够理解、容易接受的。
	实物工艺品	餐具、玩具、服饰等日用工艺品，也可以是壁挂、地毯、剪纸、风筝等陈设工艺品。	
绘画类	纸张	不同大小、类别、形状、颜色、质地的纸，如铅画纸、宣纸、卡纸、瓦楞纸、棉纸、皱纹纸、包装纸、吹塑纸等。	每次不要提供太多品种的纸，以免幼儿面对太多选择无所适从而造成不必要的浪费。摆放不同颜色的纸时，要将各种颜色的纸分开，这样幼儿比较容易找到自己所需要的纸。
	笔	各种类型的笔，如油画棒、蜡笔、水彩笔、毛笔、油画笔等。	应注意选用那些色彩均匀、稳定、鲜艳的彩笔，且应是水溶性品种，这样易于清洗。
	颜料	水粉颜料、水彩颜料等。	
	容器	各种用于放置颜料的容器，如调色盘、托盘、空罐头瓶或空饮料瓶等都可以用来放置颜料。	选择容器时要注意其高度必须比画笔低才行。如果饮料瓶较高，可以把上半部分截去，并将剪切面磨光滑。最好在每个容器里都放一支画笔，并教会幼儿在绘画时分别使用不同的画笔来画不同的颜色。
	用于绘画的其他工具和材料	做版画的油墨、滚筒，做喷洒画的牙刷、雪糕棒等。	
	清洁用具	抹布、拖把、海绵、水桶、纸巾、扫帚等。	
手工类	裁剪工具	剪刀、美工刀、小竹刀等。	剪刀口应该是钝头的，大小适宜。
	黏合剂	乳胶、透明胶水、糨糊等。	使用该类材料时，应将材料分散摆放。
	材料	各类点状材料、线状材料、面状材料以及块状材料，如瓜子壳、贝壳、树叶、玉米皮、牙膏盒、彩纸等。	

4. 活动区管理

美工区的各类材料对幼儿来说应该是开放的，这就需要教师将材料合理地整理、归类，便于幼儿自由取放。美工区内的家具高度要适合幼儿的身高，同时放置某类材料的地方应相对集中、固定，使幼儿能够容易地取放需要的任何材料，且各类材料均应贴上不同的标签，让幼儿一目了然。当然，教师不能让幼儿自行取用的材料不要放在他们能拿到的地方，这样能保证活动的秩序，也有利于幼儿良好的行为习惯的养成。美工区的材料非常多，教师可以充分利用美工区的空间来放置部分材料，如在墙上钉上挂钩，将某些材料挂在墙上，而不占用柜子。空的饼干盒和鞋盒放置一些零碎的美工材料，不仅看上去美观、整齐，也是较好的储存器具。

（四）自然角环境设计

自然角是幼儿园活动室中专门作饲养小动物、栽培植物、陈列实验用品的角落。它是对幼儿进行自然教育、培养科学素质的一个重要途径，也是幼儿园自然课程教学的一个重要补充形式。

1. 区域布局与环境设计

自然角在活动室内所占面积小，所需材料简单，效果直观、易懂，适合于各年龄段的幼儿，尤其对于活动面积比较窄小的教室更为适合。教师可根据活动室场地的实际情况，利用窗台、墙角、柜面等空间在一角或多处设置。

自然角陈列的物品应高度适宜，便于幼儿随时观察、接触、取用。

2. 材料准备

自然角的活动有观赏、观察、实践、实验等多种形式，提供的材料可以是图片、模型、实物等，内容则必须根据教育目标、教学计划、季节特征、当地实际情况和各年龄班的具体要求进行增减取舍，具体可以包括以下几个方面：

（1）观赏类。观赏类材料主要用于观赏，起美化环境的作用。图片、模型可选择一些色彩艳丽、造型生动的稀有动物和植物品种，突出其知识性和观赏性；实物则宜选择一些常见的、易于生长、易于照料的动植物品种，这样能方便区域的日常管理。植物一般为盆栽花卉，如仙人球、仙人掌、文竹、凤仙花、秋海棠等，动物主要是金鱼、热带鱼等观赏鱼品种。

（2）观察类。观察类材料主要用于幼儿观察，其目的是引导幼儿近距离地观察各类事物，在观察中全面了解和深入认识事物。因此，最好选用那些放大型、分解型或仿真型的东西，以便幼儿更好地认识、了解它们的名称和用途，如放大的苹果、梨、香蕉、橘子、杏、李子、柿子、椰子等水果图片，仿真的恐龙、鲸鱼、海龟、美洲狮、眼镜蛇等动物模型。实物观察材料可选用日常生活中常见的但不易引起幼儿注意的东西，如一些植物果实、种子的标本。摆放这些材料的器皿可以用透明的玻璃小瓶，贴上标签，摆放在墙角或窗台上。在提供观察类材料的同时，最好再提供一些观察工具，如放大镜、显微镜等。

（3）实践类。自然角的实践类材料主要作用是提供机会，让幼儿亲手栽培植物或喂养小动物，在实践中观察动植物的生长变化，培养耐心和责任心。教师可提供废旧的罐头盒、易拉罐、小碗、小盘、塑料点心盒、冰淇淋盒、方便面盒等种植容器和小铲、喷壶等种植工具。选择的植物品种应多样化，包括小麦、黄豆、蚕豆、花生等从种子萌发生长的植物，以及柳树枝等扦插在水里即可成活的植物品种。

种植植物的实践活动最好安排在冬春两季，植物应摆放在阳光能照射到且便于幼儿观察的地方，教师用幼儿亲手培育的植物来装点室内环境，并每天提醒、鼓励幼儿观察它们发芽生长的过程及变化。

用于幼儿自然实践的动物应是体形小、无危害和便于饲养的品种，可选择幼儿感兴趣的小兔、荷兰鼠、小乌龟、小鸟等，也可以选择小鱼、小虾、河蚌、蝌蚪等。

资料链接

基于课程游戏化理念创设自然角——以秋天自然角创设为例

幼儿生活在大自然中，学习内容丰富。教师要学会基于幼儿的经验，抓住幼儿喜欢的、感兴趣的主题，调动幼儿的多种感官，在幼儿自主探究、自主尝试中，发挥自然角的教育价值。例如：在我园秋天自然角创设中，幼儿观看过美丽的菊花展、收集了各种各样的落叶并了解过各种各样的农作物，他们想把生活中这些有趣的内容带入自然角。教师及时根据幼儿的兴趣，修改自然角活动内容，将预设与生成结合起来，从身边经验入手，在充分感知、操作中，促进幼儿经验的获得。

区域名称	预设内容	生成内容	生成内容的来源
观赏区	观叶：以绿植为主	观赏各种各样的花	周末观看“菊花展”
	观根：以水培植物为主	观察各种各样的种子	“种子的秘密”主题材料
		观察各种各样的叶子	生活中的自然材料
种植区	胡萝卜、白萝卜、红萝卜 （观察三种萝卜的区别）	土豆（靠块茎的芽眼繁殖） 胡萝卜（种子扁扁的） 萝卜（种子有点圆，有点扁） 青菜（种子圆圆的）	在“种子的秘密”主题活动中，幼儿了解了各种各样的种子，选择自己喜欢吃的蔬菜种植
实验区	黄豆、绿豆、红豆 （发芽实验）	树叶为什么会变色（叶绿素） 白菜变色实验（叶脉的吸水性）	秋天到了，幼儿观察各种叶子，发现叶子的颜色变了，了解了叶脉的作用

基于前期的“班级区域游戏格局改造”的经验，从场地规划到材料准备，幼儿可以参与其中，真正成为自然角的设计者、规划者。例如：在秋天自然角创设中，关于自然角场地的选择，教师没有参与，而是让幼儿自主规划创设。通过辩论、投票，幼儿一致认为圆弧处可以作为自然角场地，因为圆弧处有太阳，便于植物生长，有一个置物架，便于环境打造。通过分组讨论、制订计划，幼儿解决了植物怎样摆放、区域怎样划分、需要哪些材料等问题。幼儿在一次次问题探究中自主建构、积极探究，不

断成长。

区域	场地位置	材料	作用
观赏区	左边	绿植和花	观赏物
		草皮、木桩、轮胎、砖头、架子	装饰物
		树叶、果实、农作物	展示秋天的景象
种植区	四周	绿色盆子（上学期用的）	种植容器
		铲子、水壶、泥土	种植工具
		纸、笔	记录工具
		尺子	观察工具
饲养区	中间	鱼	饲养物
		鱼缸、鱼食	饲养工具
实验区	右边	三个盆	实验容器
		黄豆、绿豆、红豆	实验种子

幼儿能力的发展是整合的。自然材料具有多样性、低结构性、自然性等特点，容易操作且有趣味性，是游戏中不可或缺的材料。当自然角材料打破空间限制时，各种各样的水果、蔬菜、花卉等材料就可以成为幼儿游戏、探究的资源，将其融入活动，有利于促进幼儿各领域全面发展。例如：在秋天自然角创设中，自然角环境中有菊花、叶子、种子、石头、松果等自然材料，如果这些材料只是简单地摆放在自然角，就没有发挥其教育价值。当这些材料与游戏结合起来，幼儿根据不同游戏的需要使用这些材料时，如将菊花融入美工区，将种子融入数学区、科学区，幼儿的各领域经验就会在整合中发展。

区域名称	自然角材料	拓展内容
美工区	各种各样的菊花	用水粉画菊花、用黏土捏菊花
科学区	各种各样的种子	观察种子的结构并记录
表演区	各种各样的树叶	作为装饰材料，制作裙子、帽子等
数学区	大小不一的南瓜	测量：哪个南瓜大
	大小不一的种子	称重：感知重量
艺术创想区	各种农作物、种子、树叶	利用各种材料摆出不同的造型
建构区	各种小盆植物、石头等装饰品	作为场景摆设

秋天自然角创设活动是随着幼儿的兴趣而改变的，每一次设想、每一次尝试、每一次反思都以幼儿为主。在课程游戏化理念的引领下，在真实的问题情景中，一次次的探索引发了幼儿有意义、有融合、有迁移、有合作的真学习。

资料来源：张敏. 基于课程游戏化理念创设自然角：以秋天自然角创设为例［J］. 教育观察，2022，11（30）.

3. 区域活动管理

管理自然角并不只是教师的事情，教师可以针对不同年龄段幼儿的特点，提出不同的管理要求，让幼儿参与力所能及的管理劳动，从而培养幼儿爱劳动的好习惯。

小班的幼儿主要是观察和协助教师做一些简单的工作，如可以在教师示范的基础上给植物浇水、给小动物增添食物等。中班的幼儿可以在教师的帮助下，用值日的方法，分工轮流照顾自然角的动植物，也可以集体清扫自然角，这样可以培养幼儿分工合作、互相帮助。大班的幼儿可以独立地做好自然角的管理工作，自己分工，建立值日交班制，当天值日的幼儿向第二天值日的幼儿交班时应告知植物的生长情况及需要注意的问题；集体清扫自然角时应自己准备工具，结束时要收拾整理好工具，教师在幼儿劳动过程中只起督导、检查的作用。

本章小结

知识结构图

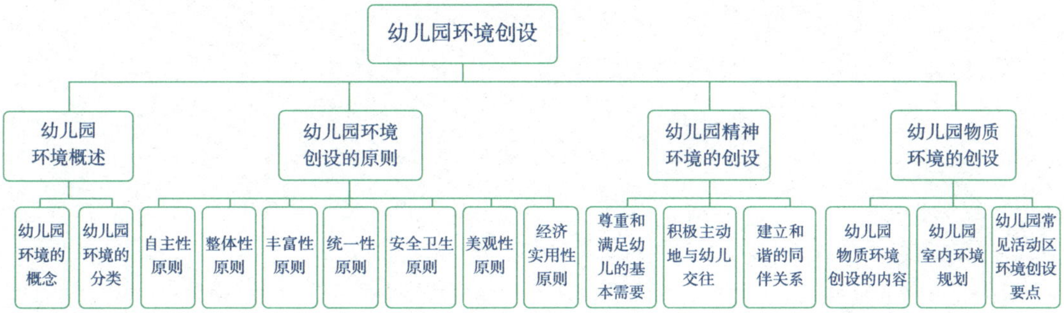

关键概念

环境　幼儿园环境　幼儿园环境创设的原则　幼儿园精神环境　幼儿园物质环境　幼儿园常见活动区环境创设要点

讨论及思考题

1. 简述幼儿园环境创设的原则。

2. 简述教师如何为幼儿营造良好的精神环境。

3. 尝试创设一个班级活动室。

4. 参观一所幼儿园，对其物质环境创设进行评价，尝试用书面形式提出完善和优化的建议。

第七章

幼儿园课程

学习目标

- 明确幼儿园课程的含义
- 了解幼儿园课程的形式，理解幼儿园课程的特点
- 了解幼儿园的几种课程模式及其特点
- 掌握幼儿园课程设计的基本内容，能运用所学的理论知识初步分析、评价幼儿园课程

教师专业标准及教师资格考试要求

- 注重保教结合，培育幼儿良好的意志品质，帮助幼儿形成良好的行为习惯
- 注重保护幼儿的好奇心，培养幼儿的想象力，发掘幼儿的兴趣爱好
- 重视丰富幼儿多方面的直接经验，将探索、交往等实践活动作为幼儿最重要的学习方式
- 在教育活动的设计和实施中体现趣味性、综合性和生活化，灵活运用各种组织形式和适宜的教育方式

学习导引

幼儿园教育是为幼儿一生的发展打基础的教育，应针对3～6岁幼儿生理、心理特点，通过幼儿园课程对幼儿实施全面和谐发展的素质教育。通过本章的学习，我们将会了解幼儿园课程的含义、形式及特点，了解幼儿园的几种课程模式及其特点，掌握幼儿园课程设计的基本内容。

第一节　幼儿园课程概述

一、幼儿园课程的含义

学校教育是通过课程的方式去实现教育目标，并把教育内容传达给每个学生。究竟该如何定义课程呢？教师对课程的理解是受一定教育思想影响的，不同的教育思想就会产生不同形态的课程。同时，课程又是一个发展着的概念，它随着教育思想的发展和教育实践的深化而变化。例如：现代教育科学基础理论的发展与应用使人们认识到，学校不再仅仅是传授知识、技能的地方，而应当为人的终身学习和发展奠定基础、实施全面和谐的素质教育，其中更重要的是健康人格的塑造，因而课程的概念就随着对学校教育认识的发展而发生了变化。现在，人们对课程的认识已经从狭义的理解转变为广义的理解，注重校园文化环境，重视教师的素质对学生可能产生的潜在影响等。大多数课程研究学者基本认同“课程系指在学校的教师指导之下出现的学习者学习活动的总体”[①]。这里的教师指导包括直接指导和间接指导。从这一课程定义上来说，课程不仅包括课表上所指定的教师有计划组织的各学科的教学活动，还包括学生自动自发的和有计划组织的所有课外活动，甚至包括课间 10 分钟活动。

如何界定幼儿园课程呢？我国幼教先驱们对幼儿园课程的阐释如下：

陈鹤琴：幼儿园应该给儿童一种充分的经验，这种经验的来源有二：一是与实物的接触，二是与人的接触。应该把儿童能够学而且应该学的东西有选择地组织成系统，应该以儿童的两个环境——自然环境和社会环境为中心组织幼儿园课程。

张宗麟：幼稚园课程者，由广义的说之，乃幼稚生在幼稚园一切活动也。

张雪门：课程是什么？课程是经验，是人类的经验用最经济的手段，按有组织的调制，用各种的方法，以引起孩子的反应和活动。幼儿园的课程是什么？就是给三足岁到六足岁的孩子所能够做而且喜欢做的经验的预备。

目前，我国幼教界对幼儿园课程的界定为：幼儿园课程是实现幼儿园教育目的的手段，是帮助幼儿获得有益的学习经验，以促进其身心全面和谐发展的各种活动的总和。[②]

我们可以从以下三个层面来理解幼儿园课程：

（1）幼儿园课程是“活动”。活动是一种存在方式，包含着必须同时关注的两个方面：学习主体（幼儿）和学习对象（教学内容）。幼儿学习的本质具有直接经验性，而活动又具有双重转换性特点，因此，外在的客观对象和活动方式会通过活动内化为幼儿的主观经验，幼儿的主观经验也可以“外化”为态度、动作方式和技能等。

（2）幼儿园课程是实现幼儿园教育目的的手段，是实施学前教育的重要载体。它

① 钟启泉. 现代课程论［M］. 上海：上海教育出版社，1989：6.

② 冯晓霞. 幼儿园课程［M］. 北京：北京师范大学出版社，2000：15.

可以帮助幼儿获得有益的学习经验，促进其身心全面和谐发展。它进一步明确了活动的指向性、目的性的作用，使过程与结果、形式和实质更加密切地融合为一体。

（3）幼儿园课程是各种活动的总和。幼儿园课程表现形式多样，凡是作为实现幼儿园教育目的的手段而运用的、能够帮助幼儿获得有益的学习经验的活动，无论是教学活动、游戏还是生活活动，都是幼儿园课程的组成部分。

资料链接

一日生活皆课程

幼儿园里无小事，一日生活的每个环节都有教育契机。

进餐是幼儿一日生活中重要的环节，培养幼儿良好的进餐习惯也是幼儿园重要的课程。观察中教师发现有些幼儿特别挑食，任由教师怎么讲道理，还是这也不吃、那也不吃。如何帮助幼儿养成良好的进餐习惯呢？幼儿都非常喜欢动画片中的某一形象，于是教师自制布书，用卡通形象吸引幼儿。布书里有主食、蔬菜、肉、河（海）鲜、水果、点心六大类食物的卡通图片，这些食物都能随意取放。每天用餐前，请幼儿根据菜谱找出相应的食物图片，“喂”给卡通形象吃，以此给予幼儿积极的心理暗示，鼓励幼儿不偏食、不挑食、样样都爱吃。

作为幼儿教师，不能狭义地只把“上课”当作幼儿园课程，而应当从广义的角度去理解幼儿园课程，明白幼儿在幼儿园所进行的一切活动（不论是专门组织的集体教学活动，还是幼儿自选或自发的各种游戏活动，以及幼儿的日常生活活动，包括幼儿园的作息制度、工作制度、环境、园风、师幼关系等隐性的教育因素）都是幼儿园课程的组成部分。因为所有这些活动都会对幼儿的全面和谐发展起重要作用，它们相互结合又相互渗透，帮助幼儿达到幼儿期的学习与发展目标。

二、幼儿园课程的形式

幼儿园课程的形式有显性课程、隐性课程两种，这两种课程形式相互转换、协调统一，共同影响幼儿身心发展，实现幼儿教育目标。

（一）显性课程

显性课程又叫正式课程，是指为实现一定的教育目标而被正式列入学校教学计划的各门学科以及有目的、有组织的课外活动。幼儿园显性课程是指幼儿园为帮助幼儿达到预期的学习和发展目标而采取的一切有计划、有组织的活动，包括游戏活动、集体教学活动、生活活动等。

（二）隐性课程

幼儿园隐性课程，也称潜在课程，是指以间接、内隐的方式作用于幼儿并对幼儿的发展产生影响的课程。其涵盖范围很广，几乎涉及幼儿园的各个层面、各个角落、各种行为。在物质层面上，其包括幼儿园的建筑、教室的布置、桌椅的排列、园所环境等；在行为层面上，其包括幼儿间的交往、教师间的交往、师幼间的交往、教师与家长的交往、社区与学校的交往等；在制度层面上，其包括幼儿园管理体制、幼儿园组织机构、班级管理方式、班级运行方式等；在观念层面上，其主要有园风、办园方针、教学风格、教学观念、教学指导思想等。

案例分享

微笑，给孩子一束灿烂阳光

刚开学，班上来了一位插班生玲玲。几天来，玲玲表现得非常乖巧，活动中总是安静地坐在椅子上，但是表情很拘谨，看人的眼神也很防备，好像从来也没有笑过。我和她妈妈交谈后得知孩子性格内向、怕生，晚上睡觉时也常哭。面对如此拘谨、紧张的孩子，我想首先应帮助她消除焦虑感、不安全感，建立和老师、同伴间的信任感。老师的微笑就是最好的融化剂、是一束冬日里的阳光，它是消除交往障碍的方法。

早上入园是玲玲心情最复杂的时候，因为这时她离开了熟悉的人和环境来到了陌生的地方，内心会格外孤独、焦虑、恐惧。我站在教室门口热情地迎接她，微笑着和她问好，牵起她的小手带领她来到她想做晨间活动的区角……

吃点心时，玲玲可能不习惯或不喜欢，看着点心微微皱着眉头，我轻轻走到她面前冲她微微一笑，告诉她我们这里的点心很香，可以试一试。她看看周围吃得正香的同伴们，迟疑地尝了一口，然后慢慢地小口吃了起来……

活动中玲玲总是安静地、面无表情地坐着，刚开始我只是看看她并对她微微一笑，待她紧张的、警惕的表情慢慢变得轻松时，我会带领她参与活动并及时地给予肯定、表扬。慢慢地，她开始主动活动，我便给予肯定的微笑或悄悄对她做一个赞许的手势……

一个月下来，玲玲变了，变得活泼、主动了。我想，每个孩子都是一株幼苗，而爱的微笑是我们老师给孩子的一束灿烂阳光！

隐性课程具有非计划性、非系统性，它有机地渗入显性课程中，也附着于幼儿园全部课程之中，有意、无意地在自然情景中对幼儿产生个别的、零散的影响，是影响幼儿的主要非智力因素。例如：教师的语言、表情、动作、手势等会给幼儿积极或消极的暗示，随时随地为幼儿所模仿。

三、幼儿园课程的特点

（一）幼儿园课程目标的全面性、启蒙性

学前教育是全面发展的教育，幼儿园课程是促进幼儿全面发展目标实现的中介。

因此，幼儿园课程必须以实现幼儿在身体、认知、情感、个性、社会性等方面的全面、和谐发展为目标。幼儿的全面发展与其他年龄段的学习者相比有特殊之处。在幼儿发展的诸多方面中，身体的发展是首要的目标，因此，幼儿园课程应充分遵循学前教育和保育相结合的原则，做到教育目标和保育目标相融合。

学前阶段是人生发展的重要阶段，也是人生启蒙的阶段；学前教育的目标应使幼儿在原有发展水平的基础上得到初步的身心锻炼和启迪，使幼儿在享有快乐童年的同时，身心得到与其发展水平相适应的发展和提高。所以，幼儿园课程的目标应是启蒙性的，不宜追求过高的目标，尤其不应追求过高的认知目标。

（二）幼儿园课程内容的生活性、趣味性

幼儿园课程是为幼儿设计和组织实施的。幼儿处在身心发展的特殊时期，他们的思维是感性的、直观的。对幼儿来说，最有效的学习内容就是学习他们所感兴趣的内容，就是学习他们可以感知的、具体形象的内容。这种学习内容主要源自幼儿周围的现实生活。因此，幼儿园课程的内容与现实生活的距离越近，越能引发幼儿的学习兴趣，幼儿的学习也就越有效。当然，现实生活是多层次的、复杂的；生活中有有益的经验，也有无益的或有害的经验。因此，教师必须对生活进行过滤才能使之成为课程内容，且这些内容不应是以知识的逻辑组织起来的严格的学科活动，而应是以生活的逻辑组织起来的多样化的、感性化的、趣味性的活动。同时，幼儿园课程的生活性还意味着幼儿园课程的内容并不是严格的学科知识的再现，课程内容是随着生活情景的变化而变化的，幼儿的兴趣是确定课程内容的重要依据。此外，幼儿的年龄与生理特点决定了他们注意力不能长久保持，但兴趣越浓厚幼儿注意力越集中，有趣是幼儿探究最直接的理由，因此，幼儿园课程内容的趣味性自然也就成为一个显著的特点，教师选择生活中有趣又有教育意义的事件纳入课程，将课程贯穿于幼儿的一日生活，寓教于乐。

（三）幼儿园课程结构的整体性、综合性

既然幼儿园课程是以生活的逻辑加以组织的、是以幼儿的兴趣为引导的，那么，幼儿园课程就不应以，至少不应只以成人确定的系统的学科加以组织。生活是整体的，不可能只反映人类知识体系中的某一部分；生活中往往蕴藏着多方面的发展机遇和可能。所以，幼儿园课程不应追求将现实生活割裂的或与现实生活不一致的知识系统。从幼儿的方面看，多个发展领域之间是相互联系、相互促进的，它们构成了一个有机的发展整体。所谓“发展领域”只是一种人为的划分，在现实的课程实施中，幼儿是以“完整人”的形象出现的，因此，幼儿园课程的内容应是综合的，应尽可能使不同的课程内容产生联系，以促进学习迁移。我们主张，让幼儿以“完整人”的面貌面对完整的生活、有机的经验，不要把学科、领域这种人类划分知识的方式用以划分幼儿的经验，不要以单一的经验作为活动的起点。

案例分享

这就是课程整体性的魅力

教师带着幼儿观察笼子里的豚鼠。教师提出“豚鼠喜欢吃什么”的问题，幼儿猜谜般地说出“糖果”“巧克力”“牛奶”。之后，教师拿出生菜，幼儿拿出糖果、巧克力等，大家把食物放进笼子，观察豚鼠选择吃什么。幼儿惊讶地发现：豚鼠吃生菜！接着，教师提出另一个问题：豚鼠是如何发现生菜的？是看到的、听到的还是嗅到的？幼儿又是众说纷纭。教师建议几个幼儿用绿色纸剪出“假生菜”，和真生菜一起放入笼中，结果豚鼠直奔真生菜，“看到的”被排除掉了。随后，几名幼儿把生菜嚼得响响的，豚鼠还是充耳不闻，“听到的”也被排除掉了。经过几次试验后幼儿得出结论，豚鼠是“嗅到的”。最后，幼儿将自己的发现“报告”出来，“报告”上画了一只豚鼠，贴上了纸生菜，还将糖果纸等贴到了边上……在这里，教师事先并没有考虑“领域”，课程未按明确的领域进行，却将各领域都自然而有机地包含进去了。这就是课程整体性的魅力。

资料来源：郑三元. 论幼儿园课程的本质［J］. 学前教育研究，2005（3）.

（四）幼儿园课程实施的活动性、经验性

幼儿园课程实施的特点是由幼儿生理和心理发展特点、学习的特点和幼儿园课程生活化的特点所决定的。幼儿心理发展的特点尤其是幼儿学习的特点决定了幼儿学习的内容应是直观的、形象的，因此，幼儿的学习一定要借助具体的情景、具体的事物，在参与、探索和交往的过程中学习。教师的语言传递不是幼儿学习的主要方式，书本化的系统知识也不是幼儿学习的主要内容，端坐静听是有悖幼儿发展规律和学习特点的。因此，幼儿园课程的实施关键在于创设丰富的活动情景，创设有利于幼儿自发主动活动的氛围，为幼儿提供各种互动的机会，为幼儿提供与其发展相应的帮助。幼儿的心理特点和学习特点还决定了幼儿园课程的实施经常需要利用游戏，游戏是幼儿园课程实施的重要途径。因为幼儿园课程是与幼儿的生活联系在一起的，所以，幼儿园课程的实施必然是情景性的、参与性的，与现实的一日生活紧密地联系在一起。幼儿在现实情景中，通过操作和探究以及教师的引导、帮助获得知识、体验。教师与幼儿之间的真诚对话、有效沟通是实施幼儿园课程所不可缺少的。

第二节　幼儿园课程模式

课程模式即课程类型，是指教师为实现教育目标所设计的课程组织形式。我国幼儿园常见的课程模式有分科课程、综合课程、活动课程等。

一、分科课程

案例分享

大班科学领域活动：好玩的魔术

设计意图

幼儿对魔术有一种与生俱来的浓厚兴趣，他们表现出极大的好奇心，在平时自由活动时总是自发地聚集在一起模仿魔术师玩魔术小游戏。因此，我从幼儿的兴趣出发设计了本次“好玩的魔术”科学探究活动，旨在引导幼儿通过观看魔术表演和模拟魔术表演的活动，激发对魔术中科学原理的探究欲望和动手操作的兴趣，带领幼儿感受神奇的魔术，积极引导幼儿充分运用各种感官、动手动脑、主动探究魔术的秘密，并通过自己表演魔术的方式来表达探索的结果，最后通过设疑结束活动，激发幼儿继续探索的兴趣。

活动目标

1. 通过观看魔术表演，感受魔术的神奇，使幼儿愿意对魔术进行探究；通过模拟魔术表演，使幼儿体验成功的乐趣。

2. 充分运用各种感官，动手动脑，主动探究魔术的秘密。

3. 积极探索魔术中蕴含的科学原理，初步感知“牟比乌斯带”的基本特征，了解其在生活中的运用。

活动重点

探索魔术的秘密，初步感知魔术中蕴含的科学原理。

活动难点

通过幼儿自己动手和对比观察来初步感知“牟比乌斯带”的基本特征。

活动准备

教具：剪刀、彩纸、两色操作纸环道具；两圆套在一起的纸圈一个。

学具：人手两份红色的纸、人手两份不同颜色的纸圈、人手一把剪刀。

活动过程

1. 谈话导入，引入活动，表演魔术引起幼儿的兴趣。

（1）通过谈话引导幼儿回忆已有生活经验。

“小朋友们，你们看过魔术表演吗？在哪儿看的？是谁表演的？”

（2）教师表演套圈小魔术，引发幼儿的兴趣。幼儿观看魔术表演。

“今天老师就来做魔术师，给我们的小朋友表演一个魔术。老师手上有两个环、一根绳子，现在老师把环套到绳子上拉一下，能不能拉动啊？请小朋友拉一拉。现在老师拿出魔巾盖好，展现魔法啦。”（打开魔巾）“请小朋友看一看发生了什么？”

2. 教师表演“拉线小兔子”魔术，引导幼儿探索该魔术的秘密。

（1）教师表演“拉线小兔子”魔术，幼儿观看。

“小朋友看老师手里拿了什么？”“现在老师要把这张红纸变成一只小兔子：先撕出小兔子的一只耳朵，再撕出另一只耳朵；把中间的部分往后折，然后撕掉。

相信吗？老师可以让小兔子的耳朵动起来。拿出老师的魔法针线，从小兔子的耳朵穿过来，轻轻地拉，小兔子的耳朵怎么样了？再拉另一只耳朵看看怎么样了？”

（2）幼儿猜一猜：小兔子的耳朵是怎么动起来的呢？

（3）幼儿第一次操作，教师引导幼儿探索“拉线小兔子”魔术的秘密。

“老师给小朋友准备了许多材料，小朋友也去试试吧！”

“小朋友的小兔子耳朵有没有动起来啊？”“老师请一位小朋友到前边来和老师的小兔子对比一下，小朋友发现了什么秘密呢？”“老师为什么把大拇指藏在后边？”“为什么做拉线的假动作？”

“魔术就是先把秘密藏起来，然后做一个假动作表演给观众看。让别人觉得很神奇，这就是魔术表演。”

（4）幼儿第二次操作，进行“拉线小兔子”魔术表演。

“小朋友都发现了秘密，请小朋友再去试试。”

“小朋友都学会了，现在表演给身边的伙伴看。”

“老师要请几个小魔术师来前边给其他小朋友表演一下。”

3. 引导幼儿探索纸圈魔术的秘密。

小朋友，做魔术师的感觉怎么样啊？想不想再试一次呢？魔术师可是非常神奇的，我们身边任何东西都可以变出神奇的魔术。

（1）请幼儿自己去表演魔术。

“我们的小朋友现在都是小小魔术师啦！老师给你们准备了两种颜色的纸圈，小朋友自己去表演魔术吧。”（幼儿尝试用纸圈做魔术表演）

（2）请幼儿表演。

“现在老师请几位小魔术师表演魔术，其他小朋友看看他们是怎么表演的。”

（3）引导幼儿讨论比较两种圈的不同。（颜色、形状）

（4）引导幼儿学习新的表演方法。

“如果沿着纸圈中间的黑线剪，会有什么变化？会变成几个圈？”

“纸圈的秘密在哪里？为什么说这是他的小秘密？”（揭示扭了一圈的纸圈就是“牟比乌斯带”）

“用哪个纸圈表演魔术？怎么表演？”

“设计了什么假动作？”

（5）幼儿魔术表演。

4. 引导幼儿了解“牟比乌斯带”的神奇。

“刚才我们认识了‘牟比乌斯带’，还用它表演了神奇的魔术。这么神奇的东西还可以用来做什么呢？”“现在请小朋友和老师一起看看吧！”

（1）请幼儿观看 PPT，感受“牟比乌斯带”的神奇。

“小朋友，‘牟比乌斯带’的神奇之处在哪里？”（幼儿讨论）

（2）组织幼儿谈话：“牟比乌斯带”在生活中的运用。

1）幼儿自由发言。

2）观看“牟比乌斯带”在生活中运用的PPT。（老师边看边和幼儿询问互动）

“老师相信小朋友长大后也可以用‘牟比乌斯带’制作出更多更精彩的东西，你们有没有信心？”

5. 结束：展示两个相连的圈，通过设疑激发幼儿继续探索的兴趣。

“老师手里有两个连在一起的圈，这又是怎么剪出来的呢？我们下次活动再一起去探索它的秘密吧！”

“老师听说小班的弟弟妹妹们特别想看我们表演魔术，那我们现在就出发吧！”

资料来源：湖北省普通高校师范专业大学生教学技能竞赛优秀教案。

（一）分科课程概述

分科课程亦称“学科课程”，是以学科为中心设计的课程。学科课程模式是目前幼儿园普遍采用的课程模式，是幼儿园以某一学科知识为基础开展教育活动的一种课型，充分体现了学科本身的规律和特点以及各学科的教学规律和特点。不同的学科有不同的内容、教学方法、方式手段。1981年颁布的《幼儿园教育纲要（试行草案）》中将学科课程分为语言、计算、常识、体育、音乐、美术六门学科，2001年颁布的《幼儿园教育纲要（试行）》中把幼儿园课程相对划分为健康、语言、社会、科学、艺术等五个领域。这五个领域是幼儿最基本、最重要的学习领域。

（二）分科课程的特点

（1）以各学科知识内容为纲，知识编排比较全面系统，根据培养目标，通过教学，幼儿可获得某一阶段相对较全面、较系统的知识和技能，在教学中获得全面的发展。

（2）各学科交替进行教育，可提高幼儿学习的兴趣。

（3）以传统学科的知识技能为依据，便于教师组织教学以及发挥各自的教学特长，从而更有利于提高某一学科教育活动的质量；更有利于幼儿在某一方面获得长足发展，进而获得更高水平的全面素质的提高。

若操作不当，分科教学易产生如下问题：

（1）重智轻德，重课轻娱。

（2）过分强调各学科的系统性，忽视科与科之间的联系，造成内容重复或割裂。

（3）分科过细和单科拔高，使幼儿学习负担过重。

（4）教师易以“灌输”的方式进行教学，而忽视幼儿的积极性、主动性。

（三）分科课程的原则

为了更好地发挥分科教学的教育作用，运用这种课型时应注意以下几点：

（1）加强各科知识的纵横联系和各种教育手段的综合运用，有效地提高对幼儿整体教育的效益。

（2）积极引导幼儿主动参与。教学中要正确处理以教师为主导和以幼儿为主体两者的关系，改变以教师为中心的倾向，真正把幼儿置于学习与自我教育的主体地位，充分发挥幼儿的积极性、主动性、独立性和创造性。

（3）改变“重智轻德”“重课轻娱”的倾向，明确游戏是幼儿活动的基本方式，教学应充分发挥游戏的教育作用，寓教于乐，促进幼儿德、智、体、美、劳全面发展。

（4）确立分科教学的目标、计划、任务。教师要根据各学科的自身规律和幼儿的认知特点，来确定课程目标、内容和方法，落实教学计划、任务和进度。

（5）在学年或学期计划中，可以因地因时地穿插一些综合课。但开展综合课前要做好周密的计划和充分的准备，进行时要根据当时的情况灵活掌握、精心指导，以保证教育的质量。

二、综合课程

案例分享

幼儿园中班综合主题教育活动教案：幼儿园里的树朋友

【主题活动由来】

春天到了，一次户外活动时，萱萱一边高兴地指着幼儿园里的玉兰树，一边大声地说：“看，它长嫩芽了！”这句话引起了其他幼儿的兴趣，于是问题一个接一个地来了：“这是什么树啊？”“嫩芽长大了是什么样子的？”“为什么其他树没有发芽？”“幼儿园里都有些什么树啊？”这么多有关树的问题弄得我不知道要回答哪一个，于是我们围着幼儿园走了一圈，认真地观察幼儿园里的每一棵树。观察后幼儿的发现更多了，问题也更多了。其实不只是他们，连我也有许多疑问，我们对幼儿园里的树产生了极大的兴趣，于是生成了本次主题活动。

【主题活动网络图】

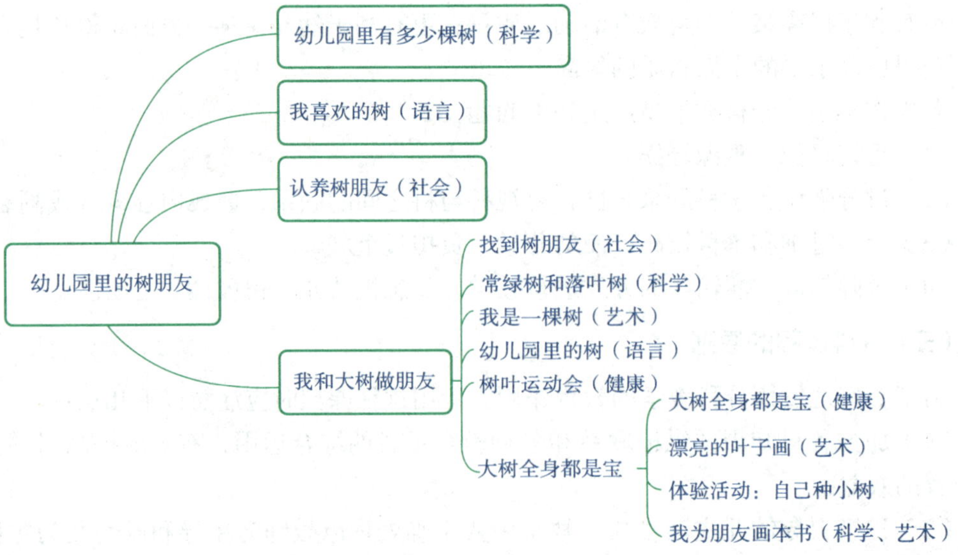

【主题活动总目标】

1. 喜欢和树做朋友，对幼儿园里的树感兴趣。

2. 能够主动提出和树有关的问题，并能与同伴积极讨论。

3. 感知大树的生长变化，简单了解树对人和环境的作用。

4. 能积极与同伴一起探究问题，在探索过程中获得经验，并做简单的记录。

5. 能利用树枝、树干、树叶等材料进行美工创作，关注其色彩、形态等特征。

【主题活动中的区域创设】

一、植物角

区域目标

1. 通过亲自种植，体验照顾植物的方法。

2. 了解树对人们的益处，懂得爱护植物。

3. 通过连续的观察和记录，感知植物的生长变化。

区域墙饰

快乐劳动节，种植小故事，小小工具站，树叶画等。

区域材料

各种种植工具，浇水工具，测量工具，记录表，记录笔等。

指导重点

1. 指导幼儿仔细观察小苗的外形，能进行简单的比较和区分。

2. 指导幼儿进行测量，并用简单的方法记录种子生长的过程。

3. 指导幼儿利用工具主动照顾植物，有责任感。

4. 愉快的种植体验：幼儿通过前期的活动，对幼儿园的树有了一定的了解，并有照顾“树朋友”的经验。结合劳动节，幼儿在家里种植了自己的“树朋友”，这让他们亲身体验到种植的乐趣，同时增强了他们照顾植物的责任感。

二、美工区

区域目标

1. 能自主选择各种材料，对不同的“树”进行装饰。

2. 能通过观察发现幼儿园里的树，并按规律进行简单记录。

3. 形成正确使用、有序收放材料的习惯。

区域墙饰

美丽的树，我和大树做朋友等。

区域材料

水粉工具和材料，美术工具和材料，废旧材料，等等。

指导重点

1. 指导幼儿根据自己的观察和经验，对幼儿园里的树进行记录。

2. 指导幼儿养成良好的美术活动的习惯，知道主动收放材料。

3. 指导幼儿根据自己的意愿选择工具和材料，对大树进行装饰。

三、图书区

区域目标

1. 有主动观察的愿望，能认真观察幼儿园里的树。
2. 能对观察到的现象进行简单的记录。
3. 有定期观察的意识，并将观察记录制作成小书。

区域墙饰

我的观察小书，创编故事等。

区域材料

绘画工具和材料，订书机等。

指导重点

1. 指导幼儿对大树进行仔细观察，可与之前的记录进行比较。
2. 指导幼儿按真实情况进行记录。
3. 尝试创编故事，感受语言活动的乐趣。

【主题活动的具体实施】

活动一：幼儿园里有多少棵树（科学）

活动目标

1. 通过对园内树木的观察、探索、发现和了解，产生保护树的愿望。
2. 喜欢参加种植活动，学会主动关心照顾植物。
3. 尝试做简单的记录。

活动准备

1. 经验准备：课前对园内的树木有简单的观察，有初步的感知经验。
2. 物质准备：PPT，彩笔，图画纸，幼儿卡（有幼儿的姓名、性别、年龄）。

活动过程

1. 观看 PPT，了解幼儿园里树木的生长现状及样子，引发观察的兴趣。

“你知道这是什么树吗？天气暖和后它会变成什么样子呢？说一说你喜欢什么树。”

2. 幼儿回答教师的提问并讨论后，教师带幼儿去室外观察，引导幼儿仔细观察。

“咱们一起来看一看这些树都是什么样子的。”

“这些树也想和你们做朋友，赶快找到你喜欢的树，贴上你的爱心卡片吧！”

观察记录：用不同方式记录观察到的树木（根据树叶的不同形状、树的高矮、树干的粗细、是否开花）；记录小树家的路线图。

3. 请小朋友说一说自己的记录。

活动延伸

把自己喜欢的树画下来，并画上它的邻居，组成一幅完整的图画。

活动二：认养树朋友（社会）

活动目标

1. 知道关心幼儿园里的树木，关注周围的环境。

2. 通过选择、认养“树朋友”的活动，体验合作的乐趣。

活动准备

1. 经验准备：有观察幼儿园里的树的经验，对它们有简单的认识。

2. 物质准备：自制的有关树的认养牌、双面胶、彩色笔等。

活动过程

1. 引导幼儿说一说幼儿园里的树，启发幼儿的认养欲望。

（1）说一说之前看到的树是什么样子的。

（2）引导幼儿说一说自己喜欢的树，并说明为什么。

（3）出示认养牌，导入主题。

2. 引导幼儿按自己的意愿认养。

（1）引导幼儿说出记忆中幼儿园的树。

（2）幼儿自由分组，自主选择一棵树认养。

3. 制作“认养牌”。

（1）出示认养牌，引导幼儿了解认养牌的内容。

（2）小组商量“树朋友”的昵称和给树的祝福语。

（3）幼儿制作认养牌，画上自己喜欢的图案并进行装饰。

4. 幼儿到户外进行认养“树朋友”的活动。

（1）幼儿将自己的认养牌贴到想要认养的树朋友身上。

（2）引导幼儿说出为“树朋友”做哪些事。

5. 总结：“小朋友们要经常关心树朋友，给树浇水、捡石子等，像照顾朋友一样照顾它。”

活动三：我是一棵树（艺术）

活动目标

1. 用身体模仿树的形态，表达自己对树朋友的特征的认识。

2. 丰富肢体语言，学习合作表演。

活动准备

1. 经验准备：幼儿已有观察树木的经验，在幼儿园里有自己的“树朋友”。

2. 物质准备：场地，轻松优美的背景音乐。

活动过程

1. 看望我的树朋友。

（1）带领幼儿来到幼儿园操场，看望自己的“树朋友”。

（2）边念儿歌，边带领幼儿做动作。

我是一棵大树，向着天空伸展。（双手向上伸）那儿有明亮的星星在眨眼，那儿有雪白的云朵在飘浮。（在头顶上摇动双臂）当风吹过的时候，我的枝条在颤动。（双手快速摆动）摇着鸟儿入睡，是我最喜欢的时候。（双手放在头侧，闭上眼睛）

2. 学学我的树朋友。

（1）模仿其中一个“树朋友”，并提供一些线索，请幼儿猜猜教师模仿的是哪棵树，为什么。

（2）幼儿讨论：怎样模仿树干、树枝、树叶。

（3）幼儿尝试模仿，让同伴看看自己的模仿与“树朋友”像不像。

3. 一起表演“树朋友”。

（1）幼儿自由结伴，商量如何合作扮树。

发现并肯定幼儿新颖的、创造性的表现，鼓励和帮助幼儿努力实现自己的想法。

（2）给出语言提示——“小鸟飞来了，停在大树上”“毛毛虫爬到树身上了”“下雨了”等，启发幼儿做出相应的动作，增强表演趣味。

（3）在背景音乐衬托下，幼儿分组展示自己的“树木雕塑”，为每组“树木雕塑”起个好听的名字，如“最粗壮的树”“最可爱的树”“最特别的树”等。

活动四：幼儿园里的树（语言）

活动目标

1. 通过故事，引导幼儿知道树木的好处，懂得树木是需要爱护的，从而激发幼儿爱护树木的情感。

2. 幼儿能用完整的语句大胆、响亮地表达。

活动准备

1. 经验准备：幼儿有爱护大树的欲望，喜欢和大树做朋友。

2. 物质准备：有关故事的PPT，劳动小工具及“爱护树木”的木牌。

活动过程

1. 以故事形式引入，引导幼儿安静地倾听，并认真思考。

（1）教师讲述完整的故事。“幼儿园里飞来了三只鸟妈妈，它们来干什么呢？请小朋友们听完故事《幼儿园里的树》之后来告诉大家。”

（2）引导幼儿说一说听到了一个什么故事，故事里讲了些什么。

2. 播放PPT，再次欣赏故事，幼儿根据故事内容回答问题。

“鸟妈妈们为什么不愿意在幼儿园里的树上做窝？它们是怎么说的？”

“你们愿意鸟妈妈们飞走吗？我们可以想什么办法留住它们呢？”（幼儿讨论）

“故事里的小朋友是怎么关心和帮助小树的？”

小结：“幼儿园里的小朋友很喜欢小树。春天，小朋友帮小树松土；夏天，小朋友帮小树浇水；秋天，小朋友帮小树捡落叶；冬天，小朋友帮小树穿稻草衣。小树在小朋友的关心下长成了大树。”

3. 引导幼儿说一说故事里的鸟妈妈们为什么飞回来了。

“鸟妈妈们现在喜欢幼儿园里的树了吗？为什么？”

“鸟妈妈们都喜欢我们幼儿园里的大树，真好！小朋友们喜欢大树吗？为什么？”

4. 小结：“树的本领真大，可以制造新鲜的空气，创造美丽的环境，还能挡住风沙、遮太阳、抗洪水，提供各种原料，果树还能结果。”

活动延伸

“老师为小朋友们准备了一些小工具，我们一起去帮小树松松土、浇浇水、拔拔草，让小树快快长，长成漂亮的大树吧！”

活动五：常绿树和落叶树（科学）

活动目标

1. 提升对自然界的浓厚兴趣并喜欢探索自然奥秘。
2. 进一步加深对常绿树和落叶树的认识，能通过树叶的不同区分常绿树和落叶树。
3. 有细致观察、比较、判断的能力。

活动准备

1. 经验准备：对幼儿园里的树有一定的认识和感知经验。
2. 物质准备：常绿树和落叶树的树干各一根、树叶若干，音乐《小树叶》。

活动过程

1. 播放音乐《小树叶》，引入主题。

2. 认识落叶树。

“秋天，天气渐渐变冷了，小树叶会怎么样？树妈妈变成什么样子了？”

小结：“冬天过去，天气会渐渐变得暖和起来，春天来了，树妈妈就会长出新的叶子来。像这样春天树叶发芽，秋天树叶变黄，冬天树叶全部落光的树，叫落叶树。”

“你见过的落叶树叫什么名字？”

3. 认识常绿树。

“小朋友见过这么多的落叶树，是不是所有的树都是落叶树呢？”

小结：“对！除了落叶树之外，还有一种树一年四季都有绿叶，它在落叶的同时长出新叶子，叫——常绿树。”

4. 区分落叶树和常绿树树叶的不同。

（1）引导幼儿观察树叶的不同。（常绿树的叶子是硬硬的、光滑的、厚厚的、有水分的，表面有蜡质。落叶树的叶子是软软的、粗糙的、薄薄的、没有水分的。）

（2）魔术盒（内有各种叶子），引导幼儿判断叶子是常绿树上的还是落叶树上的。

5. 游戏：“树叶找家”。

活动六：树叶运动会（健康）

活动目标

1. 通过游戏了解树叶的特点并掌握正确的游戏方法。
2. 有一定的团队精神，能够鼓励同伴坚持到最后。
3. 能够听口令活动，有初步的规则意识。

活动准备

1. 经验准备：对幼儿园里的树有一定的认识和了解，喜欢和大树做朋友。

2. 物质准备：幼儿在观察树朋友时捡到的叶子，长绳两根，每人一本书。

活动过程

1. 做好准备活动，进行热身游戏。

（1）说说我的小运动员——叶子朋友。

“请看看你旁边的同伴的树叶和你的树叶，你发现了什么？”

（2）游戏——比比谁的叶子先落地。

小结：“我们的叶子都不一样，有的落下来快，有的落下来慢。”

2. 树叶运动会。

（1）讲解“吹树叶”游戏的方法和规则。

（2）幼儿分组进行第一次游戏。

（3）总结吹树叶的方法，请第一名幼儿示范如何吹才省时又省力。

（4）幼儿练习好后再次进行吹树叶比赛。

3. 比一比一谁是“叶子王”。

（1）教师进行示范，并说明游戏规则。

（2）幼儿比赛扇树叶。

（3）引导幼儿找出最简单有效的方法进行试验，并再次尝试。

4. 总结：说一说和树叶做游戏有什么感受。

资料来源：赵旭莹，周立莉. 幼儿园综合主题活动：设计技巧与优秀案例［M］. 北京：中国轻工业出版社，2014：166－175.

（一）综合课程概述

综合课程是将各种教学内容、教学手段围绕一个中心主题有机地结合起来，将课内课外各种教育因素相互联结、协同，以幼儿的主动学习为核心来完成全面发展的教育任务的一种课程模式，是针对原有幼儿园教育中的种种弊端而创设的一种新型模式。

综合课程模式强调通过幼儿园开展多种形式的主题教学活动，提倡幼儿在教学过程中要又玩又做、又看又讲，手脑并用，以寻求幼儿教育整体优化的途径，取得最优化的教育效果。

（二）综合课程的特点

综合课程教育活动紧密结合幼儿的实际生活，整个教育计划打破了学科界限、废除了“课时制”，围绕某一课题以活动为中心来组织课程，多采用划阶段、分单元的教学方式。

1. 实行三个方面的结合

（1）教育内容的结合。以幼儿周围自然、社会生活内容为基础，确定每个阶段的教育内容，以“主题”的形式出现，尽可能结合语言、数学、音乐、美术、体育等方面的内容，但不强求综合，仍然保持各方面内容的系统性。

（2）教育手段的结合。各种类型的游戏、教学、劳动、娱乐以及日常生活中的活动，各有其特殊的教育作用，在运用时尽可能相互配合，发挥各自独特的作用。游戏是幼儿阶段的主要活动（全班或者分组），是进行集体教学的主要形式，日常生活的各个环节是幼儿料理自己和为集体服务的机会，要充分发挥它们的教育作用。

（3）教育过程的结合。把认知、情感、行为、能力的培养结合在统一的教育过程中。以认识周围生活为基础，从情感教育入手，注重培养幼儿良好的行为习惯，发展言语和思维能力，这是对幼儿园教育过程的总体而言的；至于各项具体活动过程，各有一定的侧重点，为构成统一的整体而发挥各自的作用。

2. 实行三个层次的结合

（1）主题活动的结合。每个阶段以某个主题统合各方面的教育，使有关的内容得到有机结合，改变分科教学课程系统分别进行的形式，也改变课内教学的单独自成体系的方式。有关内容和各种手段互相联系、密切配合，这是就各个主题的整体而言的；而各项具体活动，仍有各自的特点。

（2）一日活动的结合。把一日活动中的各项活动组成连续的教育过程，不停留在相互分割的各个片段上。这种结合，又随着教育要求和幼儿发展程度的提高不断调整变化，使活动形式的结合服从于教育内容和过程的结合，促进教育任务的落实。

（3）个别活动的结合。每项活动尽可能在各个部分自然的有机联系中进行，既要防止割裂，又要防止强求拼合。个别活动的结合是多种多样的，由内容性质、活动要求、幼儿能力等多种因素决定，有很大的灵活性。

综合课程有综合性特点，打破了分科界限，把各种教育因素组成一个有机的整体，发挥了教育的整体效益。

（三）综合课程的原则

1. 整体性原则

整体性原则即要有整体观念，以教育方针为指导，围绕培养目标，综合考虑各种教育因素，正确处理并协调组成幼儿教育诸方面的关系，促使幼儿得到全面、和谐、主动、充分的发展，以求得最佳的教育效果。

2. 主动性原则

主动性原则即要明确幼儿是主动发展的个体，在教学过程中要始终将幼儿看作一个发展的整体，将“教”与“学”的矛盾看作不断发展的过程，改变幼儿被动的学习地位，使幼儿主动地、有趣地学习。

3. 活动性原则

活动性原则即要看到幼儿的发展是在与环境相互作用中进行的，活动是相互作用的中介，课程必须为幼儿提供一切充分活动的机会，以利于生智开慧。

三、活动课程

案例分享

幼儿园区域活动计划

美工区

1. 折纸：提供彩色手工纸、剪刀等。（中班）
2. 玩泥：提供橡皮泥、泥工板等。（大班）
3. 粘贴：提供废纸、色纸、糨糊、湿巾等。（小班）
4. 装饰画：提供勾线笔、油画棒、图画纸等。（大班）
5. 吹画：提供广告颜料、墨水、图画纸等。（小班）

★训练幼儿的观察力、判断力及手眼协调能力。

★初步学习正方形的折叠方法。

★初步学习吹画的技能，能选用颜色来进行装饰。

★引导幼儿运用搓、团、压、印等塑造技能表现物体的主要特征。

科学区

1. 好玩的磁铁：提供磁铁、各种含铁和不含铁的物品等。（中班）
2. 好玩的水：提供水枪、注射器、有孔的瓶子、小水桶等。（小班）
3. 颜色变幻：提供颜料水、玻璃瓶、棉签等。（小班）
4. 溶解现象：提供盐、沙子、果冻、食用油、洗发水等。（大班）
5. 虹吸现象：提供玻璃杯、塑料卡纸等。（大班）

★尝试运用多种方式感知、探索磁铁的特性。

★能运用多种工具了解水的特性，探索水的多种玩法，体验玩水的快乐。

★激发幼儿对色感的兴趣，尝试用主色调配变成另一种颜色。

★训练幼儿的观察能力。

益智区

1. 图形分类：提供分类盒、不同形状的图形等。（中班）
2. 数字分类：提供分类盒、写有数字的汽车若干。（大班）
3. 图形排序：提供排序卡、图形粘贴纸等。（小班）
4. 图形拼图：提供七巧板等。（中班）

★学习不受大小和颜色干扰，按形状特征进行分类。

★学习根据数字投放相对应物体的数量。

★学习有规律的图形排序。

语言区

1. 看图讲述：提供语言图书等。（中班）
2. 故事拼图：提供拼图等。（小班）
3. 表演讲述：提供指偶表演台、小指偶等。（大班）

★培养幼儿阅读图书的习惯，初步学习按顺序翻阅图书并能边看边讲述图片的主要内容，教育幼儿爱护图书。

★初步学习用小指偶来进行表演，并能讲出简单的故事内容。

建构区

提供自制的大型纸箱积木、小型积木；提供中型、小型塑料花片以及一些辅助材料。（中班）

★在模拟结构中学习各种基本的建构技能和建构物体的基本特征。

★能根据要求进行有目的的建构活动。

★培养幼儿的注意力、观察力以及动手操作能力。

★教育幼儿懂得爱护玩具和与同伴友好相处。

音乐区

提供录音机、音乐磁带、各种打击乐器、头饰、纸制服饰等。（大班）

★引导幼儿自由选择乐器，学习用不同打击乐器演奏 2/4 拍的歌曲，体验合作的乐趣。

★鼓励幼儿大胆表现，激发幼儿热爱祖国、家乡的美好情感。

（一）活动课程概述

活动课程也称“生活课程”或“经验课程”，是指从幼儿的兴趣出发、以幼儿的活动为中心、为改造幼儿的经验而设计的课程。

活动课程的主要倡导者是美国实用主义教育家杜威。他主张“教育即生活”“学校即社会”，提倡采用“儿童本位课程”，主张教学要以儿童为中心。他在芝加哥大学实验学校里进行实验和研究这种课程，其特征为：

（1）以儿童的“活动”为中心，内容局限于儿童日常的生活经验，要求儿童从“做中学”，即从自己的生活和经验中学习。

（2）课程内容的选择取决于儿童的需要和兴趣。学习计划由师生共同设计，不同学生的学习内容因兴趣不同而有很大差别。

（3）变分科的组织形式为综合作业的组织形式。

活动课程的基本出发点是儿童的兴趣和动机。杜威试图用儿童的某些基本动机作为教学组织的中心，代替以学科作为课程的基础。基本动机主要有四种：

（1）社会动机，即跟其他儿童一起活动的欲望。

（2）建设动机，即建设东西和加工原料的欲望。

（3）探索动机，即好奇的倾向以及实验的愿望。

（4）表演动机，即欣赏和创作各种文艺作品的愿望。

活动课程多采取活动的形式，因此容易调动幼儿的主动性；把相关的知识作为一个单元，容易使幼儿获得一些有紧密联系的知识经验；选择幼儿感兴趣的内容，幼儿比较容易接受。但此课程不能给幼儿以系统的文化科学知识，不利于传递人类文化，不利于实现教育目标，因为做到既符合幼儿兴趣又符合教育目标十分不易；同时，各主题相对独立、缺乏相关性，以致幼儿获得的仅仅是些零散的知识；而且这种课程的教材难编难教，对教师的素质要求较高。

（二）活动课程的特点

目前，幼儿园活动课程模式是以活动区教育为主，以小组活动、集体活动为辅的一种教育形式。其特点如下：

（1）活动课程取消上课形式，让幼儿到活动中去学习。教师没有事先准备好的一套教学内容，一切取决于当时幼儿和环境相互作用的情况，以幼儿概念的形成、技能学习的发展表现来决定教育内容和方法。为此，教师必须在了解幼儿的基础上才能和幼儿相互作用，这样教师的注意力也就会自然转到活动上去，关注幼儿在干什么和怎么干，从而达到对幼儿现状的了解、找到教育的契机。

（2）活动课程基本取消了以往千篇一律的做法，没有针对全班幼儿的统一教育内容要求，而是面向某一具体幼儿设置一定的环境、材料或提出一定的要求，由幼儿根据自己的意愿作出选择，使幼儿表现出最大的积极性、主动性和创造性。

（3）活动课程为幼儿创设了很多活动区，提供了丰富的材料。幼儿通过和材料的相互作用，可以获得很多经验；教师可以在原基础上促进幼儿的发展，使他们形成一定的知识技能。

（三）活动课程的原则

（1）创造优越的学习环境，让幼儿新具备的能力得以充分运用和发挥。

（2）尊重幼儿的自发活动，使幼儿成为学习的主人，在教育中充分调动他们的积极性、主动性和创造性。

（3）针对幼儿的个别特点进行教育，促进他们发展。

（4）强调环境、材料在幼儿教育中的重要性，让幼儿通过和环境的相互作用来学习和发展。

（5）教师应在对幼儿观察、了解的基础上帮助幼儿成长和发展。

（6）有目的、有计划的教学活动是幼儿获得发展的必要条件，但教师主要是发挥潜在影响，应遵循“幼儿在先，教师在后”的原则。

（7）要使教育大纲落实到每个幼儿身上。

（8）给幼儿更多的相互作用的机会。

（9）着眼于幼儿认识发展的过程。

（10）教师在幼儿教育中富有更大的灵活性和创造性。

第三节　幼儿园课程设计

美国课程专家拉尔夫·泰勒认为，编制任何课程之前必须回答以下问题：

（1）学校应该达到哪些教育目标？

（2）提供哪些教育经验才能实现这些目标？

（3）怎样才能有效地组织这些教育经验？

（4）怎样才能确定这些目标正在得到实现？

上述问题就是课程设计的四个基本环节：确定课程目标、选择课程内容、组织与实施课程、课程评价。

课程设计是一个复杂而系统的工作，不仅要回答上述四个基本问题，还要在价值判断的基础上做出某种决策。

课程决策可以分为两个不同的层次：

一是广义的、理论的层次。这一层次的决策在于对课程的方向问题做出基本的价值选择。课程的方向主要取决于设计者对课程的三大基础——社会、儿童和知识内容之间关系的处理。这取决于课程应在儿童的成长中起什么作用的价值观念。设计课程时要考虑三大基础，但是不同的因素之间有时可能会相互冲突。例如：在知识经济时代，新知识、新技术的不断涌现使得应该学习的内容大量增加。家长从早起跑、早赢的角度也希望有些内容提前学起，但是他们可能不了解哪些内容是适合幼儿的、哪些是不适合的，也不了解从终身发展的角度来说什么对幼儿更重要。这些成了课程决策中的难点。

二是具体的、技术的层次。这一层次的决策是在理论决策的指导下对课程要素（包括课程目标、内容、组织与实施、评价及其相互关系）进行处理。

幼儿园课程设计就是通过上述两种决策拟制出"预定的课程"，即课程设计与方案，并在实施的过程中不断调整、修正，进行"再设计"。

一、幼儿园课程目标

课程目标是教育目的在教育过程中的具体化，它指明了学习者通过课程的学习应该达到的成就。它是课程的其他要素抉择的依据和标准，并对整个教育教学过程起着导向作用。因此，课程目标在整体课程中的地位和作用十分重要。

（一）幼儿园课程目标的含义

幼儿园课程目标是指根据幼儿园教育目的和教育规律提出的课程的具体价值和任务指标，是幼教工作者对幼儿在一定学习期限内的学习效果的预期。它是幼儿园教育目的的具体化，是课程的核心点：它既是幼儿园课程设计的出发点，又是幼儿园课程设计的归宿；它既是选择幼儿园课程内容、组织方式和教学策略的依据，又是课程评价的标准。因此，制定幼儿园课程目标是课程编制的第一步，也是最重要的一步。

（二）幼儿园课程目标的层次

幼儿园课程目标可以分为三个层次：

长远目标——它表述幼儿园课程所期望的成果，也就是幼儿园教育目标。《幼儿园工作规程》中的"幼儿园保育和教育的主要目标"就是幼儿园课程的长远目标。它是在整个教育阶段中，通过一系列教育活动来实现的。

中期目标——它表述某一特定的教育阶段所期望的成果，如幼儿园大、中、小班各年龄段的目标和学期目标。在幼儿园课程总目标的指导下，教师可以将课程目标分解到小班、中班、大班三个年龄段中，分别制定每一年龄段或每一学期的目标，这三个年龄段的目标相互衔接、螺旋上升，分阶段地保证课程总目标的实现。

近期目标——它表述的是在较短时间内所期望的成果，如幼儿园月（日）计划中制定的教育目标或一个主题活动的目标。这一层次的目标比较具体、微观。

（三）幼儿园课程目标的取向及表述

幼儿园课程目标的取向表现在以下三个方面。

1. 行为目标

行为目标是以幼儿具体的、可被观察的行为表述为课程目标，它指向的是实施课程以后在幼儿身上所发生的行为变化。行为目标具有客观性、精确性、具体性、可操作性等特点。这些特点使得教师将课程内容以“行为目标”的形式陈述时，清楚明了教学任务，便于有效地控制教学过程，便于将课程内容与上级检查者、幼儿家长和幼儿展开交流。更重要的是，因为行为目标是以具体行为的形式呈现的，所以很容易判断目标是否达成，便于准确评价。

2. 生成性目标

生成性目标是在教育过程中生成的课程目标。生成性目标强调幼儿、教师与教育情景的交互作用，是在这种交互作用中不断产生课程的目标。课程的目标应是幼儿在教育过程中、在与教育情景的交互作用中所产生的自己的目标，而不是课程开发者和教师强加的目标。幼儿有权利通过自己的自主活动去学习他们认为值得学习的东西，在自己已有的水平上主动建构知识。

3. 表现性目标

表现性目标是一种非特定的、较广泛的目标，强调的是个性化，目标指向的是培养幼儿的创造性。表现性目标不规定幼儿在完成学习活动后应该获得的行为，而是指向每一个幼儿在教育情景的种种“际遇”中所产生的个性化表现。它适合于表述复杂的智力活动，已有的技能和理解是这种活动得以进行的条件。表现性目标鼓励幼儿运用已有的技能，拓展并探索自己的观点、意象和情感。

各种课程目标取向各有其长处，也各有其短处。应该说，从行为目标取向发展到生成性目标取向再发展到表现性目标取向，体现了课程发展对人的主体价值和个性解放的追求，反映了时代精神的发展方向。因为行为目标具体、明确，便于操作和评价，所以在幼儿园课程中，某些知识和技能的传授、行为习惯的训练可以运用行为目标的方式表述课程目标，以期望通过课程的实施，全体幼儿或大部分幼儿能够发生行为目标所预设的行为变化。采用行为目标取向编制课程，往往能收到较为直接的、理想的效果。若要培养幼儿解决问题的能力，生成性目标的形式比较有效；若要鼓励幼儿的创造精神，表现性目标的形式较为适合。

因为目标存在着不同的层次，所以也要有不同的表述方法。一般来说，总目标是比较概括和抽象的，在表述时只能原则性地指出目标涵盖的范围和方向；其余各层目标皆应是总目标的具体化。当然，目标层次越低，表述得应该越具体、越具有可操作性。

课程目标的表述方式有两个：

一是从教师的教育出发，表述期望通过教育活动帮助幼儿获得的学习成果。例如：自然科学领域的教育目标是：（1）激发幼儿对事物的好奇心，通过主动的观察、操作、分析和发现，培养其开放的研究态度。（2）通过与自然的接触，发展幼儿的观察能力。（3）培养幼儿对动物、植物的爱心。（4）帮助幼儿认识人类与自然界的关系，并关注生活环境。（5）帮助幼儿发展解决疑难问题的能力。

二是以幼儿的学习为出发点，指出幼儿在学习以后应该知道的和能够做到的表现，可称之为学习目标。上述自然科学的教育目标如果以学习为出发点，可以表述为：（1）对事物有好奇心，学会观察、操作、分析和发现的方法，养成开放的研究态度。（2）积极主动地与自然界接触，敏锐、细致地观察。（3）关心与爱护动物、植物。（4）认识人类与自然界的关系，并关注生活环境。（5）增强解决疑难问题的能力。

目前，大多数人主张从幼儿的角度表述幼儿园的课程目标，以促使教师的注意力向幼儿转移，克服以往教育中教师较多注意自己“教”的行为而忽视幼儿的“学”及“学的效果”的倾向。

（四）制定幼儿园课程目标的依据

要科学地制定幼儿园课程目标，就必须研究幼儿、研究社会、研究人类知识，从三方面的研究信息中获得支持。

1. 对幼儿的研究

幼儿园课程是为支持、帮助、引导幼儿学习，是促进其身心的全面和谐发展而设置的；课程目标是对其在一定期限内的学习效果——发展状况的期望。因此，为了制定合理的课程目标就必须研究幼儿，包括对幼儿身心发展的实际水平、需要和兴趣等方面的研究，这可以为目标的制定提供幼儿进一步发展的潜力、方向和速度等方面的信息，可以帮助教师确定哪些目标对幼儿来说是可能的、适宜的和理想的。

2. 对社会的研究

幼儿园课程的基本职能之一是使幼儿在度过快乐而有意义的童年的同时，为积极适应未来的社会生活作准备。因此，教师在考虑幼儿园课程的目标时，必须研究社会对幼儿成长的期望和要求。这也是对幼儿园教育的政治功能、经济功能和社会文化功能的分析和研究，以便为幼儿园课程目标的制定提供有关政治制度的巩固、社会生产的发展、科学技术的进步、社会文化的传递等对现代人才和未来人才基本素质的需要的信息，了解社会对幼儿成长发展的期望和要求，从而确定幼儿应当学什么、掌握什么。

3. 对人类知识的研究

知识是人类智慧的结晶；知识可以帮助幼儿更好地认识自然、认识社会、认识自己，形成判断是与非、对与错、美与丑的标准，掌握有效的行动方式方法；知识是课程必不可少的内容。因此，教师需要对人类的知识，特别是对学科专家总结的学科知识进行研究，探讨学科知识自身的特殊功能以及学科能起到的一般教育功能，以便了解幼儿需要知道什么、应当去做什么以及学习这些知识后的作用。

（五）幼儿园课程目标的作用

1. 制订教育教学计划的依据

课程在实施的时候有不同层次的教育教学计划，如年龄班（全年）教育计划、学期教育计划、月（周）教育计划以及一日生活安排和具体教育教学活动计划等。制订这些计划的一个重要依据就是课程目标。

教师在制订教育教学计划时，一般都是依据目标的要求，结合幼儿的实际能力来确定计划中的教育要点，再具体地设计每一个教学活动。例如：某教师依据幼儿社会性发展的有关目标“引导幼儿认识并理解人们之间的相互依存关系，培养尊重劳动、珍惜劳动成果的情感”，选定了“帮助我们的人——我们的朋友”的主题，在主题目标中确定了教育的范围与要求：

（1）向幼儿介绍各行各业的人物、工作及与他们与幼儿的密切关系。

（2）让幼儿了解这些人物的工作，以及知道如何与他们合作。

（3）使幼儿懂得欣赏及尊重这些人物。

依此目标要求，该教师设计了认识医生、清洁工人、厨师、餐馆服务员等具体的教学活动。

2. 引导教育教学过程的方向

具体的活动过程要符合全面发展的整体目标，不能只注意发展幼儿某一方面的能力而忽视活动过程中各种因素对幼儿其他方面能力的影响。教师在教育教学的过程中如果没有整体目标的意识，就会使自己的教育行为偏离总目标的方向，教育效果便会南辕北辙。例如：某教师拟通过讨论“名片”的作用来培养幼儿的口语表达能力及想象力，让幼儿想办法帮助小白兔对付狼及老虎。可该教师想出的办法却是，小白兔拿出老虎的名片吓跑了狼，后又拿出大象的名片吓跑了老虎。该教师没有想到，她的“想象力”让幼儿得到的结论是：“名片”是用来唬人、骗人的东西。这一结果与教育目标是完全背道而驰的。

活动过程所选用的内容及组织形式、方法、手段、途径应与目标保持一致，才能取得较好的教育效果。反过来说，内容、形式、方法等相互之间的协调配合要靠目标的指引和调节。教师在设计教育活动时，要以目标为依据；在活动过程中，要有目标意识，使自己的教育行为符合目标要求，尊重幼儿，给予幼儿较多的表现和表达的机会，引导幼儿积极主动地参与活动；活动后的小结，依目标的要求，应当成为幼儿表达和交流感受、体验和经验的良机，教师不要以“权威”的姿态给幼儿作出评判，不要让幼儿只是被动地接受教师所给的评语。

3. 评价教育教学效果的标准

课程目标对幼儿学习中的情感态度与价值观、行为与方法，知识与能力等方面既有普遍性的要求，又有具体的指标，是教师对幼儿园教育活动进行评价，是判断和检验幼儿实际学习效果的参考标准。课程目标是建立幼儿教育评价体系的标准。

（六）幼儿园课程目标制定的原则

1. 全面性与整体性的原则

幼儿园的教育任务是实施德、智、体、美等方面全面发展的教育，促进幼儿身心和谐发展。全面发展的教育首先就应体现在全面发展的课程目标上，所以在制定幼儿园课程目标时应遵循的一个原则就是全面性与整体性原则。这一原则要求教师在制定课程目标时，尽量做到课程目标指向幼儿的全面发展。这个全面发展一方面是指幼儿园课程目标应包括德、智、体、美各个方面的发展目标，另一方面是指德、智、体、美的每一方面都要尽量涉及情感态度、认知、动作技能等方面的培养、形成与发展，甚至具体到某些教育活动课程领域还要考虑到每一领域的每个目标的涵盖面。这也意味着最终制定出的课程目标具有全面性与整体性的特点。

2. 连续性与一致性的原则

幼儿园课程的总目标要靠各个层次目标的层层落实才能实现，所以在制定课程目标时应遵循连续性与一致性的原则。目标的连续性与一致性是指：第一，各年龄阶段的目标要相互衔接，体现心理发展的渐进性与连续性；第二，下层目标与上层目标之间、局部目标与整体目标之间要协调一致，每层目标都应该是上一层目标的具体化，这样可以保证通过每层、每个阶段及每个具体教育活动目标的实现而最终实现总的大目标或长远、宏观的目标。这一原则的实质就是防止目标之间产生脱节，确保总目标得到科学而准确的落实。

在制定幼儿园健康教育的年龄段目标时，教师既要考虑到健康领域总目标的整体要求，又要考虑到小、中、大班幼儿心理发展水平的渐进性特点，从而使制定出的不同年龄段的目标既能体现出不同层次目标之间的协调一致性，又能体现出各年龄阶段目标要求之间的渐进性与连续性。

3. 可行性与可接受性的原则

教师所从事的一切教育活动都是为了现实生活当中的每一个幼儿的健康成长与发展，而每一个幼儿又生活在不同的地区、不同的环境下，都有其自身发展的特点。因此，在制定幼儿园课程目标的过程中一定要考虑到现实的多方面的具体情况，从实际出发，使制定出的目标具有可行性与可接受性。

首先，幼儿园课程目标的制定应考虑到本国或本地区、本幼儿园、本班幼儿的实际，所制定的目标应该是通过各方面教育者的努力最终指导与引导幼儿达到的目标，这样才能保证目标的实现具有可行性。

其次，目标的制定要考虑到幼儿的可接受能力。其中，高层次课程目标的制定要以我国 3 ～ 6 岁幼儿身心发展的一般特点为依据，而低层次或单元或具体活动目标的制定，应根据所在幼儿园的幼儿或所带班级幼儿的实际发展水平来考虑，这样会使课程目标具有可接受性，即目标锁定在幼儿的最近发展区内。

4. 社会性与时代性的原则

在制定幼儿园课程目标时要关注社会的发展，预测未来社会的发展变化，在充分考虑社会与时代对人才所需的基础上，根据幼儿园教育的性质、全面发展的教育理念以及幼儿身心发展的特点与水平等制定出吻合社会与时代要求的、幼儿可接受的课程目标，充分考虑社会与时代变化对人才素质的要求。例如：社会领域目标：能主动地参与各项活动，有自信心，乐意与人交往，学习互助、合作和分享，有同情心，能努力做好力所能及的事，不怕困难，有初步的责任感。

5. 缺失优先与长善救失的原则

课程目标的设计者要善于分析现实幼儿发展中的优势与不足，对照总目标要求找出现实幼儿发展与理想目标的差距，从而有针对性地在教育中既使幼儿已有优势得到不断提高与发展，又对于幼儿发展的不足之处给予优先补偿性教育。

例如：我国《幼儿园教育指导纲要（试行）》明确提出：教育活动目标要以《幼儿园工作规程》和本《纲要》所提出的各领域目标为指导，结合本班幼儿的发展水平、经验和需要来确定。这一要求可以说明：我国在制定幼儿园教育目标时，已考虑到不同幼儿园、不同班级幼儿在各方面发展上的实际差异。

资料链接

好玩的沙（大班）

设定理由	单元总目标	活动名称	活动目标
设定本单元主要是为了探讨沙的颜色、性质及用途，满足幼儿玩沙的兴趣，激发幼儿的好奇心、创造力以及仔细观察事物的态度。	1. 认识沙的颜色、性质及干沙与湿沙的不同。（认知） 2. 了解沙在日常生活中的用途。（认知） 3. 养成分工合作与收拾整理的习惯。（行为技能） 4. 能够利用沙来做各种造型。（情感） 5. 养成仔细观察的科学态度。（情感）	活动一：认识沙	1. 观察后能说出沙与石头的不同。 2. 能认出沙的颜色。 3. 能仔细观察事物。
		活动二：干沙与湿沙	1. 会把干沙加适量的水变成湿沙。 2. 能利用晒干或烘干的方法，使湿沙变成干沙。
		活动三：漏沙与量沙的游戏	1. 知道筛过后的沙不含杂物，可使漏斗中的沙流动顺畅。 2. 能利用唱歌或数数来计时，知道口径不同的漏斗流出等量的沙所需要的时间不同。 3. 能利用小量杯量沙，说出两个粗细不同的杯子哪一个装得多、哪一个装得少。
		活动四：沙画及沙的装瓶配色游戏	1. 能利用口径不同的漏斗画出粗、细不同的线条。 2. 能利用不同颜色的沙来作画。 3. 能利用沙来做色彩的搭配装瓶游戏。 4. 能有始有终地进行活动。 5. 能与同伴合作完成活动后的整理。
		活动五：立体造型	1. 知道干沙不可做立体造型。 2. 知道湿沙可做立体造型，但干了以后会松散、没有保存性。

二、幼儿园课程内容

课程内容要解决的是“教或学什么”的问题。解决这个问题时必须考虑什么内容最适合幼儿学习、学习哪些内容最有利于实现课程目标从而促使幼儿达到预期的发展水平，这是课程设计中的关键。

（一）幼儿园课程内容的含义

幼儿园课程内容是依据幼儿园目标、相应年龄段幼儿身心发展的规律与特点以及幼儿的学习经验而选定的蕴含或组织在幼儿的各种活动中的幼儿能够学、应该学、适宜学的知识范畴，其中包括基本态度、基础知识、基本技能和基本行为方式等。

（二）选择与确定幼儿园课程内容的原则

遵循幼儿园课程内容选择与确定的原则，是为了保证内容符合课程目标的方向与要求，使幼儿能够有意义地、有效地进行学习，满足并促进其发展。

1. 满足幼儿全面发展的整体需要，有效地发挥各领域的教育作用

从总体范围来说，幼儿园课程内容的选定应能满足幼儿身心各方面的发展需要，包括身体、认知、语言、社会性、情感、创造诸方面，并使这几方面得到平衡发展。同时，在选择和确定内容时，要综合考虑各领域对幼儿某方面发展的特殊教育作用及对诸方面发展的一般作用。健康、语言、数学、科学、社会、音乐、美术等，这些内容都对幼儿身心发展的相关方面具有特殊的教育作用，彼此不能替代。在制订教育教学计划时要考虑各领域内容安排的平衡性，不要不适当地偏重某一领域，这样才有助于幼儿身心的全面和谐发展。

2. 符合幼儿的年龄特点，是幼儿必要的和有效的学习内容

人的一生都处于发展的过程之中，在不同的年龄段需要学习某些基本的知识、技能及社会行为。幼儿所处的童年时期，有其特殊的学习需要和学习对象，不能把未来所必备的知识技能简单地压在幼儿身上进行超前教育。也就是说，幼儿学习的内容应当符合幼儿期的年龄特点，不要把适合在小学学习的东西拉到幼儿园来。例如：对三岁的幼儿而言，由于他们自我照顾能力有限，情感上还很依赖成人的个别关怀，同时又开始发展自我意识，因此，教师就应以常规生活和多种自选游戏活动来促进幼儿自理能力的发展，帮助幼儿建立安全感和自信心，而不应侧重学科知识的学习。如果时机未成熟而勉强幼儿学习，会使他们有过多的挫折感与失败感，导致其产生消极的学习态度。

幼儿园教给幼儿的知识，要尽可能是他们能够加以应用的。幼儿能够在自己的生活中应用到的知识，才是对他们有意义的知识。如果他们能够应用所学到的知识来解释某些生活现象或解决某个简单问题，他们就会感到有兴趣，就能增强自信心并养成积极的学习态度。

3. 联系幼儿的实际生活经验与兴趣，内容具有时代性、丰富性

社会的发展、人类的进步、高科技的应用都会反映在人们的日常生活中。幼儿园课程的内容只要密切联系幼儿的实际生活，就具有时代性与丰富性，有助于幼儿的学习、理解和应用。对幼儿来说，学习与生活有关的事物，他们才容易掌握、才能够引起联想、才有学习的兴趣。因此，在提供幼儿学习的内容时，教师应尽可能地使幼儿看得见、摸得着，要让他们能够亲身感受与体验。正如陈鹤琴先生所说："大自然、大社会，都是活教材。"如果让幼儿学习生活中接触不到的事物，会使他们感到难以理解；如果勉强教给他们，不仅浪费其精力和时间，而且会降低他们学习的兴趣。幼儿园的课程内容源于幼儿的生活，但不是简单地复制生活，要加深幼儿对生活的理解，通过幼儿园课程活动引导幼儿拓展、整理、提升生活经验。

另外，联系幼儿的实际生活经验，要注意由已知到未知、由浅入深、由近及远、由简到繁逐步扩展幼儿的认知范围，引导他们在实际生活中应用并整理已获得的经验，形成粗浅的前科学概念。

4. 适合幼儿的能力与发展需要，对幼儿的进一步学习具有挑战性

课程内容的选择与安排应既能满足幼儿当前发展的需要，又能促进幼儿能力的提高，为后面的学习奠定基础。对幼儿过难或过易的内容都不利于幼儿的学习与发展。恰当的学习内容应使幼儿"跳一跳，够得着"。例如：教师让幼儿学习排序，当他能够依据物体的连续量（如大小、长短等）依次排序又有了基本的计数能力后，如果再安排排序活动，就可以让幼儿按物体的数量进行排序。这个活动不仅能让幼儿学习按数量排序的新内容并练习和巩固已有的排序技能，而且能为其建立数序的概念积累相关的感性经验。

对幼儿具有挑战性的学习内容，才能激起他们的学习兴趣，才具有促进幼儿发展的价值。教师在选择内容时要注意，既要联系幼儿已有的经验，又不能简单地重复经验，应该让幼儿在已有经验的基础上通过努力去积累新的经验。

三、幼儿园课程组织

（一）幼儿园课程组织的含义

课程组织是依据课程目标的要求，对构成教育的基本要素或课程实施的各种因素加以编排、组合、平衡的方式。它包括教育教学计划、学习材料及活动设计、环境创设与布置、教育组织形式、时间与空间的安排等。

有效运转的课程必须是一个被合理地组织起来的整体或系统，这个组织系统的基本任务是促使课程向幼儿的学习经验转化。

幼儿园课程是帮助幼儿获得有益的学习经验、促进其身心全面和谐发展的各种活动的总和，相应地，可以把幼儿园课程组织理解为：创设良好的课程环境，使幼儿园课程活动兴趣化、有序化、结构化，以产生适宜的学习经验和优化教育效果，从而实现幼儿园课程目标的过程。

（二）幼儿园课程组织的形态

从大的方面来看，幼儿园课程组织可分为以下两种形态：

一是观念或构想形态的课程组织。它是指课程设计者在“思想上”根据一定的原理、原则将各种课程要素加以联系、组合，形成课程指南、课程方案、教学计划以及课程活动设计等课程“方案”“计划”的过程。组织成方案形态的课程需要经过教师的理解和转换，才能与幼儿发生直接联系。因为方案形态的课程是教师先于实践拟制的，所以是一种“预成的”课程。

二是实践形态的课程组织。它是指教师根据实际情况灵活地将课程方案转化为生动的课程实践（现实）的过程。幼儿实际感受到的课程是这种实践形态的课程，即他们自己参与其中、与之发生直接的相互作用的课程。

课程组织是一项极具整体性的工作，涉及的因素很多，但还是可以相对区分出一些比较重要的因素。课程内容和教育过程的组织问题又是重中之重。

（三）幼儿园课程组织的原则

幼儿园课程的基本任务是提供一个优化的教育环境，让幼儿在生动活泼、积极主动的学习生活中奠定一生可持续发展的基础。这个优化的教育环境，首先要反映在幼儿园课程的“蓝图”中。组织幼儿园课程，即绘制出这样一张幼儿园课程方案或计划“蓝图”，这是一项具有整体性、系统性的工作，因此应该遵循课程组织的整体性原则、生活化原则、活动化原则和主体性原则。

1. 整体性原则

由于幼儿园教育是把幼儿培养成为全面和谐发展的“完整儿童”，因此幼儿园课程组织设计时应树立整体观和系统观，不要把课程组织看成一个个要素、部分的简单相加和一个个环节的简单连接，而要把课程各要素、各部分、各环节都看成是课程整体系统中的要素、部分、环节，看成是相互联系、相互渗透、相互影响、不可分割的。把课程组织看成是一个具有合理结构和内在逻辑联系的整体，使之发挥“整体大于部分之和”的效应。把各种教育因素有机地组织起来，使它们相互支持、相互强化，只有按这样的原则组织起来的整体优化的课程结构才能转化为幼儿完整、系统的学习经验，以达到促进其身心全面和谐发展的目的。

2. 生活化原则

生活化是幼儿园课程的基本特点。课程组织的生活化原则就是既要满足幼儿当下的生活需要，又要把握现实生活中的教育契机，教师引导幼儿在认知情感技能等方面发展和提升。教师要对幼儿的生活环境和生活变化规律进行分析，以使课程的安排更符合幼儿的需要。但生活化是原则不是目的，强调生活化时不要忘记或降低教育目标、要求，造成有生活而无学习；也不要把生活变成生硬、僵化的说教，使生活失去了自然和轻松。

3. 活动化原则

活动化原则就是要从活动的角度来探讨如何组织课程，其本质是通过调动幼儿积极进行外部活动而引发积极的内部活动，使他们的心智充分活动起来。这种活动除了外在的活动形式，还有与其相联系的幼儿心理活动，如参与的热情、活跃的思维、无穷的想象、强烈的好奇心和求知欲、主动探索的动机及创造性表现等。这些积极的情绪、思维和意志等心理状态，对促进幼儿的成长有着极为重要的作用。因此，在课程组织的过程中，教师要通过丰富多彩的材料和游戏形式，让幼儿全方位调动自己的感官，充分地去感受和体验，有平台和机会去表达自我、表现自己。

4. 主体性原则

主体性原则要求把课程组织成教师主动引导的、幼儿积极参与的教育教学过程。幼儿是学习的主体，只有幼儿主动参与、主动建构，课程才能内化为他们的经验，促进其发展；也只有在主动学习过程中，当今社会最需要的、以创造性为最高表现形式的人的主体性品质才能逐渐形成。

研究表明，幼儿的主动学习包括以下特质：内在的学习动机；对目标的直接行动，即动手操作、亲身体验；实际解决问题；表达和分享经验。因此，幼儿园课程的组织要充分考虑如何让幼儿在与课程环境（教师、同伴、内容、情景等）的相互作用中主动学习。

幼儿的主动学习需要教师的积极引导，只有在教师科学而艺术的引导下才能高效且合目的。而教师科学而艺术的引导的前提之一，是教师主体性的发挥。其具体体现在课程组织中，就是课程计划的灵活性、开放性，就是教师的自主权。教育过程中有很多不确定性，需要教师在与幼儿的教学交往中根据情况作出适当的反应。因此，无论是他人还是教师自己制订的教学计划，都应留有余地。一个缺乏弹性的计划不仅会束缚教师，也会束缚幼儿。

课程组织不可忽视的另一个重要因素是人，即作为学习者的幼儿和作为教育者的教师。课程组织的主体性原则特别强调：课程组织不只是目标、内容、途径、方法等的组合，更是人的活动和人的经验的组织，是人与人、人与课程情景的相互作用。离开了幼儿和教师，缺乏对教学主体在课程中的地位和作用的考虑，课程组织就失去了根本意义，就变成了一个没有生命的躯壳。

四、幼儿园课程评价

课程评价以课程目标为标准，在课程实施过程中或某阶段终结时对课程各要素的适宜性以及效果进行测量和评估，为教育行政部门鉴定课程方案提供决策的依据，同时也为课程实践者完善课程、提高课程的适宜性提供调整的信息。

（一）幼儿园课程评价的目的

所有的教育活动都有目标、内容和方法，都有具体的教育实践。课程评价就是借助对这些活动的调查和分析，揭示课程的价值与效果，为现有课程的发展与完善或开发新的课程提供有效的信息。幼儿园课程评价的目的在于：

（1）满足教师、课程专业人员、幼儿园行政管理人员以及其他负责课程编制人员的需要，检验或完善原有的幼儿园课程，或者开发和发展新的幼儿园课程。

（2）满足幼儿教育政策制定者、幼儿园行政管理人员以及社会其他成员获得教育方面信息的需要，以便管理课程和作出影响课程的各种决策。

（二）幼儿园课程评价的范围

（1）对照幼儿园教育目标和《幼儿园教育指导纲要（试行）》，检查和评估已经拟订的课程计划在目标、内容、组织与方法等方面的适宜性。

（2）在课程实施中及时记录幼儿在教育过程中的行为反应，并定期对照教育教学计划中的预定目标，检查评估该目标本身以及所实施的教育内容、组织、方法和手段等的适宜性。

（3）在课程实施过程中，定期对照《幼儿园工作规程》和《幼儿园教育指导纲要（试行）》中的教育指导思想及各项要求，检查评估教师的行为、态度、教师与幼儿的关系和互动方式是否有利于课程目标的实现。

（4）对照课程目标，测查评估幼儿身心诸方面发展的整体性和均衡性，包括身体、认知、语言、情感与社会性等。

（三）幼儿园课程评价的类型

（1）形成性评价，又称为“过程性评价”，是对课程实施过程中各种现象的评价，旨在通过对课程发展过程中所获得材料的分析和判断，调整和改进课程方案，使正在形成的课程更为完善。形成性评价既可以在课程设计阶段和早期试验阶段进行，通过评价使课程设计和编制者获得有关信息，在教育理论探讨、课程框架构思、教育目标确立等方面发现问题和诊断问题，及时加以修正；也可以在课程实施阶段进行，通过评价检查课程在实施中的有效性，逐步修正和改进，逐步使课程定型；还可以在课程推广过程中进行，通过评价使课程的示范和推广过程因为调整和巩固而更切合课程实施者的教育实践。

（2）总结性评价，又称为“终结性评价”，即在课程实施之后对其效果的评价，旨在对课程实施以后所获得的效果进行评价，以验证课程的成功程度和推广价值。总结性评价关注的是课程问题的程度，评价的结果主要是为课程决策者提供制定政策的依据。

（四）幼儿园课程评价的过程

幼儿园课程评价的过程大致可分为以下几个阶段：

（1）确定目的。课程评价人员要详细说明评价的目的，要识别评价是在哪些政策和限制条件下进行的，要决定评价在哪个课程范围中进行以及如何安排评价的时间，要认定在实施评价后达成的决策程度等。

（2）收集信息。课程评价人员要认清评价所需要的信息来源，以及能用于收集这些信息的方法、途径和手段。

（3）组织材料。课程评价人员要对收集到的信息进行编码、组织、储存和提取，使之有效地运用于评价。

（4）分析材料。课程评价人员要选择和运用适当的分析技术，对经由处理的材料进行解释。

（5）报告结果。课程评价人员要根据课程评价的初衷决定课程评价报告的性质，包括报告的阅读对象、报告的形式以及有关报告的其他事项。

（五）幼儿园课程评价的原则

（1）评价应有利于改进与发展课程。幼儿园课程评价的目的在于发现课程中的问题，找出原因、提出改进的建议和措施，解决问题，调整、改进和完善课程，不断提高教育质量。因此，课程评价要发挥其诊断、改进课程的作用，而不宜把评价仅仅作为对教师工作或幼儿发展水平的鉴定手段，以免使被评价者产生消极抵触情绪和应付行为，产生不良效果。

（2）评价中以自评为主，充分发挥教师的主体性。评价的过程是教师运用幼儿发展知识、学前教育原理等专业知识审视教育实践，发现、分析、解决问题的过程，也是他们不断学习、不断提高的重要途径。因此，在幼儿园课程评价中应强调以教师自评为主，园长、其他教师参与评价，发挥教师群体的作用，共同研究、共同提高。调动和发挥教师、园长和其他有关人员改进课程的主动性、积极性和研究精神，是课程评价的总原则。

（3）评价要有利于幼儿的发展。幼儿园课程评价的最终目的是要促进幼儿的全面和谐发展，因此对涉及幼儿的学习情况与发展水平的课程进行评价时应特别注意：第一，要全面了解幼儿的发展状况，防止片面性，尤其要避免只重知识技能的掌握而忽略情感、社会性和实际能力的倾向；第二，应承认和尊重幼儿的个体差异，以个人评价为主，让幼儿看到自己的优点和进步、增强自信心；第三，要注意多渠道、多方面地收集资料，客观地加以整理和分析；第四，课程评价要在日常活动与教育教学过程中采用自然的方法进行，使幼儿感到自然、没有压力；第五，要慎用评价结果，与家长沟通时应考虑怎样才能有利于家园合作、共同促进幼儿的发展，特别注意不要伤害到家长的教育热情和对孩子的信心。

（4）评价应该科学、有效。幼儿园课程评价要有正确的指导思想和评价标准，评价的指标要与《幼儿园工作规程》的精神和原则相一致。课程评价要讲求实效性，为改善和提高教育质量提供有用的信息、对评价结果的解释和运用是最重要的，这需要教师、园长、教研员及有关人员的合作，这样才能达到改进课程及帮助幼儿有效学习的目的。

本章小结

知识结构图

- 幼儿园课程
  - 幼儿园课程概述
    - 幼儿园课程的含义
    - 幼儿园课程的形式
    - 幼儿园课程的特点
  - 幼儿园课程模式
    - 分科课程
    - 综合课程
    - 活动课程
  - 幼儿园课程设计
    - 幼儿园课程目标
    - 幼儿园课程内容
    - 幼儿园课程组织
    - 幼儿园课程评价

关键概念

幼儿园课程　幼儿园课程模式　幼儿园课程设计

讨论及思考题

1. 联系实际谈谈你对幼儿园隐性课程的理解。

2. 幼儿园课程的特点有哪些？请举例说明。

3. 收集幼儿园课程目标制订的实例，分析幼儿园课程目标的表述有哪些要求。

4. 小组研讨活动：任选一个幼儿园课程案例，运用幼儿园课程设计理论展开分析研讨。

第八章

幼儿园教育活动的组织与实施

学习目标

- 理解幼儿园教育活动的含义
- 了解幼儿园教育活动的特点、组织形式和基本类型
- 理解各类型幼儿园教育活动的特点，把握组织原则及指导策略

教师专业标准及教师资格考试要求

- 掌握幼儿园环境创设、一日生活安排、游戏与教育活动、保育和班级管理的知识与方法
- 合理安排和组织一日生活的各个环节，将教育灵活地渗透到一日生活中
- 科学照料幼儿日常生活，指导和协助保育员做好班级常规保育和卫生工作
- 充分利用各种教育契机，对幼儿进行随机教育
- 在教育活动的设计和实施中体现趣味性、综合性和生活化，灵活运用各种组织形式和适宜的教育方式
- 制订阶段性的教育活动计划和具体活动方案
- 在教育活动中观察幼儿，根据幼儿的表现和需要调整活动，给予适宜的指导
- 提供更多的操作探索、交流合作、表达表现的机会，支持和促进幼儿主动学习

学习导引

幼儿园课程是实现幼儿园教育目的的手段，是帮助幼儿获得有益的学习经验、促进幼儿身心全面和谐发展的各种活动的总和。幼儿园教育活动是幼儿园课程的重要组成部分。通过本章的学习，我们会了解幼儿园教育活动的含义、特点及基本类型，掌握幼儿园教育活动的组织原则。

第一节　幼儿园教育活动概述

一、幼儿园教育活动的含义

案例解析

活动名称

大班健康领域教育活动：你敢踩到椅凳上吗？

活动目标

1. 通过引导幼儿体验站立在椅凳的不同位置，培养幼儿的自我保护能力。

2. 通过引导幼儿分析椅凳的作用，培养幼儿敢于探索的精神，并尝试自己解决问题。

体验活动一：小朋友踩椅凳哪里才是最稳的？

教师设计情景：请所有的幼儿脱鞋，尝试分别从椅凳不同位置站到椅凳上，谈谈踩椅凳哪里站得最稳、时间最长。

幼儿体验获得结论：踩椅凳中间站得最稳。

体验活动二：怎样摆放椅凳，踩上去取放东西时才比较安全？

教师设计情景：用不同方法摆放椅凳，请幼儿在教师的保护下从四个方向“掉”下来，并逐一谈感受。

座靠墙，背靠外——掉下时，椅背绊住了腿，容易伤到腿。

背靠墙，座靠外——掉下时，脚可以支住身体，可以保护自己。

背、座分别左右靠墙——也有可能被椅背绊倒。

幼儿体验获得结论：采用第二种摆放方法取放东西比较安全。

【分析】该活动中教师没有简单地说教，而是根据大班幼儿喜欢探索的心理特点，在保证安全的前提下，引导幼儿亲自体验站立在椅凳的不同位置、正确使用椅凳等，引导幼儿分析椅凳的作用。该活动既能培养幼儿敢于探索的精神，又能使幼儿在自主的体验和学习中获得自己解决问题的快乐。幼儿园的教育是为所有在园幼儿的健康成长服务的，要为每一个幼儿包括有特殊需要的幼儿提供积极的支持和帮助。

资料来源：北京市海淀区教师进修学校．实践·研究·反思：幼儿园优秀教育活动案例与评析［M］．北京：北京师范大学出版社，2010：15．

幼儿园的教育活动，是教师以多种形式有目的、有计划地引导幼儿生动、活泼、主动进行活动的教育过程。其含义包括以下几个要点：

第一，幼儿园教育活动是有组织的活动，而不是幼儿自发的活动。

第二，幼儿园教育活动是一个不断变化的、动态的过程。

第三，幼儿园教育活动是“多种多样”的教育活动。因此，幼儿园教育活动既是实现幼儿园教育目标、落实幼儿园教育任务的手段，也是教师创造性地开展工作的过程。

第四，寓教育于游戏当中。

第五，幼儿园教育活动是一个整体性概念。

任何教育活动总是有一定的教育思想指导的，无论这种教育思想是明确的还是教育者本人没有意识到的，都会在具体的教育活动中反映出来。有什么样的教育思想，就会有什么样的教育行为，必然会对幼儿造成不同的影响。幼儿园的教育活动多种多样、活动形式丰富多彩。对于在教育活动中起主导作用的教育者来说，必须有整体性的观念，认真学习和贯彻《幼儿园工作规程》《幼儿园教育指导纲要（试行）》和《3－6岁儿童学习与发展指南》，在正确的教育思想指导下，组织符合幼儿身心发展规律的教育活动，立足于让幼儿获得终身学习和发展的动力，为幼儿的终身健康和幸福奠定基础。

二、幼儿园教育活动的特点

案例分享

大班综合主题活动：屋顶上的秘密

活动背景

“屋顶上的秘密”这个活动来自大班主题“我们的城市”中的“老房子、新建筑”这个点。幼儿在参观山阴路上的老房子和同伴的新房子时，引发了关于屋顶的讨论。

屋顶是我们居住地的重要结构之一，它们形状、颜色各异，我们稍稍留意就会发现屋顶上有许多和我们生活密切相关的宝贝。通过此次活动，一方面让幼儿初步了解它们的用处、感受屋顶上的一些设施在我们生活中的作用，从而激发他们对周围常见现象的关注；另一方面让幼儿在互动的方式中积极思考、大胆想象，并对屋顶形成较为准确的认识。

活动目标

1. 感受屋顶的不同以及屋顶与我们生活的关系。

2. 尝试在问题情景中表达自己的想法，提高观察、分析问题的能力。

活动过程

1. 回忆、交流屋顶上的不同设施。

（1）出示字——“秘密”“屋顶上的”，引出话题。

引导幼儿从自己的经验出发，从不同角度表达对秘密的理解。

（2）幼儿提问，解决几个问题。

本环节的目的一是让幼儿互动，尝试自己解决问题；二是让幼儿体验同伴间的智慧，扩大求助范围并形成经验上的互补。

小结：屋顶上一些结构的不同用处。

2. 发现、感受一些有趣的屋顶。

用照片、录像等引导幼儿观察分析并思考理解其中隐含的意思。

（1）出示一组照片，让幼儿猜猜这是哪里，结合经验说出理由。

（2）了解“空中百鸟园”在何处，让幼儿猜猜为何屋顶上有“百鸟园”。

（3）幼儿看录像。

（4）再看一张照片：这是什么地方？上面会有什么？

（5）分享直升机救人的事（“屋顶停机坪”）。

小结：屋顶的设计和这幢房子里的人和事是有关系的。

（6）交流其他的屋顶。

3. 讨论、设计幼儿园屋顶平台。

让幼儿参与美化幼儿园环境，通过交流明白屋顶是危险的地方，需要有一定的防护设施。

（1）猜猜幼儿园屋顶及栏杆的作用。

小结：屋顶是不可以随便爬的。

（2）观察屋顶的变化，引出游戏规则。

活动分析

1. 选材好、选点妙、角度巧，充分体现了教师设计的智慧。

首先，选材好。幼儿前期对屋顶的形状、屋顶上的瓦片和老虎窗进行了充分的观察并展开了积极的讨论，从而引出了一个探索的兴趣点——屋顶。教师选中这一切入点，适时地预设了本次集体活动，既有效唤起了幼儿储备的经验，又充分激发了幼儿在教学现场的思维。

其次，选点妙。教师另辟蹊径，选择了“空中百鸟园”和“屋顶停机坪”这两个符合大班幼儿“最近发展区”经验水平的教学点，引发了幼儿极大的学习热情和探索愿望，使教学过程不断碰撞出精彩的思维火花。

最后，角度巧。在呈现“空中百鸟园”和“屋顶停机坪”这两个有趣的屋顶时，教师采用了层层推进、引人入胜的方法，让幼儿在观察、推理、判断中不断调动已有的认知经验与生活经验进行猜测。幼儿在“猜一猜”的过程中，整合了所有的认知经验，激活了思维能力，使课堂真正成为幼儿学习的乐园、发展的摇篮。

2. 教师具有驾驭教学过程的能力，师幼互动游刃有余，使幼儿的学习更有意义。

在教学过程中，教师充分利用每一次对话、每一个细节，让幼儿在与教师的互动中进行有意义的学习，整个活动反映了教师驾驭教学过程的能力以及游刃有余的师幼互动能力。例如：当幼儿介绍“这是我收集的资料，是冷却塔……”时，教师说：“那是什么？冷的反义词——”幼儿说：“是热。”教师说：“对，是散热器。”又如，当幼儿表示听不懂经理介绍“空中百鸟园”的话时，教师有点出乎意料，但立刻机智地回应：“哦，我知道了，经理说的普通话没有老师标准，所以你们听不太懂。但是，你们注意到没有，经理说的话是很有条理的，第一点、第二点，他一共说了三点理由。这样，我们再仔细听一遍。”教师有效地回应了来自幼儿的大量不确定的生成问题，充分反映了教师的现场互动能力。

3. 目标清晰，层次分明，重点突出，充分体现了活动对幼儿发展的价值。

评价幼儿园教育活动价值的一个核心的要素是看它对幼儿发展与成长的作用与意义。本活动目标清晰、价值取向合理、层次分明、重点问题突出，充分体现了对幼儿的发展价值。例如：第一环节“回忆、交流屋顶上的不同设施”重在交流，在幼幼分享、互动中，发展语言，丰富彼此探索、发现的经验。第二环节“发现、感受一些有趣的屋顶”重在理解屋顶与人们生活的关系，并借此发展幼儿的观察、分析、判断能力以及解决问题的思维能力。第三环节“讨论、设计幼儿园屋顶平台”重在设计，在设计中刺激幼儿的想象力、创造力及自主意识。整个活动中，幼儿积极自主、思维活跃、表达大胆，充分体现了活动对其发展的意义。

（一）广泛性和启蒙性

幼儿的年龄特点和身心发展需要，决定了幼儿园教育目标和内容的广泛性，也决定了保教合一的教育教学原则。对于幼儿来讲，除了认识周围世界、启迪其心智的学习内容以外，一些基本的生活和“做人”所需要的基本态度及能力（如卫生习惯、生活自理能力、交往能力等）也需要学习。但是这样广泛的学习内容不可能仅仅依靠教师设计、组织的教育教学活动来完成，也不可能通过口耳相传的方式来实现，幼儿只能在生活中学习生活、在交往中学习交往。即使是认知方面的学习，也要紧密结合幼儿的生活经验，才能被幼儿理解和接受。因此幼儿园课程具有浓厚的生活化的特征——课程的内容来自幼儿的生活，课程实施贯穿于幼儿的每日生活。幼儿园教育活动应立足于幼儿的现有生活，丰富幼儿的生活经验，并充分利用幼儿的生活环境，让幼儿在实际的生活情景中学习。

（二）趣味性和游戏化

学前幼儿好动、好奇、好模仿，情绪作用大、自制力差，只有活动充满趣味才能激发他们活动的兴趣和欲望，提高他们的学习效率。

由于游戏符合幼儿的年龄特征，能够满足幼儿的各种身心需要，因此游戏是幼儿园的基本活动，也是幼儿园教育活动必须采用的活动形式。

（三）活动性和直接经验性

幼儿主要通过各种感官来认识世界。只有在获得丰富的感性经验的基础上，幼儿才能理解事物，才能对事物形成相对比较抽象、概括的认识。幼儿的这种具有行动性和形象性的认知方式和认知特点，使得幼儿园课程必须以幼儿主动参与的教育性活动为其基本的存在形式和构成成分。对幼儿来讲，只有在活动中的学习才是有意义的学习，只有在直接经验基础上的学习才是理解性的学习。

（四）随机性和潜在性

从本质上讲，幼儿园教育是有目的、有计划的教育过程，幼儿园课程也有明确的课程目标和基本的学习领域，但是受到幼儿身心发展和学习特点的影响，幼儿园课程不是体现在课表、教材、课堂中，而是体现在生活、游戏和其他幼儿喜闻乐见的活动形式中。虽然怎样创设环境、怎样支持幼儿的探索学习都是教师根据幼儿园课程的目的、内容和要求精心设计的，但这些目的、内容和要求仅仅存在于教师的意识和行动中，幼儿并不能清楚地认识到。幼儿感受到的更多的是环境、活动、材料和教师的行为，而不是教育者的教育目的和期望。也就是说，幼儿园课程蕴含在环境、材料、活动和教师的行为中，潜移默化地对幼儿起作用。在幼儿园教育活动中，教师要善于发现幼儿感兴趣的事物、游戏和偶发事件中所隐含的教育价值，把握时机，积极引导。

（五）综合性和整合性

幼儿园教育活动内容选择的是幼儿感兴趣的事物和问题，并且各领域的内容有机联系、相互渗透，注重综合性、趣味性、活动性，从不同角度促进幼儿情感、态度、能力、知识、技能等方面的发展。

幼儿园教育活动是在充分协调多种教育资源、利用多种教育途径与形式、结合多个领域内容、发挥多种因素影响的基础上构成教育活动系统的。活动目标与活动内容，随时随地根据幼儿的“最近发展区”进行调整；活动形式体现人与人、人与环境之间的积极互动；活动环境表现为能不断调整、修改、构成与再构成。

三、幼儿园教育活动的组织形式

（一）集体活动

集体活动是在教师的直接指导下组织全班幼儿共同参与的活动。教师面向全体幼儿，在短时间里提供大量共同经验；幼儿在活动中相互启发，发展自律、合作意识。其特点是：全班幼儿在同一时间内做同样的事情，活动过程以教师的引导和组织为主。集体活动可以更多地让幼儿在教师的质疑与挑战中激活思维、激励发展、分享经验、体验快乐。幼儿要学会倾听并要大胆表达自己的看法、要学会遵守活动规则和自律、要集中学习某方面的知识技能，这对幼儿社会性的发展和知识的获得有积极的帮助。在我国幼儿园教育活动中，此种形式最为普遍、活动效率较高。

但是集体活动不能充分考虑每个幼儿的特点、兴趣、需要，幼儿的个体表现机会少，不利于有针对性地培养个性品质和能力。

安排与组织集体活动时，教师应注意：活动内容和方法要符合大多数幼儿的兴趣和需要；活动场地的选择、幼儿座位的安排要灵活多样，材料的呈现要照顾到全体幼儿；活动中要充分调动幼儿参与活动的积极性，尽量给幼儿表达、表现的机会；关注幼儿在活动中的反应（兴趣、情绪和需要），及时调整教学行为和活动时间的长短；活动过程中成人之间默契配合，关注幼儿的个体需要，并做出积极的回应。

（二）小组活动

小组活动是将全班幼儿分成几个小组进行的活动。教师为小组活动的幼儿提供环境和材料，并发挥间接指导的作用。在小组活动中，幼儿自主探索、协作的机会更多，可以充分表现自我，有利于独立、自主、协作等精神的培养。其优点是：容易调动幼儿主动活动的积极性，促进幼儿和小伙伴、教师的谈论、交流、互动和协作。其缺点表现为：在班级中同时开展多种活动分散了教师的精力，组织难度较大。

合作能力的培养是小组活动有效进行的前提条件。其价值在于能让幼儿在合作学习、共同建构中学会理解、学会交往、学会遵守共同的“游戏规则”，并可以按照自己的速度和方式做事。

教师安排和组织小组活动时要有清晰的目标，提前准备好所有的活动材料；观察和了解幼儿解决问题和完成任务的经验和方法，幼儿有困难时可针对其能力调整任务难度；鼓励幼儿与同伴相互学习、交流与合作。例如：通过任务设计、材料选择来促进幼儿的合作学习；让幼儿自己把握活动的进程，独立地完成所承担的任务。

（三）个体活动

个体活动一般是一两个幼儿在教师指导下的活动，也可以是个别幼儿自发的、自由的活动。其优点是：更便于教师增强对幼儿的了解、因材施教；同时能满足不同个体的学习需求，让每个幼儿按照自己的兴趣特点、自己的发展速度、自己的认知风格去探索周围的世界，有益于幼儿创造性的发展，为幼儿提供了更为自由的活动空间。其缺点表现为费事费力，特别是当班额较大时，教师很难保证对每个幼儿都能做到有效的、及时的指导。

集体、小组、个体活动有着不同的教育功能，必须互相配合、合理交替、互相补充，根据不同的年龄、不同的时间、不同的教育内容及目标选择不同的教育组织形式。

四、幼儿园教育活动的基本类型

幼儿园教育活动按其活动内容可分为：健康领域教育活动、语言领域教育活动、科学领域教育活动、社会领域教育活动、艺术领域教育活动。

幼儿园教育活动按其活动特征可分为：游戏活动、教学活动、区域活动、生活活动。

第二节　幼儿园教学活动

一、幼儿园教学活动的含义

幼儿园教学是在平等的基础上，教师对幼儿所有学习活动有目的、有计划地组织、支持、帮助与引导和幼儿自主建构的辩证统一的教育过程。

理解这一概念要注意以下几个要点：

（1）所有的学习活动包括幼儿在幼儿园一日生活中可能发生和正在发生的学习活动。

（2）教师在教学活动过程中与幼儿的关系应该是一种平等、对话的关系。

（3）幼儿园教学的过程不仅是认识过程，还是教师与幼儿创造自己生命意义的生活过程。

（4）最适合幼儿的学习是在生活中学习，是在与环境和同伴的相互作用中学习。

（5）幼儿园教学活动中教和学不只是传授和接受，“教”更应是一种组织、支持、帮助和引导，“学”则是一种经验的习得和自主建构过程。幼儿园教学活动中教与学不仅仅是师幼关系，还包括幼儿与幼儿的关系、幼儿群体与幼儿群体的关系、教师与幼儿群体的关系。幼儿园教学活动中教与学也并不是一一对应的关系。教学活动的基本功能是为幼儿的学习创造良好的条件，支持和引导幼儿的学习活动，强调幼儿学习活动的主动性。

二、幼儿园教学活动的特点

（一）平等性

幼儿园教学活动建立在教师与幼儿平等的基础上，师幼之间、幼幼之间关系平等。

（二）目的性与计划性

幼儿园教学活动是教师对幼儿学习活动有目的、有计划的组织与指导。

（三）广泛性与生活性

幼儿园教学活动渗透在幼儿园一日生活的各项活动之中。

（四）多样性

在幼儿园教学活动中，教师与幼儿之间的相互作用可以有多种形式。

（五）趣味性

受生理特点影响，幼儿的注意力不够长久。幼儿园教学活动的内容和形式应该生动有趣，能够吸引幼儿主动、积极地参与活动。

三、幼儿学习的特点

学习是指学习者因经验而引起的行为、能力和心理倾向的比较持久的变化过程。

幼儿的学习活动特点与他们的心理发展水平密切相关。皮亚杰的理论告诉我们：幼儿处在感知运动阶段和前运算阶段。幼儿的心理发展水平决定了他们的学习活动具有以下特点。

（一）活动性

在活动中，学习是幼儿获得经验的主要方式。幼儿的年龄特点决定了他们对世界的认识是感性、具体和形象的，幼儿是在对客观事物的触摸、摆弄、操作中认识周围的事物并获取感性经验的，是在与教师、同伴进行交往和相互作用中借助观察、模仿等掌握语言、习得社会性行为的。

幼儿的活动性学习特点要求教师对幼儿的教学应该以真实的经验和事件为基础，尽可能地给予幼儿动手操作、直接观察和实验的机会，让他们获得亲身的经历与体会并能用自己的话说出事情发生的过程。

（二）直观性

幼儿的思维主要是具体形象思维。幼儿认识的规律是由表及里、从现象到本质、从具体到抽象的，他们的思维方式离不开动作和实物。在教学中，教师要为幼儿提供各种各样的感性教材、实物，用生动、丰富、直观的语言指导幼儿进行学习。

（三）兴趣性

由于幼儿对事物的认识受到兴趣的直接驱使，因此，教师要设法把要教的东西变成幼儿自发的需求，使幼儿真正感受到学习的乐趣和意义。

（四）主动性

幼儿是主动的学习者，好奇、探索是他们的天性。幼儿对教师所教的内容会表现出倾向性和选择性，外部信息须经过幼儿自身内部结构的过滤。幼儿接受什么、不接受什么，接受到什么程度，主要依赖于幼儿根据自身的兴趣、认知能力、情感、个性特征等所做出的选择。教师应该尊重幼儿，保障幼儿学习过程中的主动性，重视过程、重视活动对幼儿的意义，重视幼儿实际的动手操作。

（五）广泛性

广泛性体现在：一是幼儿的学习内容十分广泛；二是幼儿的学习途径十分广泛。幼儿园教学应当渗透于幼儿园一日生活的各个环节，而不应当仅仅通过上课来进行。

（六）游戏性

游戏是幼儿学习的基本形式，幼儿的学习大部分以游戏为主，在玩中学、边玩边学。在游戏中，幼儿获得各方面的知识和信息；通过游戏，幼儿的智力水平不断提高、解决问题的能力不断增强，学习水平不断提高。

（七）模仿性

幼儿常常是通过观察别人的行为或效仿他人而获得经验的。模仿学习有助于幼儿自身行为和技能的进步，但有时也会束缚幼儿发散性、创造性思维的发展，进而阻碍幼儿创新能力的发展。

四、幼儿园教学活动的组织原则及指导策略

（一）科学性原则及其指导策略

科学性原则是指教师在教学活动中组织、引导幼儿学习的知识和技能应该是正确的，符合知识本身的逻辑规则；其所采用的组织形式和方法也应该符合幼儿身心发展的特点。

贯彻科学性原则，教师应做到以下两点：

第一，幼儿在幼儿园所接触和学习的知识虽然是粗浅的、启蒙性的，但是，教师一定要注意知识的正确性，不能出现知识性错误。教师可以将一些枯燥的知识转化为符合幼儿心理特点的内容。但教师对知识的解释不能随意，避免给幼儿留下错误的第一印象，影响幼儿将来对正确知识的学习和理解。

第二，教师在对幼儿实施教学的过程中，要注意将幼儿的道德品质和社会性的发展融入各领域的知识教学中，为教学活动注入灵魂。

（二）安全性原则及其指导策略

安全性原则是指教师在组织教学活动时要始终以幼儿的健康、安全为前提。任何有碍幼儿身心安全的教学都是不允许的。

贯彻安全性原则，教师应做到以下两点：

第一，教师在选择教学活动的内容时，要预见是否会出现不安全的因素。

第二，教师在选择教学活动的方式方法时，要考虑活动对象的身心特点和年龄特点，确保万无一失，如运用游戏法、操作练习法等方法时，要充分检查材料、环节是否安全。

（三）全面性原则及其指导策略

全面性原则是指教师在组织教学活动时要面向全体幼儿，立足全体幼儿身心全面和谐发展的目标，片面开展某一方面内容的教学或片面关注幼儿某一方面发展的教学都是不允许的。

贯彻全面性原则，教师应做到以下两点：

第一，幼儿园教育目的不是择优，而是启蒙。教师在组织教学活动时要照顾到所有幼儿的发展，关注每一个幼儿的现有发展水平，确保教学活动能促进所有幼儿在原有水平上的发展。

第二，幼儿园教学活动是一种有目的、有计划、有意识、有组织的活动，其目的不在于教会幼儿多少知识，而是在传授浅显的生活常识的过程中，促进幼儿身体素质、情绪情感、智力、意志和性格等方面全面和谐发展。

（四）主体性原则及其指导策略

主体性原则是指教师在组织教学活动时必须正确地处理教师的教与幼儿的学之间的关系，既要发挥教师的主导地位，也要十分重视幼儿作为学习主体在学习过程中的能动性、主动性。幼儿园教学活动中，放弃教师的指导作用和不顾幼儿的主动性的做法，都是不符合主体性原则的。

贯彻主体性原则，教师应做到以下两点：

第一，幼儿园教学活动是教师的教与幼儿的学构成的双边活动。教师在充分发挥引导、指导作用的同时，不可忽视幼儿的主观能动性，务必使幼儿的学习成为主动、活泼的学习。

第二，教师在组织教学活动时要以幼儿为主体设计教学方案、制定教学策略、选择教学方法、组织教学过程，培养幼儿的主体意识、参与意识和创造意识，真正使幼儿成为学习的主人。

（五）活动性原则及其指导策略

活动性原则是指幼儿园教学活动要为幼儿提供尽可能多的动手、动脑的机会，让幼儿在活动中得到发展。教师要充分利用幼儿的活动，特别是他们的游戏活动开展教学。活动性原则应成为组织幼儿园教学活动最为基本的原则。把幼儿园教学完全变成小学化教学的做法，是不符合活动性原则的。

贯彻活动性原则，教师应做到以下三点：

第一，教师在组织教学活动时要紧密结合生活实际，因地制宜地组织幼儿开展接触自然、接触社会的实践活动，使幼儿获得直接经验，培养幼儿自主参与的精神和能力。

第二，教师要为幼儿创设各式各样的活动环境，引导他们积极参与动脑、动口、动手的学习活动，形成师幼合作、幼幼合作的教学氛围。

第三，教师要特别重视游戏在教学中的运用。

（六）有效性原则及其指导策略

有效性原则是指幼儿园教学活动对幼儿的发展应该是有效的。虽然幼儿园教学活动以游戏活动为基本形式，不以知识、技能的掌握为目标，但这并不意味着幼儿园教学活动可以不顾效果，走走过场。相反，幼儿园教学活动同样要考虑是否有效，是否为幼儿的发展提供了某种经验、动力。那种对幼儿的情感态度、经验、知识、技能、能力等方面不产生任何影响的教学是无效的。

贯彻有效性原则，教师应做到以下两点：

第一，教师在组织教学活动时一定要充分挖掘和利用各种教学资源，运用多种教学媒体，激发幼儿学习、探索的求知欲，让幼儿在积极参与中充分体验、主动探索，真正获得相应的经验、知识，学有所获，得到发展。

第二，教师应避免利用语言或行为技巧搞花架子，否则会导致活动过程看起来花里胡哨、热热闹闹，而活动后幼儿没有什么收获。

案例解析

案例 1：自己画脸谱的简要过程（大班艺术活动）

1. 分享关于京剧脸谱的经验。

（1）介绍自己制作的脸谱。

（2）概括京剧脸谱的特点。师生共同小结：脸谱是我国戏剧独有的艺术，用夸张的色彩、线条和对称的方法表现不同人物的不同性格和特点。

2. 戏剧老师示范画脸谱。（外请人员）

（1）戏剧老师介绍材料、工具。

（2）戏剧老师给自己化妆，边画边介绍化妆过程和注意事项。重点：小笔勾线、大笔涂色，从上往下画，每种颜色用固定的笔。

3. 幼儿自己画戏妆。

（1）幼儿选择自己想化妆的角色。

（2）幼儿自己画脸谱。教师播放戏曲作为背景音乐。教师和戏剧老师共同观察幼儿的操作，鼓励幼儿大胆尝试在自己脸上画油彩，给予个别幼儿一些必要的帮助。

4. 自由表演。

幼儿边听戏曲边自主表演。

【分析】该教学活动过程简洁而清晰，围绕画脸谱展开，既从幼儿已有的经验出发，又在与专业人员直接学习的过程中获得相关知识、技巧，还让幼儿大胆、自主地实践、练习，并在化妆后进入情景自由表演。教师设计的四个环节步步深化、层层深入、环环相扣，保证了教师—幼儿—社会人员三方交流、幼儿自主练习的机会，遵循了幼儿的学习规律，调动了幼儿的积极性，保证了幼儿的参与性。

案例2：数豌豆的简要过程（中班数学活动）

1. 感知豌豆荚中豌豆粒的数量。看看豌豆荚的外形特征，数数豌豆荚中的豌豆粒。

2. 剥剥、数数、记记。每人2个豌豆荚，剥后数一数并用自己的方法做记录。

3. 分析记录单。重点：怎样记录看得清楚？豌豆荚里的豌豆粒一样多吗？

4. 再次操作。用清楚的方法记录3～5个豌豆荚中的豌豆粒。

5. 交流并小结。

讨论：豌豆荚里的豌豆粒一样多吗？最多的几粒？最少的几粒？

【分析】豌豆荚中豌豆粒的差异可以引发幼儿探索周围事物的积极性，活动过程紧紧围绕剥豌豆、数豌豆展开：一个豌豆荚里有几粒豌豆粒？多的有几粒？少的有几粒？“用自己的方式记录”为幼儿展现自己的数概念和自主学习能力提供了表现的机会；之后又在同伴交流互动的学习情景中感受记录的不同方法，同时在分析过程中逐渐把握“怎样才能把几次操作的结果表述清楚”，这是一种自我学习能力的锻炼。最后一个环节，教师让幼儿比较最多的和最少的豌豆粒，不仅培养了幼儿的数学能力，更提高了幼儿到生活中继续探索研究的积极性。

第三节　幼儿园生活活动

一、幼儿园生活活动的含义和意义

（一）幼儿园生活活动的含义

幼儿园生活活动是指满足幼儿基本生活需要的活动，如幼儿园一日生活中的入园、进餐、睡眠、盥洗、间歇活动、自由活动、离园等与幼儿的生活直接相关的活动，是幼儿教育活动的重要组成部分。《幼儿园教育指导纲要（试行）》《幼儿园工作规程》《幼儿园保育教育质量评估指南》等都对幼儿园生活活动有明确的要求。

对于幼儿来讲，身体的发展、基本生活习惯和生活能力的形成是全面和谐发展的前提和保障，因此生活活动在幼儿课程中占据着重要地位。同时，因为生活活动中隐含着多领域的、丰富的教育内容，所以生活活动也是幼儿获得经验、体验生活、学习社会技能的重要途径。帮助幼儿在安全、快乐、自然的生活状态下养成良好的生活习惯、培养良好的生活能力，是幼儿园与其他教育阶段教育目标的主要区别之一。

（二）幼儿园生活活动的意义

幼儿园生活活动作为幼儿园教育活动的基本类型之一，它的教育价值也是其他类型的教育活动所不能替代的。

1. 促进幼儿的生长发育

幼儿身体各个器官的生理机能尚未发育成熟，对各种自然环境和社会环境的适应能力差，对疾病的抵抗能力和对压力的承受能力较弱。幼儿园生活活动保证了幼儿有充足的睡眠、合理的营养，满足了幼儿上厕所、饮水等生活需要，为其生长发育提供了保障。

2. 培养幼儿的生活自理能力和劳动观念

幼儿的生活自理能力和劳动观念也可以在幼儿园生活活动中初步养成。幼儿是未来的建设者、劳动者，他们应成为全面发展的人、有开拓创新精神的人，故从小培养幼儿的生活自理能力以及热爱劳动的观念具有重要意义。在幼儿园生活活动中，教师可通过独立吃饭、如厕、穿脱衣服、午睡、卫生整理等活动来提高幼儿的生活自理能力、培养自我服务的劳动观念。

3. 培养幼儿良好的生活和卫生习惯

学前期是培养幼儿各种习惯的关键时期。幼儿的可塑性强，培养良好的生活习惯将使其一生受用。幼儿园生活活动为幼儿提供了反复训练生活习惯和卫生习惯的机会，如饭前便后洗手、定时定量进餐、不挑食、不随地吐痰等，有助于幼儿生活、卫生习惯的养成。

4. 培养幼儿良好的心理素质

幼儿园合理有序的生活活动不仅有利于照顾幼儿身体，还有利于幼儿健康心理素质的养成。教师精心照顾幼儿的每一个生活环节，能为幼儿创造良好的心理氛围，使其保持愉快的情绪；幼儿积极地参加各项活动，增加了同伴及师幼间的交往与合作，使幼儿在安全愉快的环境中健康成长。

5. 促进幼儿的社会性发展

《3－6岁儿童学习与发展指南》指出："幼儿的社会性主要是在日常生活和游戏中通过观察和模仿潜移默化地发展起来的。"幼儿园就好比一个小社会，是社会生活的一个缩影。幼儿通过在幼儿园与教师、与同伴的交流和互动，慢慢掌握一些社会规范、人际交往的技能等。在此过程中，教师更应抓住生活教育的契机，促进幼儿社会性的发展。

资料链接

幼儿在园一日生活流程

活动名称	小班	中、大班
入园、晨检	7：20—7：50	7：20—7：50
幼儿早餐	7：50—8：20	7：50—8：20
区域活动	8：20—9：00	8：20—9：00
教育活动 游戏活动	9：00—9：20 9：20—9：40	9：00—10：00
间点及准备	9：40—10：00	10：00—10：20
户外活动	10：00—11：10	10：20—11：10
午餐前准备活动	11：10—11：20	11：10—11：20
幼儿午餐	11：20—11：50	11：20—11：50
午餐后安静活动	11：50—12：00	11：50—12：00
幼儿午睡	12：00—14：30	12：00—14：00
起床、间点	14：30—15：00	14：00—14：30
户外活动 游戏活动	15：00—15：30	14：30—15：00 15：00—15：30
幼儿晚餐准备	15：30—15：40	15：30—15：40
幼儿晚餐	15：40—16：10	15：40—16：10
幼儿离园	16：10—17：00	16：10—17：00
备注：幼儿可根据需要，随时饮水、如厕。严寒和酷暑季节，可根据天气变化情况临时性调整户外活动。非三餐两点伙食的幼儿园可适当增加户外、区域、游戏活动时间。		

二、幼儿园生活活动的特点

幼儿园生活活动的特点可简单概括为“四化”：生活化、游戏化、学习化、个性化。

（一）生活化

在真实的生活环境中帮助幼儿积累生活经验、锻炼生活能力，这样，幼儿在生活的过程中能更好地、更自由地与环境互动，从而积累更多的生活经验、更好地学会生活。

（二）游戏化

在生活活动中，幼儿通过创设的游戏情景感知、巩固生活经验。例如：中班在实施“在秋天里”这一主题活动后，教师利用家长资源，请幼儿从家里带来了各种各样的榨汁机、削皮机放在区域活动角内，让幼儿进一步感知水果的特点。幼儿发现圆圆的苹果最好削；削皮机削苹果的速度很快，妈妈是用刀削苹果的，比削皮机慢。

（三）学习化

幼儿园的生活活动可以置于主题活动的背景中并与学习活动结合起来，在主题活动中提升幼儿的生活经验。幼儿在学习活动中建构、在生活活动中运用和拓展。例如：在主题活动“我自己”的实施过程中，中班的几个小朋友对贴在橱窗里的菜谱产生了兴趣，他们私下议论“今天吃什么菜”“什么菜有营养”等问题。教师抓住了幼儿这个兴趣点，预设了“我们的菜谱”活动，通过幼儿与爸爸、妈妈一起设计菜谱，使幼儿知道了均衡营养的重要性、体验了什么是良好的饮食习惯、积累了健康的生活经验。又如：在主题活动“我在马路边”中，教师设计了“过马路”活动，让幼儿感知交通规则、了解安全常识，使幼儿在一系列的学习活动中建构，提升了生活经验。

（四）个性化

每个幼儿来自不同的家庭，每个家庭有各自的生活习惯，开展“生活教育”应考虑到幼儿不同的生活背景、不同的体质等差异情况。对待一些比较特殊的幼儿，教师应给予他们更细致入微的呵护和照顾；要尊重幼儿的生活习惯，促进每个幼儿健康发展。

三、幼儿园生活活动的组织原则

（一）教养结合，积极培养幼儿独立生活的能力

由于幼儿独立生活的能力尚处于较低水平，为保证幼儿安全、健康和全面发展，教师要对他们的生活给予全面、细心的照顾。但是，全面、细心的照顾并不等于包办代替，过于全面的照顾会影响幼儿独立能力的养成。因此，凡是幼儿力所能及的、应该会做的事情，教师都不要代替幼儿去做，而是要鼓励并指导幼儿自己去完成。

饭前洗手关系到是否会病从口入。虽然教师一定要严把洗手关，但绝不等于由教师替幼儿洗手。即使是小班幼儿，教师也不应为他们一洗一擦了事，而是应向幼儿提出具体明确的要求并组织、观察和指导幼儿完成这一活动；发现幼儿存在的问题，可以结合讲解、示范，设计情景表演，甚至设计正规的教学活动，以正面教育为主帮助幼儿解决。

因此，在设计指导幼儿生活活动时，教师一定要“教养结合，养中有教，教中有养，教养并重”。

（二）因势利导，充分挖掘生活活动的教育潜能

生活活动是教师观察、发现和教育幼儿最经常、最自然、最容易的活动之一。

例如：进餐活动就包含丰富的教育功能。幼儿通过进餐活动能够养成细嚼慢咽、不挑食、不要成人喂食等良好的进餐习惯，还能够学会使用餐具的正确方法、提高独立进餐能力。如果教师在餐前用优美的语言向幼儿介绍食物的名称、材料、颜色、制作方法，不但有利于幼儿养成不挑食的好习惯，还可以有语言、常识方面的教育功能。例如：教师说："今天我们吃的菜多香呀！颜色多美呀！绿色的芹菜，红色的胡萝卜，白色的豆腐干，黑色的木耳，还有圆圆的小肉丸呢！味道一定很棒！"

结合幼儿的行为表现，生活活动还可以成为德育的途径。有的幼儿吃饭的时候，把饭菜洒得满桌满地；拿点心的时候，在点心盘里挑来拣去；洗手的时候，为了抢水龙头和同伴争吵……这时，教师容易观察到幼儿的内心世界，也是教育幼儿的最好时机。幼儿能否与同伴团结友爱、能否爱护公共物品、能否尊重成人的劳动等，都是在生活活动中形成的。

因此，教师应当重视生活活动，精心设计，积极认真地给予指导。

（三）因材施教，按需设计，指导生活活动

教师在指导幼儿生活活动时，一定要从幼儿的实际水平出发，逐渐培养他们自理自立的能力，不能急于求成；在具体的指导方法上，也要从幼儿的年龄特点出发。

对于小班幼儿，在培养他们良好的生活习惯和独立生活能力的时候，教师主要通过示范和讲解，设计情景表演或教学活动，让幼儿在连续的活动中通过看、听、练逐渐强化技能。而对于中班幼儿，则着重让他们将小班学习的生活技能继续巩固、内化，最终形成良好的行为习惯；指导的方法也从具体的示范、讲解转为以语言为主的提醒、检查、表扬等。对于大班幼儿，则要求他们能做到自觉，形成良好行为习惯的定式。

幼儿与幼儿之间，因为身体状况、家庭环境、性格等方面的不同，存在能力等方面的差异。教师应该重视这些差异，在培养幼儿独立的自理能力和生活习惯的时候，注意区别对待、个别照顾。

（四）家园合作，在合力下追求教育的一致和高效

在家长入园开放日中，经常可以看到这样的情况：教师给幼儿盛饭时，家长在一边连声说："少盛一点，少盛一点，他吃不了这么多。"其实，教师给他盛的只是他平时在幼儿园进餐量的一半，待一会儿他还要添饭呢！而当家长看到幼儿在幼儿园的进餐量时，往往会惊喜地对教师说："他能吃这么多呀？在家他吃得还没幼儿园的一半多呢！"为什么会出现这样的情况呢？这是因为幼儿吃饭时，家长的要求与教师的要求不一样。在家中，幼儿只吃他们想吃的和喜欢吃的，否则就不吃；吃一顿饭要全家出动，跟在他们后面喂。而在幼儿园，教师统一要求，他们就不得不和全班幼儿一致。所以，有的幼儿一天仅中午在幼儿园的一顿是好好吃的，早上和晚上在家多半不吃或吃得很少，家长拿他们也没办法。

因此，教师就需要通过与家长的交流（如家长会、家访、个别谈话等）向家长介绍幼儿园生活活动的目标、内容和方法，让家长了解应如何教育、帮助、指导幼儿养成良好的生活习惯，争取家长的配合，使幼儿生活活动的良好行为得到巩固和强化。

四、幼儿园生活活动的指导策略

（一）注重生活制度的建立，建立生活常规

生活制度是指科学、合理安排幼儿一日生活中各项活动的顺序和时间。生活常规是指幼儿在生活活动的各个环节应遵循的行为规范。在幼儿园生活活动中，首先应根据幼儿身体发展的特点，建立并执行科学合理的生活制度，帮助幼儿了解遵守生活秩序的重要意义，着力培养幼儿良好的生活习惯和作息习惯，确保幼儿身体健康发展，同时养成良好的生活常规。良好的生活常规可以帮助幼儿形成生活规律、建立安全感，培养幼儿的自律能力、共同生活能力。

（二）寓教于乐，在愉快生活中增长生活见识

幼儿园生活活动须以活泼多样、寓教于乐的形式和内容，帮助幼儿了解粗浅的进食、饮水、睡眠、如厕以及安全等活动和卫生方面的知识，培养其良好的饮食、睡眠、排泄、盥洗、清洁整理等生活和卫生习惯。粗浅的生活、卫生知识的获得和良好的习惯，主要依靠幼儿在生活活动中体验，而非课堂说教。

（三）移情训练，习得生活技能

在幼儿园生活活动中，可通过创造生活活动情景，帮助幼儿学会穿脱衣裤鞋袜、整理被褥、系带系扣、洗手洗脸、清洗餐具、打扫活动室、分发用具等基本生活技能，逐步提高幼儿的生活自理能力。

（四）潜移默化，养成良好的生活态度

幼儿园生活活动为幼儿创设了和谐、愉快的生活环境，师幼和同伴间互相关心、互相帮助，唤起幼儿积极、愉快的情感；同时，教师为幼儿提供自我服务、自我锻炼的机会，培养幼儿热爱劳动的态度，懂得尊重他人劳动，养成良好的生活态度。幼儿园生活活动的目标，要根据不同年龄幼儿的特点和需要以及幼儿园的实际条件具体细化，不能一刀切。例如：小班的生活活动目标为幼儿了解洗漱的顺序，初步掌握刷牙、洗手等的基本方法；知道穿衣服的顺序；保持自身清洁，会使用手帕；掌握坐、站、行等正确姿势；养成良好的作息习惯等。中班生活目标则为学习穿脱衣服、整理衣服；学习整理玩具，保持玩具清洁；有初步的生活自理能力等。

资料链接

幼儿园中班入园活动计划

1. 入园目标

（1）能用适当的方式表达自己的感情和需要。

（2）有良好的生活常规和秩序，保持愉快的情绪，喜欢幼儿园有规律的集体生活。

（3）能接受和配合体检及对疾病的预防和治疗。

（4）初步了解身体特征、保健常识及保护方法。

（5）能与他人谈论个人的经验，描述自己的经历或熟悉的物体和事件。
（6）积极主动与同伴交往，学习分享、谦让与合作。
（7）尝试学习解决与他人交往中的问题。
（8）能对身边的事物、现象大胆猜想和主动探究并从中体验快乐。
2. 入园特点及表现
（1）有关心他人的表现。
（2）能够主动和熟悉的人打招呼，愿意和教师交谈。
（3）能初步控制自己的情绪和行为。
（4）渴望自己的行动被认可，希望得到教师的关注和表扬。
（5）愿意参加集体活动，为集体做力所能及的事情。
（6）喜欢从家中带东西来幼儿园。
（7）愿意与小朋友结伴进幼儿园。
3. 入园活动指导策略
（1）主动热情地与幼儿家长问好。
（2）及时调整幼儿情绪，细心观察幼儿的行为表现。
（3）抓住幼儿的一个特点，真诚地赞美幼儿。
（4）有针对地与幼儿进行简短对话，注意倾听幼儿的表达。
（5）给幼儿提供交流与分享的机会。
（6）发挥幼儿容易受同伴间影响的作用。
（7）提供新鲜的手头玩具。
（8）引导幼儿寻找班中的新变化。
（9）验证与幼儿事先的约定。
（10）主动与家长沟通，了解幼儿在家的情绪、生活习惯等方面的特点。
（11）播放音乐，创设宽松、愉快、和谐、自由的精神环境。
（12）注意自身的感染力，创设快乐的环境。
资料来源：2022 年湖北省荆州市荆州区第一幼儿园中 3 班秋季活动.

第四节　幼儿园区域活动

一、幼儿园区域活动的含义和意义

（一）幼儿园区域活动的含义

区域活动也称“活动区活动”“区角活动”等，是指以幼儿的需要、兴趣为主要依据，教师根据教育目标和幼儿发展水平，配合正在进行的其他教育活动等因素，在幼儿园划分一些区域区角，如科学区、益智区、建构区、角色区、美工区等，在其中有目的、有计划地投放各种适合的活动材料，创设活动环境，制定活动规则，让幼儿在宽松和谐的环境中按照自己的意愿和能力，自主地选择活动内容和活动伙伴，主动地进行操作、探索和交往的活动。

区域活动是幼儿园教育活动不可或缺、深受幼儿喜爱的一种形式，承载着重要的教育功能。在活动中，幼儿变“被动”为“主动”、教师变“灌输”为“启发”，能让幼儿愉悦轻松，使其在玩耍中促进认知能力、创造力、动手能力、社交能力等各方面的发展。幼儿园的区域大致分为常规区域，即美工区、表演区、益智区等；特色区域，即体现幼儿园特色或班级特色的区域活动；主题区域，即伴随着主题活动设置的区域。

（二）幼儿园区域活动的意义

1. 促进幼儿主动活动

区域活动突破了传统教育中幼儿处于被动、静止状态的局面，教师通过设计、提供可供幼儿操作的环境特别是各种活动材料，让幼儿在和环境的相互作用中主动地通过活动得到发展，充分体现了幼儿的主动性和实践性。由于教师设置的各个活动区以及为各个活动区提供的活动材料可以被看作幼儿自主活动的实际对象、被看作幼儿教育内容的物化，因此，教师可以把活动区材料看作幼儿主动活动的物质基础。只有具备这样的物质基础，幼儿的主动活动才能落到实处。

2. 促进幼儿的自主选择

幼儿园常设的活动区有日常生活练习区、语言区、数学区、科学区、美工区、娃娃家、种植区等，涉及幼儿发展各个方面的多种活动区，为幼儿进行自主选择提供了广阔的空间，可以满足幼儿根据自己的兴趣爱好、发展类型、优势区域等进行自主选择的需要。幼儿园活动区设置在表现出区域性的同时还表现出层次性：小、中、大班通过区域设置的不同、材料难易程度的不同体现层次性；即便是同一班级中同一类型的活动，也通过提供不同层次的材料来体现层次性，满足幼儿不同发展水平、不同学习节奏、多层次的需要。

3. 促进幼儿的相互交流

幼儿在同一活动区的活动，可以看作被共同的或相似的兴趣爱好和发展需求聚拢起来的小组活动。可以说，在这个小组里，每一个幼儿都在有意无意间关注同伴的一言一行，关注同伴的言行成为存在于每一个幼儿身上的普遍现象。由于来自同伴的激励和启发往往比教师的说教更能激起幼儿的求知欲望和探索精神，因此每一个幼儿都能通过伙伴之间的相互交流和由此导致的相互激励与启发，促进自己不断地在活动区中进行新的探索。可以说，在区域活动中，幼儿之间的相互观摩、学习、启发和激励是经常性的，也是幼儿不断进步、不断提高的重要推动力量。

4. 促进幼儿的持续探索，培养幼儿的好奇心、求知欲和最初的创造意识

区域活动为幼儿提供可供他们持续探索的环境和材料，并且教师具有针对性的个别指导可以起到重要的作用。可以说，幼儿初步的创造意识是在不断操作实际物体的

活动中萌发的，幼儿初步的创造能力也是在不断操作实际物体的活动中发展的。亲自动手动脑、持续不断的实践活动是幼儿创造活动的起点。从这个意义上说，幼儿园区域活动为促进幼儿的持续探索进而促进幼儿创造意识的萌发和初步创造能力的发展提供了广阔的空间和无限的机遇。

具体来说，幼儿园各区域活动的价值如下：

角色区：巩固、加深生活印象，使有关的社会生活知识和经验系统化；学习人际交往规则；学习社会角色行为；学习理解他人的情感；增进同伴关系，发展合群性；学习自我控制；发展语言，增进运用语言进行交往的能力；培养正确使用礼貌用语，遵守游戏规则和公共秩序；发展社会认知能力；学习想象、表征能力；通过自编、自导、自演的活动，激发创造潜能。

建构区：认识基本形状，学习分类、排序等；形成大小、多少、长短、宽窄等概念，感知比例关系；体验创造与成功的喜悦，培养专注力；学习协商、沟通等人际交往技能，学习与人合作、分享；发展空间想象能力和表征能力。

美工区：认识各种材料的性能并掌握绘画、泥工、剪贴、小制作等技能；增强幼儿对美的感受力、表现力、创造力，陶冶美的性情和品格；发展幼儿的观察力、想象力和创造力；发展幼儿小肌肉动作和协调能力。

操作区：认识各种操作材料和工具；培养幼儿为自己和他人的服务意识，增强自信心，形成良好的自我形象。

益智区：认识各种棋类，掌握它们的玩法；学习数概念、几何形体概念，理解长度、形状、空间方位、部分与整体的关系等，学习分类；培养幼儿的竞争意识，学会发现问题、解决问题；培养幼儿谦让等良好品格；培养幼儿的思维能力、创造能力和动手能力。

科学区：在观察、操作和科学小实验中，了解简单的物理、化学现象及简单的科学常识；激发幼儿操作与探索的兴趣，使其学会发现问题、解决问题；培养幼儿的坚持性和忍耐力；培养幼儿的探索能力、创造能力。

语言区：丰富幼儿的各种知识，发展幼儿创造、讲述的能力；使幼儿善于捕捉生活中的新闻、消息，且乐于表达；培养幼儿的阅读兴趣、阅读习惯和语言表达能力；培养幼儿爱护图书、互相谦让等良好品德；启迪幼儿的智慧，使其掌握看书的方法。

表演区：掌握一些歌舞剧、木偶剧、童话剧的表演技能；培养幼儿热爱生活的情感和感受美、表现美的情趣。

二、幼儿园区域活动的形式和特点

（一）幼儿园区域活动的形式

幼儿园区域活动的形式主要有以下几种：集体活动、分组活动、自选活动、自由活动、主题活动。

1. 集体活动

集体活动是全班幼儿共同参与区域活动的活动形式。此时，区域活动成为幼儿进行集体教育的途径之一，例如：全体幼儿学习某一知识、技能时，教师根据活动目标，在一个或多个区域中投放恰当的操作材料，让幼儿通过自由探索活动来感知内容、获得经验。

2. 分组活动

分组活动将活动区视为对幼儿进行分组教学的场所。它主要适用于以下情况：一是在发展智能方面，帮助部分幼儿获得某一知识、技能时，在相关的活动区域，对那些有特殊需要的幼儿做必要的辅导；二是区域活动的开始阶段，为保证每位幼儿都能熟悉各区的内容、材料和工具的使用方法；三是教学材料不够，无法人手一份。

3. 自选活动

自选活动的特点是在人为创设的自然情景中进行活动。它主要适用于区域活动成熟阶段，幼儿对于各区的材料、玩法等都已经较熟悉。

4. 自由活动

自由活动的特点是活动的过程是幼儿主体内在动机完全得以激发的过程，幼儿进行的是“自发学习”，他们更积极地与环境发生交互作用。自由活动和自选活动形式的主要区别在于：区域的提出、内容的选择、材料的添置等过程，处处体现随机性和幼儿的主动参与性，教师的教育意图在活动中不断地调整、灵活地实现。它主要适用于区域活动的高级阶段，还适用于一些特定的活动区域如角色区、娃娃家等。

5. 主题活动

主题活动的特点是各区域的活动紧紧围绕一个主题，内容的选择、材料的投放为实现主题目标服务。

（二）幼儿园区域活动的特点

1. 自主性

区域活动一般采用自选游戏的组织形式，注重让幼儿自选、自由地开展游戏活动，充分发挥游戏的自主性特点，主题的确定、玩具的选择、玩伴的选择、语言的运用、动作的展示等都由幼儿自主决定。没有固定的教学计划，幼儿通过自主的选择和与周围环境相互作用来获得发展。

2. 教育性

虽然区域活动能体现幼儿的自主性，但也不是完全自由自在、不受控制的活动，它有鲜明的教育性，只是这种教育性比较隐蔽，主要体现在幼儿在游戏的过程中对材料的操作上、对区域规则的遵守上，以及在与同伴的相互交往中产生的积极体验上。轻松愉快的活动过程，可促进幼儿身心发展，实现游戏本身的发展价值。例如：角色区（娃娃家、小餐厅等）最重要的教育性在于它有助于幼儿学习社会性行为，发展交往能力；建构区的教育性主要在于能够促进幼儿的创造性思维和手部动作的发展，培养幼儿手脑并用等。

3. 实践性

不管是哪种类型的区域活动，都要通过幼儿的具体实践活动才能实现它的教育性。区域活动是非常具体的活动，有角色、有动作、有语言、有材料，幼儿在活动中只有身体力行、实际练习才能发展自身的各种能力。幼儿在自己喜欢的区域中活动，积极性高，自由自在地操作各种材料，通过身体力行使自身的各种能力获得发展。

4. 指导的间接性

幼儿是区域活动的主角、是学习的主体，在区域活动中要完成主动地积累经验、获取知识的任务，即知道怎样去学，知道如何自主地进行选择、主动地与环境交互作用并得到发展。教师的指导具有间接性的特点。在环境的创设过程中，教师应发掘幼儿的主动性，让幼儿积极参与活动，不仅让幼儿了解“应该怎样做，为什么这样做”，还应激发幼儿“我们需要这样做”的愿望。在活动过程中，教师应给予幼儿适时的、必要的支持和帮助。例如：幼儿遇到困难玩不下去时、幼儿出现纠纷与行为问题时、幼儿操作发生问题时、游戏无法深入时、幼儿发生创造性的行为时，教师要及时发现和巧妙介入。教师的出现和介入要体现艺术性，即以什么角色介入是最自然的，既能达到指导的效果，又不影响幼儿的游戏。教师有时是游戏的伙伴，有时是某个特定的角色，有时是旁观者，必要的时候还是解调员，教师要灵活地扮演好不同的角色。在对这一角色定位时，教师应以幼儿自己解决问题为前提对幼儿进行间接性的帮助，让幼儿自行探索与同伴、与环境、与材料等之间的关系，帮助幼儿积累经验以更好地对周围事物进行探索，更好地适应环境。教师还应该密切观察幼儿在区域活动中的各种情况，观察幼儿在活动中的语言、动作、表情以及幼儿对所提供的材料是否感兴趣、同伴之间是怎么样通过材料进行交往的、幼儿能否将主题活动渗透到区域活动中等。有了充分的观察，教师才能对每个幼儿做出正确的判断，机智地、艺术地加以引导和调控，促进区域活动的顺利进行和目标达成。

三、幼儿园区域活动的组织原则

（一）区域活动主题的选择要因地制宜，适合本园的实际情况

（1）区域活动的主题应适合幼儿各年龄段的发展水平；

（2）从幼儿的兴趣出发，确定区域主题；

（3）根据教育活动的主题确定区域活动主题；

（4）注重区域活动主题之间的互动；

（5）区域活动的主题适当体现地域特色。

（二）在区域活动的创设过程中要充分体现以幼儿为主的原则

（1）幼儿共同商讨区域需要用的材料，并共同收集、布置；

（2）幼儿共同制定区域规则，共同遵守。

（三）区域活动中的材料投放要安全卫生，有科学性

（1）区域是幼儿活动的场所，投放于其中的材料应当是安全、卫生的；

（2）区域中投放的材料也要有一定的科学性。

四、幼儿园区域活动的组织流程和指导策略

（一）幼儿园区域活动的组织流程

在区域活动中，学习和发展的主体是幼儿，教师则扮演多重角色，针对各年龄阶

段幼儿的特点和需要采取恰当的策略促进幼儿的发展：教师是幼儿活动的支持者，通过提供材料、参与活动、给予建议等方式支持并推进幼儿的活动；教师是幼儿行为的观察者，观察并记录幼儿进行区域活动的情况，捕捉隐含的教育信息；教师是幼儿活动的指导者，采用各种有效的方法协助幼儿解决活动中的困难。

区域活动的组织流程包括四个环节：科学选区、活动组织、收拾整理、回顾评价。

1. 科学选区

科学选区是指让幼儿在自由的氛围中，依据自己的兴趣、需要主动选定拟参与的活动区域，并做出大致的活动计划的过程。因此，选区指导包括两个内容：一是指导幼儿学会自主选择活动区域；二是引导幼儿在选定活动区域后对自己想参与的活动做一个粗线条的设计。教师要全面了解幼儿的兴趣、爱好、能力、需要，研究如何有针对性地指导幼儿选区，对选区中出现的问题进行分析、巧妙引导，既要体现幼儿的主体地位，又要让幼儿得到应有的发展。

2. 活动组织

幼儿是区域活动的主体，教师的作用是在多角度、多形态地观察（如全面观察、重点观察和个别观察，旁观式观察和参与式观察）、记录（如文字记录、绘图记录、图片记录和影像记录等）、解读幼儿的基础上把握恰当的指导时机，采用适宜的介入指导方式（如平行式介入、交叉式介入、垂直式介入等），引导幼儿在与环境、材料、同伴、教师的积极互动中有效建构经验。教师在组织指导中还应关注幼儿间的差异性和特殊性，发现幼儿个体的潜质和独特性，促进幼儿个性化发展。

3. 收拾整理

收拾整理是区域活动结束后幼儿对使用过的材料和环境进行归位、整理、打扫的环节。该环节看似简单，却对幼儿发展具有积极的教育价值：有利于幼儿养成负责的态度，培养幼儿的空间秩序感，帮助幼儿认识到自己的劳动价值并养成爱劳动的习惯。幼儿是环境的主人，教师要与幼儿共同建立区域活动收拾整理的规则，通过讨论、协商等方式明确收拾整理的先后顺序、不同区域各种材料的整理方法，分工合作，体现主人翁的身份。

4. 回顾评价

本环节是区域活动的总结、梳理、提升经验的重要环节，有助于幼儿内部语言的发展、聆听与评价能力的发展、思维概括性和逻辑性的发展以及借助言语的人际交往能力的发展。教师要研究区域活动评价环节的内容及方法，力求扩大评价主体、把握评价方向、分层指导评价，体现幼儿的参与性和主体性；根据不同年龄段幼儿的实际能力和特点，运用不同的评价方法（如作品展示、录像再现、情景表演、争议讨论、记录分析、肯定强化等），让幼儿更多地参与评价、乐于参与评价。

（二）幼儿园区域活动的指导策略

1. 创设幼儿园区域活动环境，为开展区域活动提供保障

《幼儿园教育指导纲要（试行）》强调：环境是重要的教育资源，应通过环境的创设和利用，有效地促进幼儿的发展。区域活动凭借创设一种宽松自由、多元开放的环境，提供“既适合于幼儿现有发展水平，又具有一定挑战性”的环境，引领幼儿在特定的环境中积极地与材料、同伴及教师协调作用，主动建构自己的知识经验。

（1）优化心理环境，拓展幼儿自主表现的机会。

现代心理学研究表明：在没有心理压力的情形下，容易调动人活动的积极性与主动性，让人的思维处于活跃状态。幼儿之所以喜欢参与区域活动，其重要原因在于区域活动环境具有开放性与自主性。幼儿能在自由自在、无拘无束的氛围中尽情玩乐、愉悦身心、释放潜能。教师应扮演好“大朋友”“好朋友”的角色，理解幼儿，接受幼儿天真无邪的举动；宽容幼儿，接纳幼儿不够完善甚至错误的尝试；真诚帮助幼儿，使幼儿不断获得发展的力量；夸奖幼儿独特而大胆的探究，尽力保护幼儿的天性，不至于摧残幼儿的自主性与创造性，从而让区域活动真正成为幼儿自主发展的舞台。

（2）优化物质环境，诱发幼儿学习的兴趣。

幼儿的思维伴随着活动而发展，而诱发幼儿活动兴趣的刺激物主要是丰富多样的玩具与材料。幼儿园区域活动玩具与材料的投放宜遵循动态与静态、层次性与独特性、趣味性与挑战性相结合的原则，鼓励幼儿按照个人喜好自由选择、自由结伴、自主游戏、自主发展。

2. 科学引领，促进区域活动顺利进行

教师应善于发现幼儿感兴趣的事物、游戏与偶发事件中所隐含的教育价值，把握时机，积极引导。教师应以敏感的洞察力捕捉幼儿感兴趣的区域活动主题，并给予科学引领和热情支持，积极推进区域活动的进程，让幼儿真正成为区域活动的主人。

教师只有充分细致地观察，才能切实掌握幼儿活动的情况。细致的观察既能为正确指导幼儿活动提供依据，又能在幼儿学习兴趣与认知发展的矛盾冲突处衍生出新的“生长点”。例如：建构区积木倒塌，大多数幼儿会提出疑问：积木为什么会掉下来？为什么掉下来的积木有的声音大、有的声音小，有的声音细、有的声音粗呢？教师可抓住幼儿诸如此类的疑问，引领幼儿开展“有趣的声音”之类的主题活动。在区域主题活动的开展中，教师一定会惊奇地发现：幼儿的兴趣只是幼儿自主探索的起点，由幼儿的兴趣点引发的教育才能驱动幼儿主动探究新知的内部动机，而幼儿兴趣需要与教育目标的结合则必须依靠教师耐心细致的观察与倾听。

适时适度的引领、点拨能帮助幼儿的自主活动获得更大意义与价值的经验。例如：“阅读区”的一本动物卡片集是幼儿日积月累收集起来的，卡片的排放无特定的规律。一名小男孩有一天突然带来一张乌贼图。“放哪儿合适呢？”教师问小男孩。“就放在海星旁边，它们都生活在大海里。”旁边的一位小女孩立刻想出了金点子。于是，教师将动物图片按生存场所的不同重新进行了分类排放，渐渐地，幼儿也能自主探寻一些排列策略了，如按外形特征、生活习性等。

3. 有效评价，提升区域活动质量

教育评价是提升幼儿园区域活动质量的重要手段。在区域活动中，教师实行个别化的、关注幼儿内在变化与情感体验的评价，对幼儿来说具有一定的激励功能。

（1）尊重幼儿，关注差异。

加德纳的多元智能理论认为，幼儿的发展存在差异性，每一个幼儿都有自己的智能强项。区域活动的评价应注重评定幼儿的个性、特长，以欣赏的眼光评价幼儿，善于发现每个幼儿的闪光点，鼓舞幼儿、启迪幼儿、发展幼儿。通过及时反馈，让幼儿体验成功的快乐，让幼儿变得更自信、更大胆、更主动、更积极，让幼儿得到良性的可持续发展。

（2）重视过程，促进发展。

对幼儿发展状况的评价要伴随着幼儿活动的过程来进行。教师应尽力捕捉一切有用的评价信息，作为重要的评价依据，如对幼儿手工作品、记录表格、自制玩具以及区域活动中表现出来的主动交往、互助合作、大胆创新等作出适时适当的中肯评价，一个竖起的拇指、一句表扬的话都会成为幼儿前进的动力，从而促进幼儿和谐、持续地发展。

资料链接

幼儿园公共区域活动——餐厅观察记录

参加幼儿	小王、小柳	用具材料	餐厅的各种用具、物品
幼儿园活动目标	能自由地选择角色并积极参与幼儿园活动，体验与同伴合作的快乐，锻炼语言表达能力及人际交往能力等。		
幼儿表现及行为	公共区域活动时间是孩子们最开心、快乐的时间了，大家可以根据自己的需求去自由地选择区域。小王每天都参与餐厅活动，已经有一段时间了，但她还是乐此不疲。昨天小王进入餐厅后兴冲冲直奔挂胸牌的地方，她首选的是服务生的角色。她戴上头巾、围上围裙，把自己打扮成一个精神十足的服务生。这时，餐厅里进入了第一个顾客小柳，小王从收银处拿起菜单放在顾客面前，双腿微曲、身体向前微弓地对顾客说："你吃什么啊？"小柳想了一会儿，告诉她："我吃拉面。"小王回到厨房告诉"厨师"："要一碗拉面。"一会儿的工夫，顾客的面就做好了，小王手托餐盘给顾客上了一碗拉面。后来，顾客越来越多，小王来回穿梭于各个顾客之间，很是忙碌。当老师发现顾客餐桌上的食物已经很多时就提醒小王："你看他的食物已经很多了，吃不了就浪费了，你应该提醒他别再点菜了。"小王立即反驳道："老师，他可以打包啊！"老师只能惊奇地点点头，表示她说得很对。今天，小王依旧选择了餐厅，不同于昨天的是，她进入餐厅以后没有去选择当服务生和厨师，而是选择做一名顾客，轻松、自如地坐在餐桌前，等待服务生的到来。服务生来后，她点了一杯可乐、一杯冰激凌，有模有样地食用起来。当她还想再点食物的时候，大概是没有服务生服务的原因，她径直来到厨房门口对"厨师"说："我要一碗牛肉面。"然后自己等待、自己端食物，就像进入快餐店一样自己为自己服务。		
分析评价	幼儿时期正是角色游戏发展的高峰期，角色扮演游戏是属于他们这一阶段的最重要的"工作"，所以孩子们都很热衷于这个区域。在餐厅游戏中，他们运用模仿、想象来扮演生活中的各个角色，在假想的环境中模仿各种人物的神态、动作、语言，同时还把生活中的经验发挥得淋漓尽致，就像前面小王对老师说："老师，他可以打包啊！"如果没有前期的经验，她绝不会脱口而出。所以幼儿只有在这个自由的氛围中，才能提高自己的各种能力。		

本章小结

知识结构图

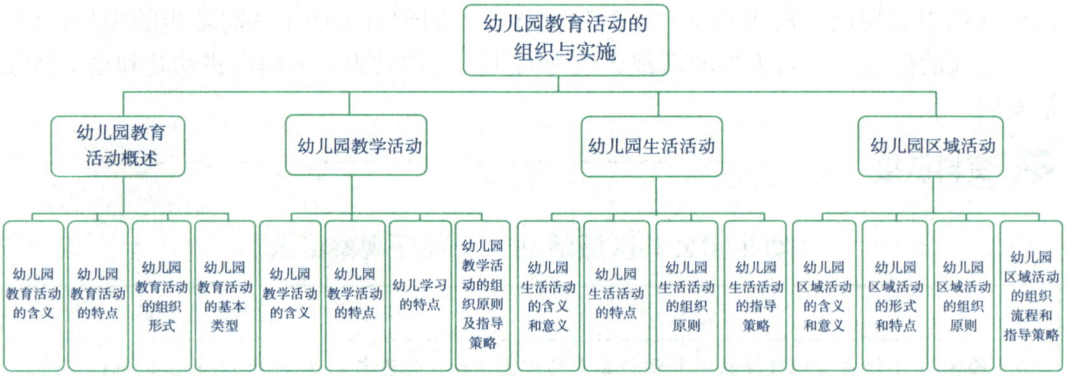

关键概念

幼儿园教育活动　幼儿园教学活动　幼儿园生活活动　幼儿园区域活动

讨论及思考题

1. 举例说明如何理解幼儿园教育活动。

2. 结合实例谈谈幼儿园教育活动的特点。

3. 试结合实例比较幼儿园教学活动、幼儿园生活活动、幼儿园区域活动，谈谈三者的区别和联系。

第九章

幼儿园游戏

学习目标

- 了解游戏的含义、学前儿童游戏的特点及作用
- 了解学前儿童游戏理论的主要观点
- 掌握学前儿童游戏的基本类型和特点
- 掌握学前儿童游戏活动的指导方法，理解教师在游戏过程中的指导作用对学前儿童游戏发展的重要性

教师专业标准及教师资格考试要求

- 提供符合幼儿兴趣需要、年龄特点和发展目标的游戏条件
- 充分利用与合理设计游戏活动空间，提供丰富、适宜的游戏材料，支持、引发和促进幼儿游戏
- 鼓励幼儿自主选择游戏内容、伙伴和材料，支持幼儿主动地、创造性地开展游戏，充分体验游戏的快乐
- 引导幼儿在游戏活动中获得身体、认知、语言和社会性等多方面的发展

学习导引

游戏是人类社会生活中普遍存在的活动，更是学前儿童喜爱的活动。学前期是游戏期，剥夺学前儿童的游戏活动便是影响了他们的童年。因此，必须重视学前儿童的游戏活动，并要研究在游戏活动中怎样进行教育才是最有效的。通过本章的学习，我们将了解学前儿童游戏理论及幼儿游戏的指导策略，熟悉学前儿童游戏的特点、分类与作用。

第一节　学前儿童游戏概述

游戏是学前儿童的基本活动，是学前儿童普遍喜爱的、自愿的、主动参与的活动，

是学前儿童通过亲身体验而获得生命活动意义的活动。寓教育于游戏之中是幼儿教育的一大特征。对学前儿童来说，游戏是学习的基础。

资料链接

中国古代儿童游戏

中国在数千年的发展历程中形成了丰富多彩的儿童游戏，其种类之多、质量之高令人惊叹。虽然专门记载古代儿童游戏的史料不多，但从其他形式的作品如古诗、绘画、小说中，我们依然可以领略到我国古代儿童游戏的风采。

中国古代儿童游戏

一、游戏的含义

长期以来，游戏是各国教育家和心理学家一直研究和关注的问题。关于游戏的含义，不同的学者持不同的观点，于是就形成了不同的游戏理论学派。这些学派之间并不存在根本的冲突，相反，他们共同丰富和补充着游戏的内涵。

在我国，“游”“嬉”“戏”等字最早出现在战国时期的历史文献中。“游”有行走、远行的意思，具有闲暇、嬉戏的本意，同时也是一种学习的方式。“游戏”二字连用，始见于《韩非子》中：“或曰：管仲之所谓言室满堂、言室满堂者，非特谓游戏饮食之言也，必谓大物也。”这里的“游戏”意指玩耍、嬉戏和娱乐，与现代“游戏”一词的意思基本一致。

（一）游戏的生物性本质观

德国的福禄培尔是教育史上第一位系统研究游戏并尝试创立游戏实践体系的教育家。他将游戏的本质归结为生物性，即游戏是儿童内部存在的自我活动的表现，是一种本能性的活动。

美国心理学家霍尔从游戏复演论的观点出发，指出游戏是种族的过去活动习惯的延续和再现。

德国心理学家格罗斯主张游戏是对未来生活需要的活动的准备，是本能的练习或训练。

中国学者张新立在《儿童游戏的发生及其本质特点新探——儿童游戏的生理—心理观》中指出："儿童游戏实质上是儿童为满足不断的身心'刺激—反应'活动需要的自发行为。"

（二）游戏的社会性本质观

黄人颂在其主编的《学前教育学》一书中将游戏阐述为：幼儿喜爱的、主动的活动，是幼儿反映现实生活的活动。

《教育大辞典》是这样定义游戏的：游戏是幼儿的基本活动，是适合幼儿年龄特点的一种有目的、有意识，通过模仿和想象，反映周围现实生活的独特社会活动。

《中国大百科全书·教育卷》对游戏的定义为：儿童运用一定的知识和语言，借助各种物品，通过身体运动和心智活动，反映并探索周围世界的一种活动。

（三）游戏的主体性本质观

刘焱在《幼儿园游戏教学论》中指出：游戏是游戏者能动地驾驭活动对象的主体性活动。它直观地表现为幼儿的主动性、独立性和创造性活动。

毛曙阳在《关于幼儿游戏的本质及其对幼儿的发展价值的思考》中指出：游戏是一类由幼儿自主控制的、能带来愉快情绪体验的、有操作材料的活动。

张燕在《幼儿园游戏探新》中指出：游戏是儿童为了寻求快乐而自愿参加的一种活动，其实质就在于儿童的主体性、自主性能够在活动中实现。

邱学青在《学前儿童游戏》中指出：游戏是一种儿童自发的行为，具有主动性，儿童基于自发、自愿的需要在游戏中自由选择游戏的内容、玩法及同伴。

建立科学的游戏主体性本质观是人们对游戏概念认识的进一步深化与提升，它为我们准确认识游戏的本质、科学指导和实施游戏活动提供了重要的理论基础。

二、学前儿童游戏理论

（一）早期的游戏理论

早期的游戏理论又被称为"传统的游戏理论""古典的游戏理论"，比较有代表性的理论有剩余精力论、松弛论、练习论以及复演论。

1. 剩余精力论

这种理论初见于席勒的著作中。席勒在研究美学问题时对游戏有所涉及，他将愉悦看成游戏和审美的共同特征，而愉悦的产生正是源于过剩精力的消耗。游戏就是机体的基本生存需要满足之后，仍有富余精力的产物。

英国哲学家斯宾塞发扬了席勒的思想，以神经心理学解释剩余精力，提出生物都有维护自己生存的能力，身体健康的儿童在维护正常生活外还有剩余精力，而当其剩余精力需要发泄时，就产生了游戏。

2. 松弛论

与剩余精力论相反，松弛论则认为游戏不是发泄精力，而是在工作疲劳之后恢复精力的一种方式，因为活动会带来身体和心理能量的消耗，儿童在紧张的学习后为娱乐而游戏。这一理论最早见于19世纪哲学家拉扎鲁斯的著作。拉扎鲁斯认为，游戏的目的是储存能量以供工作的消耗。根据拉扎鲁斯的说法，工作会消耗能量并使能量不足，因此可以用睡眠或游戏来补充；游戏与工作是不同的，它是一种储存能量的理想方式。游戏活动的无目的性是一种理想的休闲方式，恰恰起到了工作之余的放松或娱乐功效。

3. 练习论

受达尔文的影响，德国心理学家格罗斯以自然选择理论为基础，强调动物只有很好地战胜环境才能生存；幼年时的游戏，为儿童从游戏的最初阶段过渡到社会生活所必需的更成熟的活动做准备。这一理论认为，儿童为了实践和完善生存的本能而游戏。来到这个世界时，儿童的发展还很不完善，所以他们必须继续在游戏中发展不完善的感觉，这些感觉对儿童智力和情感的发展是必要的，游戏能够为儿童准备生存需要的技能。因此，格罗斯的练习论又被称作“生活预备论”。

4. 复演论

美国心理学家霍尔认为游戏是祖先活动的重演，儿童通过游戏活动获得发展的阶段与人类进化中的文化阶段相似。游戏让个体摆脱原始的不必要的本能动作，为儿童的未来生活做准备。成人阶段代表人类演化的最终阶段，而胎儿出生后的成长过程就是逐步展开由动物演化到人类的各个阶段。儿童游戏的阶段性也是遵循人类历史的演进，并且在演化中没被淘汰而保留下来的。

以上四种理论代表了儿童游戏研究初始阶段的研究成果，为我们提供了最初步的关于儿童游戏的解释。但这四种理论涉及的游戏范围有限，即这些理论仅能解释部分的游戏行为而非全部的游戏行为。每种理论都不具有普适性，而有着太多的例外。例如：剩余精力论并不适用于解释儿童即使累了还是要玩的现象。按照松弛论的观点，成人工作较多，他们应该比儿童开展更多的游戏，但事实并非如此：成人游戏的时间远不及儿童，因为儿童大部分时间都在游戏。这个观点也很难解释那些必须使用认知技巧的游戏。练习论则不适用于当今社会快速变迁的情况。事实上，童年时期通过游戏学到的技巧，到了成人时恐怕已过时而无法应对当时社会的需要了。复演论的最大问题是儿童的游戏内容并非完全依照所谓的演化次序出现，而且不是到了下一个阶段就完全不玩上一个阶段的游戏了。儿童往往喜欢玩火车、汽车等现代工业的产物，这些内容在人类过去的历史上是没有的，很难将之归到演化过程的某一个阶段。

（二）现代游戏理论

现代游戏理论是指20世纪50年代以后出现的游戏理论。早期的游戏理论主要解释儿童游戏的原因，而20世纪50年代以后的有些游戏理论则主要解释游戏的内容或游戏的功能，不但解释儿童为什么要游戏，而且尝试界定游戏在儿童发展中的意义。其中具有代表性的是精神分析学派、认知学派、社会文化历史学派的游戏理论以及游戏的唤醒调节理论和元交际理论。

1. 精神分析学派的游戏理论

精神分析学派的游戏理论又称“发泄论”或“补偿论”。该学派认为，一切生物得以生存的基础是与生俱来的本能，这种原始的冲动和欲望在人类社会因受到社会道德规范的约束而被压抑，无法表现出来。儿童生来也有这种内在的需求需要得到满足和发泄，但是由于受到外界客观环境的压抑和束缚，他们的内在需求并不能得到满足，从而导致某些不良习惯的产生，如发脾气、捣乱等。因此，精神分析学派认为，儿童需要在游戏中发泄情感，以补偿现实生活中不能满足的欲望和需求，从而获得身心的愉悦和发展。

精神分析学派的游戏理论以弗洛伊德的研究为基础，埃里克森也在分析儿童游戏的内容方面做出了自己的贡献。

2. 认知学派的游戏理论

认知学派的游戏理论以瑞士心理学家皮亚杰为代表。皮亚杰关于儿童游戏的观点是他的儿童智力发展理论的反映。皮亚杰认为，儿童的游戏发展与儿童智力的发展阶段相适应。儿童的智力发展水平决定了其游戏的水平，游戏是儿童学习新的复杂的客体和事件的一种方法。他从儿童认知结构发展的角度，认为游戏是认识新事物的方式，是形成和扩展知识与技能的方式，是把思维和行动结合起来的方式。在皮亚杰看来，游戏可以使个体把信息纳入原有的认知图式，是同化的一种形式。在同化和顺应过程中，游戏是第一位的，因为游戏是儿童实践和巩固他所知道和理解的环境知识的重要方式。皮亚杰认为，游戏是思维的一种表现形式，实质是同化超过了顺应。儿童早期认知结构发展不成熟，不能够保持同化与顺应之间的协调或平衡。这种不平衡有两种情况：一种是顺应大于同化，主体不断结合现实情况进行调整而不是随着个人意愿随意调整，表现为游戏主体忠实于重复规范性动作，发生了模仿行为；另一种是同化大于顺应，表现为主体完全不考虑事物的客观特性，只是为了满足自我的愿望与需要去改变现实，这就是游戏。

皮亚杰从认知发展的角度对儿童游戏的研究做出了杰出的贡献，20世纪70年代以来的儿童游戏研究多受皮亚杰游戏理论的影响。

3. 社会文化历史学派的游戏理论

社会文化历史学派从活动的角度解释儿童的游戏。该学派认为，游戏是社会实践性的活动。儿童通过在游戏中的想象、模仿，掌握一定的社会关系。因此，游戏对儿童而言是具有社会属性的主导的活动。第一，游戏活动在儿童心理发展中占有主导地位。第二，游戏具有社会性本质，具有社会历史的起源，而不是生物学的起源。第三，成人的教育影响在游戏过程中起着关键性的作用。第四，成人的干预有助于儿童掌握游戏的方法。

社会文化历史学派的主要代表人物是苏联心理学家维果茨基和艾里康宁。

近几十年来，游戏理论家倾向于强调游戏在认知发展和创造性思维中的作用。美国心理学家布鲁纳认为，游戏对儿童来说，既是掌握技能的实践活动，也是他们在安全环境中尝试对行为进行重新整合的机会。游戏因增加了儿童行为的自由度而助长了思维的变通性。

4. 游戏的唤醒调节理论

游戏的唤醒调节理论也可称为“内驱力理论”，它试图解释游戏的生理机制。该学派认为，唤醒是中枢神经系统的机能状态或有机体的一种驱力状态，受两个因素的影响，即外部的环境刺激（特别是新异刺激）和有机体的内部平衡机制。新异刺激不仅为学习提供必要的线索，还能激活机体，改变机体的驱力状态。机体具有维持体内平衡的自动调节机制，使之维持最佳唤醒水平。在新异刺激—唤醒水平增高的情况下，产生的行为是探究行为。在新异刺激—唤醒水平低的情况下，发生的行为是游戏。游戏的作用在于寻求刺激，避免厌烦等不良状态，提高唤醒水平。游戏是有机体主动影响环境的倾向，是由有机体而不是由刺激控制的行为。

该理论的主要代表人物有伯莱恩、艾利斯、亨特、费恩等人。

游戏的唤醒调节理论启示我们应当重视幼儿园教育环境的合理组织：一方面应当为儿童提供丰富的环境刺激，另一方面也要注意环境刺激的合理性与适宜性。

5. 游戏的元交际理论

游戏的元交际理论由英国人类学家贝特森提出，试图揭示游戏作为意义与信息的交流和理解过程的实质。他认为人类的交际包含两种类型：一种是意义明确的言语交际；另一种是意义含蓄的交际，即“元交际”。元交际传达的是意义含蓄的“隐喻”，或“言外之意”，或“不言之意”，它依赖于交际双方对对方的交际意图或所传递的信息的“意义”的辨识与理解。贝特森指出游戏是一种元交际过程，即在交际活动中双方识别、理解对方表现中隐含的意义。作为元交际活动，游戏的价值在于向儿童传递特定文化下的行为框架，教儿童如何联系所处的情景来看待行为以及如何在联系中评价事物，而不在于教会儿童某种认识技能或承担某种角色，也即游戏对儿童理解和建构表征世界具有先导作用。例如：当儿童在游戏中扮演某种角色的时候，他不是在学习如何当这种角色，而是在学习关于“角色”的概念，区分一种角色与其他角色的不同，了解行为方式与行为背景之间的制约关系。

这一理论打破了传统的只把游戏视为发展重要品质和技能的工具和手段的认知，提出游戏本身是有价值的，它不仅仅在文明的进化中起过重要作用，而且它本身就是进入人类的文化和表征世界的一种必需的技能。

第二节 游戏与学前儿童发展

游戏是人类的普遍活动，任何年龄段的人都需要游戏。但是游戏对儿童的重要性却远远超过其他各年龄段的人。游戏是儿童的基本活动。

一、学前儿童游戏的特点

游戏是儿童的基本活动，研究者通过对成人游戏和儿童游戏的观察和比较发现儿童游戏应包含以下特点。

(一) 游戏是儿童主动、自愿的活动

游戏是儿童积极主动的活动，产生于儿童的内部需要，而非任何功利目的的驱使。儿童游戏时所处的适宜的情绪唤醒状态，以及与此同时发生的主动的认知及情感体验，都是其积极地感知自身与周围世界的过程。儿童在游戏中可以根据自己的意愿确定游戏内容、布置场景、选择游戏伙伴和游戏材料、决定对待和使用活动材料的方式方法，也可以根据自己的想法或通过与伙伴的协商改变原有游戏的操作程序、制定新的游戏规则，还可以根据自己的兴趣和愿望控制游戏进程。也就是说，怎么玩、和谁玩、玩什么都是由儿童自行决定的，儿童是游戏的真正主人。

此外，自由选择也是儿童游戏很重要的一个因素：教师分派儿童去玩积木与儿童自己选择去玩积木，在儿童看来前者是任务，后者才是游戏。因此，游戏是儿童自主选择、自愿参加的活动。

(二) 游戏在假想的情景中反映现实生活

儿童游戏是一种假想的活动，即儿童游戏是想象与现实的结合，是儿童在假想的情景中对生活经验的创造性反映。它表现为儿童在游戏中不受现实环境的条件限制，通过想象实现人物的活动。例如：儿童可根据情节的需要，扮演警察、医生、教师等；可以把活动室的一角当作医院、商店或动物园；可以把木棍当作筷子、把橡皮泥当作面团等。可见，儿童游戏是以生活经验为基础，通过想象进行的一种假想的活动。

(三) 儿童重视的是游戏的过程，而非游戏的结果

儿童游戏没有任何功利的目的，既没有外部目标，也没有内在约定。儿童参加游戏就是为了享受游戏的过程，而不需要考虑游戏以外的结果。一旦儿童的游戏活动被设定为达到某个目标，就会给儿童带来无形的压力，儿童就难以无拘无束地享受游戏的过程。但游戏不是“无目的”的活动，而是“目的”在自身的活动。游戏就是游戏的目的，儿童不追求游戏活动以外的目的。例如：两个人下棋，谁都希望自己赢而不

希望自己输。“赢”就是儿童游戏的目的，也是儿童要追求的结果。幼儿在游戏中不是不追求“结果”，而是不追求游戏活动以外的结果（如小红花或糖果）。

（四）游戏伴随着愉悦的情绪，能给儿童带来积极的情感体验

游戏是儿童快乐的源泉。在游戏中，儿童能控制所处的环境、表现自己的能力和实现自己的愿望，因而能获得愉悦感、胜任感和满足感。儿童的游戏活动没有强制的目标，因而也降低了为达到目标而产生的紧张。事实上，儿童总是在情绪积极时才做游戏，游戏又会给儿童带来更积极的情绪。例如：在“娃娃家”游戏中，扮演父母的儿童体验着父母对孩子的关心与爱护，给孩子做饭、喂饭，尽心尽力。

游戏能使儿童体验各种情绪情感，而且丰富的情绪情感体验也会对儿童产生潜移默化的影响，会发展他们的友好、同情、责任心、爱憎分明等积极情感。随着游戏主题和构思的发展与复杂化，儿童的情绪情感体验更丰富、更深刻。

二、学前儿童游戏的分类

（一）按儿童认知能力发展水平阶段分类

从儿童认知能力发展水平的角度对游戏进行分类，皮亚杰是首创者之一。皮亚杰将儿童游戏划分为感觉运动游戏、象征游戏、结构游戏和规则游戏四大类。

1. 感觉运动游戏

感觉运动游戏也叫“练习性游戏”，主要发生在儿童 0 ～ 2 岁阶段。这种游戏方式以肌肉活动为主，主要特征是重复动作、操作物体和自我模仿。

2. 象征游戏

象征游戏也被称为“符号游戏”，主要发生在儿童 2 ～ 7 岁阶段，是学前儿童最典型的游戏方式。象征是指用一种事物代替另一种事物或者给某种事物赋予特殊的意义，它有“好像”和“假装”的特点。在象征游戏中，关键词是“替代”或“假装”，即用 A 替代、假装 B。替代、假装主要表现在情景替代、装扮动作、以物代物和以人代人四个方面。

3. 结构游戏

结构游戏从 1 岁开始萌芽，经历无意构造、想象构造、模拟构造、自由构造几个阶段，它是指儿童利用各种结构材料或玩具来建构新物体的活动，如搭积木、插积塑、捏橡皮泥、折纸、堆雪人和垒沙堡等。这种游戏对训练动手能力和发展思维能力有十分积极的作用。

4. 规则游戏

规则游戏是指两个以上儿童按照一定规则开展的活动，它往往带有竞赛的性质，如打牌、下棋、赛跑、拔河等。它以规则为游戏中心，摆脱了具体情节，用规则来组织游戏。真正的有规则的游戏，如排球、田径赛等，到小学后才能进行；但简单的有规则的游戏，在四五岁时就可进行。

（二）按游戏的社会性分类

美国教育家帕顿通过对儿童游戏的社会发展进行研究发现，儿童之间的社会性互动会随着年龄的增长而增加，于是他将2～6岁的儿童游戏划分为以下六种类型：

（1）偶然的行为（或称“无所事事”）：注视碰巧引起兴趣的事，玩弄身体、在椅子上爬上爬下、东游西荡等都不是正式的游戏。

（2）游戏的旁观者：注视同伴的游戏，听他们的话，向他们提问题，明确地观察某几组儿童，耳闻目睹所发生的一切。

（3）单独的游戏（独自游戏）：所使用的玩具与其他的儿童不同，专心自己的游戏，不关注同伴做什么。

（4）平行的游戏：仍是单独做游戏，但玩具和同伴相近，在同伴旁边玩，而不是和他们一起游戏。

（5）联合的游戏：和同伴一起游戏，谈论共同的活动，但没有分工，也没有围绕具体目标进行组织，每个儿童根据自己的愿望来做游戏。

（6）合作的游戏：儿童在游戏中有共同的目的、有达到目的的方法，活动有组织，小组有分工，有实施游戏的方法，还常常会有游戏的组织者或领导者，如搭建一个城堡或者比赛谁跑得快等。

实际上，在这六种游戏行为中，只有后四种属于真正的游戏行为。所以，后来的研究者再按照这种方法对游戏进行分类时，只将游戏分为单独游戏、平行游戏、联合游戏与合作游戏四种。其中，由于前两种游戏基本没有社会性的特点，故被称为非社会性游戏；而后者被统称为社会性游戏。通过这种游戏分类方法，我们可以明显看出儿童游戏行为中的社会性发展水平的差异。但需要注意的是，虽然帕顿从社会性发展角度发现儿童游戏依次经历了“单独游戏—平行游戏—联合游戏—合作游戏”的发展阶段，但是儿童进行单独游戏并不难说明其发展水平处于较低水平。事实上，年龄较大的儿童很多时候也会选择独自游戏。史密斯针对学前阶段的社会游戏所做的纵向研究发现，很多儿童的发展情况都是符合帕顿描述的游戏发展阶段的，但也有些儿童例外。他发现年龄大的儿童不是独自玩就是选择互动性游戏，而很少看到各玩各的平行游戏。

（三）按游戏的教育作用分类

长期以来，由于受苏联游戏理论的影响，我国常采用按照游戏的教育作用对游戏进行分类的方法。幼儿园游戏分为创造性游戏和规则游戏（教育游戏）两大类，其中创造性游戏包括角色游戏、表演游戏和结构游戏；规则游戏包括智力游戏、体育游戏、语言游戏、数学游戏、音乐游戏、美术游戏、娱乐游戏等。这种分类方法十分有利于教师开展儿童教育工作。

1. 创造性游戏

创造性游戏主要以培养儿童的创造性为目标，它是儿童根据自己的兴趣、爱好、经验和能力自主地、创造性地反映现实生活的活动。

（1）角色游戏。

角色游戏是象征游戏中最有代表性的游戏之一，是儿童运用自己的想象力、通过扮演角色来创造性地反映周围生活的游戏活动。例如：有的家长周末带孩子去超市购物，孩子来上幼儿园时向老师提出要玩“买东西”的游戏，这个孩子当“售货员”、其他孩子当“顾客”进行的这种“超市购物”的游戏就是角色游戏。

（2）表演游戏。

表演游戏是指儿童按照故事或童话的内容与情节分配角色，通过语言、动作、表情、姿势等进行创造性表演的活动。表演游戏和角色游戏都涉及“角色扮演”这一过程。

异同		表演游戏	角色游戏
不同点	角色来源	文艺作品中的人物	现实生活中的人物
	游戏情节	故事作者编写的情节	对现实生活的反映
	游戏内容	根据文艺作品表演	儿童可以自由选择与创造
相同点		扮演角色	

（3）结构游戏。

结构游戏是指儿童利用各种不同的结构材料，如积木、积塑、橡皮泥、沙、水、雪等，通过创作来反映现实生活的游戏活动。

异同		结构游戏	角色游戏
不同点	游戏途径	各种游戏材料	角色扮演
	游戏材料缺乏时	无法开展游戏	以物代物 借助假想来开展游戏活动
	儿童技能	要求有一定的动手能力	要求一般
相同点		在现实生活的基础上进行想象与创造	

2. 规则游戏

规则游戏是教师为了教学需要而编创的适合儿童发展水平的游戏活动，因此也被称为“教学游戏”。这类游戏一般包括游戏目的、游戏玩法、游戏规则和游戏结果四个部分。其中，游戏目的是指在游戏中要完成的具体任务和要达到的具体目标；游戏玩法是为了实现游戏目的而对儿童提出的具体要求；游戏规则是儿童在活动中必须遵守的规定，以确保游戏有序进行；游戏结果是儿童完成游戏之后得到的结果。规则是游戏的核心，如果规则没有设置清楚或者儿童不遵守规则，就会导致游戏无法顺利进行。

（1）智力游戏。

智力游戏是教师根据智育任务而设计的游戏活动。它通过生动、新颖、有趣的游戏形式（如猜谜语、连线、填数字等），使儿童在轻松愉快的活动氛围中增长知识、培养技能。

（2）体育游戏。

体育游戏是幼儿园日常教学计划中一项十分重要的内容，它以发展儿童基本动作（如走、跑、跳、投掷、钻爬、攀登等）为主要内容，目的是促进儿童身体发展，增强儿童体质。体育游戏并不是单调、枯燥地反复训练儿童的运动技能，而是通过游戏给予儿童练习的机会，让儿童在快乐的氛围中得到锻炼。

（3）语言游戏。

语言游戏是教师用游戏方式组织的语言教学活动，它不是儿童自发产生的，而是为了培养和提高儿童的语言应用能力而专门设置的半活动、半游戏的教育活动形式。语言游戏有明确的游戏目标和教育要求，通过教师组织和指导儿童进行充分的练习，以达到理解、掌握和运用语言的效果。

（4）数学游戏。

数学游戏是教师为完成一定的数学教学任务而创设的游戏活动。它有自己的独特规则，游戏目标是使儿童掌握一定的数学知识、技能和形成数学观念，如数数、比较大小、抽象概括、分析结果等，并能初步运用数学思维去思考和解决现实生活中的问题。

（5）音乐游戏。

音乐游戏是教师为培养儿童音乐素养而编排的游戏活动。通过音乐游戏，儿童在听、唱、玩当中既掌握了一定的乐理知识和音乐技能，又在不知不觉中接受了品德和审美教育，还获得了愉悦的情绪体验。

（6）美术游戏。

美术游戏是教师根据美术教学要求而为儿童编制的游戏活动，如手工、剪纸、画画等。对儿童进行美术教育并不是培养未来的艺术家，而是为了对儿童进行德、智、体、美、劳全方位的素质培养。通过美术游戏，可以提高儿童的观察力、记忆力、想象力和创造力，在写写、画画、描描、涂涂、剪剪、捏捏、贴贴的活动中，使儿童的性情得到陶冶、阅历得到丰富。

（7）娱乐游戏。

娱乐游戏是指教师专门为儿童娱乐身心而编排的游戏活动。这类游戏并没有明确的教学要求去培养儿童的某种技能，只是为舒缓儿童心情与情绪而设置的，让儿童玩布娃娃、不倒翁等。

三、游戏对学前儿童发展的作用

游戏对于儿童的身体、语言、智力、情感、社会性等各个方面的发展都是非常重要的。在幼儿教育中，幼儿园要尽可能地为儿童创造良好的条件，让游戏渗透到幼儿园学习、生活的各个环节，充分发挥其在幼儿教育中的作用。

（一）游戏能促进儿童体能和动作技能的发展

儿童在游戏过程中的跑、跳、走等动作对于其动作技能、身体平衡性都有好处，因此，游戏能使儿童身体得到很好的锻炼。幼儿园一些安静的游戏活动，如玩积木、画画、剪纸等游戏能促进儿童听觉、视觉及小肌肉的发展。幼儿园的游戏为儿童提供了大量锻炼身体的机会，使儿童的身体更加结实、对于外界的刺激更加敏感、适应能力得到提高。

（二）游戏能促进儿童语言的发展

学前阶段是语言发展的重要阶段，而语言的学习则以生活情景中的自然交谈最为有效。语言在儿童游戏中有很重要的作用，有时候可以决定一项游戏能否继续，特别是一些语言游戏、集体游戏和规则游戏。在游戏中，儿童与成人、儿童与儿童之间双向互动过程中的语言学习随处可见。在自发的游戏状态下，儿童通过与别的儿童及成人的交往，可以丰富并扩展词汇，提高接受和表达能力。例如：在“娃娃家”中，扮演妈妈的孩子对同伴态度不好，同伴就提出抗议：“妈妈说话不是这样的，妈妈说话是轻轻的、很温柔的。”扮演妈妈的孩子清楚地知道自己不是“妈妈”，但是她又必须改变自己的语言输出方式，尽力去模仿“妈妈”说话的口气，这样她就能比较自然地学会交往语言。语言是人们交流的工具，而学习语言的关键期是在幼儿阶段，因此我们要好好发挥游戏对于儿童语言发展的作用。

（三）游戏能促进儿童智力的发展

游戏是儿童最喜欢的活动，对儿童的智力发展具有十分重要的作用。游戏总是与发现问题、解决问题融为一体的。游戏可以锻炼儿童解决问题的能力，提高儿童的想象力、创造力和判断力。当一个三岁的儿童把玻璃杯拿在手里当话筒，煞有介事地唱歌的时候，就充分展现了他的创造力。游戏可以丰富儿童各方面的知识。在游戏中，儿童要决定玩什么、怎么玩、和谁一起玩、用什么材料和玩具玩，这使得儿童有机会进行分析、判断、推理、概括与总结，发展其抽象思维能力。

（四）游戏能促进儿童社会性的发展

游戏是儿童进行社会性交往的起点，它为儿童提供了大量交往的机会，使儿童逐步学会认识并区分自己和同伴，并能正确地处理自己和同伴之间的关系，社会交往能力得到提高。首先，游戏有助于克服儿童的自我中心，学习掌握社会角色（特别是性别角色）。其次，游戏培养了儿童的合群行为和遵守规则的能力。在游戏中，儿童作为集体的成员，必须相互宽容、谦让才能保证一个集体的融洽，于是儿童在集体中开始学会理解，这也许是游戏经验在社会性发展方面最重要的价值。最后，游戏增强了亲子关系和亲社会的行为，同样也提高了儿童的社会性交往技能。通过游戏，儿童增加了交往的机会，重新调整已有的观念以适应与了解他人的观点，他们在游戏中逐渐学会各种社会交往技巧，包括合作性与竞争性技巧。

（五）游戏能促进儿童情感的发展

游戏是儿童调节情绪的主要工具。游戏具有完全的自主性，儿童在游戏中可以尽情地发挥自己的想象、自由地表达自己的情感、实现自己的愿望，因此，儿童在游戏中可以体验到自我实现的快感。此外，游戏可以帮助儿童学会面对与疏导自己的情绪，更好地克服外界的障碍与困境。游戏对儿童情感发展的促进作用主要有以下几点：

首先，游戏是儿童表现情感的一种重要方式，通过游戏，他们的情感得到表现。

其次，游戏是儿童克服紧张情绪的一种手段。“游戏治疗”的理论与实践已经证明游戏是儿童发泄自己不良情绪的一种重要形式。通过游戏，他们对那些引起自己愤怒的思想有了较好的理解和认识后，就能心平气和地接受这些思想了。

再次，在游戏中儿童可丰富和发展其成功感、审美感、理智感和道德感等高级情感。例如：儿童在选择游戏材料时，通过对不同材料的分析，确定选中的材料，这样能丰富儿童的审美感。

最后，通过游戏可培养儿童的责任心和自信心。教师可以通过让儿童扮演自己感兴趣的各种各样的角色（特别是游戏中的主要角色），来培养其自信、独立的良好品质。

总之，在儿童的学习、生活中开展游戏活动，对儿童成长有明显的作用。它不仅能满足儿童游戏的需要、使儿童拥有快乐的童年生活，还能寓教于乐、促进儿童身心发展，为儿童终身的学习与发展奠定良好的素质基础。

第三节　学前儿童游戏的指导策略

幼儿园作为学前儿童的教育机构，既要注重儿童的自然游戏，又要注重将游戏作为重要的教育手段，为儿童提供适合他们需要的又有教育意义的游戏环境，创编一些受儿童喜爱的游戏活动，引导儿童开展有益于他们身心健康成长的游戏。

幼儿园要实现游戏的教育功能，就必须对各种类型的游戏加以组织和指导，体现幼儿园游戏和幼儿园课程、教学的有机整合。

一、创造性游戏的指导

（一）角色游戏

角色游戏是学前儿童典型的游戏形式，在整个学前期占的时间最长，大约从 2 岁开始直到入小学，其高峰期在 3 ～ 5 岁。这是一种通过使用替代物并扮演角色、以模仿和想象创造性地反映周围生活的游戏。

1. 角色游戏的结构

构成角色游戏的因素包括：角色扮演，即扮演真实情景中的角色；以物代物，即将一个当前的物体替代另一个不在眼前的物体，并以被替代物的名称来命名替代物；情景迁移，即将现实生活中的真实情景迁移到一个假想的情景之中。

（1）角色扮演。儿童扮演角色对发展想象力和自我意识有很大作用。在游戏中，角色是游戏的中心，儿童常扮演他们认为重要的人物。游戏的实质在于扮演某个角色、创造某种新地位和关系。

（2）以物代物。儿童在游戏中对物品的假想是依赖表象而进行的思维，是一种发展思维的活动。

（3）情景迁移。在角色游戏中，儿童通过使用玩具的动作来表现假想的游戏情节，并且假想各种游戏情景（活动室的一角可以是医院、汽车站等），以表达自己的思想、感情和体验。

2. 角色游戏的指导原则

根据国内外的研究，角色游戏指导的中心问题是教师和儿童双方在角色游戏中的"角色"定位问题。角色游戏的指导应当遵循以下原则：

（1）主体性原则。角色游戏是儿童主动、自愿、自主、自由的游戏，是以主体性为基本特征的游戏活动，对于儿童主体性发展和培养具有非常重要的意义。

贯彻主体性原则，首先要尊重儿童游戏的兴趣和需要。在游戏主题的选择和确立上，教师应尊重儿童游戏的意愿和兴趣。角色游戏是儿童表现和表达自己对现实生活的认识、理解、体验和感受的重要手段，教师应了解儿童游戏的想法和愿望，并积极帮助儿童实现他们的想法和愿望。其次，教师还应尊重儿童的年龄特点。学前阶段的儿童以具体形象思维为主，他们在开展游戏的过程中往往兴之所至，缺乏完整的计划和安排，经常是边游戏边思考，所以会出现停顿和不连贯的现象。最后，教师应当给儿童时间去思考、探索、想象，允许他们按自己的想法和节奏来玩游戏。

（2）开放性原则。为了尊重儿童游戏的兴趣和需要，教师的指导必定是"开放的"，而不是拘泥于固定的、事先安排的计划和程序。

儿童在游戏的过程中时常会产生新的兴趣和需要，教师应敏感地发现其中的价值和意义，及时地调整自己的计划和思路，帮助儿童实现他们的想法。

（3）整合性原则。整合性原则是指以儿童的整体发展观和活动观为指导，将角色游戏活动和幼儿园课程、教学活动有机地整合。角色游戏具有自然整合不同课程领域的学习内容的内在功能。

3. 角色游戏的指导策略

促进角色游戏主题、内容、情节的发展是指导角色游戏的关键，为此，教师应做到以下几点：

（1）丰富和扩大儿童的生活经验。教师应鼓励儿童了解周围的社会生活，积累日常的生活经验，并通过游戏表现周围的社会生活。幼儿园要结合各领域教育内容，通过引导儿童观察、参观、听故事、看图片、看电视等多种方式，丰富儿童对周围生活的印象，认识成人的活动及人与人的关系，为开展角色游戏打下基础。

（2）及时深化游戏主题，生成新的游戏主题。角色游戏的主题肤浅、单一是幼儿园角色游戏常见的问题，这就要求教师不失时机地帮助儿童深化游戏的主题并生成新的游戏主题。

（3）营造游戏的环境，提供游戏所需的玩具、设备和材料，促进儿童角色游戏的开展。环境、设备、玩具和游戏材料是儿童进行角色游戏的物质条件，准备和提供这些物质条件是教师的重要职责。教师应在户内或户外开辟角色游戏的固定场地，玩具和游戏材料也应放在固定的地方，如在室内辟一角作为“娃娃家”。在角色游戏活动开展的最初阶段，角色游戏区可以主要由教师来创设。但是，随着幼儿年龄的增长和游戏经验的丰富，随着新主题的出现，角色游戏的调整和布置应当成为师幼共同合作的过程，如教师可以组织幼儿讨论如何在原来的“娃娃家”旁边增加“餐厅”，开“餐厅”需要准备哪些材料，怎样收集和制作游戏所需要的材料。

当然，及时更换或增添新的游戏材料会让儿童感到新鲜好奇，能增加儿童游戏的兴趣，可使游戏的内容和情节丰富和富于变化。

（4）以间接指导为主，帮助儿童组织和开展游戏。角色游戏是儿童自主的游戏，因此，教师对角色游戏的指导只能采取间接指导的方式。间接指导包括用语言提问、提示、评论，适时地提出建议，提供玩具，以角色身份参与游戏。当需要增加或改变游戏主题时，教师可通过提问或出示玩具等方式提供间接指导。当儿童游戏的主题枯竭时，教师可用提示和提问的方式引导儿童回忆某些经验，和他们一起商量并确定游戏的主题。在角色分配上，对于儿童争抢或拒绝的角色，教师可鼓励他们用轮流、随机点名等方法公平地分配，以减少争执，切忌强行分配角色。

在游戏的过程中，教师应时刻关注，保证儿童游戏的安全、健康。儿童的游戏遭遇障碍时，教师可以旁观者的身份发表一些评论或提供一些建议，引导儿童将游戏深入进行下去。当材料不足时，教师可和儿童一起制作，帮助儿童克服困难。

在游戏活动结束之前，教师应使儿童有思想准备，可作适当的提醒。在游戏活动结束之后，组织儿童评价游戏也是教师间接指导的方法之一。教师可通过组织讨论和提问来引导儿童反思、总结自己的游戏活动，以发现需要改进的地方，或提出新的游戏主题、内容。

（二）表演游戏

表演游戏也被称为“戏剧性游戏”，它是按照童话、故事等文学作品中的角色、情节和语言进行创造性表演的游戏。表演游戏的特点在于儿童按照童话或故事中的情节扮演一定的角色，按照作品规定的内容进行游戏。

在表演游戏中，儿童可以自由表达他们对原型中角色的理解、评价以及喜爱、厌恶、同情、宽恕等情感。表演游戏兼具表演性和游戏性，但儿童的表演游戏不是表演，不是演给别人看的，它没有传达某种思想和观念的目的，它是儿童为满足自己的表演欲望而开展的游戏。

1. 表演游戏的指导原则

（1）游戏性先于教育性。表演游戏的本质是游戏，应保持表演游戏的“游戏性”，防止对表演效果的片面追求。教师应尊重儿童对作品的理解，允许儿童按照自己的理解对作品进行加工、改造。同时，教师的指导不能剥夺幼儿的“游戏性”体验。教师必须按照表演游戏发展的一般规律（从一般性表现发展到生动性表现），给幼儿自主游戏、协商磨合的时间和空间，允许幼儿探索、讨论，尊重他们的理解与表现，扶持、引导而不是指挥、导演。

（2）游戏性与表演性相统一。表演游戏源于儿童扮演的冲动，儿童被他们感兴趣的童话、故事所吸引，产生了扮演的冲动，这是表演游戏表演性的由来。儿童的表演游戏不可能完全脱离它的原型和脚本，但是儿童在扮演的过程中不拘泥于原型和脚本。他们会将原型和脚本加以扭曲、变形、增删，以获得一定的乐趣。事实上，游戏性和表演性的统一是表演游戏发展的方向。

2. 表演游戏的指导策略

（1）要选择适合儿童表演的作品。选择作品是表演游戏中的一个重要环节，作品内容是否适合儿童的年龄、心理特点直接影响儿童参与游戏的积极性。凡是儿童熟悉并喜欢的故事、童话、诗歌等儿童文学作品及儿童周围生活中有趣味、有意义的人和事，都是儿童表演的基本素材。儿童在初次接触表演游戏时，应选择角色个性鲜明、情节简单、有趣味性、动作性强的儿童文学作品。

（2）帮助儿童熟悉作品，充分理解作品的内容。教师应有感情地讲述故事，用不同的语调表现不同角色的说话声，并伴有手势、动作，使形象栩栩如生。教师可向儿童反复讲述故事并及时提问，帮助儿童领会作品、掌握故事的内容和情节，使儿童有游戏的愿望。教师还可以通过录音、录像、图书等加深儿童的印象。

（3）帮助儿童创设环境。环境的创设是表演游戏开展的一个重要环节，是表演游戏的物质条件。教师应帮助儿童准备道具和头饰，鼓励儿童出主意、想办法。对于小班幼儿，可以采取教师为主、幼儿参与的方法制作道具和创设环境；对于中大班幼儿，可以通过组织幼儿讨论关于环境的创设和道具的制作问题，分工合作，共同创设环境。在创设环境时，教师应启发儿童根据表演的主题和情节认真思考，共同创设环境。

（4）帮助儿童组织游戏，使儿童的表演逐渐做到自然、生动。在游戏的开始阶段，教师要帮助幼儿做好分组工作、讲解角色交换原则，可以鼓励儿童自己选择角色、自己商量分配角色，让全班儿童都有参与表演的机会，并对胆怯害羞的儿童多加关注。在游戏过程中，教师始终以关心和支持的态度鼓励儿童运用语言、表情、手势来提高游戏的水平；给予儿童反复游戏的机会，每次游戏结束，组织儿童讨论哪些地方演得好、哪些地方演得不好，鼓励儿童自己想办法解决问题；游戏结束后，应提醒或帮助儿童收拾道具、整理现场。

（三）结构游戏

结构游戏是儿童利用结构玩具和建筑材料进行构造活动的一种游戏。幼儿园常用的结构游戏材料有积木、积塑、沙、土以及泡沫塑料、橡胶等做成的结构材料。结构游戏是儿童自己动手操作的游戏，具有实践性和操作性的特点，能满足儿童自己动手的愿望。结构游戏可以发展为角色游戏，儿童在完成他们的结构作品之后就会使用他们的作品进行角色游戏。

在结构游戏中，动手操作有利于儿童手部小肌肉感知运动技能的发展，有利于培养动作的精确性及手眼协调能力。在操作材料的过程中，儿童可以认识结构材料的性质、大小、颜色、形状和重量，获得上下、前后、左右等空间概念及数学上的对应、序列、整体与部分、互逆、守恒等概念，有利于儿童认知能力的发展。结构游戏的作品，在形状、颜色、各部分比例等方面要协调和美观，欣赏这样的作品可以培养儿童的审美感和艺术鉴赏能力。

1. 结构游戏的指导原则

（1）循序渐进的原则。

结构游戏的开展是以儿童手的精细动作的发展为条件的；还需要儿童对周围生活中的物体有一定的印象，才能完成“成型”的作品。刚入园的儿童只能用积木堆叠简单的物体，以后才能逐步运用平铺、架空等手段搭成“成型”的作品。因此，教师应掌握儿童结构游戏发展的规律，循序渐进地帮助儿童提高他们的游戏水平。

（2）自发与示范相结合的原则。

教师应适时向儿童示范一些结构游戏的基本技能，也可适时向儿童推介一些结构游戏水平较高的儿童的作品，帮助结构游戏水平较低的儿童突破现有的水平，在结构游戏中获得满足感和成就感。教师也可利用儿童喜欢相互模仿的特点，在基本的搭建技能上允许儿童之间相互模仿。在儿童具备进行结构游戏的基本技能的前提下，教师应减少示范，鼓励儿童发挥自己的想象力和创造力。

2. 结构游戏的指导策略

（1）丰富和加深儿童对物体和建筑的印象。

在日常生活或教学活动中，教儿童学会观察物品的构造、部件以及建筑物的结构和特点，能说出各部分的名称。

（2）让儿童熟悉各种材料，掌握造型的基本技能。

结构游戏复杂，对智力和动作技能的要求较高。如果没有指导，可能会导致儿童因缺乏操作技巧而丧失信心，放弃结构游戏或长时间停留在敲敲打打、推来扔去的低水平游戏状态。结构游戏需要运用排列、组合、接插、镶嵌、编织、旋转等方法构成物件。

在儿童进行结构游戏的过程中，教师应使儿童懂得并遵守常规、爱护建筑材料、不敲打或乱扔、玩后整理好放回原处、需要借用同伴的玩具时要商量。

（3）对不同年龄的儿童，指导结构游戏的方法应有所不同。

小班儿童在搭积木时往往是无目的的，经常搭了又推、拼了又拆。教师要注意培养他们建构的意图，帮助他们稳定游戏的构思。指导小班儿童的结构游戏时，教师应采用游戏的口吻，可与儿童一起玩，边示范边讲解。

中班儿童已经能有目的地进行构造活动了，教师应引导他们了解自己在建造什么、要造成什么样子，指导他们有次序地进行构造。对中班儿童进行指导时，教师可采用建议和启发的方式，帮助他们克服困难。教师还可让儿童互相观摩，评价游戏成果，以提高其构造水平。

大班儿童在进行结构游戏时，教师可鼓励他们有计划、按步骤进行建构。教师要鼓励儿童之间共同设计建构方案，如商定主题、确定建构的步骤，分工合作、共同完成一个比较复杂的建筑物。教师还可指导儿童学会表现物体的特征和细节并能使建筑物整齐、匀称、美观，启发儿童使用一些辅助材料（塑料植物、盆景、小装饰等）美化建筑物。

（4）利用各种结构游戏材料丰富游戏的主题，促进儿童认知水平的提高。

不同的材料适合于不同的建构主题。例如：积木适合搭建有门窗、围墙、屋顶、院落的建筑物；积塑适合建构各种物品，如家具、小动物等；金属结构材料适合拼接成飞机、卡车、坦克、军舰等；沙能堆高、倾倒、筑堤，可建造“动物园”“农场”等。不同的结构材料就可以衍生出不同的游戏主题。当儿童反复进行同一主题游戏时，教师可引导儿童关注和利用其他游戏材料，从而创造出新的游戏主题。当有的儿童过于迷恋一种游戏材料时，也可以提供其他材料，引导其产生新的游戏兴趣。

另外，不同的游戏材料有不同的特点，而同样的材料也有不同的设计，如积木就有很多种，有小积木、中积木、大型的空心积木等；积塑也有很多种，有雪花形状的插片、子弹形状的插粒、带凹槽插口的插塑等，这些材料的质地、形状、大小、厚薄、色彩等各不相同。教师在指导儿童利用游戏材料时，可适时提醒儿童观察这些材料的特点，利用这些材料的特点建构造型。

（5）利用游戏的成果发展儿童的评价能力。

对待儿童的作品，教师应持欣赏的态度。教师要引导儿童欣赏和爱护游戏中产生的作品，并鼓励儿童点评。在儿童点评的基础上，教师再加以点评，以帮助儿童提高对作品的鉴赏能力，充分实现结构游戏的教育作用。有些作品可以在活动室里陈列一段时间，既丰富环境的布置，也可以让儿童围绕作品开展新的游戏。

3. 特殊类型的结构游戏的指导

儿童对自然界中的沙、水、泥、雪等有特殊的兴趣，常玩不厌。这类由自然材料组成的结构游戏属于特殊的结构游戏，对于儿童认识自然事物的属性、促进儿童身心的发展有很大好处。

（1）玩水。

玩水是儿童喜爱的活动，在夏季玩水，既可满足儿童活动的要求，又可使其认识水的特性。各年龄段儿童都可进行玩水游戏，有条件的幼儿园可以建一个小水池，在池中放置一些软硬塑料制品，让儿童在池中做游戏，如放鸭子、划小船等。没有水池的幼儿园，可用大盆装水，供儿童做游戏。玩水游戏也要建立一些必要的规则，如不往人身上泼水、不把水洒到地上、不往水里投放污物、游戏完毕将玩具擦干并收好等。

（2）玩沙。

开展玩沙游戏需要为儿童创设条件：沙池或沙箱设在向阳处且有覆盖物，沙池面积要大一些以便于儿童活动，沙土宜经常洒水以保持一定湿度，玩沙工具要多样。此外，教师应为儿童玩沙游戏制定必要的规则，如玩沙前要把鼻涕擦净，卷好衣袖，玩时不用手揉眼、不扬沙土，不把沙土弄到箱外或池外，使用工具要小心，不要碰撞他人，玩后清理工具并把手洗干净等。这些规则不是为束缚儿童而定的，而是在保证卫生与安全的前提下，让儿童更自由、更充分地参与玩沙游戏。

（3）玩泥。

儿童运用在美工课学会的基本技能，可以在游戏中用泥捏制各种用具、食品、水果、人和动物，以满足游戏的需要。儿童所做的形象生动的泥塑还可以晒干后烘制、上色作为陶制玩具。玩泥既可满足儿童摆弄物体和爱动的愿望，又可使儿童认识各种自然物质、认识形体和数量，而且在游戏中还可增强体质、增长知识、培养友爱、提高审美能力，促进全面发展。

教师在组织特殊类型的结构游戏时，要注意以下几点：

一要创设一定的条件，提供用具，如小桶、小筛、喷壶、小铲、容器、模子及各种辅助的玩具材料等；要保持沙、水、泥等的清洁，如沙箱要加网或加盖，沙地应设在向阳的地方，经常检查、翻筛，除去腐败枝叶或碎石并洒水，增加湿度以免扬尘；沙地的边缘应略高出地面，以防雨天沙土流失；水箱的水要勤换，玩水要穿上塑料围裙。

二要培养儿童良好的卫生习惯。儿童游戏时，教师要提醒儿童不揉眼、不扬沙，玩后把手洗干净；用具、玩具要放好，注意保持场地清洁和安全。

三要给儿童充分的自由创造和身体活动的机会，保持轻松、愉快的气氛。

二、规则游戏的指导

在幼儿园游戏中，规则游戏占了很大的比例。规则游戏是指两个以上的儿童按照一定的游戏规则开展的游戏活动，具有“规定性”“竞赛性”的特点，是儿童游戏发展的高级形式。

（一）规则游戏的特点

规则游戏最大的特点是将教育与游戏有机地结合起来，这样既能激发儿童的学习兴趣，又能使儿童在轻松、愉快的气氛中主动学习，还能培养儿童良好的学习习惯、思想品德和个性特质。因此，规则游戏是幼儿园教学的有效手段，在教学实践中被广泛运用。

1. 智力游戏的特点

（1）趣味性。

学前儿童年龄小，不仅集中注意力的时间短，而且容易受其他因素的干扰，而智力游戏通常比较安静，要求儿童集中精力，因此，趣味性是智力游戏不可缺少的必要特征，它是防止儿童疲劳、提高游戏持久性的重要保证。

（2）益智性。

智力游戏，顾名思义就是开发儿童智力的游戏活动。因此，益智性是其主要特点之一。通过开展智力游戏，可以不断提高儿童的智力水平、发掘儿童的潜能，从而使每个儿童都能得到充分的发展。

（3）挑战性。

智力游戏具有一定的挑战性，这种挑战性恰好迎合了儿童喜欢获得成就感、喜欢超越自己和不断要求进步的心理。因此，它一方面能够有效地刺激儿童“想方设法”地去完成任务，另一方面能够有效地维持儿童完成任务后的“意犹未尽”的游戏愿望与兴趣。

2. 体育游戏的特点

（1）趣味性。

趣味性是体育游戏的本质特征，它主要体现在情节性和竞赛性两个方面。其中，情节性迎合了儿童爱模仿、好表演的个性，而竞赛性又满足了儿童争强好胜的心理。因此，体育游戏深受儿童的喜爱。

（2）动作性。

体育游戏是将动作锻炼与娱乐活动融为一体的游戏形式。在此过程中，儿童完成走、跑、跳、蹲、爬、滚、推、拉等各项基本动作技能的训练，身体不断发育，身体素质不断提高。

（3）教育性。

体育游戏作为学前教育的重要内容，是促进儿童全面发展不可缺少的一个环节。它不仅能促进儿童身体发育、增强儿童体质，还可以使儿童从中获得教育。例如：在游戏中让儿童体验成功与失败、欢乐与痛苦，可使儿童懂得“胜不骄，败不馁”“坚持就是胜利”的道理。

3. 语言游戏的特点

（1）教育目标内隐于游戏之中。

每一个语言游戏都包含儿童语言学习的具体要求。教师通过对语言游戏活动的设计和实施，把针对儿童的语言教育目标内隐于游戏过程之中，使儿童潜移默化地接受语言教育。

（2）游戏规则即为学习的内容。

规则是语言游戏的构成要素之一，通过把学习内容转化为游戏规则，可以显著提高游戏的趣味性和挑战性，降低儿童的厌烦感和抵触情绪，从而不断激励儿童积极练习以达到熟练听说的目的。

（3）在活动过程中逐步扩大游戏的成分。

一般来说，在语言游戏的初级阶段，教师需要帮助儿童开展游戏，如说明游戏规则、示范游戏玩法等。待儿童熟悉游戏之后，教师的主导作用逐步减弱，直至儿童能够自主进行游戏。也就是说，语言游戏从教师主导入手，最后以自主游戏方式结束，其中的游戏成分是逐步扩大的。

4. 数学游戏的特点

（1）抽象性与形象性统一。

数学具有高度的抽象性，它将各种数量关系用一些具有概括性的符号表示出来；而游戏却是形象生动的，它使抽象的数量关系变得形象化，从而使儿童乐于接受。大部分的数学游戏都是选取儿童比较熟悉的生活内容作为背景，用具体的事物来表示抽象的数量关系，从而将数学变成了生动形象的游戏活动。

（2）逻辑性与灵活性的统一。

数学具有很强的逻辑性，许多数学原理都是经过严密的逻辑推理才得以确立的。而游戏却是灵活可变的，它常常在儿童思路不通的时候给予刺激和灵感，从而产生意想不到的效果。由此可见，数学游戏使数学的逻辑性与游戏的灵活性得到了和谐的统一。

5. 音乐游戏的特点

（1）音乐性。

音乐是音乐游戏的灵魂，而游戏只是学习音乐的手段。音乐游戏必须有音乐伴奏，才能实现音乐教学的目的。所以，音乐游戏的最大特点就是音乐性。

（2）愉悦性。

音乐游戏是以一定的教学任务为基础的，但它并不是以培养未来的歌唱家、舞蹈家、钢琴家、作曲家等为目的的，而是为了使儿童的身心获得愉悦。这种愉悦，可以“悦人”，但更重要的是“悦己”，使儿童在游戏中获得积极的情感体验。

（3）综合性。

音乐游戏的综合性体现在内容和过程两个方面。其中，内容上的综合是指将歌曲、舞蹈、律动、乐器等多方面的游戏内容综合在一起；过程上的综合是指儿童在游戏中既是音乐家，又是演员，还是观众。

6. 美术游戏的特点

（1）自我表达。

美术游戏是儿童认识自我、表达自我的一种方式。当儿童拿起画笔在纸上、墙面、地板等处涂涂抹抹、写写画画的时候，他们就开始了“诉说”与“表达”，最后完成的作品便是儿童所表达的内容，只不过这些内容是以非语言形式呈现的。

（2）想象创造。

人的童年时期处处充满了幻想，任何细微的事物都足以引起儿童的好奇与想象，而美术游戏恰好为儿童想象力与创造力的发挥提供了契机。在美术游戏中，儿童挥动着想象的翅膀，自由地创造：弯弯的月亮挂在天上，我在月亮上荡秋千；美丽的蝴蝶围在我的身边起舞，说明我比花儿更美、更香……

7. 娱乐游戏的特点

（1）娱乐性。

作为娱乐游戏，娱乐性是其主要特征。在游戏过程中，儿童不必再为了达到某种目标而“绞尽脑汁”，也不必再为了完成某项任务而“尽心竭力”，只需要好好地玩耍、尽情地享受快乐与愉悦。

（2）多在零散的闲暇时间中进行。

娱乐游戏的形式多种多样，而且不需要专门安排时间。与其他规则游戏形式相比，娱乐游戏的好处在于可在一周或者一天中的任意时间段里随时进行。

（二）规则游戏的指导要点

规则游戏与幼儿园教学活动密切相关，往往作为教学活动的重要组织方式。那么，如何让儿童在游戏中既能“玩”好又能“学”好呢？这和游戏组织者的指导工作是分不开的。具体的指导要点分为以下三个方面。

1. 做好游戏准备

（1）选择或设计合适的游戏。

一方面，教师可以根据教学任务来选择或编创不同类型的规则游戏，以促进儿童的全面、均衡发展，如训练注意力、记忆力的游戏，发展语言、运动能力的游戏，提高艺术素养、陶冶性情的游戏等；另一方面，教师可以根据儿童的实际能力，挑选或设计能激发儿童思考和探索、给予儿童成功体验、提高儿童学习兴趣的游戏，以防止儿童失去学习的积极性。

（2）熟悉游戏的玩法及规则。

教师为儿童确定游戏内容之后，接下来要做的就是熟悉和掌握游戏的玩法和规则，最好反复试玩几次，以验证游戏的玩法和规则是否合理，从而为指导儿童游戏打下基础。

（3）准备游戏场地和材料。

场地和材料是开展游戏活动的物质基础。教师应为儿童提供宽敞、明亮的游戏场地，以及安全、丰富的游戏材料，这样既能让儿童有足够的活动空间，也能减少等待时间，从而保证每个儿童都能充分、尽兴和快乐地游戏。

2. 教儿童玩游戏

每一个规则游戏都有一定的玩法和规则，儿童需要先学习，学会之后才能开始玩。教师既可以用“语言说明 + 动作示范”的方法教会儿童玩游戏，也可以事先教会个别儿童，然后再采取“儿童教儿童”的方法使所有儿童都掌握游戏的玩法和规则。

3. 做好结束工作

第一，引导儿童对此次游戏做出客观评价。

第二，对游戏胜利者或表现良好的儿童予以口头表扬、鼓掌、颁发小红旗等奖励。

第三，鼓励儿童在下次游戏中争取获得更好的成绩。

本章小结

知识结构图

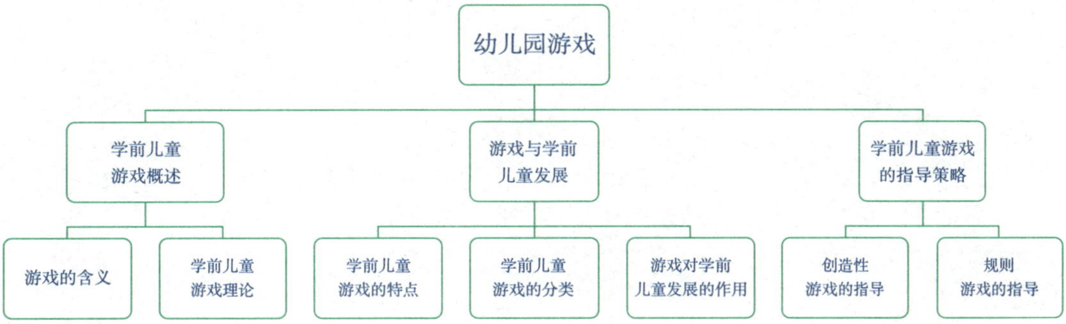

关键概念

游戏　创造性游戏　规则游戏

讨论及思考题

1. 比较与评价有关儿童游戏的各种理论。
2. 与其他活动相比，游戏的特点是什么？
3. 根据不同的研究理论，可以将游戏分为哪几类？
4. 试比较角色游戏与结构游戏和表演游戏的异同。
5. 模拟组织幼儿园的游戏活动。

第十章

学前教育的衔接与合作

学习目标

- 了解幼小衔接的概念、内容与现存的问题
- 了解做好幼小衔接工作的必要性
- 理解针对幼小衔接，幼儿园和小学各自需要开展的工作
- 了解幼儿园与家庭衔接的内容与方式，掌握家园合作的技巧
- 知道幼儿园与社区合作的必要性和内容，了解瑞吉欧学前教育机构社区管理模式的特色

教师专业标准及教师资格考试要求

- 与家长进行有效沟通合作，共同促进幼儿发展
- 协助幼儿园与社区建立合作互助的良好关系
- 了解幼小衔接的有关知识与基本方法
- 理解协调家庭、社区等各种教育力量的重要性，了解与家长沟通和交流的基本方法

学习导引

由于具体的教育内容总是要受到时空的限制，由此产生了特定范畴的教育同另一范畴的教育的衔接问题，即特定阶段的教育同另一阶段教育的衔接问题。对学前儿童来说，教育衔接问题显得更为重要。学前教育的衔接既广泛又丰富，从而构成了学前教育颇具特色的教育内容和教育方式。通过本章的学习，我们将会了解幼儿园与小学衔接、幼儿园与家庭衔接、幼儿园与社区衔接的概念、内容、方式和任务等具体内容。

第一节　幼儿园与小学的衔接

提到幼儿园与小学衔接，社会大众最普遍的疑问就是：幼儿园为什么要和小学衔接？衔接什么？是小学和幼儿园衔接还是幼儿园和小学衔接？这一系列问题往往都是许多人混淆、疑惑的。即将步入小学的过渡期是儿童各方面发展的转折期，特别是心理发展的转折期，此时的儿童往往易产生强烈的情绪表现，由于此过渡期中儿童常常表现出来对成人的反抗行为，或者出现各种不符合社会行为准则的表现，因此，若处理不当将会变成儿童各方面发展的危机期。如何适应小学对于儿童而言是一个巨大的挑战，儿童入小学所表现出来的种种不适越发体现了幼小衔接的紧迫性与必要性。

一、幼小衔接的概念

幼儿园与小学衔接，即幼小衔接。该词主要用于阐述幼儿园和小学之间的衔接问题，是“transition to school”或“transition from early childhood education phase to primary education”的简称，并逐渐成为一个固定的学前教育向初等教育过渡和相互衔接的教育专业术语。由于不同国家的学制划分、入学年龄不同，因此这一术语在不同国家的含义各不相同。

幼小衔接的概念有狭义和广义之分：狭义的幼小衔接仅指幼儿园的最后一年向小学第一年的过渡时间。广义的幼小衔接不仅指教育上的衔接，还包括儿童认知和情感的衔接；不仅指学校教育，也与儿童的家庭教育和社会教育密切相关；它不是一个时间点，而是渗透在儿童今后的学习生活中。目前，很多学校和家长都认为：儿童只要在幼儿园毕业后、小学开学前提前学习小学一年级所学的课程，就能顺利度过幼小衔接阶段，入学后就不再存在衔接问题了。这实际上仅仅是大部分父母的一种思想误区，总体来说，“幼小衔接”是为了儿童从学前教育阶段顺利进入下一阶段，是家庭、学校、社区以及儿童四者之间的持续不断的相互适应的过程。

资料链接

美国的幼小衔接

美国的幼儿园已被纳入公共教育系统，专门招收5岁儿童，附设在公立小学和私立小学中。大多数的州开始在小学内设置前幼儿园，招收4岁儿童；少量的州也招收3岁幼儿。从幼儿园进入小学的幼小衔接是幼儿转变中的一个重要阶段。

在美国，人们越来越认为“学校准备”不仅影响儿童入学后的状态，也影响学校教育所有儿童的能力。2001年，美国联邦政府颁布了《不让一个孩子落后》的教育法令，目的是改革从幼儿园到12年级的教育，改革的重点是明确责任、规范各州的标准。美国联邦政府将学前教育中的阅读和幼小衔接作为优先发展的领域。

美国的研究人员发现，三个重要的因素影响幼小衔接能否成功：儿童的技能及先前的经历、儿童的家庭环境、幼儿园的课堂教学实践。那些经常为子女提供社会适应机会的家庭的儿童过渡较为顺利，发展性的合适的课堂实践有助于儿童轻松愉快地升入小学。为促进幼儿的顺利过渡，美国从两个方面采取对策：一是从宏观上整合系统或促进系统的合作，学校做好幼小衔接工作；二是幼儿园帮助儿童做好准备。

在学校做好准备以帮助幼儿适应方面，美国主要有两条途径：一是设置从托儿所到 3 年级的学校；二是学前教育系统与学校系统之间的整合。长期以来，美国都是将幼儿园到小学 5 年级作为一个学段。在越来越多的公立学校设立招收 4 岁儿童的班级（有些时候也招收 3 岁儿童）的背景下，为促进学前教育和小学的连续性，美国设计了一种“P-3 学校”。这种学校精心设计了满足儿童需要的设施、教学日程和教育方法，采用了一系列的标准和课程，力图将学前教育完全整合进学校系统。这种转变非常缓慢，但有增长之势。

二、幼小衔接的必要性

从 20 世纪 80 年代开始，幼儿园教育与小学教育的衔接问题便受到世界各国的普遍重视，并成为世界教育研究的重要课题之一。一些发达国家进行了大量的研究，也依据各国背景、教育基础等因素制定了相关的教育政策、采取了相应的措施，其目的在于让儿童在入学前接受 1 ～ 2 年的预备教育，提高学前儿童的身心发展水平，掌握一部分知识和技能，降低幼小衔接的坡度，从而减轻他们进入小学后的负担。

幼儿园与小学是邻近的教育阶段。为了使儿童健康成长，能够从一个发展阶段顺利地过渡到下一个发展阶段，并取得良好的教育效果，衔接工作就显得特别重要。

儿童发展的规律表明，儿童身心发展是一个由低级到高级、由量变到质变连续发展的过程。在这个过程中，既有连续性，又有阶段性。例如：在运动的机能方面，幼儿园阶段的儿童会走、奔跑、跳跃、弯腰并且会运用手、脚、身躯和手指做各种动作；入小学后他们的走、跑、跳、攀登、投掷等基本动作逐渐熟练和协调，但小肌肉动作仍不够灵活和准确，还要经过一个时期的发展和练习，他们才能迅速而准确地进行手工、书写等活动。在心理品质方面，儿童的思维、语言能力、情感和意志的水平，在不同阶段也均有鲜明的质的差别。在社会性需要方面，幼儿园的儿童自主性逐步增强，与同伴交往的需要日益迫切，能进行规则比较复杂、要付出一定努力的活动；但集体意识、坚持性和自制力的进一步发展还要在小学阶段才能完成。由于幼儿园和小学两个阶段的教育对象的身心发展水平不同，教育任务、要求、内容、途径和作息制度等方面也相应地各不相同。两个阶段之间，既有其内在的联系，又有其不同的特点。

儿童从幼儿园进入小学，由于教育条件和生活环境的突然改变，因此必然要面临许多新的问题、开始新的人际交往，他们也要努力从心理上适应环境、建立一系列新的行为方式，以满足新情况的需要。如果衔接工作做得到位并且及早实行了慢过渡，适应过程就会比较顺应儿童的身心发展；反之，如果前后脱节就不利于儿童的发展。因此，幼儿园和小学的衔接工作非常重要。《幼儿园教育指导纲要（试行）》指出："幼儿园应与家庭、社区密切合作，与小学相互衔接，综合利用各种教育资源，共同为幼儿的发展创造良好的条件。"在进入大班时，为了让即将进入小学的儿童顺利过渡，教师通常需要开展一些幼小衔接的活动，使儿童在心理上、身体上以及经验上多一点准备，因此，教师要了解小学的教育任务和特点，做好入学准备工作，合理调整衔接的坡度，减少儿童适应的困难，使儿童顺利地过渡到新的教育阶段。

三、幼小衔接的任务与内容

（一）促进儿童身体和动作的发展

幼儿阶段要保证儿童有充足的营养和休息，防治疾病、注意安全，使儿童身心健康；要重视体育活动，使儿童体能正常；要坚持生活制度的规律性，关心儿童的情感和自我调节能力，使儿童能担负起紧张的学习任务；要保护和训练儿童的感官，特别是视觉、听觉器官，充分锻炼儿童小肌肉的动作能力；要培养儿童独立生活能力，使儿童能独立进餐、如厕、游戏、劳动、整理学习用品、完成力所能及的任务等。

（二）培养儿童学习的兴趣和求知欲

幼儿园不仅要用生动形象的内容来使儿童喜爱学习，更要激发儿童对知识本身的兴趣，使之有学习新知识的欲望，能从学习中得到满足和愉快，产生学习的主动性和积极性；要鼓励儿童对周围事物有好奇心，能提出各种问题；要引导儿童看图书、听朗诵，多读儿童文学作品，知道从书籍里可以学到很多的知识。

（三）发展儿童的智力

观察是儿童认识事物的重要途径。幼儿园应培养儿童运用各种感觉器官观察事物的颜色、形状、大小、空间方位的能力，初步学会有顺序地比较和区分事物的异同，能掌握图片和情景的主要内容之间的简单联系，能根据教师的指示达到一定的观察目的。有意注意是儿童入学后顺利学习的基本条件。幼儿园应培养儿童能在一定程度上控制自己，使精神集中起来，并随年龄的增长适当延长有意注意的时间。上课时，儿童应能约束自己不做与学习无关的事情，围绕学习要求协调地进行听、看、想、练等活动，逐步发展注意的有意性和稳定性。

（四）发展儿童的思维和语言能力

思维方面，儿童对常见的事物应能进行初步的分析、归类、比较，形成简单的概念；遇事动脑筋、想办法，并能提出自己的见解和一些解决问题的办法；能构思或讲述一段情节，有丰富的想象力和一定的逻辑推理能力。语言方面，儿童在集体中应能大胆讲话，发音正确，口齿清晰，态度大方；说明游戏规则、描述情节、讲解某种现象的时候语句较完整、连贯，能清楚地表达自己的思想、要求和见闻；叙述有条理，答问不离题。

(五)培养儿童动手操作的能力

在教师的指导下，儿童应学会使用简单的工具、文具，如铅笔、毛笔、剪刀、刷子、小铲、锤子等，能运用纸片、插塑、布、泥和某些自然物改装或制作简单的玩具供游戏使用；会按照教师的讲解和示范，做一些科学小实验等，进一步发展粗大动作与精细动作。

(六)培养儿童良好的个性品质

教师应培养儿童经常保持愉快饱满的情绪，活泼开朗；能与人商量来解决纠纷，乐意合作、轮流、分享，友爱互助。在游戏活动中，儿童应态度积极、认真、有独立性，能按照成人的指示付出一定努力，完成一定的任务；遇到困难也能坚持克服困难去完成任务，有一定的责任感，懂得做任何事情都要努力做好、有始有终。儿童应具有初步的自我控制能力，能说出为什么要这样做，并适当抑制自己不合理的冲动，服从集体和成人的要求，遵守纪律。从小班开始，儿童就要养成良好的生活卫生习惯，保持文明礼貌行为；到大班时能关心集体，遵守公共秩序，有一定的是非观念与评价同伴行为的能力。

四、国内幼小衔接的现状与存在的问题

(一)把幼小衔接当成两个教育阶段的过渡，忽略衔接的连续性

幼小衔接中一个较突出的问题就是只注意阶段性，而忽视连续性。幼儿园教育和小学教育“两张皮”现象严重，小学教师不了解幼儿园教法学法，幼儿教师不了解小学教学大纲和教材。幼小衔接中，学前儿童和小学生是有不同阶段特点的，一个儿童绝不可能在进入小学的那一天突然完全失去幼儿的特点，发展的连续性规律决定了他仍然带有幼儿的特点。如果这时小学教师完全按小学特点要求初入学的儿童，那么势必导致儿童严重不适应新的生活。因此，成人不应把幼小衔接简单地认为是两个教育阶段的过渡，应当认识到让儿童顺利实现从幼儿园到小学的过渡只是幼儿园教育的短程目标，儿童的长远发展、全面素质的提高才是长远规划。

(二)顺应家长的要求，幼儿教育小学化，重“智”的衔接

家长是孩子的第一任教师，也是终身教师。幼小衔接在很大程度上要有家长的参与才能很好地完成。然而有不少家长观念还比较陈旧，他们重智育轻德育、重知识积累轻身心发展。家长传统观念以及教养态度上表现的偏差，造成许多家长过于重视技能、技巧的训练而忽视幼儿的全面发展，《幼儿教育指导纲要（试行）》中指出：幼儿园的教育内容是全面的、启蒙性的。然而，有些幼儿园严重忽略了这一点，为顺应一些家长的要求，安排的课程内容违背了儿童身心发展的特点：在德、智、体、美四育中，重视“智”的衔接，忽视体、德、美的衔接，特别是忽视社会适应能力的衔接；在智育中，重视知识特别是数学、语文知识的衔接，忽视学习兴趣、学习能力、学习习惯的衔接和生活经验的积累，并且受到整个教育系统“应试化倾向”的影响，幼儿

园教育很大程度上采用了与小学相同的课程理念以及实施方案，形成把幼小衔接绝对化或让儿童直接提前上小学的错误观念。

（三）幼儿园、小学、家长缺乏沟通，衔接断层

目前，我国的幼小衔接工作主要在幼儿园和小学一年级之间进行，学校、幼儿园通过教育实践工作也取得了一些成绩，但大部分都属于各做各的，学校、幼儿园缺乏交流，教育经验没有实现共享。同时，幼儿园、小学与家长更是缺乏沟通与交流。孩子的家长对自己孩子的教育过于依赖学校的教师，认为孩子的教育问题只是教师的责任。幼儿园将幼小衔接作为一项重要的工作来抓，积极开展儿童入学前的准备工作，而小学却被动地等待幼儿园靠上来，形成衔接上的“一边倒”。这些都明显有悖于儿童身心发展的客观规律，不利于幼小衔接工作的顺利进行。事实证明，多方沟通、双向准备是解决幼小衔接问题的必由之路。

（四）幼小衔接中的师资力量薄弱

大多数幼儿园缺少既熟悉幼儿园教育特点又了解小学教育规律的教师，而小学低年级教师对幼儿心理学、幼儿教育学也知之甚少。幼儿园教师与小学教师对彼此的教学大纲、教学活动、工作方法等不了解；儿童对小学的学校环境和小学生角色感到陌生，对幼儿园环境、生活及教师有较深的感情。这对幼儿园教育阶段向小学教育阶段过渡是很不利的，同时也会影响儿童身心的健康发展。此外，我国部分地区学前教育的师资力量还比较薄弱，由于师资薄弱，幼小衔接在不少地方实际上还是一句空话。目前，虽然很多教师都认识到儿童的入学准备是生活习惯、学习习惯、规则意识、学习能力等方面的综合准备，但是教师认识方面的提高并不意味着教学行为会有所转变，仍然有许多教师存在一种知识准备观，即认为儿童的入学准备就是学拼音、认汉字等等内容。目前，一些地方还未有优质的师资力量能够结合儿童年龄特点进行综合性教学，将小学的内容用符合儿童身心发展规律的教学方式呈现，所以，幼小衔接中缺乏师资力量是不容忽视的问题。

案例分享

案例 1　各方面不适应：7 岁男孩儿想回幼儿园

一个学期快过去了，小学一年级新生鸣鸣，还是无法接受自己的“小学生”身份，仍在“锲而不舍”地央求爸爸妈妈送自己回幼儿园。幼儿园每节课 20 分钟，小学里一节课却翻了一倍变成了 40 多分钟；厕所也不像幼儿园的就在本班教室里，要去男女小朋友分开的公共厕所，加上小学课堂要遵守纪律不准随意走动，鸣鸣每次想上厕所都会憋着，常常憋到回家，一进门就嗷嗷大哭。

“孩子入学第一个学期，我每个月都要被老师请去学校谈两三次话，开始说我儿子 45 分钟的课，只能乖乖地坐 5 分钟，上课喜欢东张西望；后来又发现他上课老是拿错课本，被同桌笑话了几次后，这孩子在学校的话就更少了。”向来推崇儿

子自由成长的郭女士，没想到内向的呜呜如此难以接受小学的学习环境，这令她百思不得其解。

案例 2 生活自理能力差导致的不适应

一年级班主任：我主要谈的是孩子的就餐问题，主要表现为很多孩子吃饭时会泼洒一桌子，并且不会清理，给保持班级卫生带来麻烦。究其原因，孩子在家中就没有养成良好的就餐习惯，存在挑食，甚至家长喂饭的现象。某家长要求每天中午在办公室给孩子喂饭，因为要让他自己吃，他只能吃一点，或者吃一顿饭要花半天的工夫。这充分反映出家长对于孩子太过娇惯、溺爱，导致孩子的自理能力下降，结果是孩子自己吃饭时就存在吃不饱、吃不好的情况，极大地影响下午的学习。我跟家长交流过了，要求家长在家中就有意识地训练孩子自己吃饭，限定一定的时间，并提出明确的要求，孩子现在比开学前情况要好转一些。如何培养孩子的自理能力，减少对父母的依赖，这个问题值得思索。

五、幼小衔接的对策

（一）明确并解决幼儿园与小学衔接中的主要矛盾

幼儿园入小学的准备工作极其繁杂，保教人员应善于抓住幼儿园与小学衔接中的主要矛盾。促进儿童在原有基础上向新的阶段发展、培养儿童自身的适应能力，是解决幼儿园与小学教育衔接问题的焦点。只有培养儿童良好的生活适应性、学习适应性和社会适应性，他们才能顺利、轻松地适应小学的生活。

在实践中可以看到，在相同的学校环境、班级和教育要求的条件下，儿童对小学生活适应过程长短不一。因此，解决幼儿园与小学衔接问题应从提高儿童自身的适应能力入手，应把提高儿童的内在适应能力作为幼儿园与小学衔接工作的核心。

1. 幼儿园入学准备的教育目标

幼儿园入学准备的教育目标不能笼统地概括为“为入小学做准备”，而应具体化，如培养上课的纪律意识、课间的规则意识、良好的生活习惯、学习能力以及良好的身体素质等。

2. 幼儿园入学准备的教育对策

儿童的适应能力需要长时间的培养。因而，幼儿园应加强长期基础性的入学准备工作。在幼儿园的三年中，保教人员应坚持全面发展的教育方针，循序渐进地提高教育要求，逐步培养儿童的入学适应能力。在具体的保教活动中，保教人员可以从以下几个方面着手，培养儿童的身心适应能力。

第一，调整和完善幼儿园的教育内容。首先，教师应充分利用和挖掘幼儿园现有教育内容中有利于儿童入学准备的教育因素，借助现有的教育内容帮助儿童做好入学准备。其次，应补充幼儿园现有教育内容中所缺乏的有关入学准备的教育内容，如书写准备、语音准备、阅读准备、学习习惯和态度准备，以及社会性准备等教育内容。

第二，将入学准备教育渗透到儿童的一日生活中。例如：通过早操、课间活动和下午的游戏时间，开展各种体育活动，增强儿童体质；通过吃饭、睡眠、如厕等环节，培养儿童的自理能力和良好的卫生习惯；通过逐渐缩短生活环节的时间，提高对儿童生活方面的要求，提高儿童的自控能力和规则意识。总之，幼儿园与小学衔接的内容不仅要体现在教育活动中，也要体现在儿童的一日生活环节中，通过保教结合，有力地促进儿童适应能力的发展。

第三，针对儿童入学准备中的难点和重点组织专题活动。幼儿园大班下学期和小学一年级上学期，可作为幼儿园与小学衔接的过渡期或衔接期。在这一时期，幼儿园和小学均可开展系列入学准备和适应活动。就幼儿园而言，可以开毕业典礼、发放毕业证，赠送书包、文具，请小学生回园汇报成绩，幼儿园大班和小学一年级联欢，模拟小学上课，请小学教师来园与儿童交谈、介绍小学情况或给儿童上表演课，组织儿童参观小学，看小学生上课、做作业和开展户外活动等，也可以开展“学习要专心”“做个好学生”“长大做什么”等有教育意义的教育活动。通过这些活动，可以在一定程度上激起儿童上小学的愿望，使儿童对入小学有一定的正确的思想准备。就小学而言，亦可在新生入校后开展新生教育活动，使他们尽快适应小学生活。

第四，让家长参与幼儿园与小学衔接工作。家长理解、参与幼儿园与小学的衔接工作，是做好儿童入学准备的重要条件。因此，保教人员应培养家长的入学准备教育意识，让家长积极开展家庭入学准备教育，实行家庭和幼儿园合作。例如：让家长适当减少对孩子的生活料理，培养孩子的自理能力；逐步提高对孩子的学习要求，培养孩子的良好学习习惯；加强对孩子读、写、算方面的准备（注意：不是直接教小学的读、写、算）等。

（二）加强幼儿园与小学的联系，减缓两者之间的教育坡度

如前所述，幼儿园与小学之间缺乏应有的联系，两者相互脱节和教育差异过大是造成儿童入学适应困难的重要原因。因此，幼儿园和小学也应适当调整相互关系，解决两者之间坡度过陡的问题，为儿童适应小学生活创设良好的外部环境和条件。

1. 在观念上深化教师双向交流

无论是保育所到幼儿园的过渡，还是幼儿园到小学的过渡，教师在其中发挥的连贯性作用都是不可估量的。幼小衔接需要两个阶段的教师加强沟通交流，拓展更为丰富多样化的合作途径，以帮助儿童顺利渡过过渡期。幼儿园与小学衔接首先应在观念上有“衔接”的意识。幼儿园教师与小学教师应相互联系，特别是幼儿园大班和小学一年级的教师。幼儿园教师应加强教师意识、减弱照料者和游戏伙伴的角色意识，尊重儿童的成长，有意识地将幼儿教育向小学教育靠拢；而小学教师应多关心儿童的生活和游戏，理解儿童作为“学生”的不成熟性，主动地让小学教育接近幼儿园教育。总之，教师在观念上不要过多地强调幼儿教育与小学教育的差别，而应看到两者相通和一致的方面。

2. 在体制方面保持沟通与衔接关系

幼儿园和小学体制上的衔接，可采用幼儿园同小学衔接、小学向幼儿园接近和幼儿园与小学共同衔接三种形式。另外，幼儿园与小学双方的管理部门、科研人员、教师等各个方面也应相互沟通、经常联系，从而保证两者的协调性，特别需要避免几方出现教育机制不衔接、不连贯、互不知情等情况的发生。

3. 在教育工作方面保持衔接关系、相互靠拢

以让幼儿园大班逐渐靠拢小学为例，在生活制度方面，逐渐减少休息、生活和游戏时间，延长上课时间，增加上课节数，并开始记考勤，严格执行作息制度；在环境方面，减少室内布置，增加反映小学生活的图画，增加使用黑板、粉笔的次数；在教学方面，逐渐减少感性知识的教育，减少教学方法的直观性和游戏性，增加抽象理性知识的教育，多采取讲授法，加强上课的纪律，并开始布置图画、手工、故事等方面的家庭作业；在师生关系方面，教师应逐渐放手让儿童自理和自由交往，让儿童学会用讨论法商议班上的事情，培养儿童的集体意识和管理班集体的能力。小学教育也应注意起点不能过高，应注意在幼儿园教育成果的基础上促进儿童身心和谐发展。

4. 促进幼儿与小学生互动交流

幼小衔接不仅仅单独是幼儿园或者小学的事情，它是两个教育机构彼此都共同关注的问题，两者之间必须加强沟通、合作，在观念上对这两个彼此相邻教育阶段的连续性、阶段性等有全面的理解；同时，在实践中也需要积极促进衔接期的幼儿与小学生之间的交流。教师可以通过定期举办活动、组织幼儿和小学生彼此相互参观等方式，让已经步入小学的小学生帮助幼儿理解与感受小学，使幼儿首先从心底里产生不排斥、不害怕的心理，为接下来顺利进入小学生活奠定基础。

总之，幼儿园大班和小学一年级的差异不宜太大、教育要求的坡度也不能过陡，这样儿童才能顺利地适应小学的生活。

第二节　幼儿园与家庭的衔接

《幼儿园教育指导纲要（试行）》在总则里提出：幼儿园应与家庭、社区密切合作，与小学相互衔接，综合利用各种教育资源，共同为幼儿的发展创造良好的条件。在组织与实施中又指出：家庭是幼儿园重要的合作伙伴。应本着尊重、平等、合作的原则，争取家长的理解、支持和主动参与，并积极支持、帮助家长提高教育能力。由此看出，幼儿园与家庭教育是幼儿教育的“双臂”，缺一不可，在幼儿发展过程中各自发挥着不可替代的作用。因此，只有二者有机结合、相互作用、取长补短，才能最大限度地发挥教育优势，挖掘潜力，使幼儿得到更好的教育和发展。

一、幼儿园与家庭衔接的意义

（一）幼儿园教育与家庭教育的不同特点

1. 在时间上，家庭教育具有早期性和连续性，幼儿园教育具有阶段性

幼儿园是学校教育的基础阶段。根据《幼儿园工作规程》，幼儿园教育面对的是3～6岁的适龄幼儿，教师必须根据每一年龄段的特点对儿童实施相应的保育和教育，促使他们身心和谐发展。相对来说，家庭教育的时间是漫长的，而幼儿园教育的时间是短暂的。

2. 在内容上，家庭教育具有生活性、随意性，幼儿园教育具有系统性、稳定性

家庭教育没有固定的大纲和教材，教育的内容主要由家长来确定。实际生活中常常是家长认为需要教什么就教什么，或是做什么教什么、遇到什么教什么，较为灵活机动，具有一定的随意性。

幼儿园教育的教学内容，是依据《幼儿园教育指导纲要（试行）》中提出的教育任务、培养目标，以及幼儿不同年龄段的生理、心理发展水平和班级儿童的实际情况来确定的，有相对的稳定性、系统性和科学性，一般不能随意更改。

3. 在形式上，家庭教育具有情景性、随机性和个别性，幼儿园教育具有组织性、计划性和集体性

家庭教育一般没有什么计划，而且是在具体的日常生活情景中随时随地进行的，不受时间、空间的限制，具有较大的随机性，并且面对的是个别儿童，认识的对象具体、实际、生动，教育时间短暂、分散、零星，个别教育机会多。

幼儿园教育的基本途径是游戏活动、体育活动、生活活动、教学活动等一些有组织的教育活动，这些活动一般都有组织、有计划、有步骤甚至有检查。鉴于我国的国情，现在大多数幼儿园仍采用集体教育的形式，这对增进儿童间的交往、彼此取长补短有一定的帮助。

4. 在特性上，家庭教育具有情感性，幼儿园教育具有权威性

在家庭中，家长承担着组织、管理全部家庭生活的重任，是家庭生活的组织者，是儿童生活的依靠。儿童能感受到家长的辛勤、智慧、关心和爱护，加之父母与儿童有着天然的血缘关系，故双方怀有浓厚的感情。儿童年少，独立意识差，对父母非常依恋，加上其情感不稳定，极易被父母的情感所感染。[①]

在幼儿园里，儿童从入园之日起便受到一种环境氛围的熏陶。由于家长都认为儿童上幼儿园是去接受教育，幼儿园里的教师是教育者，因此，在儿童小小的心灵里，教师有至高无上的威信。所以，常常发生这样的情况：家长和教师对儿童的某种要求不一致的时候，儿童会以教师的要求为行动的准则。另外，在教育上，教师本身具有专业性，加之在幼儿园集体里经常不断地对儿童教育问题进行探究，因而比一般家长具有更多的保教知识和专业素养。同时，教师天天和全班幼儿交往，能够在对比中客观地看待每一个儿童。

---

① 李幼穗. 儿童社会性发展及其培养［M］. 上海：华东师范大学出版社，2004.

对上述特点的认识，有助于我们对幼儿园与家庭教育衔接工作的重要性与规律性的认识。

（二）家园合作的意义

苏联教育家苏霍姆林斯基说，教育的效果取决于学校和家庭教育影响的一致性。如果没有这种一致性，那么学校教育就会像纸做的房子一样倒塌下来。只有家庭和幼儿园之间相互合作、密切配合，才能有效促进儿童健康成长。儿童的发展，是幼儿园、家庭、社会共同教育的结果。幼儿园教育与家庭教育有各自的优势且都是对方所不能替代的，因此家园合作具有重要的意义。

1. 幼儿园指导家庭教育的必要性

家庭教育指导工作是幼儿园的一项重要内容，是由指导人员作用于家长，家长在接受指导后又作用于儿童，使儿童在家园共同教育下健康成长的过程。幼儿园的家庭教育指导工作是社会发展与儿童发展的客观需要，也是各种教育关系相互协调的客观需要。

（1）国家政策法规规定幼儿园有家庭教育指导的职责。

开展家庭教育指导活动、提高家长教育的质量是幼儿园义不容辞的职责，这是国家的政策法规所规定的。《幼儿园工作规程》以法规的形式明确规定，幼儿园负有对家庭教育进行指导的职责。也就是说，家庭教育指导已不再是幼儿园可做可不做的分外事，而是幼儿园全部工作的一个重要组成部分，要进行全面规划、实施和考核，并与幼儿园质量考核紧密挂钩。

（2）社会的发展要求做好家庭教育指导工作。

随着我国进一步的发展，幼儿教育也得到了社会普遍的重视，优生优育政策的执行和社会的期望使许多家长产生了教育好子女的强烈愿望，这是社会发展的客观需要。所以，做好家庭教育指导工作，在新时代有着特殊的意义。

（3）家长的变化与教育期望要求做好家庭教育指导工作。

随着时代的进步，家庭教育指导对象的需求也发生了较大的改变。现在的家长一般都受过较好的教育，见多识广，但这并不意味着他们不需要指导，他们也有许多困惑，如孩子挑食、没有玩伴的问题，以及培养艺术兴趣、智力开发、性格问题等，所有这些对于以前的家长而言可能算不上什么问题（那时经济条件差，有吃的就行，根本不存在挑食现象；子女多，不存在无玩伴的问题），或者根本没有意识到那些深层次的问题。现在不同了，家长迫切需要有人指点迷津，而幼儿园的家庭教育指导无疑是他们的最佳选择。

（4）幼儿园教育和家庭教育之间存在的不协调要求进行家庭教育指导。

家园教育之间的不协调主要表现在以下几个方面：

第一，教育目标的不协调。幼儿园教育以党的教育方针为指导，以《幼儿园工作规程》为依据，对儿童进行全面素质启蒙教育。而在有些家庭教育中，由于受传统教育思想的影响，家长以“升学”为唯一目标，一心培养新时代的“范进”；或是受社会上“拜金主义”思潮影响，一心想把子女培养成“大款”，结果是置文化学习、个性发展于不顾，将孩子培养成不考虑社会、不顾他人的利己主义者。

第二，教育观念的不协调。随着幼教改革的深入，幼儿园教育已开始从传统的“封闭型”走向“开放型”。而家庭教育中，仍有家长把孩子禁锢在家庭的小圈子里，结果使得孩子与五彩缤纷的社会生活相脱离、与丰富多彩的人际交往相隔绝。

第三，教育内容的不协调。教育目标、教育观念的差异，必然导致家园教育之间教育内容的不协调。在幼儿园教育中除了知识传授外，能力的发展、思想品德教育、增强体质的教学与训练、行为规范的培养、心理品质的发展均是重要内容。而一般家庭中的教育内容，或是偏重一面，或是与幼儿园教育背道而驰，严重抵消了幼儿园教育的效果。

第四，教育方法的不协调。幼儿园教育经过多年的发展和研究，总结出了一系列针对不同年龄儿童生理、心理特点的教育原则和教学方法，如启发式、游戏化等。而在我国的家庭教育中，由于受传统意识的影响，不乏“严酷型”“控制型”“冷漠型”“溺爱型”“放纵型”等教育模式，这些都是与正确的、科学的、合理的教育方法相悖的。

家园教育之间的各种不协调，对儿童的健康发展极为不利，必须改变这种状况。所以，幼儿园教育必须和家庭教育协调配合。在教育问题上，教师要比一般家长具有更多的专业知识，加上其在幼儿园的集体里经常不断地对幼儿教育进行探究，因而具备一定的指导能力。所以，作为教师，应当义不容辞地承担起指导家庭教育的任务。

2. 幼儿园指导家庭教育的意义

（1）保持教育的整体性和一致性。

儿童的成长需要有一个合适的环境。在现实生活中，家园教育之间往往存在一定的距离和各种不协调，教育效果必然受到影响。幼儿园指导家庭教育，可以让家长了解幼儿园教育的内容、要求、方法等，提高实际教育能力，让儿童在协调一致的环境中生活、学习，这种环境对儿童的健康成长极为有利。当然不可否认，良好的家庭教育对学校教育同样起到促进作用。双方的相互促进、相互补充、一致要求、同步发展，必然能提高教育的整体效益。

（2）促进幼儿园和家庭教育质量的同步提高。

首先，在目前独生子女居多的情况下，幼儿园指导工作的首要任务是提高家长对孩子教育的责任感，并使家长掌握孩子的生理、心理发展特点，扭转不科学的教育方法，改变一味溺爱或粗暴的教育方式，学习运用正确的方法实施合理的教育；其次，家长在接受指导的过程中，也在受着潜移默化的教育，这不仅有利于家长注意自身的言行，而且会使其注意家庭中的教育氛围，在家庭中创设一个团结和谐、情感融洽、利于孩子健康成长的家庭环境；再次，家长通过指导，可以了解幼儿园保育教育的目标与教育的内容、要求和方法并予以积极主动的配合，这种教育上的整体性、协调性又必然会提高幼儿园的保教质量；最后，教师把指导家庭教育纳入自己的工作范围，既拓宽了教育教学内容，也从家庭教育中吸取了各种教育信息，把家庭教育和幼儿园教育有机地结合起来，把保教方案设计得更完善，自己的保教能力也能得到发展和提高。另外，由于家长提高了对家庭教育的认识，与教师易产生共同语言，他们会更愿意关心和支持幼儿园的各项工作、提出合理化建议和提供物力上的支持，因而有利于办园质量的提高。

3. 家长参与幼儿园教育的意义

幼儿园的家长工作除了要对家庭教育进行指导以外，另一个方面就是要鼓励家长积极参与幼儿园的教育与研究，从而使家长与教师形成合作关系。这是当前国际幼儿教育发展的一个重要趋势，是“家庭—幼儿园”教育一体化的重要内容。家长的参与是幼儿教育的一项重要资源，家长参与幼儿园的教育工作对儿童、对家长、对教师都具有积极的意义。

（1）家长参与对儿童的作用。

第一，增强儿童在幼儿园的安全感。儿童的安全感来自家长与教师的基本信任。如果家长与教师的关系是可靠的，儿童从家长与教师之间的相互交流、相互尊重中就可感受到幼儿园是一个安全的环境，教师是自己的一个安全的伙伴。

第二，强化儿童的自我价值感。如果儿童的父母得到了教师的积极反应、肯定和尊重，当儿童看到父母与教师热情交谈或关系密切时，就会强化自我价值感。家长与教师的密切关系，也就很容易迁移为儿童与教师的亲密关系。

（2）家长参与对家长的作用。

第一，得到教育支持。由于家庭核心化，因此家长需要从其他成人那里得到教育孩子的支持，教师能承担这种责任。

第二，增强自尊。家长参与幼儿园教育活动，受到作为孩子教育的“专家”——教师的肯定、赞赏，会增强家长的自尊；而家长的自尊、自信对儿童的发展又会产生积极的影响。

（3）家长参与对教师的作用。

第一，增加教师对儿童的了解，利于教师因材施教。教师只掌握儿童发展与教育的一般理论知识是不够的，每个儿童都有各自不同的个性特点、经历和行为方式，每个家庭也都有各自不同的物质环境和精神环境，教师只有熟悉每个儿童及其家庭情况才能因材施教。家长参与对教师的作用又可以从以下三方面来阐述。

1）就幼儿园来说，它是专门的教育机构、有比较良好的教育条件，教师是受过专门训练的专职的保教人员，按照国家的教育目标、结合幼儿身心发展的规律和特点进行教育，对儿童的教育是有目的、有计划和有组织的；而家庭也是儿童生活、学习的主要场所，家庭与儿童之间的特殊关系决定了它在儿童发展中所起的重要作用。因此，幼儿园必须与家长密切联系、相互配合，二者发挥各自的优势，充分利用已有的教育资源，形成教育合力，共同担负教育的任务。

2）家园合作有利于家庭教育和幼儿园教育保持一致。作为幼儿教育的两个重要场所，只有协调一致，才能充分发挥教育的整体作用、保证儿童的协调发展；否则，就会削弱教育效果。家园合作有利于统一教育观念，发挥幼儿园教育和家庭教育双方的优势，获得良好的教育效果；家园一致的教育还可以减少幼儿的困惑和不安，增强其对教师和家长的信任，提高学习效率。

3）家园合作对于家长和教师来说，也是一个共同受教育的过程。对于家长而言，正像一个职业教育者的教育知识与能力是在学习和实践中获得的一样，家长的教育知识与能力也需要有一个学习和实践的过程，家园合作就为家长提高教育水平提供了一个学习的机会，能够帮助家长树立教育好孩子的信心，使其获得教育的知识经验。对于教师而言，在与家长合作的过程中，也可以帮助其不断改进和修正教育内容和教育方法。另外，家长与教师的合作，也能使双方从对方那里学到一些教育以外的人生经验，从而提高自己的生活质量。因此，家长的积极参与能使教师的教育工作更有针对性。

第二，强化教师的职业感和献身意识。古代思想家管仲曾言："一年之计，莫如树谷；十年之计，莫如树木；终身之计，莫如树人。"由此可见，培养人是一项长期的系统工程，在漫长、烦琐的工作中，如果能得到家庭的大力支持与肯定，将有助于激发教师的职业幸福感，有利于激发教师为幼教事业献身的责任意识。

总之，幼儿园做好家长工作是确保幼儿健康发展的基本条件，是幼儿园教育衔接工作中不容忽视的一项重要内容。教师必须鼓励家长参与、真诚地听取家长的意见、欢迎家长参加幼儿园的活动，并努力做好家庭教育指导工作，采取一切有效措施与家长建立相互支持的伙伴关系。

二、幼儿园与家庭衔接的内容

幼儿园与家庭的教育衔接，是通过对家长工作具体任务的落实得以实现的。家园合作的内容大体可以概括为以下几个方面。

（一）向家长宣传幼儿教育的科学知识

调查表明，我国仍有部分家长在孩子教育上存在错误观念，如偏重智力、技能等知识性的培养，而忽视社会性、语言表达、生活习惯与自理能力等方面的培养。常言道：家长是孩子的第一任教师，但许多家长却不知道如何去培养孩子，家庭教育中的原则以及方法也不清楚，这就造成家庭教育未发挥有效作用。因此，在家园衔接中，教师需要使家长了解孩子的生理、心理特点和幼儿教育的意义，增强家长教育孩子的责任感和能力；定期向家长介绍本班儿童的保教目标、任务，汇报儿童在园情况，便于家长的家庭教育工作与幼儿园教育工作保持一致。

（二）针对每个儿童的特点进行具体指导

由于家长的文化层次、知识结构、工作性质、个性特征不尽相同，因此其在家庭教育中所呈现的形式与方法也具有一定差异性；此外，作为受教育者的儿童，其身心发展特点也各具特色，既有共性的一面，也有个性的一面。教师应了解儿童的个性特点及其在家庭中的行为表现、生活习惯、地位、生活经验等，以便从实际出发进行个别指导。

（三）与家长共同探讨如何创设良好的家庭环境

家庭教育环境包括物质环境和精神环境两方面。随着生活水平的提高，家庭的物质生活条件大多比较优越，但很多家长并不清楚什么样的物质环境有利于孩子的发展，或者说许多家长不知道如何营造适宜的家庭教育环境，只能在孩子的基本需求中徘徊，甚至很多家长认为提供较好的物质条件就是给了最好的教育环境。然而，事实并非如此，家庭的精神环境同样会影响儿童的身心发展，如家庭教育氛围、父母营造出来的家风、学风等等隐性层面，这些精神环境的营造也是缺一不可。① 改善和建立良好的家庭教育环境，有赖于家长和教师的共同研究。

（四）幼儿园要动员广大家长积极参与，共同办好幼儿园

幼儿园应积极创造条件让家长参与幼儿园的管理和教育，共同探讨幼儿园的发展规划，尽力帮助幼儿园改善教育环境和办园条件；鼓励和积极引导家长直接或者间接地参与幼儿园教育，促成双方齐心协力培养儿童，如双方共同商议教育计划、参与课程的设置、加入幼儿园一日生活课程中等直接的方式，以及家长为幼儿园提供人力、物力支持等间接参与方式。

三、幼儿园与家庭衔接的方式和注意事项

（一）家园合作的方式

1. 教育活动开放日

教育活动开放日可以是家长在儿童入园前对幼儿园整体环境、设施设备与师资力量等情况的参观、了解，也可以是儿童入园后家长对幼儿在园一日或半日活动的参观。入园前的开放日，可以邀请家长和儿童一起来园，熟悉新教师和新环境，消除陌生感。

2. 儿童学习成果展览与汇报会

家长把自己的孩子送到幼儿园接受教育，最大的愿望莫过于孩子的进步。举办儿童学习成果展览与汇报会的目的就在于向家长汇报儿童在园的学习情况，例如：教师围绕儿童成长册中的作品、观察记录等与家长进行分析与交谈，让家长对幼儿园放心，并给他们以教育的信心和方法。

3. 接送交流与家访

这是一种以访问、谈话为主要方式的个别交流形式，主要目的是让家长了解儿童在幼儿园的学习表现，让教师了解儿童在家庭里的行为表现，加强沟通，交流经验，共同促进幼儿的发展。

4. 家园联系手册

这是一种书面形式的个别交流方式。

---

① 刘晓东，卢乐珍，等. 学前教育学［M］. 南京：江苏教育出版社，2004：73.

5. 便条或电话联系

简短的便条或电话也是有效的交流手段。

6. 以家长为核心的教育活动

幼儿园的亲子教育是指为了提高家长素质和家庭教育质量，对家长的家庭教育提供帮助和进行指导的过程，是一种以家长为主要对象、以促进儿童身心健康发展为最终目的的成人教育。其大致有以下几种形式：（1）家长会。家长会大多由家长集体参加，其内容相对集中于大家共同关心的问题。（2）家长园地。“家长园地”或“家庭教育专刊”等是以文字的形式定期对家长进行指导的一种形式。（3）家庭教育现场指导活动。这是一种互相观摩、直接指导的活动方式，常常由教师对儿童经常出现的问题或家长目前普遍关心的问题进行专项教育活动设计，家长通过现场观摩来学习。（4）家长沙龙。家长沙龙主要是为家长提供宽松的畅所欲言的环境与机会，可以由幼儿园提供场所，也可以由家长自愿在自己家里组织。（5）家庭互助组。家庭互助组是儿童家庭之间的一种在家庭教育方面相互关心、相互支持的形式。（6）社区教育基地。社区教育基地是幼儿园亲子教育的一种延伸和补充。

（二）幼儿园与家庭衔接时的注意事项

幼儿园毕竟不是家长工作的中心，加强幼儿园与家长的联系、做好家长工作的关键在幼儿园。幼儿园领导要端正观念，从实践中创造经验，把家长工作落到实处。为了强化幼儿园与家庭的教育衔接工作，幼儿园还应做好以下几个方面的工作：

从实际出发，注重调查研究。幼儿园家长工作要讲究实效、要有针对性，应了解和研究家庭教育中存在的普遍问题是什么。另外，家长的文化水平、家庭教育水平也有差异，家庭教育中存在的问题各不相同：有对孩子过度教育的，也有不闻不问教育的；有溺爱的，也有过于严厉的；等等。因为情况各有不同，家长的需要也不同，所以工作就不能千篇一律。

教师要树立良好的职业形象。教师在与家长的联系中居主导地位，教师要端正自己的职业形象。一要有正确的职业观念。教师是家长的联系人，应当用自己的知识和热情谋求家长的支持。二要有强烈的自我意识。教师要感觉敏锐，清楚地意识到自己的力量、弱点、价值，要正确认识自己与家长的关系。三要有谦虚的态度。不要自以为是，要以谦虚和开放的态度倾听家长的意见，努力与家长接触。四要有同情心。有同情心的教师能敏锐地觉察到不同经历、不同社会经济文化状况的家长的需要和他们对孩子的期望。五要尊重家长，尊重家长的需要。六要掌握交流技巧。避免用命令、警告、责备等语气，锻炼自己倾听、解释、叙述的技能。教师应以热情的态度、周到的工作方法，做好幼儿园与家庭的教育衔接工作，做好对家长的指导工作。

加强幼儿园行政对家长工作的支持力度。家长工作需要时间、资金、人力和场地，这就需要得到幼儿园行政上的支持和肯定。幼儿园领导要从观念上重视家长工作，为教师开展家长工作创造环境；要肯定教师的家长工作价值，对工作成效大的教师要给予适当的奖励。

总之，幼儿园的家长工作应是全面的、广泛的，幼儿园要结合自己的实际情况和家长需要广开渠道，建立自己的家长工作体系，真正把幼儿园办成与家长相互交流信息、共享教育经验、共担教育责任的中心。

案例解析

案例1： 开学初，教师需要布置班级区域环境，她列举了各个区域需要的材料内容，发动家长一起收集。几天过去了，只有少数家长带来了材料，还有很多带来的材料不符合要求，教师感叹：现在的家长怎么一点都不配合，区域做好了是给孩子玩的呀！

教师闷闷不乐的同时，却听到家长群中有人吐槽：现在的幼儿园怎么都一样，舍不得花钱给孩子买玩具，老让我们带东西。是孩子上幼儿园，还是家长上幼儿园啊？

【分析】 幼儿园与家庭之间是合作的关系，家长和教师之间要平等友善，教师不可以高高在上，频繁给家长布置任务，而应该和家长一起讨论交流教育孩子的方式方法，将家长参与的热情调动起来。案例中的家长根本不知道区域游戏是什么，不了解孩子在区域游戏中能发展什么能力，加上教师对所需材料的要求没有具体规定，导致家长带来的材料不符合要求。

案例2： 开学初，幼儿园要布置自然角，家长有的拿来了盆景，有的带来了小金鱼、小乌龟，自然角顿时春意盎然。不久，幼儿园要开展"车子叭叭叭"的主题活动，教师通知家长带各种玩具车，于是家长带来了警车、救护车、消防车、出租车、公交车，教室看起来就像一个停车场。过了3周，主题活动"蔬果舞会"开始了，家长拎来了胡萝卜、土豆、香蕉、苹果。家长背后嘀咕：今天带这，明天带那，跟搬家似的！

【分析】 教师对材料的收集利用缺少科学合理的计划和安排，造成材料的重复和浪费；频繁给家长下达任务，增加家长的负担，导致家长产生抵触心理。

第三节 幼儿园与社区的衔接

幼儿园与社区的教育衔接，主要是指幼儿园与社会相互沟通、双向发展和共同合作，在为学前儿童创设良好的生存环境、发展环境与教育环境的同时，逐步构造社区学前教育体系的教育过程。因此，不能简单地把社区教育看作一种校外教育的手段、一种德育社会化的途径，或只是社会对学前教育简单的物质支持等。幼儿园与社区的教育衔接，最终是为了促进教育的社会化和社会的教育化，使幼儿园与社区在相互服务、相互促进中共同提高、共同受益。

一、社区幼儿教育的概念

社区，即在一定的地域内的人群从事经济、政治、科学文化活动，并由此构成一定的生产关系与社会关系的小社会。在同一社区内，人们在文化、习俗、信仰、心理和行为方式等方面有着许多一致的背景和一致的利益。

社区教育源于丹麦。1844 年，丹麦教育家科维隆在乡村建立了国民高等教育学校，但这是一种成人教育机构。现在，社区教育已成为一种国际性的教育形式，并逐步与传统的学校教育、集体教育相结合，构成一体化的教育网络和形态。

社区幼儿教育，即以社区为依托的幼儿教育。社区是幼儿园教育的背景，也是幼儿园取之不尽、用之不竭的教育资源，是幼儿园教育向社会的延伸与拓展，也可以称之为幼儿教育的一种非正规形式。

二、幼儿园与社区衔接的必要性

（一）落实国家儿童发展纲要的需要

《中国儿童发展纲要（2021—2030 年）》要求“适龄儿童普遍接受有质量的学前教育，学前教育毛入园率达到并保持在 90% 以上”，“严格落实城镇小区配套幼儿园政策，鼓励国有企事业单位、街道、村集体举办公办幼儿园”，“依托家庭、社区、学校、幼儿园、托育机构，加大科学育儿、预防疾病、及时就医、合理用药、合理膳食、应急避险、心理健康等知识和技能宣传普及力度”。为了实现上述目标，幼儿园须多依靠社区力量，充分挖掘当地的人力、物力资源，采取多种渠道，提供与当地社会、经济、文化发展相适应的保育和教育形式，更好地满足学前儿童发展及家长抚育儿童的需要。

（二）儿童成长的需要

儿童的健康成长和发展不仅依赖于儿童自身的遗传素质，也依赖于儿童所生活的外界环境，还依赖于儿童与外界环境的交互作用。学前儿童除了在幼儿园，大部分时间都生活在家庭、社区。由于父母的文化水平、教育方式不同，因此一些儿童缺乏生活空间、缺乏成人的理解和支持、缺少邻里同伴间的相互交往。而在社区中有着较为丰富的教育资源，如超市、医院、公园等场所，可以借此培养儿童的地域观念和生存情感；在社区中推行教育活动，宣传科学育儿教育方法，也能不断丰富社区的文化内容，进一步通过对父母和社区其他成员的教育和培训活动，沟通社会、幼儿园与家庭，支持儿童的健康成长。

（三）与世界社区学前教育同步发展的需要

如今，学前教育正以多种形式在各国蓬勃发展。一些发达国家把幼儿园以外的教育称为“非正式学前教育”，如美国由各州社区服务部负责的社区学前教育——“提前教育计划”[①]，社区服务部选派身体健康、具有教育经验和家长工作方面知识的指导员，

① 宋睿．家、园、社区合作共育的实践研究［D］．南京：南京师范大学，2008.

对一些生活贫困、健康受损、居住偏远、有语言文化障碍的特殊儿童给予帮助，并吸收这些儿童的家长参加这一计划，且在这些儿童进入学校后对计划的实施再进行评估，以求不断改进。美国还有多种为儿童和家长服务的社区儿童教育组织，如以收养不完整家庭儿童为主的儿童社会家庭、以接受家长咨询或辅导儿童活动为主的儿童之家、家长不参与的儿童活动中心以及儿童博物馆、玩具资料中心等。日本社区儿童教育也十分活跃：幼儿园的园长是社区教育的活动分子，一方面，他对社区教育工作人员给予关心、帮助；另一方面，他在幼儿园与社区教育间架起桥梁，使二者互相配合、相互促进。虽然我国的社区学前教育起步较晚，但是我们借鉴国际先进经验，这有助于我国学前教育与世界学前教育同步发展。

资料链接

德国的森林幼儿园

雨后的清晨，德国法兰克福郊外的迈斯森林显得清新又安静，一群孩子的到来打破了这里的宁静。这些来自圣托马斯幼儿园的孩子穿着雨衣，背着垫子、保温瓶和饭盒，雀跃地扑倒在树林和狭长小溪间的草地上。这不是春游，而是德国流行的森林幼儿园要上课了。

现在，德国有300多所像圣托马斯这样的森林幼儿园。这种幼儿园没有围墙和屋顶，森林和草地是孩子们学习和生活的场所。幼儿园以生态教育为目的，培养孩子热爱自然、自由发展。

对圣托马斯幼儿园的孩子来说，每天早上8时15分从法兰克福的一个地铁站开始了一天的学习生活。孩子们乘地铁前往森林，在教师的照看下，待4个小时。

森林幼儿园的主要课程是在森林里观察植物和小动物，有时也玩一些探险和角色扮演的游戏。做游戏的目的是通过和自然的接触，发挥个人的想象力，锻炼与人沟通的本领。而且，孩子们也增强了环保意识，不乱扔垃圾，小便时自觉地找树根，大便后用小铲子挖个坑将粪便埋起来。

在森林里，孩子们可以体验到一年四季的变化，接触阳光和新鲜的空气，感受自然的神奇。除了关系安全的规定，如不能随便走散、不能随手摘花、不能摸动物、不能随便吃林中的果子等，教师不怎么约束孩子，所以孩子玩得开心、没有心理压力。在森林幼儿园上学的孩子注意力集中，很少和人吵架、打斗，不易生病。

一天的活动结束后，孩子们离开森林时都恋恋不舍，巴望着明天快快到来。

学龄前儿童教育专家沙菲尔说："森林幼儿园最大的好处是启发儿童开放性的思维。在森林里，他们爱问'这是什么？从哪儿来的？'。"教育专家认为，孩子们接受传统教育的场所是封闭的，知识之间缺乏联系，在森林里孩子们能全方位、感性地认识各种事物。他们能够切实地感受到自然界奇妙而强大的生命力：下雨时，在潺潺的小溪里戏水，清澈的水流从手掌心缓缓淌过，顺手把折好的纸船放在水里，希望给童话仙子带去悄悄话；下雪时，在天然滑道上嬉戏；自己动手用树枝、沙子和石头搭模型……

沙菲尔教授说，倡导另类教育观念，浪漫的森林把知识、想象力和运动结合在一起，是森林幼儿园受到家长和孩子们欢迎的原因。

三、幼儿园与社区合作的内容

（一）幼儿园与社区合作的方式

作为社区中的幼儿园，与社区合作是幼儿园发展的必然要求。当前，我国幼儿园与社区合作的方式主要有以下两类。

1. 请进来的方式

请进来的方式即幼儿园根据自身教育的需要利用社区资源。该方式主要有以下几种形式：

（1）请社区里的人员为幼儿开展活动。例如：教师请清洁工人讲环保的重要性和方法，请工厂的工人讲机器操作的技术，请农民讲种植的艰辛和现代的种植技术等，以增长幼儿的见识。

（2）利用社区的物、景和设施教育幼儿。幼儿园可在社区寻找和利用教育所需的材料和场所，以扩大幼儿的生活和学习空间、丰富幼儿的社会知识和自然知识。

（3）利用社区开展的活动和日常发生的事情教育幼儿，如社区树新风活动、节日活动、募捐、帮助孤寡老人和贫困孤儿等，都具有教育的意义。

2. 走出去的方式

走出去的方式即幼儿园与社区携手，共同为社区提供便民教育和服务，主要有如下几种形式：

（1）建立儿童活动机构。这些机构的服务对象主要是儿童，如儿童玩具室（馆）、儿童图书室（馆）、儿童或母子俱乐部、婴幼儿室、节假日活动室、儿童游戏室（场）。目前，北京、上海、天津、福建等地均有儿童图书馆和玩具室。

（2）开展流动幼儿教育服务。对一些边远地区的散居儿童，一般适于提供这种非正规的幼儿教育。我国的西部地区就有流动的大篷车幼儿园，内蒙古地区草原地带有流动的蒙古包幼儿园，许多地方有幼儿教育巡回辅导站。

（3）建立家庭教育辅导站，开展指导家庭教育的活动。该机构开展活动的对象主要是家长，有准父母班、家长夜校、托儿户（班）等形式。

（4）与社区机构联手，优化社区环境的活动。该类活动尽管不直接为儿童和儿童家长服务，但其最终目的是净化社区，为儿童的健康成长提供良好的生态环境，改善幼儿园与社区各部门、居民之间的关系。

（二）幼儿园与社区合作的基本要求

（1）经常性原则。幼儿园与社区最好建立合作管理制度和组织，制订相应计划，使其长期化、制度化和网络化。

（2）地方性原则。教师要根据当地的时节和气候、居民的需要、社区和幼儿园方面的要求制订社区幼儿教育活动的计划，体现本地区、本社区特色。

（3）简便性原则。开展社区活动最好因陋就简，为大家提供方便，不能影响幼儿园和社区的正常工作，不能影响社区居民的生活。

（4）互利性原则。幼儿园与社区合作要本着互利互惠的原则，幼儿园不能只是单方面利用社区资源、寻求社区的帮助。为了使幼儿园与社区的合作能长久进行下去，幼儿园必须有所付出，为社区其他服务组织、为社区居民着想，提供各种方便，为社区发展做出一定的贡献。

（5）教育性原则。幼儿园与社区合作，其目的是幼儿教育，其特色还是幼儿教育。幼儿园与社区合作是为了以幼儿园为中心，建立幼儿社区教育模式，以推动幼儿教育社会化和社区教育化。

（6）幼儿园、社区和家庭教育一体化的原则。幼儿园与社区合作需要利用家长和家庭资源。家长可以成为社区幼儿教育的带头人，每个家庭可以成为社区幼儿教育的小基地，这样以点带面，可以推动社区活动。

四、国外幼儿园与社区合作——瑞吉欧学前教育机构社区管理模式的特色

（一）全社会参与学前教育机构的运行与管理

“我就是我们”，个体“我”只有在团体“我们”中才能获得最大限度的发展，体现出真正的价值，这是瑞吉欧的主流价值观。这种相互协作、目标一致的团体主义的价值观不仅深入当地人的心中，而且深深地影响着瑞吉欧人关于儿童早期教育的理念及实践行为，为瑞吉欧学前教育机构平等、民主、合作、开放的社区管理模式和全社会共同关注学前儿童早期教育打下了坚实的基础。在瑞吉欧地区，人们都认同学前教育是全社会的事情，儿童早期的健康成长与发展需要全社会各方面的关注和支持。因此，不仅包括市长在内的政府人员及机构介入学前教育的管理，还有由教育专家、教师、教育协助人员、家长、社区居民等共同组成的社区咨询委员会也直接参与学前教育机构的设置、运行以及其他学前教育管理工作，体现了“全社会参与幼儿教育”的瑞吉欧学前教育的独特特色。①

（二）以“关系”为基础的学前教育机构的管理路径

瑞吉欧学前教育机构社区管理模式的特征之一，就是参与管理的儿童、家长、学校、社区四方以“关系”为基础相互合作、相互协商，共同实现对学前教育机构的管理工作，从而形成了一个“市政府—学校—社区（包括家庭）—市政府”的循环组织管理网络。②

在这个循环组织管理网络中，有三条管理路径。

① 屠美如．向瑞吉欧学什么:《儿童的一百种语言》解读［M］．北京：教育科学出版社，2002：113.

② 亨德里克．学习瑞吉欧方法的第一步［M］．李季湄，施煜文，刘晓燕，译．北京：北京师范大学出版社，2002：4.

1. 自上而下的从市政府到学前教育机构的责任管理路径

责任管理路径主要体现管理主体之间的权利与责任的隶属关系。在这个管理网络中，涉及的管理主体有市政府、教育局、教育督导、幼儿教育主管、学前教育机构。市政府拥有社区学前教育的管理权；教育局主管全市的学前教育事务，直接向市政府负责；教育督导履行对幼儿教育主管和学前教育机构的各项教育工作的监督与评价职能，向教育局负责；幼儿教育主管是整个学前教育机构的专业人员，为学前教育机构的各项事务提供前瞻性、专业性的建议，确保学前教育服务的品质，直接向教育督导负责；学前教育机构是具体实施教育行为的机构，直接向幼儿教育主管负责。

2. 分支型的学前教育机构内部的业务管理路径

业务管理路径主要体现在执行具体教育行为的机构内部不同管理主体之间的岗位职责差异。

该管理网络涉及的管理主体有学前教育教学部门、学前教育行政部门和学前教育机构内部管理部门。学前教育教学部门主要由教学主管和教学协同研究人员组成，他们的主要责任是参与教学研究，为学前教育机构的具体教学行为提供改善策略；由学前教育行政主管和行政官员组成的行政部门负责内部的行政事务工作；学前教育内部管理部门主要为教育活动提供支援服务，内设媒体中心、剧院工作坊、资源回收中心和教育研究记录中心等。

3. 自下而上的由学校到社区到市政府的参与管理路径

参与管理路径体现不同管理主体参与管理的基本路向，涉及的管理主体有教师、家长、教学协同研究人员、学校厨师、社区居民、市政府主管等。

首先，由学校发动教师、家长、社区居民等通过选举形式选出代表组成社区咨询委员会（每所学前学校或婴儿中心都成立一个），代表来自社区的教育力量，主要任务是代表教师、家庭通过主题会议向市政府、教育主管、学校提出建议和要求。其次，由市政府主管、社区咨询委员会和教师代表组成联合咨询委员会，其主要任务是参与市政府教育政策制定工作。最后，联合咨询委员会、学前教育行政主管、教学协同研究人员、教育局局长、市长参与市政府的教育决策和教育管理工作，为市政府制定教育政策提供建议。

虽然瑞吉欧学前教育机构社区管理模式在管理运行的走向方面有三条明显不同的路径，但通过相互合作的“关系”把它们连接成一个完善的网络运行体系，完成了权利的分配、责任的划分和评价的反馈。在这种管理关系中，所有参与学前教育管理事务的个人或机构之间都是平等的，都有权发表自己关于学前教育的观点。

（三）民主、公正是社区管理模式运行的基本原则

在瑞吉欧地区，每一项学前教育政策出台以及实施都必须充分体现民主、公正的原则，它不是由某位行政官员或行政管理机构决定的，而是由社区所有的人包括社区居民、教师、家长、教育专家、教育行政官员共同讨论的结果，听取了大多数人的建

议，体现了大多数人的利益。社区咨询委员会这一公共性的机构是具体体现教育政策与措施在制定、实施过程中民主、公正性的机构。社区咨询委员会召集社区里所有关心学前教育事业的人，定期或不定期召开会议，讨论本地区学前教育发展的相关事宜。在讨论过程中，任何人都有权利发表自己的观点或对别人的建议提出质疑，最后通过民主表决的方式形成一个公正的教育决策。同时，在这一民主协商过程中，教学协同研究人员也积极参与进来：一方面，他们利用自己的专业知识与教育主管们讨论宏观层面的教育政策问题；另一方面，他们又参与社区咨询委员会的讨论。

（四）沟通是社区管理模式运行的保障条件

社区管理模式在瑞吉欧地区学前教育实践中能够成功地运行，得益于马拉古奇的“沟通教学”理论。他认为，在管理过程中的每一个层面上，不同的管理主体之间应该通过“沟通”的方式，相互理解，相互尊重，最后形成一个体现大多数人意愿的结果。教育政策制定的相互沟通、确定各种会议主题和时间的沟通、安排学校行政事务的沟通、方案课程的生成及其实施步骤展开过程中的师生沟通、家长参与形式的沟通等，这些不同形式、不同层面的“沟通”，为社区管理模式的运行提供了范例。[①]

本章小结

知识结构图

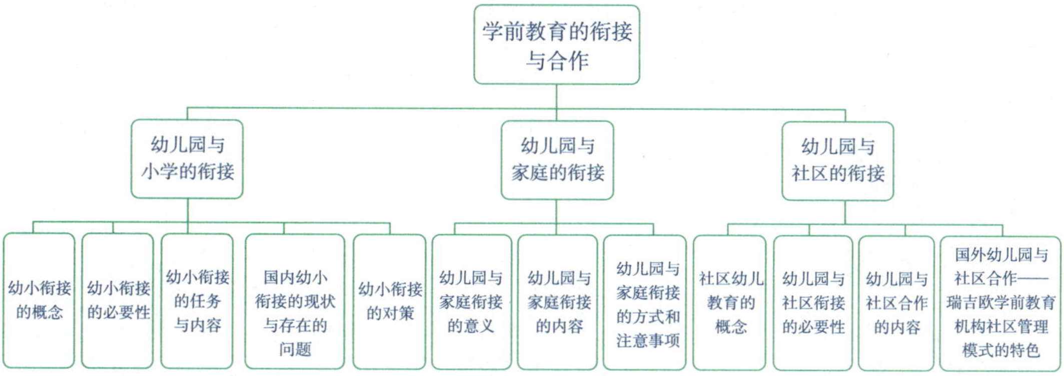

① 刘宝根．瑞吉欧教育超越了什么：从《超越早期教育保育质量》解读瑞吉欧教育［J］．学前教育研究，2011（4）．

关键概念

幼小衔接

讨论及思考题

1. 举例说明家园合作的方式。

2. 小学和幼儿园教育有什么不同点？

3. 通过本章的学习，你认为学前教育衔接最重要的是什么？

4. 访谈一些幼儿园教师与小学教师，了解幼小衔接的情况以及教师所采取的措施。

5. 阅读《窗边的小豆豆》《把整个心灵献给孩子》等书籍，分析有效衔接的措施还有哪些。

案例分析

周一，王老师抱怨地说："孩子过了一个双休日，再回到幼儿园，许多良好的行为习惯都退步了，不认真吃饭、乱扔东西、活动时喜欢讲话，真不知道家长在家是怎么教育的！"站在一旁颇有同感的刘老师说："是啊，可这些家长不按我们说的要求去做倒也罢了，还经常给我们提这样那样的要求，好像我们当老师的还不如他们懂得多，真拿这些家长没有办法……"

请你运用幼儿园与家庭相互配合的相关理论，分别评论王、刘两位老师的教育观点，并具体谈谈家园合作对儿童发展的重要意义及目前存在的误区。

第十一章

幼儿园教师

学习目标

- 了解幼儿园教师职业的产生与发展
- 了解幼儿园教师的劳动特点
- 理解幼儿园教师应具备的专业素质
- 掌握幼儿园教师的专业发展的阶段和途径

教师专业标准及教师资格考试要求

- 幼儿为本，师德为先
- 能力为重，终身学习

学习导引

一提起幼儿园教师，人们脑海中通常会蹦出这样的字眼："看孩子的""阿姨""保姆""小儿科"等。这样的"标签"是对幼儿园教师的一种偏见甚至是误解。难道幼儿园教师仅仅会"看孩子"就可以了吗？难道幼儿园教师这一职业就是"小儿科"吗？通过本章的学习，我们将会了解幼儿园教师这一职业的产生与发展以及幼儿园教师的劳动特点与专业发展。

第一节 幼儿园教师职业概述

一、幼儿园教师职业的产生与发展

幼儿园教师是履行幼儿园教育教学工作职责的专业人员。

幼儿园教师作为一种职业，产生于出现正规的幼儿教育机构（幼儿园）之后。而在这之前，则由家长承担对幼儿进行保育和教育的任务。19 世纪，随着专门化的社会幼儿教育机构的建立和发展，才有了专门从事幼儿教育的教师和保教人员。1840年，福禄培尔创办了幼儿园以后，开始着手幼儿园教师的培训工作。至此，随着世界各国托幼社会教育机构的建立和发展，幼儿园教师逐渐成为一支专门的教师队伍。

在我国，清朝末年，随着蒙养院及教会幼稚园的创办，专门的幼儿教师也应运而生。相应地，培养幼儿教师的机构如“保姆传习所”“保姆学堂”等也随之出现。[①] 此时的幼儿教师被称为“保姆”，主要由节妇训练而成。

新中国成立后，我国幼儿园教师开始被称为“保育员”，但公众习惯上称为“阿姨”。到了20世纪80年代，幼儿园教育者开始被称为“幼儿园教师”。1995年，《教师资格条例》颁布后，“幼儿园教师”这个称谓才开始被广泛、正式使用。

二、幼儿园教师的劳动特点

（一）劳动对象的幼稚性

幼儿园教师的教育对象一般为3～6岁的幼儿。此阶段的幼儿身心发展水平较低，身体各器官发育尚不完善，刚开始独立行动，刚开始用语言表达自己的想法和情感。他们的思维形象、具体，知识经验还很少，辨别是非的能力较弱，许多事情对他们而言都是第一次。因此，他们的许多行为或想法在成人看来都十分幼稚甚至可笑。他们眼中的世界是完全不同于成人眼中的世界的。所以，幼儿园教师要掌握幼儿的身心发展规律，了解幼儿的思维特点和认知方式，了解幼儿的兴趣、经验和能力，尊重幼儿，从幼儿的角度出发来选择适宜的教育内容和方法，这样才能很好地促进幼儿在原有水平上获得更好的发展。

（二）劳动任务的全面性和细致性

幼儿园教育是国民素质教育的有机组成部分，幼儿园教师的劳动任务就是要根据国家教育目的和培养目标，面向全体幼儿，对幼儿进行德、智、体、美等全面发展的教育，使每个幼儿都能在原有基础上健康活泼地成长。幼儿园教师不仅要对幼儿施行身体的、认知的、道德的、审美的教育，还要采用游戏化的方式促进其发展。在幼儿园中，教师不仅要照料幼儿的生活起居、饮食睡眠，要指导他们进行身体锻炼、关心他们身心的健康，还要指导他们开展游戏、劳动等各项活动。同时，幼儿园教师不仅要关心本班的全体幼儿，还要照顾个别幼儿，根据其不同个性特点进行有针对性的教育。

幼儿园教师劳动的对象是幼儿。幼儿生长发育迅速，但身体比较稚嫩，对外界的适应能力和对疾病的抵抗力较差，易受损伤、易感染疾病。而在我国，幼儿在园时间长、班额大，因而对幼儿保育和教育并重是我国学前教育的传统特色。幼儿园教师不仅要根据幼儿的年龄特征和个别差异合理安排幼儿一日生活，精心组织各项活动，使幼儿吃好、睡好、玩好、学好；而且要严密观察，防止集体教养中传染病的发生，做好卫生保健工作。这就决定了幼儿园教师的劳动具有细致性的特点。

① 胡箭，张根健．幼儿教育学基础［M］．北京：北京师范大学出版社，2013：76．

（三）劳动过程的创造性

幼儿园教师所面临的教育对象是复杂的、变化的。全班二三十名幼儿（有的班级会更多），来自不同的家庭，具有不同的背景，入园前经历了不同的教育。他们具有不同的兴趣、爱好、性格和能力，有着不同的发展水平和个性特点，而且每天都处于动态的发展中。尽管教育的场所和空间未变，但今天的幼儿已不同于昨天的幼儿。教育对象的这些特点就决定了幼儿园教师对幼儿的教育绝不能像物质生产那样，用固定的工艺流程，统一型号、统一模式，用同样的方法进行，而要因人而异，寻找适合每个幼儿的教育方案，在实施中根据幼儿的思想状况、发展水平及变化不断进行调整，寻找新的、更有效的教育内容、方法和形式，因材施教，由此可见幼儿园教师的劳动是具有创造性的。

具体而言，幼儿园教师劳动的创造性主要有以下表现：

一是因材施教。幼儿园教师应针对每个幼儿的特点，对其提出不同的要求，采取不同的教育方法。例如：同样是批评，对于比较内向、害羞的幼儿应私下进行教育，而不能公开指责其错误之处；但对于性格外向、“屡教不改”的幼儿，则可以通过集体的力量帮其改正错误。

二是教学上要与时俱进、不断创新。教学内容要不断随着时代的发展、科技的进步而不断更新。

三要有教育机智。幼儿园教师在无准备的情况下，能够迅速、果断地作出正确判断，随机应变，因势利导。

（四）劳动手段的主体性

任何劳动都需要一定的手段、使用一定的工具，以作用于劳动对象。但幼儿园教师的劳动与其他劳动的一个最大不同点就在于教育内容、方法和手段的主体化，即幼儿园教师的劳动具有主体性。幼儿园教师要用自己的思想、情感、言行、学识来影响幼儿。换言之，幼儿园教师本身既是劳动手段又是劳动工具，教育内容也要通过幼儿园教师自身（加工和传授）才能发挥作用。

（五）劳动周期的长期性

在一般的改造自然界的物质生产中，随着劳动产品的获得，劳动过程也就完成了，而幼儿园教师的劳动则完全不同。教育的产品是人，培养人是一个长期的过程。一个人能够成才，需要幼儿园、小学、中学、大学等各个教育阶段的教育者集体劳动。幼儿园教师做的是人才培养的奠基性工作。虽然幼儿从幼儿园毕业升入小学，看似本阶段的教育任务完成了，但幼儿园教师给幼儿的影响是不会消失的。启蒙时代对于一个人的影响是极其深刻的，有时候会影响幼儿的一生。从这一点来看，幼儿园教师的劳动对幼儿的影响具有长期性。

（六）劳动的本土性

幼儿园教师的劳动表现出鲜明的地方特色。我国幅员辽阔，地区的自然环境和社会条件差别很大，区域发展也很不平衡。不同地区的经济资源、文化设施、民俗风情不同，为幼儿园教师提供的教育资源也不同。沿海地区或海岛的幼儿园教师，便于利用贝壳、海螺、海水、海草等物质资源对幼儿进行“海洋教育”；山区的幼儿园教师，则可利用茶叶、香菇、木耳、桑叶等资源对幼儿进行植物方面的教育。

三、幼儿园教师的职业角色

“角色”是一个社会学的概念。它是人们在社会体系中所处的特定地位与身份，也可以理解为一个人在社会群体中的身份和与他身份相适应的行为规范。《教育大辞典》对角色的定义是：处于一定社会地位的个体或群体，在实现与这种地位相联的权利与义务时，表现出符合社会期望的行为与态度的总模式。社会心理学家李长贵认为角色是“个体行动的规范、自我意识、认知世界、责任和义务等的社会行为”。①

教师这一社会角色是指在学校、幼儿园等教育机构中专门从事教育教学活动的角色，这个角色的特殊身份和与这个身份相适应的行为规范要求教师在其角色行为方式上表现出与其他职业不同的特点。

《幼儿园教育指导纲要（试行）》中对幼儿园教师角色的定位是教师应该成为幼儿学习活动的支持者、合作者、引导者。这种定位使教师由传授者变为促进者，由管理者转化为引导者，由居高临下转向“平等中的首席”。这就要求幼儿园教师更新观念，不断地改善自己的知识结构，从观察幼儿、理解幼儿、尊重幼儿入手，促进幼儿的全面发展。

（一）幼儿园教师是幼儿活动的支持者

幼儿园教师要成为幼儿活动的支持者，就是要求幼儿园教师对幼儿的活动提供物质上和心理上的支持。物质上的支持包括创设丰富的物质环境，为幼儿与物质环境互动提供前提和基础；在幼儿缺乏或需要某些学习资源时及时地提供给他们；等等。心理上的支持是指幼儿园教师对幼儿的关怀、尊重和接纳的态度，支持、肯定、鼓励幼儿自发的探究活动、新异的想法和发现；还有对幼儿的问题、困难和需要的敏锐把握，对幼儿想法和感受的倾听与接纳；等等。由于语言水平的限制，幼儿自我表达能力较弱，对其自身状态的把握能力也较差，因此在学习的过程中，他们会遇到许多实际问题，需要幼儿园教师的鼓励。作为幼儿园教师，就要像蒙台梭利所说的那样，要将自己的眼睛训练得如同鹰眼般敏锐，观察幼儿最细微的动作，探知幼儿最殷切的需要，并满足他们具有积极意义的需求，达到与幼儿间的沟通。

（二）幼儿园教师是幼儿活动的合作者

幼儿园教师要成为幼儿活动的合作者，就是说幼儿园教师要以“合作伙伴”的身份参与幼儿的学习活动，共同促进学习活动的不断延伸。在以往的教学中，幼儿只是接受知识的容器，常常是幼儿园教师一方对幼儿强制性灌输，只有幼儿园教师主动地“教”，而没有幼儿主动地“学”，幼儿园教师和幼儿不是共同地相互作用，而是主要由幼儿园教师向幼儿发号施令，幼儿只是被动地执行和服从，大多数活动对幼儿都是单

① 李文毅．幼儿师范学校学生职业角色认知教育研究［D］．济南：山东师范大学，2015．

向作用。所以《幼儿园教育指导纲要（试行）》提出要关注幼儿活动中的表现和反应，敏感地察觉出他们的需要，及时以适当的方式应答，形成合作探究式的师幼互动。幼儿园教师应视“教”为幼儿园教师与幼儿的合作，而非幼儿园教师仅凭主观意志单方面主宰的活动；应视幼儿为平等的合作伙伴，而非被动地接受灌输的容器。例如：在设计主题活动时，幼儿园教师不应只考虑自己教什么、怎么教，而必须深入了解幼儿的兴趣、需要、经验、认识水平、个性特征等，随时根据幼儿的反馈调整计划、活动内容以及自己的教育行为，以赢得幼儿积极的配合和响应。每个班级的幼儿有不同的特点、幼儿在每个主题的探索过程中会产生不同的问题，只有针对幼儿的不同特点和发展水平设计的课程才是最有生命力的课程。

（三）幼儿园教师是幼儿活动的引导者

幼儿园教师作为幼儿活动的引导者是幼儿园教师作用的最突出的体现。“引”意为“指引”，“导”意为“导向”，幼儿园教师作为引导者就是说幼儿园教师以教育目标为导向，指引幼儿不断朝教育预期的目标发展。引导者的角色是幼儿园教师最难扮演好的角色，因为幼儿园教师的引导离不开对幼儿学习状况的了解和对幼儿所面临的问题或矛盾冲突的把握。幼儿园教师须对这些状况进行价值判断，找出其与教育目标之间的联系，从而指引幼儿向着积极的目标方向发展。一般来说，幼儿的发展需要经历一些共同的发展阶段，但是每个幼儿发展的方向、起点、速度及最终达到的水平都存在差异，这就决定了引导的差异性。幼儿园教师应及时抓住这种差异性，根据不同幼儿不同的需要进行正确引导。例如：在进行手工活动时，幼儿园教师可尝试观察幼儿的操作，从幼儿小肌肉的发展入手，发现他们的差异，在布置任务时，按幼儿的不同水平提出不同的要求，基本做到任务难度略高于幼儿的现有水平。总之，哪个幼儿能做什么、不能做什么，通过引导又能做什么，幼儿园教师都要做到心中有数。引导的关键是幼儿园教师必须准确地把握住幼儿的最近发展区，把握住幼儿发展的“下一步”，因材施教，满足幼儿不同的发展要求。通过教师的耐心引导，幼儿能获得成功和满足，能在其原有水平上以不同的速度实现自身的发展。

（四）幼儿园教师是幼儿生活的照料者

由于自主性、独立性较弱，幼儿对成人有很强的依恋感和依赖性。幼儿在家庭受到父母多方面的照顾，入园后，幼儿常把幼儿园教师当妈妈看待，家长也常要求幼儿园教师把幼儿当作自己的孩子一样看待和照料。幼儿园教师不仅要对幼儿生活进行精心照料，还要像妈妈一样给予幼儿情感上的呵护和关心，使幼儿在生理、心理方面和谐发展。

（五）幼儿园教师是幼儿园其他教职工的合作伙伴

幼儿园教师的专业活动和专业成长离不开与其他幼儿园教师、幼儿园管理人员、保育人员、后勤人员以及家长的合作交流。每个幼儿园教师只有成为幼儿园其他教职工的合作伙伴，才能使保教工作充分发挥作用。幼儿园教师应该注意以下问题：

第一，尊重其他教职工。幼儿园每位教职工都有自己不可替代的职责与作用，只有充分尊重其他幼儿园教师、管理者的工作，才能有良好的合作关系。

第二，善于发现并学习其他幼儿园教师、职工的优点。肯定其他幼儿园教师的优点是建立良好合作关系的基础，也是幼儿园教师个人专业成长的有效途径。

第三，掌握合作、交往的方法。合作就是一种交往，人际交往有一些特殊的方法，具备一定的人际交往的知识与方法有助于幼儿园教师和幼儿园其他教职工建立合作伙伴关系。

（六）幼儿园教师是家园合作的联系者

家庭和幼儿园合作是搞好学前教育的关键。陈鹤琴曾指出：幼稚教育是一种很复杂的事情，不是家庭一方面可以单独胜任的，也不是幼稚园一方面单独胜任的，必定要两个方面共同合作方能得到充分的功效。① 因此，家园合作是当代幼儿园工作的重要内容，幼儿园教师也是家园合作的联系者，这要求幼儿园教师做到以下几点：

第一，与家长保持平等的关系。幼儿园教师要视家长为朋友，尊重家长的意见，虚心听取家长的建议，乐意与家长交谈，和家长建立融洽的合作关系。

第二，做家园合作的指导者。幼儿园教师以其专业化的知识、判断，支持和帮助家长更新教育理念、改善教育行为、提高教育能力，共同促进幼儿全面、健康发展。

第三，做家园合作的创设者。幼儿园教师在家园合作的过程中，为家长创设沟通与合作的条件，确保家园合作成功开展。

（七）幼儿园教师是幼儿园教育的研究者

在幼儿园的保教工作中，幼儿园教师常常要使用观察、记录、统计、归纳、推理等方法对其保教实践进行分析、反思，以得出概括性的结论、提升专业水平。从这个角度来讲，幼儿园教师也是研究者，这就要求其做到以下几点：

第一，幼儿园教师应具备研究意识。那种认为自己只要能“上好课”就行、搞教研是专家们的事的观点是不正确的。

第二，紧贴保教实践，积极开展教研活动。幼儿园教师的研究应主要围绕保教工作展开，以改进保教方法、推动保教质量提升为主要目的。

第三，加强专业理论和研究方法的学习，掌握开展研究的基本方法。

第二节　幼儿园教师的专业素质

幼儿园教师的专业素质是幼儿园教师在保教活动中表现出来的，决定其保教效果、对学前儿童身心发展有直接影响的所有品质的总和。幼儿园教师的专业素质可以从以下四个方面来理解：

第一，幼儿园教师的专业素质是幼儿园教师这一职业特殊性和独特本质的反映。

① 陈鹤琴. 家庭教育：怎样教小孩［M］. 北京：中国致公出版社，2001：231.

第二，幼儿园教师的专业素质是在保教活动中表现出来的。

第三，幼儿园教师的专业素质是一个系统结构，其内部包含思想品德、文化、专业知识与能力、职业道德、身心等多方面复杂的成分。

第四，幼儿园教师的专业素质结构和过程统一，具有动态性。

一、职业道德

教师职业道德，又称“师德”，是教师在教育教学工作中必须遵循的各种行为准则和道德规范的总和，是教师的思想觉悟、道德品质和精神面貌的集中体现，也可以称之为“教师的专业伦理规范”。师德是幼儿园教师最基本、最重要的职业准则和规范，每一位幼儿园教师都必须秉持“师德为先”的理念，遵循《幼儿园教师专业标准（试行）》的要求：“热爱学前教育事业，具有职业理想，践行社会主义核心价值体系，履行教师职业道德规范，依法执教。关爱幼儿，尊重幼儿人格，富有爱心、责任心、耐心和细心；为人师表，教书育人，自尊自律，做幼儿健康成长的启蒙者和引路人”。[①]

幼儿园教师良好的职业道德主要体现在以下几方面。

（一）热爱学前教育事业

1993 年颁布的《中华人民共和国教师法》第三条规定：“教师是履行教育教学职责的专业人员，承担教书育人，培养社会主义事业建设者和接班人、提高民族素质的使命。教师应当忠诚于人民的教育事业。”只有对教师责任有正确的认识，才能做好教育工作。同样，对学前教育事业的热爱也需要建立在对事业正确的认识的基础上。

人的成长需要长期、持续的培养，是一个系统过程。在这个过程中，幼儿园教育是其中的重要组成部分，对人一生的发展起着奠基作用。幼儿教育质量的提高，关系到国家的兴旺、民族素质的提高。有了这种认识，幼儿园教师才会产生高度的责任感，才会增强对学前教育事业的情感，才会对工作倾注满腔的爱和热情，任劳任怨，不计较个人得失，竭尽全力把工作做好。实践经验表明，幼儿园教师在学前教育工作中做出成绩，动力主要来自对学前教育事业的热爱。对学前教育事业不热爱，就会把学前教育工作单纯看作是谋生的手段，在工作中处处被动，时常感到苦不堪言，一有机会就想办法改行，这种人是胜任不了学前教育工作的。

（二）热爱、尊重幼儿

幼儿园教师对幼儿的关心和爱护是幼儿身心健康发展的重要条件。成人的爱护，能使幼儿得到情感上的满足，产生积极的情绪体验，增强自信心、安全感。爱也是做好教育工作的前提条件之一。苏联教育家苏霍姆林斯基说过：“学习——这不是把知识从教师的头脑里移注到学生的头脑里，而首先是教师跟学生之间的活生生的人的相互关系。”幼儿园教师和幼儿间的良好关系，可以使幼儿乐意接受教育。幼儿喜欢什么样的老师？用幼儿的话说就是：“小朋友哭了，马上给他擦眼泪的”“不厉害的”“不发脾

① 教育部教师工作司．幼儿园教师专业标准（试行）解读［M］．北京：北京师范大学出版社，2013：33.

气的”“不打人的”“不把小孩拉出来的”……总而言之，爱孩子的老师最受小朋友的欢迎和喜爱。

幼儿园教师对幼儿的爱是一种理智的爱，俗称“教育爱”，这就意味着幼儿园教师要爱幼儿，对待幼儿要态度温和、宽容、不偏爱，尊重幼儿的人格，保护幼儿的合法权益，既做幼儿的老师，也做幼儿的朋友。

幼儿园教师不仅要热爱幼儿，还应尊重幼儿。每个幼儿不管其民族、性别、家庭出身、文化背景如何，不论是正常幼儿还是特殊幼儿，幼儿园教师都应一视同仁，不能歧视或在教育过程中心存偏见。每个幼儿都是具有独立人格的个体、都有自己的愿望和需求，幼儿园教师都应予以满足和尊重，不能侮辱、体罚或者变相体罚任何一个幼儿，同时也要杜绝对幼儿实施“冷暴力”，不能伤害幼儿的自尊心，要让幼儿在幼儿园里感到快乐、幸福。

总之，热爱幼儿，珍惜幼儿的生命，尊重幼儿的价值，满足幼儿的需要，维护幼儿的权利，促进每一个幼儿的全面发展，乃是幼儿教育的本质。[①] 只有这样，幼儿园教师才是一名合格的教师。

（三）团结集体，尊重家长

对幼儿的教育、保育工作需要一线教师、园长和保育员的协调配合才能完成，是集体的共同劳动，有赖于幼儿园全体人员的协同合作和尽职尽责，没有人能够唱“独角戏”、单独完成全部的保教任务。因此，这就需要教师团结、尊重同事，关心集体，互相协作，互相学习，共同为幼儿的健康发展贡献自己的力量。

幼儿园教师与家长合作也是顺利开展幼儿教育工作的重要保障。因此，幼儿园教师应尊重班上每名幼儿的家长，理解他们对孩子的关心，坦诚与他们交流，善于倾听，与他们交流教育幼儿的经验，并与他们建立平等真挚的友谊。在面对教育幼儿过程中产生的问题时，幼儿园教师和家长更应互相配合、共同解决问题，而不是相互推诿和指责。所有这些都需要幼儿园教师在平时多与家长沟通和交流，取得家长的信任和支持。

（四）为人师表，严格自律

教师是人类灵魂的工程师，这一高尚的荣誉称号其实是对教师修养的一种高要求。幼儿善于模仿的特点和幼儿园教师工作的示范性，决定了幼儿园教师要为人师表、重视自己的个人修养。苏联教育家加里宁曾说过，一个教师必须好好检点自己，他应该感觉到，他的一举一动都处在最严格的监督之下，世界上任何人也没有受着这样严格的监督。孩子们几十双眼睛盯着他，须知天地间再也没有什么东西能比孩子的眼睛更加精细、更加敏捷、对于人生心理上各种细微的变化更富于敏感的了，再没有任何人像孩子的眼睛那样能捉摸一切最细微的事物。[②]

幼儿园教师除了要为人师表外，还要严格自律，抵制各种名利的诱惑，以幼儿利益为首要和最高行为准则，自觉克服各种贪念，坚守、严守职业操守，自觉维护幼儿

---

① 教育部教师工作司. 幼儿园教师专业标准（试行）解读［M］. 北京：北京师范大学出版社，2013：37.

② 胡箭，张根健. 幼儿教育学基础［M］. 北京：北京师范大学出版社，2013：82.

权益。

为深入贯彻习近平新时代中国特色社会主义思想和党的十九大精神，深入贯彻落实全国教育大会精神，扎实推进《中共中央 国务院关于全面深化新时代教师队伍建设改革的意见》的实施，进一步加强师德师风建设，教育部于2018年还印发了《新时代幼儿园教师职业行为十项准则》，要求幼儿园教师除严格遵守《幼儿园教师专业标准（试行）》之外，还须贯彻执行以下职责：

第一，坚定政治方向。坚持以习近平新时代中国特色社会主义思想为指导，拥护中国共产党的领导，贯彻党的教育方针；不得在保教活动中及其他场合有损害党中央权威和违背党的路线方针政策的言行。

第二，自觉爱国守法。忠于祖国，忠于人民，恪守宪法原则，遵守法律法规，依法履行教师职责；不得损害国家利益、社会公共利益，或违背社会公序良俗。

第三，传播优秀文化。带头践行社会主义核心价值观，弘扬真善美，传递正能量；不得通过保教活动、论坛、讲座、信息网络及其他渠道发表、转发错误观点，或编造散布虚假信息、不良信息。

第四，潜心培幼育人。落实立德树人根本任务，爱岗敬业，细致耐心；不得在工作期间玩忽职守、消极怠工，或空岗、未经批准找人替班，不得利用职务之便兼职兼薪。

第五，加强安全防范。增强安全意识，加强安全教育，保护幼儿安全，防范事故风险；不得在保教活动中遇突发事件、面临危险时，不顾幼儿安危，擅离职守，自行逃离。

第六，关心爱护幼儿。呵护幼儿健康，保障快乐成长；不得体罚和变相体罚幼儿，不得歧视、侮辱幼儿，严禁猥亵、虐待、伤害幼儿。

第七，遵循幼教规律。循序渐进，寓教于乐；不得采用学校教育方式提前教授小学内容，不得组织有碍幼儿身心健康的活动。

第八，秉持公平诚信。坚持原则，处事公道，光明磊落，为人正直；不得在入园招生、绩效考核、岗位聘用、职称评聘、评优评奖等工作中徇私舞弊、弄虚作假。

第九，坚守廉洁自律。严于律己，清廉从教；不得索要、收受幼儿家长财物或参加由家长付费的宴请、旅游、娱乐休闲等活动，不得推销幼儿读物、社会保险或利用家长资源谋取私利。

第十，规范保教行为。尊重幼儿权益，抵制不良风气；不得组织幼儿参加以营利为目的的表演、竞赛等活动，或泄露幼儿与家长的信息。

二、专业知识

（一）广博的文化基础知识

对幼儿来说，周围的一切看起来都很新鲜、陌生。因此，他们对外界充满了强烈的好奇心和求知欲，进而会产生各种奇奇怪怪的问题，亟须成人予以解答。这些问题涵盖的领域非常广泛，上及天文，下至地理，还有各种民风民俗。对此，就需要幼儿园教师用深入浅出、幼儿可以理解的表达方式给予正确的解答，以满足他们的求知欲，使之对周围世界有一个初步的认识，激发其对世界的探索欲望。幼儿园教师应具备的文化基础知识主要可分为人文社会科学、自然科学和艺术三大类。

领域	子领域
人文社会科学	文学、历史、哲学、政治、经济、法律等
自然科学	数学、物理、化学、生物、天文、地理等
艺术	音乐、舞蹈、美术、戏剧等

如果幼儿园教师不具备广博的文化基础知识，就不能满足幼儿知识、经验启蒙的需要。当然，这并不是说要幼儿园教师成为每一知识领域的专家，既不现实也不可能，这只是要求其具备每一领域基本的、入门的知识，并且至少在一个领域有比较精深的知识储备。

（二）扎实的幼儿发展与教育理论知识

幼儿园教师要想做好教育幼儿的工作，幼儿发展知识和幼儿保育、教育知识是必需的。可以说，此类知识在幼儿园教师的知识结构中处于核心地位。幼儿园教师不能仅仅懂得“教什么”，还要知道“怎么教”、怎么才能“教得好”。如果缺乏这方面的知识，对幼儿进行教育教学就会发生困难，教师的活动则达不到预期的效果。

一方面，幼儿园教师要认识和了解幼儿，系统掌握有关幼儿生理和心理的科学知识，如幼儿生长发育的规律（各组织系统发展的早晚、快慢）、年龄特征（认知、情感、意志等的特点）等。幼儿生理、心理的科学知识是了解幼儿的途径，同时又是向幼儿进行教育的依据。另一方面，幼儿园教师要进一步掌握学前教育科学知识。例如：幼儿园教师怎样理解和落实学前教育的目标、任务；如何根据幼儿的特点和需要选择适宜的教育内容，采用恰当的教育手段、方法；怎样基于幼儿的发展水平引导他们学习；怎样培养幼儿的语言表达能力、艺术表现能力、交往能力、科学探究能力、良好的生活习惯以及优良的道德品质等。

此外，幼儿园教师还应熟知并理解国家颁布的有关幼儿园教育的政策、法规，如《幼儿园工作规程》《幼儿园教育指导纲要（试行）》《3－6岁儿童学习与发展指南》《幼儿园教师专业标准（试行）》等。

（三）个人实践知识

教师的实践性知识是教师真正信奉的，并在其教育教学实践中实际使用和（或）表现出来的对教育教学的认识。[①] 在幼儿园的教育教学实践中，真正发挥作用的是幼儿园教师的实践性知识。幼儿园教师的实践性知识是幼儿园教师在具体的日常教育教

① 陈向明．实践性知识：教师专业发展的知识基础［J］．北京大学教育评论，2003（1）．

学实践情景中通过体验、沉思、感悟等方式，发现、洞察自身的实践和经验之中的意蕴，并融合自身的生活经验以及个人所赋予的经验意义，逐渐积累而成的运用于教育教学实践的知识。它主要来源于幼儿园教师个人多年来在设计、组织、实施幼儿园各种活动中所积累的经验，个人的教学经历、生活阅历以及人生经验的累积等方面。因此，幼儿园教师必须参加大量的教育教学活动和各种社会实践，以丰富自己的个人实践知识，应对不同情景下幼儿的各种反应。

三、专业能力

幼儿园教师的专业能力是幼儿园教师在保育教育活动中形成并表现出来的、直接或间接影响保教活动的成效和质量的能力的总和。幼儿园教师的专业能力是幼儿园教师专业素质的重要组成部分，是影响幼儿园教育活动的重要因素。一名合格的幼儿园教师应具备以下几方面的能力。

（一）观察和了解幼儿的能力

幼儿园教师的观察能力是指幼儿园教师对周围事物，主要是对幼儿由外表到内心的认识能力。幼儿不像成人那样善于用语言表达自己的需求、感受，其内心活动和情绪情感主要通过面部表情、肢体动作等表现出来。这就需要教师具备敏锐的洞察力，善于捕捉幼儿所释放的“身体信息”。观察、了解幼儿也是幼儿园教师做好教育教学工作的前提。幼儿园教师只有具备相应的观察力，时时关心幼儿、做有心人，才能把握不同幼儿的发展水平、兴趣、需要和个性特点，进而可以为采取有针对性的教育措施提供依据。

一般而言，幼儿园教师的观察能力主要是指对幼儿直觉的、原样的、不加任何操作的自然观察能力，表现在随机的观察和有计划的观察中。[①]

随机观察是指教师事先没有计划，在日常生活的场景中对随机发生的事件进行的观察。随机观察也是幼儿园教师常用的观察方法。

有计划的观察是指教师在自然条件下，有目的、有计划地观察、记录学生的言行等。这种观察通常用于解决幼儿园教师教学实践中的问题或幼儿发展过程中表现出来的问题（既可以是个别幼儿的问题，也可以是群体幼儿的问题），具有很强的目的性、计划性和针对性。有计划的观察所需的周期较长，需要幼儿园教师具备较为扎实的专业理论知识。

（二）保育教育能力

保育教育能力是指幼儿园教师在组织幼儿开展各种生活、教学和游戏活动过程中表现出来的能力倾向。[②]一般来讲，其主要包括以下几个方面。[③]

① 李季湄．幼儿教育学基础［M］．北京：北京师范大学出版社，1999：93.

② 朱宗顺，陈文华．学前教育学［M］．北京：北京师范大学出版社，2012：64.

③ 教育部教师工作司．幼儿园教师专业标准（试行）解读［M］．北京：北京师范大学出版社，2013：154－155.

1. 环境的创设和利用能力

《幼儿园教育指导纲要（试行）》指出：环境是重要的教育资源，应通过环境的创设和利用，有效地促进幼儿的发展。而且，幼儿的学习是一个积极主动的过程，幼儿是在与环境的相互作用中学习和获得发展的。因此，环境的创设与利用至关重要。这就要求幼儿园教师了解幼儿的心理特点和审美需求，树立广义的环境观和资源意识，不但注重物质环境的创设，而且重视精神环境的营造，让幼儿在这一环境中感到安全、温暖和愉悦，促进幼儿身心的和谐发展。

2. 幼儿一日生活的组织与保育能力

保教结合是幼儿园阶段教育的突出特点，幼儿园一日生活的组织要科学合理，给予幼儿良好的生活照料、充分体现保育和教育的结合是幼儿园教师重要的专业能力。《幼儿园教师专业标准（试行）》从幼儿生活的安排与照料、随机教育与教育渗透、幼儿的安全与保护等几个方面对幼儿园教师一日生活的组织与保育能力提出了基本要求：

（1）合理安排和组织一日生活的各个环节，将教育灵活地渗透到一日生活中。

（2）科学照料幼儿日常生活，指导和协助保育员做好班级常规保育和卫生工作。

（3）充分利用各种教育契机，对幼儿进行随机教育。

（4）有效保护幼儿，及时处理幼儿的常见事故，危险情况优先救护幼儿。

在幼儿一日生活的组织与保育过程中，幼儿园教师应以满足幼儿身心健康发展需要为核心目标，建立合理科学的生活制度，保教结合，各环节转换自然、有序、安全，要有利于幼儿良好习惯的养成。

3. 教育活动的设计与实施能力

幼儿园的教育活动是幼儿园教师以多种形式有目的、有计划地引导幼儿生动、活泼、主动活动的教育过程。专业的幼儿园教师应该具有计划、设计和实施符合幼儿年龄特点和教育要求的教育活动的能力，主要包括制订一日活动计划和阶段性活动计划的能力、设计教育活动方案的能力、运用各种形式组织教育活动的能力、教育教学监控能力以及分层次指导幼儿的能力等。

4. 游戏活动的支持与引导能力

游戏是幼儿的基本活动，是幼儿的生活方式或存在方式。幼儿园教育要以游戏为基本活动，寓教育于各项活动之中。因此，专业的幼儿园教师要具备支持幼儿游戏的能力，即对幼儿自主发起、自由进行的游戏给予积极的支持和鼓励，担当好支持者的角色；同时，幼儿园教师还要具备引导幼儿游戏的能力，即根据幼儿发展的需要，主动创设游戏条件，引导幼儿开展各种游戏，并在游戏中支持幼儿获得快乐和满足，引导幼儿获得多方面的发展。

5. 教育监控能力

教师的教育监控能力是指教师对自己组织的教育教学活动进行积极主动的自我认识、自我调节和自我反思的能力。它包括以下几方面内容：

（1）计划与准备。在具体的教育活动之前，幼儿园教师应根据教育任务与材料、幼儿的兴趣与需要、幼儿的发展水平与潜能、幼儿园教师自己的教育教学能力确定适宜的教育目标，计划各种活动，选择活动内容与实现任务的策略，安排教育活动步骤，构想出各种可能解决问题的办法，预测可能达到的效果。

（2）反馈与评价。在教育过程中，幼儿园教师随时监控班级情况，获取反馈的信息，根据教育目标，针对自己的教育过程、教育策略、教育行为、教育效果及幼儿发展状况做出初步的评价。

（3）控制与调节。在教育过程中，幼儿园教师根据反馈信息，发现和分析存在的问题及原因，及时调整活动的各环节，对下一步活动进行调整和监控。

（4）反思与校正。一次或一个阶段的教育活动完成后，幼儿园教师本人应深入总结和反思，如回顾自己组织的教育活动，反省自己的活动是否适合幼儿的实际水平、能否有效促进幼儿发展，分析哪些方面是成功的、哪些方面有待改进，反思自身教育行为的特点与不足，对所发现的问题或不足找出其主要症结，假设一种或多种解决办法或途径，进行相应的调整并采取补救措施。

幼儿园教师教育监控能力是幼儿园教师综合素质的具体体现。对自己的教育过程进行监控，是幼儿园教师运用专业知识和教育观念，审视教育实践，发现、分析、解决问题的过程。这有助于幼儿园教师明确问题是否解决、解决到了哪一步、还有什么问题需要进一步解决，在此基础上发现新的问题或提出新的假设，在教育活动的过程中不断地反思，可把教育实践提升到新的高度。因此，对自己的教育过程实行监控是幼儿园教师提高自己的专业素养、改进教育实践的一种学习方式，是使幼儿园教师由单纯的教育者成长为研究型、专家型教师的重要途径。

6. 教育评价能力

教育评价是教师根据一定的教育价值观或教育目标，运用可行的科学手段，通过系统地收集信息资料和分析整理，对教育活动、教育过程和教育结果进行价值判断，为提高教育质量和教育决策提供依据的过程。评价是教育过程的重要组成部分，是改进教育和促进幼儿良好发展的重要手段。幼儿园教师应掌握教育评价的标准与方法，以激励为基本导向、以观察为主要手段、以改进教育实践为主要目的，正确公正地评价幼儿，促进幼儿的良好发展。

（三）沟通能力

沟通是人与人之间通过传递、交流各种信息、观念、思想、情感，以增进相互了解和理解，达成默契，建立和巩固人际关系的过程。沟通能力是幼儿园教师的基本功，也是幼儿园教师建立和维持良好人际关系的重要手段和渠道。

从沟通的对象来讲，沟通可以分为幼儿园教师与幼儿的沟通、与家长的沟通、与同事的沟通。由于幼儿园教师是连接幼儿与家长的桥梁，本部分主要阐述幼儿园教师与幼儿的沟通和幼儿园教师与家长的沟通。

1. 幼儿园教师与幼儿的沟通

幼儿园教师与幼儿的沟通从方式上来讲主要有言语沟通和非言语沟通。其中，非言语沟通又可以分为目光沟通、动作沟通、面部表情沟通。[①] 无论哪种沟通方式，幼儿园教师都要放下身段，提供一种民主、平等、安全、可信赖的交流环境，尽可能地从幼儿的角度出发来看待问题，拉近与幼儿的距离。

（1）言语沟通。言语沟通是幼儿园教师与幼儿进行沟通时常用的一种方式。从幼儿晨检入园到家长接幼儿离园，可以说幼儿在园的整个过程就是幼儿园教师与幼儿进行言语沟通的过程。幼儿园教师与幼儿交谈时，要在抓住机会、选择话题、引发和继续谈话、激发和保持幼儿谈话的兴趣与积极性等环节上下功夫，可以用学儿歌、讲故事、讲童话、学古诗等手段锻炼幼儿的口语表达能力，促进幼儿口语的发展。

（2）非言语沟通。幼儿园教师与幼儿不仅可以以“言传”的方式进行沟通，还可以通过“身传”进行非言语沟通。对幼儿来说，幼儿园教师的动作、表情和眼神比语言更容易理解，也更直观、形象。

资料链接

幼儿园教师与幼儿沟通的技巧

熟记幼儿的名字。

选用适当的语言。

目光要与幼儿直接接触。

语调、语速要适当。

语气要和善。

善于倾听。

以鼓励、肯定、引导为主。

2. 幼儿园教师与家长的沟通

幼儿园教师和家长以幼儿为纽带被置于同一个教育系统中，他们共同的目标就是让幼儿健康成长。只有幼儿园教师与家长通力合作，才有利于幼儿教育质量的提高。因此，幼儿园教师做好与家长的沟通工作就显得尤为重要。在具体的实践中，幼儿园教师可以从以下几个方面开展与家长的沟通工作：

（1）树立正确的“家长观”，秉持平等信任、主动沟通的态度。幼儿园教师应把家长看作自己教育工作的合作者而非自己工作的“找碴者”，不能戴着“有色眼镜”看待家长。有时候我们听到幼儿园教师抱怨家长要求太多、“太难伺候”，其实对于家长的种种“要求”，幼儿园教师可将其视为对自己工作的改进意见。因此，在沟通工作展开前，幼儿园教师就应正确看待家长，主动与家长联系、交流，增进彼此的了解，信任、理解家长，尊重家长的想法和意见。这样才有利于日后教育工作的进行，有利于构建良好的家园关系。

（2）掌握沟通的技巧。幼儿园教师在与家长沟通时，技巧的掌握也很重要，有时

① 胡箭，张根健．幼儿教育学基础［M］．北京：北京师范大学出版社，2013：86.

候会起到事半功倍的作用。有的家长性格直爽，喜欢直来直去，幼儿园教师与其沟通时可以开门见山、直截了当，不必"曲线救国"、浪费时间。如果幼儿园教师在与这种类型的家长沟通时"山环水绕"，反倒会给家长不真诚的感觉。相反，有的家长自尊心强、"好面子"，幼儿园教师与其交流时，就要采取委婉的表达方式，注意语言的艺术性，既不伤害家长的自尊，又能达到帮助家长促进幼儿发展之目的。

（3）灵活利用多种沟通方式。一般情况下，幼儿园教师可以利用家长接送幼儿的时间进行短暂交流。如需与家长深入交流，幼儿园教师可以采取家访或者利用家长会的机会与个别家长沟通。此外，幼儿园教师还可以通过家园联系册、电话、网络等方式与家长沟通，与家长建立多渠道、多方位的联系。

（四）科研能力

苏霍姆林斯基说，如果你想让教师的劳动能够给教师带来乐趣，使天天上课不至于变成一种单调乏味的义务，那你就应当引导每一位教师走上从事研究的这条幸福的道路。教育科研能力是现代幼儿园教师应当具备的能力。现代的幼儿园教师不能仅仅满足于扮演好传统的"教书匠"角色，还要树立"教师也可以是研究者"的观念，从"教学型"教师向"教研型"教师转变。进行幼儿教育科研对提高幼儿园的保教质量和幼儿园的运行活力，以及提高幼儿园教师的职业素养和工作热情都有着十分重要的现实意义。

幼儿园教师长期扎根于一线、熟悉幼儿园教育实践，这是幼儿教育理论工作者所不具备的巨大优势。幼儿园教师可利用此种优势，扬长避短，在教育研究中以解决教育中的实际问题为重点，采用行动研究法，在行动中研究、在研究中行动。一般来说，幼儿园教师进行教育科研的步骤主要是：学习理论知识，审视自己的教育教学实践，发现问题；制定解决问题的方案；开展行动，实施方案直至问题解决。简单来说，就是"计划—行动—反思—再行动"这样一种循环上升的行动研究模式。这样，幼儿园教师作为研究者也有利于促进自身的专业成长。

（五）自学能力

当今社会瞬息万变，教育科学和心理科学不断产出新的成果，稍有疏忽就会"落伍"。因此，幼儿园教师应树立终身学习的理念，及时给自己"充电"，尤其在入职后，更要通过自学来汲取新的知识、拓展自己的专业视野、提高文化素养和业务水平，以适应不断变化的教育实践，走在时代的前面。

除了通过在职进修学习外，幼儿园教师在平时的工作和生活中也要自觉学习。在自学的过程中，幼儿园教师要善于发掘各种学习资源。除了阅读各种相关书籍和报刊、做读书笔记外，在信息时代，幼儿园教师还应利用网络平台加强学习。在面对信息的汪洋大海时，幼儿园教师应提高自己的信息甄选能力以发现有价值的信息。

（六）基本技能

幼儿园教师应具备的基本技能主要包括唱歌、弹琴、绘画、舞蹈、表演、创编儿歌、讲故事、手工制作、体育游戏等。幼儿园教育对象的特殊性决定了幼儿园教师要会吹拉弹唱、能歌善舞，这也是对幼儿园教师的特殊要求。多才多艺的幼儿园教师，在教育教学实践中才能吸引幼儿、给幼儿更广泛的影响和熏陶，也有利于提高教育教学效果，为幼儿的全面发展奠定基础。

四、身心素质

健康的身心是做好幼儿教育工作的重要前提。从前文幼儿园教师劳动的特点中我们可以了解到，幼儿园教师的工作琐碎而繁重，还要面对来自家庭、社会及园所的压力。在这样的情况下，就需要幼儿园教师有良好的身体素质。身体健康的幼儿园教师精力充沛、工作效率高，与幼儿一起活动能给幼儿带来自信和欢乐；相反，身体素质欠佳的幼儿园教师没有活力、死气沉沉，会给幼儿带来负面情绪，影响幼儿心理健康。此外，幼儿园教师的个性、情感、性格、行为方式等心理素质也很重要。一名合格的幼儿园教师，应当具有宽广和慈爱的心胸、稳定的情绪、丰富的情感、阳光的心态、活泼开朗的性格、良好的行为习惯等。这样的幼儿园教师容易与幼儿打成一片，也更容易为幼儿所接纳，有利于幼儿身心的健康发展。

第三节 幼儿园教师专业发展

获得了幼儿园教师资格证并不意味着就是一名合格的幼儿园教师了，更不意味着能完全胜任幼儿园工作。换言之，要想成为一名优秀的幼儿园教师，需要经过很长时间的磨砺和实践。幼儿园新手教师不断提升自己的专业品质，从普通专业人员成长为优秀教师的过程，就是幼儿园教师的专业发展过程。

一、教师专业发展的概念

自 20 世纪 60 年代起，国内外众多学者开始关注教师专业发展。从目前现有的研究结果来看，教师专业发展可以理解为教师的专业成长或教师内在的专业结构不断更新、演进、丰富的发展过程。对这一概念的理解基本上可以分为两类：第一类是教师的专业成长过程；第二类是促进教师专业成长的过程（教师教育）。也有理解认为两者含义兼而有之。[①]

我们认为，教师专业发展的基本含义是指教师的专业成长或教师内在专业结构不断更新、演进和丰富的过程。[②] 幼儿园教师专业发展则是指幼儿园教师在保教工作中，参与各种学习活动及反省思考的过程，在观念、知识、能力、专业态度和动机、自我

---

① 叶澜. 教师角色与教师发展新探［M］. 北京：教育科学出版社，2001：222－225.

② 同① 206.

专业发展需求意识等不同侧面达到符合幼儿园教师专业标准的过程。教师专业发展是一种过程，在其发展过程中会呈现阶段性的特征。

二、幼儿园教师专业发展的必要性

（一）是知识经济时代的特点与需要

知识经济的最大特点就是知识的不断创新。这种特点，使人类社会的生存发展从对自然资源的依赖转向对人类自身素质的依赖。时代呼唤创造性。那么，怎样才能开发人类自身的创造性资源？通过教育。然而，并非任何教育都能完成这种使命。不适当的教育不仅不能提高人的创新知识的意识和能力，反而会压抑它、使其窒息。所以，深化教育改革，全面推进素质教育，以“创新精神和实践能力为重点”培养四有新人，是历史的重托，是民族的重托。

教育功能所发生的深刻历史变革，必然会体现在教师身上，引起教师角色的变化。道理十分简单，创造型的学生由创造性的教育和创造型的教师来培养。为了点燃幼儿的探索欲望、唤醒幼儿的创造潜能，幼儿园教师必须以支持者、合作者、引导者的角色与幼儿互动、交往，必须创造性地开展工作，以使幼儿的童年充满快乐，充满探索和发现，充满惊讶、惊喜、兴奋和成功的体验。这种创造性教育要求幼儿园教师具有相应的角色承担能力和相应的专业素养，为此，幼儿园教师必须成为学习者、研究者，在研究中学习、在学习中成长。

（二）是提高幼儿园教师社会地位的需要

一种职业的社会地位和学术声誉，首先取决于它的专业化程度。有学者曾经研究过专门职业（专业化程度高的职业）的标准问题，认为专门职业有一些基本特征，其中最为重要的有以下三点：

第一，其成员采用的方法与程序有系统的理论知识和研究作为支持（技术标准）。

第二，其成员以服务对象的利益为压倒一切的任务（道德标准）。

第三，其成员不受专业外势力的控制和限定，有权作出“自主的”职业判断（关键因素）。

我国幼儿园教师都具备这些特征吗？

第一，要有系统的学前教育专业理论知识作支持，有专门的幼教技能作保证。学前教育包含教育心理学、学前教育学、儿童科学等学科知识；对幼儿园教师也有获取教师资格证等技能要求。

第二，要以“儿童的利益高于一切”作为行动的原则。《幼儿园教育指导纲要（试行）》以及各幼儿园自定的教育方针和服务理念也大都能体现这一点。

第三，要有“专业自主”的外界环境和自身能力——能够运用专业知识独立判断、决策。

综上所述，我国的幼儿园教师需要专业化，有必要专业化，而且正处在迈向专业化的过程中。幼儿园教师这一职业要求教师有系统的专业理论知识作支持，有专门的技能作保证；要求教师以“儿童的利益高于一切”作为行动的原则；要求教师能“专业自主”。但事实上，著名的心理学家皮亚杰在《教育科学与儿童心理学》一书中就曾不无遗憾地指出：律师、医生、工程师都“具有一种被人尊重且值得受尊重的学问”，他们“代表着一门科学和一种技术”。大学教师也“代表着他所讲授的这门学科以及他对这门学科钻研的程度”。在一般人眼里，幼儿园教师无论是从技术还是从科学的创造性上来说，都不是专家，而是保姆、阿姨，或只是知识的传递者。尤其糟糕的是，一部分幼儿园教师自己也这样认为。所以，传统的幼儿园教师的角色定位限制了幼儿园教师的成长，降低了幼儿园教师职业的社会地位和声望。

（三）是教师实现内在生命价值的需要

传统的教师角色造就了教师职业的“崇高”，吐丝的春蚕、燃烧的蜡烛多少都意味着“无我”、意味着无私奉献——一种颇带悲壮色彩的美。教师职业的魅力仅仅在于它的崇高吗？或者仅仅在于桃李满天下后的欣慰？传统教育中教师的魅力可能主要在此。于是职业倦怠就难以避免，因为这种职业生活过程本身太乏味、太缺乏创意，教师的才智得不到充分的发挥，自身的价值得不到充分的体现，付出远远大于收获。

而《幼儿园教育指导纲要（试行）》对幼儿园教师角色的重新定位，无疑会促使幼儿园教师职业焕发出应有的魅力，让幼儿园教师在自我学习、成长的过程中体验收获，体验创造的欢乐，也体验幼儿园教师自身成长的快乐。

因为教师职业的内在魅力，首先在于它是人与人之间心灵的交流、智慧的对话、生命的呼唤。这应该是一项十分具有挑战性的工作，需要教师充分调动自己的聪明才智去研究、去思考、去创造、去自我成长。教师的工作也应该是一种能体验成长欢乐——学生的成长和自己的成长——的工作。只是，传统教育的功能定位，使教师的工作降低了它的挑战性和创造性、失去了它原本应该具有的魅力，也使得教师的生命价值难以在教育过程中充分实现。

所以教师要成为“成长者”，这既是现代化社会发展、教育改革对教师的必然要求，也是不断变化的教育对象和不断出现的新的教育问题与需求的必然要求。教师的成长和幼儿的发展是一个连续体，只有教师持续不断地成长发展，成为一个终身学习者、一个“成长者”，才能不断地为幼儿提供有意义的学习经验，从而促进幼儿的发展。

三、幼儿园教师专业发展的阶段

国内外对于幼儿园教师专业发展阶段的研究相对较少，比较成熟的理论更少。国外理论中较为有代表性的是美国学者丽莲·凯兹的幼儿园教师专业发展阶段论。

丽莲·凯兹描述了幼儿园教师的四个发展阶段及每个阶段必要的需求和面临的挑战[①]：

① 丽莲·凯兹．与幼儿教师对话：迈向专业成长之路［M］．廖凤瑞，译．南京：南京师范大学出版社，2004：206－214．

阶段Ⅰ——求生期：入职1～2年，即幼儿园教师对本人所从事专业的生存性适应阶段。刚入职的幼儿园教师由于教学技巧不熟练，再加上原本对教师生涯的憧憬与现实情况的差异，使得幼儿园教师常常感到准备不足、精疲力竭，有严重的挫折感。

该阶段的幼儿园教师常常为教学上的一些平常事问自己这样一些问题："今天我有没有漏掉一个孩子？""这个周末我能完成这项任务吗？""我真的能日复一日地做这种工作吗？""我能被我的同事所接受吗？"这些问题表明教师工作的第一年对其而言是一个极具挑战性的时期，它意味着作为一名新教师面对新情况急切盼望成功的心愿，同时面对复杂的教学情形与工作环境，教师个人的矛盾心理不断形成，困惑也随之产生。对于这一点，作为幼儿园的管理者和幼儿园教师本人都要有清醒的认识。因为这不仅对幼儿园的教育与管理工作有意义，而且对于幼儿园教师本人今后的专业成长与发展也具有重大的价值。一般来说，新教师对于自己所开始从事的这项职业都怀有极高的热情、期盼和想象，这种良好的动机对于他们今后所要接触的幼儿生活、成为一名成功的幼儿园教师都会产生积极的影响。然而，现实毕竟是现实，它不能替代美好的理想与热情。在今后的历程中，"经验将会告诉你哪些要放弃，哪些要修正，哪些是你前进的指向标"。所以，从工作一开始，每一位幼儿园教师都要做好迎接艰苦磨炼与挑战的思想准备，一步一个脚印地培养起自己的耐心、毅力和坚韧的个性品质。同时，幼儿园的管理者要多了解新教师的心理需求，对新教师给予物质和精神上的支持、理解、鼓励以及肯定、安慰，并在工作中加以适当的针对性指导，给予其教学技巧的援助与支持。

阶段Ⅱ——强化期：持续到第三年。这一阶段，幼儿园教师的工作重点已经从处理挫折转移到课程与教学上，渐渐能够掌握教学技巧和应对幼儿的各种反应，开始计划自己接下来需要从事的工作与需要学习的特别技能，并且尝试创造自己的教学风格。这个阶段的幼儿园教师仍需要辅导人员的现场帮助，以及专家的指导与同事和职业导师的建议。

阶段Ⅲ——更新期：持续到第四年年底。"自我反省"是这个阶段的重点。这一阶段，幼儿园教师开始探索幼儿教育的新趋势、新观念及新教学法等，同时收集、研究新教材和教具，以调整、更新和充实自己的教学内容。这个阶段需要满足幼儿园教师专业培训的需求。幼儿园教师专业发展可利用的资源包括学术会议、专业组织、观摩示范活动、教师中心及专业期刊等。

阶段Ⅳ——成熟期：延伸到第五年和五年以后。此阶段，幼儿园教师已能肯定自己的能力与角色，对教学细节的兴趣降低，转而重视教育理念的澄清，将注意力放在教育的价值、哲学、理论方面的探讨上。这个阶段合适的专业发展活动包括研讨会、讲习会、学位课程、学术会议。此外，广泛阅读相关资料及接触其他教育层面或阶段的人员也是必需的。

上述幼儿园教师专业发展阶段只是一个参考，具体还因人而异；且四个阶段的完成也并不意味着幼儿园教师专业成长的终结，它只是从一般意义上作了共性和概括的描述。现实中，一位幼儿园教师的专业成长是一个极其复杂的、具有个体性和持续性的过程，这个过程是外在的社会因素通过教师自身内部不断完善、更新、探索与发展的良好动机而不断向前延续和拓展的，并伴随幼儿园教师整个的教育职业生涯。例如：有的幼儿园教师可能在入职很短的时间内就适应了新工作并迅速进入下一阶段的发展，而有的幼儿园教师则可能在 3 ～ 5 年内仍属于新手教师。幼儿园教师的专业发展受到多方面因素的影响，因而会因具体情况而呈现不同的样态。

四、幼儿园教师专业发展的途径

从上述幼儿园教师专业发展的阶段，我们可以了解到幼儿园教师专业发展的过程是漫长而艰辛的。要促进幼儿园教师的专业发展途径也是多元的。英国著名的课程理论家劳伦斯·斯滕豪斯提出教师专业发展有三条途径：系统的理论学习；研究其他教师的经验；在教室里检验已有的经验。这里我们主要从政府、幼儿园和幼儿园教师自身来谈谈如何促进幼儿园教师专业发展。

（一）政府层面

发展幼儿教育事业是政府不可推卸的责任。同样，幼儿园教师的专业发展也离不开政府的支持。首先，政府应重视幼儿园师资队伍的建设，提高幼儿园教师队伍的整体素质，建立健全幼儿园教师专业发展的政策法规保障体系，不断提升幼儿园教师的专业水准和准入水平，把好幼儿园教师的准入关，确保幼儿园教师的专业性，建立幼儿园教师的专业标准和专业发展目标。其次，政府提供必要的制度和经费保障，教育行政部门应该建立幼儿园教师专业发展资金整合机制，使专业发展经费来源多元化。在加强投入的同时，教育行政部门和幼儿园要加强对教师专业发展的规划和管理，开展形式多样的不同层级水平的培训，尤其要重视新手教师及贫困地区弱势教师群体的发展，如为幼儿园教师创造多样化的专业发展平台，使不同类型的幼儿园教师能够得到充分且有针对性的专业发展机会；[①] 或是为幼儿园教师的专业发展构建不同层级的学习共同体，充分发挥当地学前教育专家、高校教师、园长和骨干教师的专业引领作用等。[②] 学习共同体可以分为三个层面：第一个层面是区域核心小组，着眼于为幼儿园教师的专业发展提供基本理论、思想理念等方面的支持；第二个层面是区域教研支持小组，通过区域教研的方式为幼儿园教师专业实践能力的发展提供支持；第三个层面是园际学习共同体，通过园所之间的经验共享和合作研究，为幼儿园教师的专业发展提供更为真实的实践平台。最后，政府建立和完善幼儿园教师继续教育机制，为幼儿园教师的学历晋升和专业培训提供渠道和平台。教育行政部门应该为幼儿园教师提升学历水平提供支持和保障，让学历较低的幼儿园教师能进入高校进行系统的专业学习并取得相应的学历。与此同时，高校要针对幼儿园教师的实际情况开设各种专题培训或者研修项目，在优化幼儿园教师思想理念、知识储备的同时，不断提高其教学实践和教育研究能力。[③]

---

① 王晓雨．黑龙江省学前教育师资队伍研究［D］．哈尔滨：黑龙江大学，2018．

② 黄俏甜，黄虹坚．创新学前教育区域教研的实践探索［J］．学前教育研究，2018（3）．

③ 赖天利．幼儿园教师专业发展现状及其提升策略［J］．学前教育研究，2019（1）．

（二）幼儿园层面

幼儿园应重视教师队伍的专业成长，建立健全相应的机制，鼓励、支持（经费和时间）幼儿园教师外出学习、参加培训和观摩交流。除了“走出去”的发展路径外，幼儿园更应加强和注重园本培训，以幼儿园作为培训基地，紧密结合教学工作实际，立足于本职、本岗，立足于幼儿园教师的专业要求，在教学中研究教学，将培训与教学研究工作紧密结合，开展园本培训，提高幼儿园教师专业素质。

除了在制度规范上促进幼儿园教师专业发展以外，幼儿园还应从情感层面关心和有效帮助幼儿园教师，关注幼儿园教师的职业感受。从幼儿园层面来说，对待幼儿园教师的四个基本准则应该是：关注、赞同、情感和引导。对幼儿园教师的行为要多一些关注，积极创造与幼儿园教师心灵沟通的机会，经常地、如实地表达对幼儿园教师的赞同，建立与幼儿园教师之间的信任；在此基础上，对幼儿园教师进行科学、合理的引导，而不是指责，这样才能让幼儿园教师有更好的职业感受，才能真正使幼儿园教师拥有一种务实的、向上的成就感。了解和解决幼儿园教师的实际问题，关注、重视并有效地促进幼儿园教师的专业化，一定能提升幼儿园教师队伍的整体水平，也能进一步提升幼儿园教育质量。[①]

（三）幼儿园教师自身层面

幼儿园教师专业发展除了建立健全相应的支持系统和保障机制外，也离不开教师自身的努力和学习。从自身角度而言，幼儿园教师可以通过以下几个方面促进自我的专业成长。

1. 终身学习

终身学习是指社会每个成员为适应社会发展和实现个体发展的需要，贯穿于人的一生的、持续的学习过程，即我们常说的“活到老学到老”。终身学习是伴随终身教育的理念而产生的。这两种理念的兴起是社会发展的必然要求。在瞬息万变的信息时代，人们已经不可能一劳永逸地获取知识了，抱有“吃老本”心态的幼儿园教师是无法在当下的社会中立足的。学习是幼儿园教师成长的“助推器”，幼儿园教师唯有树立终身学习的观念，不断学习、补充新的知识，才能赶上时代的步伐、不被淘汰。具体而言，幼儿园教师要制定切实可行的专业发展规划，唤起自身学习的主动性、自觉性和积极性，增强学习动机，积极参加培训，多多参加幼儿园优质课的观摩，加强专业理论书籍的阅读，利用网络平台拓宽视野，与同事构建学习共同体。

2. 教学反思

“学而不思则罔，思而不学则殆。”但对幼儿园教师来说，不仅仅是“学而不思则罔”，还可能是“‘教’而不思则罔”。这里所说的“‘教’而不思”是指不对教育教学实践进行反思。

教学反思指的是教师在先进的教育理论指导下，借助于行动研究，不断地对自己的教育实践进行反思，积极探索与解决教育实践中的问题，努力提升教育实践的科学

---

① 教育部教师工作司．幼儿园教师专业标准（试行）解读．［M］．北京：北京师范大学出版社，2013.

性、合理性，并使自己逐渐成长为专家型教师的过程。[①]

美国学者波斯纳提出了一个著名的教师成长公式：经验 + 反思 = 成长。他认为：没有反思的经验是狭隘的经验，至多只能形成肤浅的知识。教师要做的就是通过反思实现零散经验的系统化，形成良好的反思习惯，在教学中反思，在反思中教学。幼儿园教师不能仅仅满足于完成日常的保教任务，面对不断出现的保教问题应积极反省、思考，成为实践的反思者、行动的研究者，针对实际问题提出解决方案，并通过亲身的现场实践进行检验、调整。在整个过程中，新的问题不断被克服，教育的有效性得到提高，同时幼儿园教师自身的专业水平也在反思中得到提升，这促进了教师自身的专业发展。

从时间角度看，教学反思可分为教学前、教学中、教学后三种。

教学前反思的主要依据是经验，有利于教学过程的合理设计。教学前反思这一环节，要求各位幼儿园教师在对前一阶段教学工作中的信息进行收集、分析和总结的基础上，运用已有的教学经验，并借鉴他人教学中的长处，以局外人的身份对自己的教学准备、设计过程和结果进行分析，通过充分酝酿、反复比较和选择，形成教学设计和准备的最优化，达到最佳的教学准备状态。教学中反思的主要依据是幼儿的反馈信息，有利于幼儿园教师及时、自动地调整自己的教学过程。在这一环节，幼儿园教师要努力提高自己的教学监控能力，对课堂复杂的、动态的情况能够敏锐地洞察、迅速地作出判断，发现问题及时调整、修正，创造性地解决问题。教学后反思其实是对某一教学活动或某一阶段教学活动结束后进行反思总结。在这一环节，幼儿园教师要在教学活动结束后有充足的时间进行反思，对教学的整体效果进行归因评价，及时地通过自述回忆、模拟、角色扮演等形式广泛吸取有关经验，收集自己教学活动中的信息，深入细致地探讨教学中的长处和不足，总结自己的教学实践，并通过反复实践、反思、总结、概括，逐步提高教学水平。

3. 集体合作教研

教师合作是提高教师专业发展的重要途径，幼儿园教师的合作也不例外。[②] 同一班级的幼儿园教师或同一年级的幼儿园教师可以构建研究共同体，成立研究小组，开放自己的教学活动，互相观摩学习，分享彼此的教学历程。针对活动中的问题，幼儿园教师集体合作，采用行动研究法，共同研究探讨，共同进步，向教研型教师迈进。

总之，促进幼儿园教师专业发展的途径是多种多样的，只有政府、幼儿园和幼儿园教师自身共同努力，才能提升幼儿园教师队伍的整体水平和素质，才能保障幼儿园教育的高质量。

---

① 魏建培．学前教育学［M］．北京：科学出版社，2008：93－96．

② 杨晓萍，李静．学前教育学［M］．重庆：西南师范大学出版社，2011：84．

本章小结

知识结构图

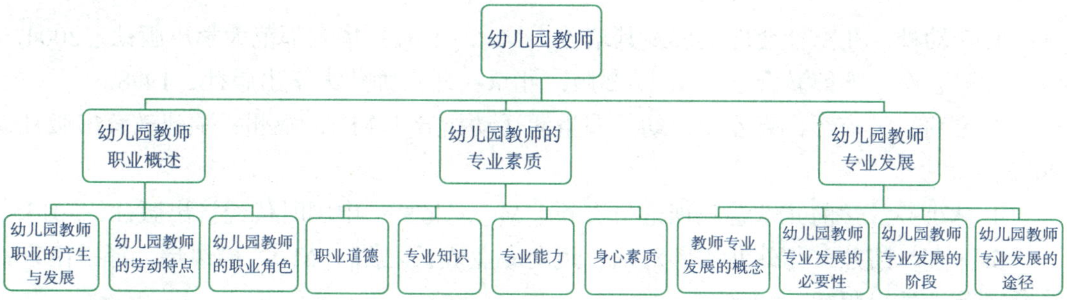

关键概念

幼儿园教师的职业角色　师德　幼儿园教师专业能力　幼儿园教师专业发展

讨论及思考题

1. 举例说明幼儿园教师的劳动特点。

2. 幼儿园教师如何促进自己的专业发展？

3. 学完本章，你是否还认为幼儿园教师就是“看孩子的”，只须看好孩子就可以了？

参考文献

1. 李幼穗．儿童社会性发展及其培养［M］．上海：华东师范大学出版社，2004．

2. 梁志燊．学前教育学［M］．2版．北京：北京师范大学出版社，1998．

3. 廖莉，吴疏影，袁爱玲．幼儿园生活活动指导［M］．福州：福建教育出版社，2012．

4. 林小芬．学前儿童游戏理论与实务［M］．北京：中国时代经济出版社，2013．

5. 丽莲·凯兹．与幼儿教师对话：迈向专业成长之路［M］．廖凤瑞，译．南京：南京师范大学出版社，2004．

6. 艾利森·戈波尼克，安德鲁·N．梅尔佐夫，帕特利夏·K．库尔．摇篮里的科学家［M］．袁爱玲，廖莉，任智茹，等译．上海：华东师范大学出版社，2004．

7. 让·皮亚杰．教育科学与儿童心理学［M］．傅统先，译．北京：文化教育出版社，1981．

8. 皮亚杰．皮亚杰教育论著选［M］．卢濬，选译．北京：人民教育出版社，1990．

9. 蔡迎旗．学前教育概论［M］．武汉：华中师范大学出版社，2006．

10. 曹莉．学前教育学：新大纲版［M］．长沙：湖南师范大学出版社，2017．

11. 车文博．心理咨询大百科全书［M］．杭州：浙江科学技术出版社，2001．

12. 陈帼眉，刘焱．学前教育新论［M］．北京：北京师范大学出版社，1996．

13. 陈帼眉．学前心理学［M］．2版．北京：人民教育出版社，2003．

14. 陈鹤琴．陈鹤琴全集：第五卷［M］．南京：江苏教育出版社，1991．

15. 陈鹤琴．创建中国化科学化的现代幼儿教育［M］．北京：金城出版社，2002．

16. 陈静，程爱华．学前教育概论［M］．北京：北京出版社，2016．

17. 陈晓芳．幼儿园教育活动设计策略及案例评析［M］．北京：北京师范大学出版社，2007．

18. 高敬．幼儿园课程［M］．杭州：浙江教育出版社，2010．

19. 何晓夏．简明中国学前教育史［M］．2版．北京：北京师范大学出版社，2007．

20. 胡箭，张根健．幼儿教育学基础［M］．北京：北京师范大学出版社，2013．

21. 黄瑾．幼儿园教育活动设计与指导［M］．上海：华东师范大学出版社，

2007.

22. 黄人颂．学前教育学［M］．3 版．北京：人民教育出版社，2015.

23. 金建生，王玉生．学前教育学［M］．天津：南开大学出版社，2013.

24. 福建儿童发展职业学院附属幼儿园．幼儿园区角操作活动 150 例［M］．福州：福建教育出版社，2012.

25. 李季湄．幼儿教育学基础［M］．北京：北京师范大学出版社，1999.

26. 李生兰．学前儿童家庭教育：修订版［M］．2 版．上海：华东师范大学出版社，2006.

27. 李生兰．幼儿园与家庭、社区合作共育的研究［M］．上海：华东师范大学出版社，2003.

28. 林崇德，杨治良，黄希庭．心理学大辞典［M］．上海：上海教育出版社，2004.

29. 刘晓东，卢乐珍，等．学前教育学［M］．南京：江苏教育出版社，2004.

30. 刘晓东．儿童文化与儿童教育［M］．北京：教育科学出版社，2006.

31. 刘焱．幼儿园游戏与指导［M］．北京：高等教育出版社，2012.

32. 孟昭兰．婴儿心理学［M］．北京：北京大学出版社，1997.

33. 庞建萍，柳倩．学前儿童健康教育与活动指导［M］．3 版．上海：华东师范大学出版社，2023.

34. 庞丽娟．教师与儿童发展［M］．北京：北京师范大学出版社，2001.

35. 秦元东，陈芳．如何有效实施幼儿园主题性区域活动［M］．北京：中国轻工业出版社，2013.

36. 王海英．学前教育社会学［M］．南京：江苏教育出版社，2009.

37. 魏建培．学前教育学［M］．北京：科学出版社，2008.

38. 夏家发，彭近兰．教学活动设计［M］．武汉：华中师范大学出版社，2010.

39. 夏萤．婴儿教育学［M］．上海：复旦大学出版社，2011.

40. 阎水金．学前教育学［M］．上海：上海教育出版社，1998.

41. 杨枫．幼儿园教育环境创设与玩教具制作．北京：高等教育出版社，2006.

42. 杨汉麟，周采．外国幼儿教育史［M］．南宁：广西教育出版社，1993.

43. 杨晓萍，李静．学前教育学［M］．重庆：西南师范大学出版社，2011.

44. 姚伟．学前教育原理［M］．长春：东北师范大学出版社，2012.

45. 叶澜，等．教师角色与教师发展新探［M］．北京：教育科学出版社，2001.

46. 虞永平，等．幼儿园课程评价［M］．南京：江苏教育出版社，2006.

47. 袁爱玲．幼儿园教育环境创设［M］．北京：高等教育出版社，2010.

48. 张明红．学前儿童语言教育与活动指导［M］．上海：华东师范大学出版社，2014.

49. 赵旭莹，周立莉．幼儿园综合主题活动：设计技巧与优秀案例［M］．北京：中国轻工业出版社，2014.

50. 赵中建. 教育的使命：面向二十一世纪的教育宣言和行动纲领［M］. 北京：教育科学出版社，1996.

51. 郑三元，邹巧玲，尹小晴. 学前教育学基础［M］. 北京：北京理工大学出版社，2018.

52. 朱家雄. 幼儿园课程［M］. 2 版. 上海：华东师范大学出版社，2003.

53. 朱宗顺，陈文华. 学前教育学［M］. 2 版. 北京：北京师范大学出版社，2019.

54. 朱宗顺. 学前教育原理［M］. 北京：中央广播电视大学出版社，2016.

55. 蔡蔚萍. 早期家庭教育与学前教育对儿童认知能力发展的长期效应研究［J］. 中国青年社会科学，2022，41（4）.

56. 郝翌钧. 社会文化整合视域下的儿童游戏权利［J］. 教育理论与实践，2022，42（1）.

57. 黄俏甜，黄虹坚. 创新学前教育区域教研的实践探索［J］. 学前教育研究，2018（3）.

58. 赖天利. 幼儿园教师专业发展现状及其提升策略［J］. 学前教育研究，2019（1）.

59. 刘焱，朱丽梅，李霞. 幼儿园表演游戏的特点、指导原则与教学潜能［J］. 学前教育研究，2003（6）.

60. 刘懿，卢筱红. 0～3 岁亲子园课程的实践研究［J］. 教育学术月刊，2011（2）.

61. 唐淑，张永英，杨一帆，等. 中华人民共和国学前教育 2009—2019 年大事记［J］. 学前教育研究，2019（10）.

62. 田素娥，匡明霞. 幼儿亲社会行为的培养策略［J］. 学前教育研究，2012（10）.

63. 杨宁. 皮亚杰的游戏理论［J］. 学前教育研究，1994（1）.

64. 张敏. 基于课程游戏化理念创设自然角：以秋天自然角创设为例［J］. 教育观察，2022，11（30）.

65. 张新立. 儿童游戏的发生及其本质特点新探：儿童游戏的生理—心理观［J］. 学前教育研究，2007（11）.

66. 张雪. 试析幼儿园精神环境对幼儿心理发展的影响［J］. 教育导刊，2004（11）.

67. 郑三元. 论幼儿园课程的本质［J］. 学前教育研究，2005（3）.

68. 许昌磊. 城市 0-3 岁婴幼儿家庭托育服务需求与社会工作介入对策研究［D］. 上海：华东师范大学，2022.

69. 王晓雨. 黑龙江省学前教育师资队伍研究［D］. 哈尔滨：黑龙江大学，2018.